LE SOIR APPROCHE ET DÉJÀ LE JOUR BAISSE

Des mêmes auteurs

Cardinal Robert Sarah et Nicolas Diat

Dieu ou rien. Entretien sur la foi, Fayard, 2015 ; Pluriel, 2016.

La Force du silence, Fayard, 2016 ; Pluriel, 2017.

Nicolas Diat

L'Homme qui ne voulait pas être pape. Histoire secrète d'un règne, Albin Michel, 2014 ; Pluriel, 2018.

Un temps pour mourir. Derniers jours de la vie des moines, Fayard, 2018 ; Pluriel, 2019. Prix du cardinal Lustiger, grand prix de l'Académie française.

Cardinal Robert Sarah
avec Nicolas Diat

Le soir approche
et déjà le jour baisse

Fayard

Couverture : N.W.
Photographies de couverture : © D.R.

ISBN : 978-2-213-70521-7

Dépôt légal : mars 2019

Pour Benoît XVI, artisan incomparable de la reconstruction de l'Église.

Pour François, fils fidèle et dévoué de saint Ignace.

Pour les prêtres du monde entier, en action de grâce à l'occasion de mon Jubilé d'or sacerdotal.

« Si Dieu est pour nous, qui sera contre nous ? »

Lettre de saint Paul aux Romains

HÉLAS, JUDAS ISCARIOTE

« Si eux se taisent, les pierres crieront » (Lc 19, 40).

« Un traître est un homme qui jure et qui ment. »
William Shakespeare, *Macbeth*

Pourquoi prendre à nouveau la parole ? Dans mon dernier livre, je vous invitais au silence. Pourtant, je ne peux plus me taire. Je ne dois plus me taire. Les chrétiens sont désorientés. Chaque jour, je reçois de toute part les appels au secours de ceux qui ne savent plus que croire. Chaque jour, je reçois à Rome des prêtres découragés et blessés. L'Église fait l'expérience de la nuit obscure. Le mystère d'iniquité l'enveloppe et l'aveugle.

Quotidiennement nous parviennent les nouvelles les plus terrifiantes. Il ne passe pas une semaine sans qu'un cas d'abus sexuel ne soit révélé. Chacune de ces révélations vient lacérer notre cœur de fils de l'Église. Comme le disait saint Paul VI, les fumées de Satan nous envahissent. L'Église, qui devrait être un lieu de lumière, est devenue un repaire de ténèbres.

Elle devrait être une maison de famille sûre et paisible, et voilà qu'elle est devenue une caverne de brigands ! Comment pouvons-nous supporter que parmi nous, dans nos rangs, se soient introduits des prédateurs ? Nombre de prêtres fidèles se comportent chaque jour en bergers attentionnés, en pères pleins de douceur, en guides fermes. Mais certains hommes de Dieu sont devenus les agents du Mauvais. Ils ont cherché à souiller l'âme pure des plus petits. Ils ont humilié l'image du Christ présente en chaque enfant.

Les prêtres du monde entier se sont sentis humiliés et trahis par tant d'abominations. À la suite de Jésus, l'Église vit le mystère de la flagellation. Son corps est lacéré. Qui porte les coups ? Ceux-là même qui devraient l'aimer et la protéger ! Oui, j'ose emprunter les mots du pape François : le mystère de Judas plane sur notre temps. Le mystère de la trahison suinte des murs de l'Église. Les abus sur les mineurs le révèlent de la manière la plus abominable. Mais il faut avoir le courage de regarder notre péché en face : cette trahison-là a été préparée et causée par beaucoup d'autres, moins visibles, plus subtiles mais tout aussi profondes. Nous vivons depuis longtemps le mystère de Judas. Ce qui apparaît désormais au grand jour a des causes profondes qu'il faut avoir le courage de dénoncer avec clarté. La crise que vivent le clergé, l'Église et le monde est radicalement une crise spirituelle, une crise de la foi. Nous vivons le mystère d'iniquité, le mystère de la trahison, le mystère de Judas.

Permettez-moi de méditer avec vous sur la figure de Judas. Jésus l'avait appelé comme tous les apôtres. Jésus l'aimait ! Il l'avait envoyé pour annoncer la Bonne Nouvelle. Mais peu à peu le doute s'est emparé du cœur de Judas. Insensiblement, il s'est mis à juger l'enseignement de Jésus. Il s'est dit : ce Jésus est trop exigeant, peu efficace. Judas a voulu faire advenir le Royaume de Dieu sur la terre, tout de suite, par des moyens humains et selon ses plans personnels. Pourtant, il avait entendu Jésus lui dire : « Vos pensées ne sont pas mes pensées, vos voies ne sont pas mes voies » (Is 55, 8). Judas s'est malgré tout éloigné. Il n'a plus écouté le Christ. Il ne l'a plus accompagné dans ces longues nuits de silence et de prière. Judas s'est réfugié dans les affaires du monde. Il s'est occupé de la bourse, de l'argent et du commerce. Le menteur continuait à suivre le Christ, mais il n'y croyait plus. Il murmurait. Le soir du Jeudi Saint, le Maître lui a lavé les pieds. Son cœur devait être bien endurci pour ne pas se laisser toucher. Le Seigneur était là devant lui, à genoux, serviteur humilié, lavant les pieds de celui qui devait le livrer. Jésus a posé sur lui une dernière fois son regard plein de douceur et de miséricorde. Mais le diable s'était déjà introduit dans le cœur de Judas. Il n'a pas baissé les yeux. Intérieurement, il a dû prononcer l'antique mot de la révolte : « *non serviam* », « je ne servirai pas ». Lors de la Cène, il a communié alors que son projet était arrêté. Ce fut la première communion sacrilège de l'histoire. Et il a trahi.

Judas est pour l'éternité le nom du traître et son ombre plane aujourd'hui sur nous. Oui, comme lui, nous avons trahi ! Nous avons abandonné la prière. Le mal de l'activisme efficace s'est infiltré partout. Nous cherchons à imiter l'organisation des grandes entreprises. Nous oublions que seule la prière est le sang qui peut irriguer le cœur de l'Église. Nous affirmons que nous n'avons pas de temps à perdre. Nous voulons employer ce temps à des œuvres sociales utiles. Celui qui ne prie plus a déjà trahi. Déjà, il est prêt à toutes les compromissions avec le monde. Il marche sur la voie de Judas.

Nous tolérons toutes les remises en cause. La doctrine catholique est mise en doute. Au nom de postures soi-disant intellectuelles, des théologiens s'amusent à déconstruire les dogmes, à vider la morale de son sens profond. Le relativisme est le masque de Judas déguisé en intellectuel. Comment s'étonner lorsque nous apprenons que tant de prêtres brisent leurs engagements ? Nous relativisons le sens du célibat, nous revendiquons le droit à avoir une vie privée, ce qui est contraire à la mission du prêtre. Certains vont jusqu'à revendiquer le droit à des comportements homosexuels. Les scandales se succèdent, chez les prêtres et chez les évêques.

Le mystère de Judas s'étend. Je veux donc dire à tous les prêtres : restez forts et droits. Certes, à cause de quelques ministres, vous serez tous étiquetés comme homosexuels. On traînera dans la boue l'Église catholique. On la présentera comme si elle était entièrement composée de prêtres hypocrites et avides de pouvoir. Que votre cœur ne se trouble pas. Le Vendredi Saint, Jésus était chargé de tous les crimes du monde, et Jérusalem hurlait : « Crucifie-le ! Crucifie-le ! » Nonobstant les enquêtes tendancieuses qui vous présentent la situation désastreuse d'ecclésiastiques irresponsables à la vie intérieure anémiée, aux commandes du gouvernement même de l'Église, restez sereins et confiants comme la Vierge et saint Jean au pied de la Croix. Les prêtres, les évêques et les cardinaux sans morale ne terniront en rien le témoignage lumineux des plus de quatre cent mille prêtres à travers le monde qui, chaque jour et dans la fidélité, servent saintement et joyeusement le seigneur. Malgré la violence des attaques qu'elle peut subir, l'Église ne mourra pas. C'est la promesse du Seigneur, et sa parole est infaillible.

Les chrétiens tremblent, vacillent, doutent. J'ai voulu ce livre pour eux. Pour leur dire : ne doutez pas ! Tenez ferme la doctrine ! Tenez la prière ! J'ai voulu ce livre pour réconforter les chrétiens et les prêtres fidèles.

Le mystère de Judas, le mystère de la trahison, est un poison subtil. Le diable cherche à nous faire douter de l'Église. Il veut que nous la regardions comme une organisation humaine en crise. Pourtant, elle est tellement plus que cela : elle est le Christ se continuant. Le diable nous pousse à la division et au schisme. Il veut nous faire croire que l'Église a trahi. Mais l'Église ne trahit pas. L'Église, pleine de pécheurs, est elle-même sans péchés ! Il y aura toujours assez de lumière en elle pour ceux qui cherchent Dieu. Ne soyez pas tentés par la haine, la division, la manipulation. Il ne s'agit pas de créer un parti, de nous dresser les uns contre les autres : « Le Maître nous a mis en garde contre ces dangers au point de rassurer le peuple, même à l'égard des mauvais pasteurs : il ne fallait pas qu'à cause d'eux on abandonnât l'Église, cette chaire de la vérité [...] Donc ne nous perdons pas dans le mal de la division, à cause de ceux qui sont mauvais », disait déjà saint Augustin (lettre 105).

L'Église souffre, elle est bafouée et ses ennemis sont à l'intérieur. Ne l'abandonnons pas. Tous les pasteurs sont des homme pécheurs, mais ils portent en eux le mystère du Christ.

Que faire alors ? Il ne s'agit pas de s'organiser et de mettre en œuvre des stratégies. Comment croire que par nous-même nous pourrions améliorer les choses ? Ce serait entrer encore dans l'illusion mortifère de Judas.

Face au déferlement des péchés dans les rangs de l'Église, nous sommes tentés de vouloir prendre les choses en mains. Nous sommes tentés de vouloir purifier l'Église par nos propres forces. Ce serait une erreur. Que ferions-nous ? Un parti ? Un courant ? Telle est la tentation la plus grave : les oripeaux de la division. Sous prétexte de faire le bien, on se divise, on se critique, on se déchire. Et le démon ricane. Il a réussi à tenter les bons sous l'apparence du bien. Nous ne réformons pas l'Église par la division et la haine. Nous réformons l'Église en commençant par nous changer nous-mêmes ! N'hésitons pas, chacun à notre place, à dénoncer le péché en commençant par le nôtre.

Je tremble à l'idée que la tunique sans couture du Christ risque à nouveau d'être déchirée. Jésus a souffert l'agonie en voyant par avance les divisions des chrétiens. Ne le crucifions pas à nouveau ! Son cœur nous supplie : il a soif d'unité ! Le diable craint d'être nommé par son nom. Il aime à se draper dans le brouillard de l'ambiguïté. Soyons clairs. « Mal nommer les choses, c'est ajouter au malheur du monde », disait Albert Camus.

Dans ce livre, je n'hésiterai pas à avoir un langage ferme. Avec l'aide de l'écrivain et essayiste Nicolas Diat, sans qui peu de choses auraient été possibles et qui a été depuis l'écriture de *Dieu ou rien* d'une fidélité sans faille, je veux m'inspirer de la parole de Dieu qui est comme un glaive à deux tranchants. N'ayons pas peur de dire que l'Église a besoin d'une profonde réforme et que cette dernière passe par notre conversion.

Pardonnez-moi si certaines de mes paroles vous choquent. Je ne veux pas vous endormir avec des propos lénifiants et menteurs. Je ne cherche ni le succès ni la popularité. Ce livre est le cri de mon âme ! C'est un cri d'amour pour Dieu et pour mes frères. Je vous dois, à vous chrétiens, la seule vérité qui sauve. L'Église se meurt parce que les pasteurs ont peur de parler en toute vérité et clarté. Nous avons peur des médias, peur de l'opinion, peur de nos propres frères ! Le bon pasteur donne sa vie pour ses brebis.

Aujourd'hui, dans ces pages, je vous offre ce qui est le cœur de ma vie : la foi en Dieu. Dans peu de temps, je paraîtrai devant le Juge éternel. Si je ne vous transmets pas la vérité que j'ai reçue, que lui dirai-je alors ? Nous évêques devrions trembler en pensant à nos silences coupables, à nos silences de complicité, à nos silences de complaisance avec le monde.

On me demande souvent : que devons-nous faire ? Quand la division menace, il faut renforcer l'unité. Elle n'a rien à voir avec un esprit de corps comme il en existe dans le monde. L'unité de l'Église a sa source dans le cœur de Jésus-Christ. Nous devons nous tenir près de lui, en lui. Ce cœur qui a été ouvert par la lance pour que nous puissions nous y réfugier sera notre maison. L'unité de l'Église repose sur quatre colonnes. La prière, la doctrine catholique, l'amour de Pierre et la charité mutuelle doivent devenir les priorités de notre âme et de toutes nos activités.

La prière

Sans l'union à Dieu, toute entreprise d'affermissement de l'Église et de la foi sera vaine. Sans prière, nous serons des cymbales retentissantes. Nous déchoirons au rang des bateleurs médiatiques qui font tant de bruits et ne produisent que du vent. La prière doit devenir notre respiration la plus intime. Elle nous remet face à Dieu. Avons-nous un autre but ? Nous chrétiens, prêtres, évêques, avons-nous une autre raison d'exister que de nous tenir devant Dieu et d'y conduire les autres ? Il est temps de l'enseigner ! Il est temps de la mettre en œuvre ! Celui qui prie se sauve, celui qui ne prie pas se damne, disait saint Alphonse. Je veux insister sur ce point, car une Église qui ne porterait pas la prière comme son bien le plus précieux court à sa perte. Si nous ne retrouvons pas le sens des veilles longues et patientes avec le Seigneur, nous le trahirons. Les Apôtres l'ont fait : nous croyons-nous meilleurs qu'eux ? Les prêtres en particulier doivent absolument avoir une âme de prière. Sans cela, la plus efficace des actions sociales deviendrait inutile et même nocive. Elle nous donnerait l'illusion de servir Dieu alors que nous ne faisons que l'œuvre du Mauvais. Il ne s'agit pas de multiplier les dévotions. Il s'agit de nous taire et d'adorer. Il s'agit de nous mettre à genoux. Il s'agit d'entrer avec crainte et respect dans la liturgie. Elle est l'œuvre de Dieu. Elle n'est pas un théâtre.

J'aimerais que mes frères évêques n'oublient jamais leurs graves responsabilités. Chers amis, vous voulez relever l'Église ? Mettez-vous à genoux ! C'est le seul moyen ! Si vous procédez autrement, ce que vous ferez ne sera pas de Dieu. Seul Dieu peut nous sauver. Il ne le fera que si nous le prions. Comme je voudrais que s'élève du monde entier une prière profonde et ininterrompue, une louange et une supplication adorantes. Le jour où ce chant silencieux retentira dans les cœurs, le Seigneur pourra enfin être entendu et agir à travers ses enfants. D'ici là, nous lui faisons obstacle par nos agitations et nos bavardages. Si nous ne posons pas, comme saint Jean, notre tête contre le cœur du Christ, nous n'aurons pas la force de le suivre jusqu'à la Croix. Si nous ne prenons pas le temps d'écouter les battements du cœur de notre Dieu, nous l'abandonnerons, nous le trahirons comme le firent les apôtres eux-mêmes.

La doctrine catholique

Nous n'avons pas à inventer et à construire l'unité de l'Église. La source de notre unité nous précède et nous est offerte. C'est la Révélation que nous recevons. Si chacun défend son opinion, sa nouveauté, alors la division se répandra partout. Je suis meurtri de voir tant de pasteurs brader la doctrine catholique et installer la division parmi les fidèles. Nous devons au peuple chrétien un enseignement clair, ferme et stable. Comment accepter que les conférences épiscopales se contredisent ? Là où règne la confusion, Dieu ne peut habiter !

L'unité de la foi suppose l'unité du magistère dans l'espace et dans le temps. Quand un enseignement nouveau nous est donné, il doit toujours être interprété en cohérence avec l'enseignement qui précède. Si nous introduisons des ruptures et des révolutions, nous brisons l'unité qui régit la sainte Église au travers des siècles. Cela ne signifie pas que nous sommes condamnés au fixisme. Mais toute évolution doit être une meilleure compréhension et un approfondissement du passé. L'herméneutique de réforme dans la continuité que Benoît XVI a si clairement enseignée est une condition *sine qua non* de l'unité. Ceux qui annoncent à grand fracas le changement et la rupture sont des faux prophètes. Ils ne cherchent pas le bien du troupeau. Ce sont des mercenaires introduits en fraude dans la bergerie. Notre unité se forgera autour de la vérité de la doctrine catholique. Il n'y a pas d'autres moyens. Vouloir gagner la popularité médiatique au prix de la vérité revient à faire l'œuvre de Judas.

N'ayons pas peur ! Quel cadeau plus merveilleux offrir à l'humanité que la vérité de l'Évangile ? Certes, Jésus est exigeant. Oui, le suivre demande de porter sa Croix chaque jour ! La tentation de la lâcheté est partout. Elle guette en particulier les pasteurs. L'enseignement de Jésus paraît trop dur. Combien parmi nous sont tentés de penser : « Ce qu'il dit là est intolérable, on ne peut pas continuer à l'écouter ! » (Jn 6, 60). Le seigneur se retourne vers ceux qu'il a choisis, vers nous prêtres et évêques, et à nouveau nous demande : « Voulez-vous partir, vous aussi ? » (Jn 6, 67). Il nous fixe les yeux dans les yeux et nous demande à chacun : vas-tu m'abandonner ? Vas-tu renoncer à enseigner la foi dans toute sa plénitude ? Auras-tu le courage de prêcher ma présence réelle dans l'Eucharistie ?

Auras-tu le courage d'appeler ces jeunes à la vie consacrée ? Auras-tu la force de dire que sans la confession régulière, la communion sacramentelle risque de perdre son sens ? Auras-tu l'audace de rappeler la vérité de l'indissolubilité du mariage ? Auras-tu la charité de le faire même pour ceux qui risquent de te le reprocher ? Auras-tu le courage d'inviter avec douceur les divorcés, engagés dans une nouvelle union, à changer de vie ? Préfères-tu le succès ou veux-tu venir à ma suite ? Dieu veuille qu'avec saint Pierre nous puissions lui répondre, remplis d'amour et d'humilité : « À qui irions-nous Seigneur ? Tu as les paroles de la vie éternelle ! » (Jn 6, 68).

L'amour de Pierre

Le pape est le porteur du mystère de Simon-Pierre à qui le Christ a dit : « Tu es Pierre et sur cette pierre je bâtirai mon Église » (Mt 16, 18). Le mystère de Pierre est un mystère de foi. Jésus a voulu remettre son Église à un homme. Pour mieux nous le rappeler, il a laissé cet homme le trahir par trois fois devant tous, avant de lui remettre les clefs de son Église. Nous savons que la barque de l'Église n'est pas confiée à un homme en raison de capacités extraordinaires. Nous croyons pourtant que cet homme sera toujours assisté par le divin pasteur pour tenir ferme la règle de la foi.

N'ayons pas peur ! Entendons Jésus : « Tu es Simon [...] Tu t'appelleras Pierre ! » (Jn 1, 42). Depuis les premières heures se tisse la trame de l'histoire de l'Église : fil d'or des décisions infaillibles des pontifes, successeurs de Pierre, fil noir des actes humains et imparfaits des papes, successeurs de Simon. Dans ce chevauchement incompréhensible de fils entremêlés, nous sentons la petite aiguille guidée par la main invisible de Dieu, attentive à tracer sur la trame le seul nom par lequel nous pouvons être sauvés, le nom de Jésus-Christ !

Chers amis, vos pasteurs sont couverts de défauts et d'imperfections. Mais ce n'est pas en les méprisant que vous construirez l'unité de l'Église. N'ayez pas peur d'exiger d'eux la foi catholique, les sacrements de la vie divine. Souvenez-vous de la parole de saint Augustin : « Quand Pierre baptise, c'est Jésus qui baptise. Mais quand Judas baptise, c'est encore Jésus qui baptise ! » (Homélies sur l'Évangile de saint Jean, VIII). Le plus indigne des prêtres reste l'instrument de la grâce divine quand il célèbre les sacrements. Voyez jusqu'où Dieu nous aime ! Il consent à remettre son corps eucharistique entre les mains sacrilèges des prêtres misérables. Si vous pensez que vos prêtres et vos évêques ne sont pas des saints, alors soyez-le pour eux. Faites pénitence, jeûnez pour réparer leurs fautes et leurs lâchetés. C'est seulement ainsi que l'on peut porter le fardeau de l'autre.

La charité fraternelle

Souvenons-nous des paroles du concile Vatican II : « L'Église est le sacrement de l'unité du genre humain. » Pourtant, tant de haine et de division la défigurent. Il est temps de retrouver entre nous un peu de bienveillance. Il est temps d'annoncer la fin du soupçon et de la suspicion ! Pour nous catholiques, il est temps d'« entrer dans une vraie démarche de réconciliation interne », selon les mots de Benoît XVI.

J'écris ces mots depuis mon bureau d'où j'aperçois la place Saint-Pierre. Elle ouvre grand ses bras pour mieux embrasser l'humanité entière. Car l'Église est une mère, elle nous ouvre les bras ! Courons nous y blottir, nous y serrer les uns auprès des autres ! En son sein, rien ne nous menace ! Le Christ a étendu une fois pour toutes les bras sur la Croix pour que désormais l'Église puisse ouvrir les siens et nous réconcilier en elle, avec Dieu et entre nous. À tous ceux qui sont tentés par la trahison, la dissension, la manipulation, le Seigneur redit ces paroles : « Pourquoi me persécutes-tu ? […] Je suis Jésus que tu persécutes » (Ac 9, 4-5) : en nous disputant, en nous haïssant, c'est Jésus que nous persécutons !

Prions un moment ensemble auprès de la grande fresque de Michel-Ange dans la chapelle Sixtine. Il y a représenté le Jugement Dernier. Mettons-nous à genoux devant la majesté divine représentée ici. Toute la cour céleste l'entoure. Les saints sont là, ils portent les instruments de leur martyr. Voici les apôtres, les vierges, les inconnus, les saints qui sont le secret du cœur de Dieu. Tous chantent sa gloire et sa louange. À leurs pieds, les damnés de l'enfer crient leur haine de Dieu. Voici que tout à coup nous prenons conscience de notre petitesse, de notre néant. Voici que tout à coup, nous qui pensions avoir tant d'idées importantes, de projets nécessaires, nous nous taisons, terrassés par la grandeur et la transcendance de Dieu. Emplis de crainte filiale, nous levons les yeux vers le Christ glorieux, tandis qu'à chacun de nous, il demande : « M'aimes-tu ? » Laissons résonner sa question. Ne nous hâtons pas de répondre.

En vérité l'aimons-nous ? L'aimons-nous à en mourir ? Si nous pouvons répondre humblement, simplement : « Seigneur, tu sais tout, tu sais bien que je t'aime », alors il nous sourira, alors Marie et les saints du ciel nous souriront et à chaque chrétien ils diront, comme autrefois à François d'Assise : « Va et répare mon Église ! » Va, répare par ta foi, par ton espérance et ta charité. Va et répare par ta prière et ta fidélité. Grâce à toi, mon Église redeviendra ma maison.

Robert cardinal Sarah
Rome, le vendredi 22 février 2019.

PARTIE I

L'effondrement spirituel et religieux

« Mais le Fils de l'homme, quand il viendra, trouvera-t-il la foi sur la terre ? »

(Lc 18, 8)

1

LA CRISE DE LA FOI

NICOLAS DIAT : Pensez-vous que notre époque connaît une crise de la foi ?

CARDINAL ROBERT SARAH : Permettez-moi de vous répondre par une analogie. Je crois que l'attitude du monde moderne est à l'image de la lâcheté de saint Pierre lors de la Passion, telle qu'elle nous est décrite dans l'Évangile. Jésus vient d'être arrêté. Pierre, qui l'a suivi de loin, entre dans la cour du prétoire de Pilate, sans doute profondément bouleversé. « Comme Pierre était en bas dans la cour, arrive une des servantes du Grand Prêtre. Voyant Pierre qui se chauffait, elle le dévisagea et dit : "Toi aussi, tu étais avec le Nazarénien Jésus." Mais lui nia en disant : "Je ne sais pas, je ne comprends pas ce que tu dis." Puis il se retira dehors vers le vestibule et un coq chanta. La servante, l'ayant vu, recommença à dire aux assistants : "Celui-là en est !" Mais de nouveau il niait. Peu après, à leur tour, les assistants disaient à Pierre : "Vraiment tu en es, et d'ailleurs tu es Galiléen." Mais il se mit à jurer avec force imprécations : "Je ne connais pas cet homme dont vous parlez." » (Mc 14, 66-71).

Comme Pierre, le monde moderne a renié le Christ. L'homme contemporain a eu peur de Dieu, peur de se faire son disciple. Il a dit : « Je ne veux pas connaître Dieu. » Il a craint le regard des autres. On lui a demandé s'il connaissait le Christ, et il a répondu : « Je ne connais pas cet homme. » Il a eu honte de lui-même, et il a juré : « Dieu ? Je ne sais qui il est ! » Nous avons voulu briller aux yeux du monde, et, par trois fois, nous avons renié notre Dieu. Nous avons affirmé : je ne suis pas sûr de lui, des Évangiles, des dogmes, de la morale chrétienne. Nous avons eu honte des saints et des martyrs, nous avons rougi de Dieu, de son Église et de sa liturgie, tremblé devant le monde et ses serviteurs. Alors qu'il venait de le trahir, Jésus regarda Pierre. Que d'amour et de miséricorde, mais aussi combien de reproches et de justice dans ce regard ! Pierre pleura amèrement. Il sut demander pardon.

Accepterons-nous de croiser le regard du Christ ? Je crois que le monde moderne détourne les yeux : il a peur. Il ne veut pas voir son image reflétée dans les yeux si doux de Jésus. Il s'enferme. Mais s'il refuse de se laisser regarder, il finira comme Judas, dans le désespoir. Tel est le sens de la crise contemporaine de la foi. Nous ne voulons pas regarder vers celui que nous avons crucifié. Aussi courons-nous vers le suicide. Ce livre est un appel au monde moderne, pour qu'il accepte de croiser le regard de Dieu et puisse enfin pleurer.

Comment définir la foi ? Qu'est-ce que croire ?

Ce sont des questions qui devraient constamment nous hanter. Nous devons nous interroger sur le sens de notre croyance, pour éviter de vivre à la périphérie de nous-mêmes, dans la superficialité, la routine ou l'indifférence. Il y a des réalités vécues difficiles à définir telles que l'amour ou l'expérience de l'intimité intérieure avec Dieu. Ces réalités empoignent et saisissent toute l'existence, la bouleversent et la transforment de l'intérieur.

Si nous voulons tenter de balbutier quelque chose sur la foi, je dirais que, pour le chrétien, la foi est une confiance totale et absolue de l'homme envers un Dieu personnellement rencontré. Certains se proclament incroyants, athées ou agnostiques. Pour eux, l'esprit humain est dans une complète ignorance quant à la nature intime, l'origine et la destinée des choses. Ces personnes sont profondément malheureuses. Elles ressemblent à des fleuves immenses qui n'auraient point de sources pour alimenter leur vie. Elles ressemblent à des arbres qui, s'étant inexorablement coupés de leurs racines, se sont condamnés à mourir. Tôt ou tard, ils sèchent et meurent. Les hommes qui n'ont pas la foi sont comme des personnes qui n'ont ni père ni mère qui les engendrent et les renouvellent dans la perception de leur propre mystère. Or la foi est une véritable mère. Dans les *Actes des martyrs*, le préfet romain Rusticus demande au chrétien Hiérax : « Où sont tes parents ? » Ce dernier lui répond : « Notre vrai père, c'est le Christ, et notre mère : la foi en Lui. » C'est un grand malheur de ne pas croire en Dieu et d'être privé de sa mère.

Il est heureux qu'il y ait beaucoup d'hommes et de femmes qui se disent croyants. De nombreux peuples attachent une importance capitale à la foi en un être transcendant. Certains ont leurs dieux, qui sont souvent présentés sous la forme de puissances plus ou moins personnifiées qui dominent les hommes. Ils inspirent la terreur et la crainte, la peur et l'angoisse. D'où la tentation de la magie et de l'idolâtrie. On imagine qu'ils exigent des sacrifices sanglants pour attirer leur bienveillance ou apaiser leur courroux.

Dans l'histoire de l'humanité, un homme, Abraham, a su opérer un retournement total en découvrant la foi comme une relation essentiellement personnelle avec un Dieu unique. Cette relation a été initiée par la confiance sans réserve en la parole de Dieu. Abraham entend une parole et un appel ; il obéit immédiatement. Il lui est demandé, de façon impérative et radicale, de quitter son pays, sa parenté et la maison de son père et de partir « pour le pays que je t'indiquerai » (Gn 12, 1).

La foi est donc un « oui » à Dieu. Elle exige de l'homme qu'il quitte ses dieux, sa culture, toutes les assurances et les richesses humaines pour entrer dans le pays, la culture et le patrimoine de Dieu. La foi consiste à se laisser guider par Dieu. Il devient notre seule richesse, notre présent et notre avenir. Il devient notre force, notre soutien, notre sécurité, notre rocher inébranlable sur lequel nous pouvons nous appuyer. La foi est vécue en bâtissant la maison de notre vie sur le roc qui est Dieu (Mt 7, 24). Ainsi peut-il dire à l'homme : « Si vous ne tenez à moi – autrement dit, si vous ne croyez pas – vous ne tiendrez pas » (Is 7, 9).

La foi d'Abraham se développe, s'enracine et se fortifie dans une alliance interpersonnelle faite de liens indestructibles avec son Dieu. La foi implique et exige la fidélité. Cette dernière traduit et exprime un engagement indéfectible à nous attacher à Dieu seul. La fidélité est d'abord celle du Dieu toujours fidèle à ses promesses, n'abandonnant jamais ceux qui le cherchent (Ps 9, 11) : « Je conclurai avec eux une Alliance éternelle : je ne cesserai pas de les suivre pour leur faire du bien et je mettrai ma crainte en leur cœur pour qu'ils ne s'écartent plus de moi » (Jr 32, 40 ; Is 61, 8 ; Is 55, 3).

La foi est contagieuse. Si elle ne l'est pas, c'est qu'elle s'est affadie. La foi est comme le soleil : elle brille, éclaire, rayonne et réchauffe tout ce qui gravite autour d'elle. Par la force de sa foi, Abraham entraîne toute sa famille et sa descendance dans une relation personnelle avec Dieu. Certes, la foi est un acte intimement personnel, mais elle doit aussi être professée et vécue en famille, en Église, en communion ecclésiale. Ma foi est celle de l'Église. C'est ainsi que Dieu se nommera lui-même le Dieu d'Abraham, d'Isaac et de Jacob (Ex 3, 6), le Dieu des pères du peuple Israël.

La foi est véritablement une relation forte entre Dieu et son Peuple Israël. Au début, Dieu prend l'initiative de toute chose. Mais l'homme doit répondre à cette initiative divine par la foi. La foi est toujours une réponse d'amour à une initiative d'amour et d'Alliance.

La foi grandit dans une intense vie de prière et de silence contemplatif. Elle se nourrit et se consolide dans un face-à-face quotidien avec Dieu, et dans une attitude d'adoration et de contemplation silencieuse. Elle est confessée dans le Credo, célébrée dans la liturgie, vécue dans la pratique des commandements. Elle acquiert sa croissance par une vie d'intériorité, d'adoration et de prière. La foi est nourrie par la liturgie, par la doctrine catholique et par l'ensemble de la tradition de l'Église. Ses sources principales sont l'Écriture sainte, les Pères de l'Église et le magistère.

S'il est ardu et difficile de connaître Dieu et de nouer des relations personnelles et intimes avec Lui, nous pouvons réellement le voir, l'entendre, le toucher, le contempler à travers sa parole et les sacrements. En nous ouvrant sincèrement à la vérité et à la beauté de la Création, mais aussi par notre capacité à percevoir le sens du bien moral, notre attention à la voix de notre conscience parce que nous portons en nous ce désir et cette aspiration à une vie infinie, nous nous mettons dans de bonnes conditions pour entrer en contact avec Dieu : « Interroge la beauté de la terre, dit saint Augustin, interroge la beauté de la mer, interroge la beauté de l'air qui se dilate et se diffuse, interroge la beauté du ciel [...] interroge toutes ces réalités. Toutes te répondent : "Vois nous sommes belles !" Leur beauté est une profession de foi. Ces beautés sujettes au changement, qui les a faites sinon le Beau, non sujet au changement ? » (Serm. 241, 2).

Aux yeux de beaucoup de nos contemporains, la foi était une lumière suffisante pour les sociétés anciennes. Mais, pour les temps modernes, le temps de la science et de la technologie, elle est une lumière illusoire qui empêcherait l'homme de cultiver l'audace du savoir. Elle serait même un frein à sa liberté et maintiendrait l'homme dans l'ignorance et la peur.

À cette mentalité contemporaine, le pape François répond avec éclat : « La lumière de la foi possède un caractère singulier, étant capable d'éclairer toute l'existence de l'homme. Pour qu'une lumière soit aussi puissante, elle ne peut provenir de nous-mêmes, elle doit venir d'une source plus originaire, elle doit venir, en définitive, de Dieu. La foi naît de la rencontre avec le Dieu vivant, qui nous appelle et nous révèle son amour, un amour qui nous précède et sur lequel nous pouvons nous appuyer pour être solides et construire nos vies. Transformés par cet amour, nous recevons des yeux nouveaux, nous faisons l'expérience qu'en Lui se trouve une grande promesse de plénitude, et le regard de l'avenir s'ouvre à nous. La foi que nous recevons de Dieu comme un don surnaturel apparaît comme une lumière pour la route, qui oriente et éclaire notre marche dans le temps. [...] Nous comprenons alors que la foi n'habite pas dans l'obscurité, mais qu'elle est une lumière pour nos ténèbres. Un homme privé de la lumière de la foi ressemble à un orphelin ou, comme nous le disions plus haut, il ressemble à quelqu'un qui n'a jamais connu ni son père ni sa mère. C'est triste et déshumanisant de ne point avoir de père ni de mère. Pour les premiers chrétiens, la foi, en tant que rencontre avec le Dieu vivant manifesté dans le Christ Jésus, était une "mère" parce qu'elle les faisait venir à la lumière, elle engendrait en eux la vie divine, une nouvelle expérience, une vision lumineuse de l'existence pour laquelle on doit être prêt à rendre un témoignage public jusqu'au don de son sang, jusqu'à la mort.

» Mais il faut souligner avec suffisamment d'insistance que la foi est inséparablement liée à la conversion. Elle est une rupture avec notre vie de péché, avec les idoles et tous les "veaux d'or" de notre propre fabrication pour revenir au Dieu vivant et vrai, au moyen d'une rencontre qui nous désarçonne et nous renverse totalement. La rencontre avec Dieu est terrifiante et pacificatrice en même temps. Croire signifie s'en remettre à Dieu et à son amour miséricordieux, un amour qui accueille toujours et pardonne, soutient et oriente l'existence, et se montre puissant dans sa capacité de redresser les déformations de notre histoire. La foi consiste dans la disponibilité à se laisser transformer toujours de nouveau par l'appel de ce Dieu, qui constamment nous répète : "Revenez à moi de tout votre cœur, dans le jeûne, les larmes et le deuil. Déchirez vos cœurs et non vos vêtements et revenez au Seigneur, car il est tendre et miséricordieux" (Jl 2, 12-13). Mais notre retour vers le Seigneur, notre véritable conversion par une réponse d'amour, pour une nouvelle Alliance avec Lui, doivent s'effectuer dans la vérité et de manière incarnée et non pas uniquement de façon théorique ou par des subtilités théologiques ou canoniques. Nous ne sommes pas très différents du Peuple de la Première Alliance. Souvent frappé par la main de Dieu pour ses adultères et ses infidélités, Israël a cru pouvoir trouver dans une pénitence sans lendemain et sans racines profondes, son retour en grâce et sa délivrance. Les prophètes repoussent énergiquement cette pénitence superficielle, sentimentale, sans réelle rupture avec son péché, sans véritable abandon de son état de péché et de ses idoles qui ont accaparé son cœur. Seul un repentir issu du plus profond du cœur peut obtenir le pardon et la miséricorde de Dieu.

» La foi est aussi et surtout une réalité ecclésiale. C'est Dieu qui nous donne la foi à travers notre sainte mère l'Église.

Ainsi la foi de chacun de nous s'insère dans celle de la communauté, dans le "*nous*" ecclésial. La lumière de la foi est une lumière incarnée, qui procède de la vie lumineuse de Jésus. [...] Et la lumière de Jésus brille, comme dans un miroir, sur le visage des chrétiens, et ainsi elle se répand et arrive jusqu'à nous pour que nous puissions, nous aussi, participer à cette vision et réfléchir sur les autres cette lumière, comme, dans la liturgie de Pâques, la lumière du cierge allume beaucoup d'autres cierges. La foi se transmet, pour ainsi dire, par contact, de personne à personne, comme une flamme s'allume à une autre flamme. Les chrétiens, dans leur pauvreté, sèment une graine si féconde qu'elle devient un grand arbre et est capable de remplir le monde de fruits » (*Lumen fidei* n. 37).

Il est impossible de croire seul, comme il est impossible de naître de soi-même ou de s'engendrer soi-même. La foi n'est pas seulement une décision individuelle que le croyant prendrait dans son intériorité, elle n'est pas une relation isolée entre le moi du fidèle et le Toi divin, entre le sujet autonome et Dieu. Certains voudraient aujourd'hui réduire la foi à une expérience subjective et privée. Pourtant, la foi advient toujours dans la communauté de l'Église, car c'est là que Dieu se révèle en plénitude et se laisse rencontrer tel qu'il est en vérité.

Dans son Entretien sur la foi, *Joseph Ratzinger écrit : « Il n'y a pas une majorité contre la majorité des saints : la vraie majorité sont les saints dans l'Église et ce sont les saints qui doivent nous orienter ! » En quoi cette priorité donnée à la sainteté a-t-elle une résonance particulière aujourd'hui ?*

Certains voudraient que l'Église se transforme sur le modèle des démocraties modernes. On y confierait le gouvernement à la majorité. Mais cela reviendrait à faire de l'Église une société humaine et non la famille fondée par Dieu.

Dans l'histoire de l'Église, c'est le « petit reste » qui a sauvé la foi. Quelques croyants demeurés fidèles à Dieu et à son Alliance. Ils sont la souche qui va toujours renaître pour que l'arbre ne meure pas. Si démuni soit-il, il subsistera toujours un petit troupeau, un modèle pour l'Église et le monde. Les saints ont trouvé Dieu. Ces hommes et ces femmes ont trouvé l'essentiel. Ils sont la pierre angulaire de l'humanité. La terre renaît et se renouvelle par les saints et leur attachement indéfectible à Dieu et aux hommes qu'ils veulent entraîner vers le salut éternel.

Aucun effort humain, aussi talentueux ou généreux soit-il ne peut transformer une âme et lui donner la vie du Christ. Seules la grâce et la Croix de Jésus peuvent sauver et sanctifier les âmes et faire croître l'Église. Multiplier les efforts humains, croire que les méthodes et les stratégies ont par elles-mêmes une efficacité sera toujours une perte de temps. Le Christ seul peut donner sa vie aux âmes ; il la donne dans la mesure où lui-même vit en nous et s'est entièrement emparé de nous. Il en est ainsi chez les saints. Toute leur vie, toutes leurs actions, tous leurs désirs sont habités par Jésus. La mesure de la valeur apostolique de l'apôtre réside uniquement dans sa sainteté et dans la densité de sa vie de prière.

Nous voyons chaque jour une masse inouïe d'œuvres, de temps, d'efforts dépensés avec ardeur et générosité sans aucun résultat. Or toute l'histoire de l'Église montre qu'il suffit d'un saint pour transformer des milliers d'âmes. Observons, par exemple, le curé d'Ars. Sans rien faire d'autre que d'être saint et de passer des heures devant le tabernacle, il a attiré des foules de toutes les régions du monde dans un petit village inconnu. Sainte Thérèse de l'Enfant-Jésus, morte tuberculeuse après quelques années passées dans un Carmel de province, n'a rien fait d'autre que d'être sainte et d'aimer uniquement Jésus ; or elle a transformé des millions d'âmes. La préoccupation principale de tous les disciples de Jésus doit être la sanctification. La première place dans leur vie doit être donnée à l'oraison, à la contemplation silencieuse et à l'Eucharistie, sans quoi tout le reste serait vaine agitation. Les saints aiment et vivent dans la vérité et se soucient de conduire les pécheurs à la vérité du Christ. Jamais ils ne pourront taire cette vérité ni manifester la moindre complaisance envers le péché ou l'erreur. L'amour des pécheurs et de ceux qui sont dans l'erreur exige que nous combattions impitoyablement leurs péchés et leurs erreurs.

Les saints sont souvent cachés aux yeux de leurs contemporains. Dans les monastères, combien de saints ne seront jamais connus par le monde ?

Je déplore que nombre d'évêques et de prêtres négligent leur mission essentielle, qui est leur propre sanctification et l'annonce de l'Évangile de Jésus, pour s'investir dans des questions sociopolitiques comme l'environnement, les migrations ou les sans-logis. C'est un engagement louable que de s'occuper de ces débats. Mais s'ils négligent l'évangélisation et leur propre sanctification, ils s'agitent en vain. L'Église n'est pas une démocratie où le plus grand nombre finit par emporter les décisions. L'Église est le peuple des saints. Dans l'Ancien Testament, un petit peuple toujours persécuté vient sans cesse renouveler la sainte Alliance par la sainteté de son existence quotidienne. Dans l'Église primitive, les chrétiens s'appelaient les « saints » parce que toute leur vie était imprégnée de la présence du Christ et de la lumière de son Évangile. Ils étaient minoritaires mais ils ont transformé le monde. Le Christ n'a jamais promis à ses fidèles qu'ils seraient majoritaires.

Malgré les plus grands efforts missionnaires, l'Église n'a jamais dominé le monde.

Car la mission de l'Église est une mission d'amour, et l'amour ne domine pas. L'amour est là pour servir et pour mourir, pour que les hommes aient la vie, et la vie en plénitude. Jean-Paul II disait ainsi avec raison que nous n'en sommes qu'au tout début de l'évangélisation.

La force d'un chrétien vient de sa relation à Dieu. Il doit incarner la sainteté de Dieu en lui, et revêtir les armes de lumière (Rm 13, 12), « avec la vérité pour ceinture, la justice pour cuirasse, et pour chaussures le zèle à propager l'Évangile de la paix, ayant toujours en main le bouclier de la foi » (Ep 6, 14-16). Cette armature nous équipe puissamment pour la grande bataille des saints, celle de la prière. Elle est une lutte : « Je vous le demande, écrit saint Paul aux Romains, par notre Seigneur Jésus-Christ et la charité de l'Esprit, luttez avec moi dans les prières que vous adressez à Dieu pour moi » (Rm 15, 30). « Épaphras, votre compatriote, vous salue, écrit encore saint Paul aux Colossiens. Ce Serviteur de Jésus-Christ ne cesse de lutter dans ses prières, afin que vous teniez ferme, parfaits et bien établis dans tous les vouloirs divins » (Col 4, 12).

Le livre de la Genèse raconte une scène mystérieuse : le combat physique entre Jacob et Dieu. Nous sommes impressionnés par Jacob, qui ose empoigner Dieu. Le combat dure toute la nuit. Jacob paraît d'abord triompher, mais son mystérieux adversaire le frappe à l'emboîture de la hanche, et celle-ci se démet pendant qu'il lutte avec Lui. Jacob portera pour toujours la blessure de cette lutte nocturne et deviendra désormais l'éponyme du peuple de Dieu : « On ne t'appellera plus Jacob, mais Israël, car tu as été fort contre Dieu et contre les hommes et tu l'as emporté » (Gn 32, 29). Sans révéler son nom, Dieu bénit Jacob et lui donne un nom nouveau. Cette scène est devenue l'image du combat spirituel et de l'efficacité de la prière. La nuit, dans le silence et la solitude, nous luttons avec Dieu dans la prière.

Les saints sont des hommes qui luttent avec Dieu toute la nuit jusqu'à l'aurore. Cette lutte nous grandit, elle nous fait atteindre notre véritable stature d'hommes et d'enfants de Dieu, parce que « le Dieu et Père de notre Seigneur Jésus-Christ [...] nous a élus en lui, dès avant la fondation du monde, pour être saints et immaculés en sa présence, dans l'amour » (Ep 1, 3-4).

Dieu nous a élus pour l'adorer. Pourtant, l'être humain ne veut pas s'agenouiller. L'adoration consiste à se mettre devant Dieu dans une attitude d'humilité et d'amour. Il ne s'agit pas d'un acte purement rituel, mais d'un geste de reconnaissance de la majesté divine. Celui-ci exprime une gratitude filiale. Nous ne devons rien demander. Il est fondamental de demeurer dans la gratuité.

Pour Joseph Ratzinger puis Benoît XVI, la crise de l'Église était essentiellement une crise de la foi.

Dans un discours à la Curie, le 22 décembre 2011, Benoît XVI considéra que « le centre de la crise de l'Église en Europe est la crise de la foi. Si nous ne trouvons pas une réponse à celle-ci, [...] toutes les autres réformes resteront inefficaces ». Quand Joseph Ratzinger parle de « crise de la foi », il faut bien entendre qu'il ne s'agit pas d'abord d'un problème intellectuel ou théologique au sens académique du terme. Il s'agit d'une « foi vive », une foi qui imprègne et transforme la vie. « Si la foi ne retrouve pas une nouvelle vitalité en devenant une conviction profonde et une force réelle grâce à la rencontre de Jésus-Christ, ajouta Benoît XVI ce jour-là, toutes les autres réformes resteront inefficaces. » Cette perte du sens de la foi est la racine profonde de la crise de civilisation que nous vivons. Comme aux premiers siècles du christianisme, quand s'écroulait l'Empire romain, toutes les institutions humaines semblent aujourd'hui sur la voie de la décadence. Les relations entre les hommes, qu'elles soient politiques, sociales, économiques ou culturelles, deviennent difficiles. En perdant le sens de Dieu, on a sapé le fondement de toute civilisation humaine et ouvert la porte à la barbarie totalitaire.

Benoît XVI a parfaitement expliqué cette idée dans une catéchèse du 14 novembre 2012 : « L'homme séparé de Dieu est réduit à une seule dimension, horizontale. Ce réductionnisme est justement une des causes fondamentales des totalitarismes qui ont eu des conséquences tragiques au siècle dernier, ainsi que de la crise des valeurs que nous voyons actuellement. En obscurcissant la référence à Dieu, on a obscurci aussi l'horizon éthique, pour laisser place au relativisme et à une conception ambiguë de la liberté, qui au lieu d'être libératrice finit par lier l'homme à des idoles. Les tentations que Jésus a affrontées au désert avant sa mission publique représentent bien ces "idoles" qui séduisent l'homme, quand il ne va pas au-delà de lui-même. Si Dieu perd son caractère central, l'homme perd sa juste place, il ne trouve plus sa place dans le créé, dans les relations avec les autres. »

Je voudrais insister sur cette idée. Le fait de refuser à Dieu la possibilité de faire irruption dans tous les aspects de la vie humaine revient à condamner l'homme à la solitude. Il n'est plus qu'un individu isolé, sans origine ni destin. Il se retrouve condamné à errer dans le monde comme un barbare nomade, sans savoir qu'il est fils et héritier d'un Père qui l'a créé par amour et l'appelle à partager son bonheur éternel. C'est une profonde erreur de croire que Dieu viendrait limiter et frustrer notre liberté. Au contraire, Dieu vient nous libérer de la solitude et donner sens à notre liberté. L'homme moderne s'est lui-même rendu prisonnier d'une raison si autonome qu'elle en est devenue solitaire et autiste. « La Révélation est irruption du Dieu vivant et vrai dans notre monde, elle nous libère des geôles de nos théories, dont les grilles veulent nous protéger contre l'irruption de Dieu dans notre vie. [...] La misère de la philosophie, c'est-à-dire la misère dans laquelle la raison positiviste s'est précipitée, est devenue misère de notre foi. Celle-ci ne peut être libérée si la raison ne s'ouvre pas à la nouveauté. Si la porte de la connaissance métaphysique demeure fermée, si les frontières du savoir humain telles qu'elles sont fixées par Kant sont infranchissables, alors la foi ne peut que dépérir : le souffle lui manque », écrivait Joseph Ratzinger dans « La théologie, un état des lieux » (*Communio*, XXII-1, février 1997).

Ce malaise dans la civilisation remonte loin. Il a atteint un moment critique à la fin de de la Seconde Guerre mondiale. L'affrontement de l'Église et de la modernité a créé en Occident une souffrance et un doute chez de nombreux prêtres et chrétiens. En 1966, dans sa conférence au Katholikentag de Bamberg, le théologien Joseph Ratzinger est particulièrement explicite. Pour illustrer la situation de l'Église dans le monde contemporain, il évoque l'image de la cathédrale néogothique de New York, encerclée et surplombée par des géants d'acier, les gratte-ciel. Autrefois, les flèches des cathédrales surplombant les villes évoquaient l'éternel ; désormais, ce bâtiment sacré semble dominé et perdu dans le monde. La modernité naissante méprisait l'Église. Les intellectuels ne comprenaient plus son enseignement. On avait l'impression d'un malentendu impossible à dissiper. D'où le désir, qui se retrouvait notamment dans les mouvements de la jeunesse, de s'affranchir de certains détails extérieurs datés et dépassés. Le cœur de la vie chrétienne devenait incompréhensible pour beaucoup, qui finissaient par ne plus regarder que ces détails secondaires. Joseph Ratzinger donne comme exemple le style désuet de certains textes théologiques pré-Vatican II, le style extérieur de la Curie romaine, ou le déploiement exagéré des pompes des liturgies pontificales baroques. Il fallait supprimer ces causes de malentendus et de scandales inutiles. Il était urgent d'exprimer le cœur de l'Évangile en un langage que les hommes modernes puissent comprendre.

Lors du concile Vatican II, la constitution pastorale sur l'Église dans le monde de ce temps, *Gaudium et spes*, a voulu dépoussiérer l'héritage pour mieux le mettre en valeur. Toutefois, quand il s'est agi de définir en termes nouveaux la relation de l'Église avec le monde contemporain, on s'est rendu compte qu'il y avait bien d'autres problèmes en jeu que le seul élagage de tournures d'un autre temps.

Il est légitime de trouver de nouvelles formes d'évangélisation que le monde moderne puisse comprendre et recevoir, mais il est naïf et superficiel de vouloir à tout prix le réconcilier avec l'Église. C'est même le signe d'un aveuglement théologique. « À notre époque, déclarait Joseph Ratzinger dans son discours à la curie romaine à l'occasion de la présentation de vœux de Noël en décembre 2005, l'Église demeure un "signe en butte à la contradiction" (Lc 2, 34) – ce n'est pas sans raison que le pape Jean-Paul II, alors qu'il était encore cardinal, avait donné ce titre aux *Exercices spirituels* prêchés en 1976 au pape Paul VI et à la Curie romaine. Le concile ne pouvait avoir l'intention d'abolir cette contradiction de l'Évangile à l'égard des dangers et des erreurs de l'homme. En revanche, son intention était certainement d'écarter les contradictions erronées ou superflues, pour présenter à notre monde l'exigence de l'Évangile dans toute sa grandeur et sa pureté. Le pas accompli par le concile vers l'époque moderne, qui de façon assez imprécise a été présenté comme une "ouverture au monde", appartient en définitive au problème éternel du rapport entre foi et raison, qui se représente sous des formes toujours nouvelles. »

En effet, certains se sont appuyés sur la notion d'incarnation pour affirmer que Dieu était venu à la rencontre du monde et l'avait sanctifié. Dès lors, pour eux, le monde et l'Église devaient se réconcilier. Ils pensaient naïvement qu'être chrétien se résumait à s'immerger joyeusement dans le monde. À rebours de cet irénisme adolescent, le cardinal Ratzinger fait remarquer que l'incarnation ne peut être comprise dans le Nouveau Testament qu'à la lumière de la Passion et de la résurrection. Dans la prédication des apôtres, la proclamation de la résurrection, elle-même inséparable de la Croix, occupe une place centrale. Dans le même discours, il déclarait : « Mais, en tout état de cause, on peut dire ceci : si pour l'Église se tourner vers le monde signifiait se détourner de la Croix, cela la conduirait non pas à un renouveau, mais à sa fin. Lorsque l'Église se tourne vers le monde, cela ne peut pas signifier qu'elle supprime le scandale de la Croix, mais uniquement qu'elle le rend de nouveau accessible dans toute sa nudité, en écartant tous les scandales secondaires qui se sont introduits pour le cacher, et où malheureusement la folie de l'égoïsme humain recouvre bien souvent la folie de l'amour de Dieu, donnant un faux scandale pour l'homme de tous les temps : que le Dieu éternel se soucie de nous les hommes et nous connaisse, que celui qui est insaisissable se soit fait saisissable dans l'homme Jésus, que celui qui est immortel ait souffert sur la Croix, que la résurrection et la vie éternelle nous soient promises à nous mortels, croire cela c'est une prétention irritante pour l'homme moderne. Ce scandale chrétien, le concile n'a pas pu et n'a pas voulu le supprimer. Mais nous devons ajouter : ce scandale primordial, qui ne peut être supprimé sans en même temps supprimer le christianisme, a été bien souvent dans l'histoire recouvert par le scandale secondaire de ceux qui prêchaient la foi, scandale qui n'est absolument pas essentiel au christianisme, mais se laisse volontiers confondre avec le scandale primordial et aime prendre des poses de martyr lorsqu'en réalité on n'est victime que de sa propre étroitesse et de son propre entêtement. »

Je tiens à insister sur ce point essentiel : Jésus-Christ est source unique de salut et de grâce par la Croix. C'est par l'offrande de sa mort que, triomphant du péché, il nous rend la vie surnaturelle, la vie d'amitié avec lui qui s'achèvera en vie éternelle. Pour trouver en Jésus-Christ la vie de Dieu qui nous est donnée, il n'y a pas d'autre voie que la Croix, appelée par l'Église « *spes unica* », l'« unique espérance ». La Croix dont saint Paul dit : « Pour moi, que jamais je ne me glorifie sinon dans la Croix de notre Seigneur Jésus, qui a fait du monde un crucifié pour moi et de moi un crucifié pour le monde » (Ga 6, 14). Saint Paul est direct : dans sa prédication, il ne veut connaître rien d'autre que Jésus-Christ et « Jésus-Christ crucifié » (1Co 2, 2). Pour que la désobéissance et l'orgueil d'Adam soient réparés, il a fallu que Jésus, par amour, s'abaisse, « devenant obéissant jusqu'à la mort sur une Croix. C'est pourquoi Dieu l'a exalté et lui a donné le nom qui est au-dessus de tout nom » (Ph 2, 8-9). Par ces mots, fondamentaux pour le christianisme, saint Paul explique que le triomphe de Dieu naît de la Croix. La nature humaine, blessée par le péché de nos premiers parents qui s'étaient refusés à la vie de Dieu par complaisance envers eux-mêmes, est réparée par la Croix. Il a fallu que notre nature, assumée par le Christ, devienne l'instrument d'une immolation, d'un renoncement total par acceptation de la mort dans l'obéissance d'amour.

De ce fait, l'orientation de l'Église vers le monde ne peut pas signifier un éloignement de la Croix, une renonciation au scandale de la Croix. L'Église cherche sans cesse à se réformer, c'est-à-dire à supprimer de sa vie tous les scandales introduits par les hommes pécheurs. Cependant, elle le fait pour mieux mettre en valeur le scandale premier et irremplaçable de la Croix, le scandale de Dieu allant au-devant de la Croix par amour pour les hommes. Comment ne pas être attristé par l'avalanche de scandales qui arrivent aujourd'hui par des hommes d'Église ? Non seulement ils blessent le cœur des petits mais, plus gravement, ils recouvrent d'un voile noir la Croix glorieuse du Christ. Le péché des chrétiens empêche nos contemporains de se trouver face à la Croix. Oui, une vraie réforme est nécessaire dans l'Église, qui doit remettre la Croix au centre ! Nous n'avons pas à rendre l'Église acceptable selon les critères du monde. Nous avons à la purifier pour qu'elle présente au monde la Croix dans toute sa nudité.

Dans votre esprit, la perte du sens de Dieu et la perte du sens de l'adoration et de l'absolu divin sont-elles liées ?

La perte du sens de Dieu est la matrice de toutes les crises. L'adoration est un acte d'amour, de vénération respectueuse, d'abandon filial et d'humilité devant la majesté et la sainteté terrifiantes de Dieu. Comme Isaïe, l'homme se trouve devant cette Présence grandiose, face à laquelle les séraphins se crient l'un à l'autre ces paroles : « Saint, Saint, Saint, le Seigneur de l'univers, sa gloire emplit toute la terre » (Is 6, 3). Alors nous nous écrions avec le prophète : « Malheur à moi, je suis perdu, car je suis un homme aux lèvres impures, [...] et mes yeux ont vu le Seigneur de l'univers » (Is 6, 5).

Devant Dieu, Isaïe tombe à genoux et se prosterne pour l'adorer et Lui demander d'être purifié de son péché. En effet, comment pouvons-nous nous prosterner et adorer si nous sommes pleins de péchés ? Comment tenir devant la sainteté de Dieu si nous nous accrochons à notre péché ? L'adoration est la marque la plus grande de la noblesse de l'homme. Elle est une reconnaissance de la proximité bienveillante de Dieu et l'expression humaine de l'étonnante intimité de l'homme avec Dieu. L'homme se tient prostré, littéralement écrasé par l'amour immense que Dieu lui porte. Adorer, c'est se laisser brûler par l'amour divin. On est toujours à genoux devant l'amour. Le Père seul peut nous indiquer la manière d'adorer et de nous tenir devant l'amour.

Il faut ainsi comprendre que la liturgie est un acte humain inspiré par Dieu, par lequel nous répondons à Dieu qui nous aime et vient vers nous avec tant de bienveillance.

Mais nous manquons d'adorateurs. Pour que le peuple de Dieu adore, il faut que les prêtres et les évêques soient les premiers adorateurs. Ils sont appelés à se tenir constamment devant Dieu. Leur existence est destinée à devenir une prière incessante et persévérante, une liturgie permanente. Ils sont les premiers de cordée. L'adoration est un acte personnel, un cœur-à-cœur avec Dieu, que nous avons besoin d'apprendre. Souvenons-nous de Moïse, qui a appris au peuple juif à devenir un peuple d'adorateurs, à se tenir filialement devant Dieu. Et c'est Dieu lui-même qui institue Aaron comme prêtre. Ce dernier exercera avec ses enfants le sacerdoce de Dieu. Les Hébreux savent qu'ils doivent garder la mémoire de la sortie d'Égypte à travers la célébration pascale, le grand acte d'amour de Dieu envers son Peuple, Israël.

Centrés sur eux-mêmes et leurs activités, préoccupés des résultats humains de leur ministère, il n'est pas rare que des évêques et des prêtres négligent l'adoration. Ils ne trouvent pas de temps pour Dieu, parce qu'ils ont perdu le sens de Dieu. Dieu n'a plus beaucoup de place dans leur vie. Pourtant, le primat de Dieu devrait signifier la centralité de Dieu dans nos vies, nos actions et nos pensées. Si l'homme oublie Dieu, il finit par se célébrer lui-même. Il devient alors son propre dieu et se met en opposition ouverte contre Dieu. Il agit comme si le monde était son domaine propre et réservé. Dieu n'a plus rien à voir avec la Création devenue propriété humaine dont il faut tirer profit.

Sous prétexte de « garder pur » le surnaturel, nous interdisons à Dieu d'entrer dans nos vies ; nous refusons l'incarnation. Nous refusons que Dieu se dise à travers l'Écriture, nous voulons donc la purifier de tous les mythes qu'elle contiendrait. Nous refusons la possibilité de dire Dieu par la théologie, sous le prétexte de maintenir sa transcendance. Nous refusons la piété, la religiosité, le sacré sous prétexte de ne pas introduire d'éléments humains dans notre relation à Dieu. Le cardinal Ratzinger écrivait dans *L'Esprit de la liturgie* : « Notre forme actuelle de sensibilité religieuse, qui ne perçoit plus à travers les sens la présence de l'Esprit, mène, presque inévitablement, à une théologie purement "négative" (apophatique), où la validité de toute image, de tout discours humain sur Dieu, est relativisée. Ce qui passe pour de l'humilité relève en fait d'un orgueil qui ne laisse aucune place à la parole de Dieu et lui ferme toute possibilité d'entrer réellement dans l'histoire. » À force de vouloir "garder pur" le surnaturel, on l'isole de la nature et le monde s'organise sans Dieu, de manière profane.

Dans *Paradoxes*, Henri de Lubac avait lui aussi considéré que « le dualisme auquel nous nous sommes, dans un passé récent, trop laissé entraîner, a eu pour résultat que les hommes, nous prenant au mot, ont écarté tout le surnaturel, c'est-à-dire en pratique tout le sacré. [...] Ils ont relégué ce surnaturel dans quelque recoin éloigné où il ne pouvait que demeurer stérile. Ils l'ont exilé dans une province à part, qu'ils nous ont volontiers abandonnée, le laissant peu à peu mourir sous notre garde. Et pendant ce temps, ils se mettaient à organiser le monde, ce monde pour eux seul vraiment réel, seul vivant, le monde des choses et des hommes, le monde de la nature et le monde des affaires, le monde de la culture et le monde de la cité. Ils l'exploraient, ou ils le bâtissaient, en dehors de toute influence chrétienne, dans un esprit tout profane. [...] Par un malentendu tragique, nous nous prêtions donc plus ou moins à ce jeu. Il y avait comme une conspiration inconsciente entre le mouvement qui conduisait au laïcisme et une certaine théologie, et tandis que le surnaturel se trouvait exilé et proscrit, il arrivait qu'on pensât parmi nous que le surnaturel était mis hors des atteintes de la nature, dans le domaine où il doit régner ».

À la racine de cette attitude, il y a une théologie d'inspiration protestante qui vise à opposer la « foi » et la religiosité. L'attitude sacrée, la crainte religieuse seraient des éléments profanes et païens dont il faudrait purifier la foi chrétienne. On voudrait faire du christianisme un contact tout intérieur avec Dieu, sans traduction concrète dans la vie. Le christianisme devient une gnose. Ce mouvement a pour effet d'abandonner toutes les réalités humaines à elles-mêmes, à leur côté profane et fermé à Dieu. Cette gnose se mue en « pélagianisme » et en athéisme pratique.

Pourquoi dites-vous si souvent que le service du prochain ne doit se comprendre que par le service du Christ ?

L'homme blessé par le péché originel se révèle souvent égocentrique, individualiste et égoïste. Inspiré par le Christ, il sert son prochain. Sans le Christ, il ne connaît que son propre intérêt. Mère Teresa affirmait que sans la présence intense et brûlante de Dieu en notre cœur, sans une vie de profonde et intense intimité avec Jésus, nous sommes trop pauvres pour nous occuper des pauvres. C'est Jésus présent en nous qui nous presse vers les pauvres. Sans lui, nous ne pouvons rien faire. Nous sommes rarement capables de faire le don de nous-mêmes aux autres. Les chrétiens ne sont pas appelés à être seulement investis dans les actions humanitaires. La charité va bien au-delà. Souvent, l'action des organisations non gouvernementales humanitaires que j'ai pu observer en Afrique ou ailleurs est utile. Mais elle a toujours tendance à devenir un commerce où les intérêts rapaces se mêlent à la générosité.

La véritable charité est gratuite. Elle n'attend rien en contrepartie. La véritable gratuité vient de celui qui a donné sa vie gratuitement pour nous. La charité est une participation à l'amour même du cœur de Jésus pour les hommes. Sans le Christ, la charité est une mascarade. Quand les sœurs de Mère Teresa viennent dans un pays, elles ne demandent rien. Elles ne désirent rien d'autre que servir les plus obscurs bidonvilles, humblement, avec le sourire, après avoir longuement contemplé le Seigneur. Elles veulent simplement qu'un prêtre vienne célébrer la messe chaque jour dans leur maison. Ces femmes savent qu'il leur est impossible de mener à bien la charité sans l'aide du Fils de Dieu, car la source de l'amour est Dieu. Le Christ est notre modèle, lui qui disait : « Je suis venu pour servir, non pour être servi » (Mt 20, 28). C'est en lui et par lui que tout service nous est possible. Comme le dit saint Paul, « nous nous rappelons en présence de notre Dieu et Père l'activité de votre foi, le labeur de votre charité, la constance de votre espérance, qui sont dus à notre Seigneur Jésus-Christ » (1Th 1, 3).

Je suis convaincu que les organisations caritatives catholiques ne peuvent être des ONG parmi d'autres. Elles sont l'expression d'une foi rayonnante en Jésus-Christ. Tous les grands saints qui ont servi les pauvres ont fondé leur travail caritatif sur l'amour de Dieu.

Les mots prononcés par François à ce propos lors de l'homélie à la chapelle Sixtine, le 14 mars 2013, sont particulièrement éloquents : « Nous pouvons marcher comme nous voulons, nous pouvons édifier de nombreuses choses, mais si nous ne confessons pas Jésus-Christ, cela ne va pas. Nous deviendrons une ONG humanitaire, mais non l'Église, Épouse du Seigneur. Quand on ne marche pas, on s'arrête. Quand on n'édifie pas sur les pierres, qu'est-ce qui arrive ? Il arrive ce qui arrive aux enfants sur la plage quand ils font des châteaux de sable : tout s'écroule, c'est sans consistance. »

Avez-vous le sentiment que l'acte de foi est désormais mis au service du seul développement humain ?

Effectivement, nous travaillons trop souvent au service exclusif du bien-être humain. Mais le développement économique, la santé, la qualité de vie sont des choses importantes et indispensables. L'accueil des réfugiés qui ont tout perdu au terme de longs voyages harassants est une mesure d'humanité et de solidarité. Venir en aide matériellement à un nécessiteux est un acte fraternel de grande valeur : lorsque nous nous occupons d'un homme maltraité, nous nous occupons du Christ lui-même.

Saint Jean Chrysostome nous le rappelle avec véhémence. Il s'est élevé en même temps contre les fléaux sociaux, le luxe et la cupidité. Il a rappelé la dignité de l'homme, fût-il pauvre, et les limites de la propriété. Ses paroles sont cinglantes : « Des mulets promènent des fortunes, et le Christ meurt de faim devant ta porte. » Il montre le Christ dans le pauvre et lui fait dire : « Je pourrais me nourrir moi-même ; mais je préfère errer en mendiant, tendre la main devant ta porte, pour être nourri par toi. C'est par amour pour toi que j'agis de la sorte. » Il s'élève contre l'esclavage et son aliénation : « Ce que je vais vous dire est horrible mais il faut que je vous le dise : Mettez Dieu au même rang que vos esclaves. Libérez le Christ de la faim, de la nécessité, des prisons, de la nudité. Ah ! Vous frémissez. »

Comment nourrissons-nous notre amour du Fils de Dieu ? Quelles sont les marques de notre amour ? Les pauvres que nous servons doivent savoir au nom de qui nous les aimons. Les pauvres doivent connaître la source de notre générosité. Nous aimons car nous aimons le Christ. Nous aimons parce que nous avons été aimés par celui qui est amour et a livré son Fils jusqu'à la mort.

Dieu agit à travers nos pauvres personnes. La générosité, sans amour de Dieu, est un acte sec. Ce n'est pas faire preuve de prosélytisme que de parler à un pauvre de Dieu.

Ainsi Benoît XVI pouvait écrire dans *Deus caritas est* : « La charité ne doit pas être un moyen au service de ce qu'on appelle aujourd'hui le prosélytisme. L'amour est gratuit. Il n'est pas utilisé pour parvenir à d'autres fins. Cela ne signifie pas toutefois que l'action caritative doive laisser de côté, pour ainsi dire, Dieu et le Christ. C'est toujours l'homme tout entier qui est en jeu. Souvent, c'est précisément l'absence de Dieu qui est la racine la plus profonde de la souffrance humaine. Celui qui pratique la charité au nom de l'Église ne cherchera jamais à imposer aux autres la foi de l'Église. Il sait que l'amour, dans sa pureté et dans sa gratuité, est le meilleur témoignage du Dieu auquel nous croyons et qui nous pousse à aimer. Le chrétien sait quand le temps est venu de parler de Dieu et quand il est juste de Le taire et de ne laisser parler que l'amour. Il sait que Dieu est amour (1Jn 4, 8) et qu'il se rend présent précisément dans les moments où rien d'autre n'est fait sinon qu'aimer. Il sait que le mépris de l'amour est mépris de Dieu et de l'homme, et qu'il est la tentative de se passer de Dieu. »

Vous considérez donc que l'homme ne doit pas enfermer Dieu dans ses petits désirs ?

Même si l'homme le voulait, il ne réussira jamais à enfermer Dieu. Il doit plutôt aimer, écouter, adorer Dieu et suivre le Christ. Dans notre civilisation matérialiste, l'homme pense presque exclusivement à ses intérêts propres et étriqués. Il voit Dieu comme celui qui devrait lui apporter ce que la consommation ne lui donne pas. Dieu est utilisé pour satisfaire des demandes égoïstes. S'il ne répond pas, on l'abandonne. Certains vont même jusqu'à blasphémer son saint nom. La religion qui doit relier le ciel et la terre risque alors de devenir un espace purement narcissique. Certaines sectes évangéliques excellent dans ce commerce. On transforme Dieu en idole païenne qui doit assurer la santé, le bonheur, la prospérité et exaucer tous les caprices de l'homme. On commande des miracles et, immédiatement, il devrait les déverser sur nous. Voilà comment les sectes ridiculisent Dieu et se moquent des crédules, sans intelligence ni foi.

Je ne veux pas condamner les demandes que les hommes peuvent faire pour implorer une aide divine. Les beaux ex-voto des chapelles, des églises et des cathédrales montrent combien Dieu a pu intervenir pour aider des hommes. Mais la prière de demande se fonde sur la confiance en la volonté de Dieu ; le reste nous sera donné par surcroît. Si nous aimons Dieu, si nous sommes attentifs à accomplir joyeusement sa sainte volonté, si nous désirons prioritairement sa lumière, c'est-à-dire la loi de Dieu au plus profond de nos entrailles pour éclairer nos vies (Ps 40, 9 ; He 10, 5-9), alors il nous aidera naturellement dans nos difficultés.

La religion n'est pas un marché de l'offre et de la demande. Elle n'est pas un cocon confortable. Le socle du christianisme repose sur l'amour d'un Dieu qui n'abandonne pas ses enfants. Il ne s'agit pas de demander mais d'espérer et de faire confiance à un Dieu dont l'amour est inépuisable et qui répand sur nous sa miséricorde en délivrant notre conscience de ce qui l'inquiète et en donnant plus que nous n'osons demander (Collecte du 27e dimanche du temps ordinaire). Dieu est notre Père. Nous sommes ses enfants. Le christianisme invite à retrouver l'esprit de l'enfance. Notre religion est un élan du Fils vers le Père, et du Père vers le Fils. Simplicité, confiance, abandon entre les mains de Dieu : voilà notre chemin vers Dieu. La vie chrétienne est une conspiration de charité.

Avons-nous perdu le sens de la transcendance de Dieu ?

Dans la foi catholique, la transcendance est exprimée et symbolisée par l'autel. Que signifie-t-il ? Dans son livre *La Messe,* Romano Guardini l'explique merveilleusement : « On peut exprimer au mieux sa signification par deux images : il est seuil et il est table. Le seuil, c'est la porte, qui signifie une double chose : une frontière et un franchissement. Le seuil indique où quelque chose finit et où une autre commence. Jusqu'au seuil, nous sommes dans un lieu ; après le seuil, nous passons, nous entrons dans un autre. Comme seuil, l'autel forme d'abord une frontière ; la frontière stricte entre l'espace du monde et l'espace de Dieu, entre l'immédiateté de l'humain et la Transcendance du divin. L'autel nous fait prendre conscience des hauteurs où Dieu habite. On peut dire que ces hauteurs se trouvent "de l'autre côté de l'autel", si on pense à l'éloignement de Dieu. On peut dire également qu'elles se trouvent "au-dessus de l'autel", si on se réfère cette fois à la Transcendance de Dieu. Ces deux expressions ne doivent pas être comprises dans un sens corporel, matériel et spatial, mais dans un sens purement spirituel. Elles signifient que Dieu est l'Insaisissable, l'Inconnaissable, Celui qui est inaccessible à toute démarche et à tout effort qu'on ferait pour le saisir ; qu'il est le Puissant et le Majestueux, le Terrible, Celui qui est élevé au-dessus de toutes les choses terrestres : ce qui fonde cet éloignement et cette élévation, ce ne sont donc pas des distances spatiales, mais la nature même de Dieu, sa sainteté, à laquelle l'homme en tant qu'homme pécheur n'a pas accès. Et cependant, cette distance ne doit pas seulement être entendue au sens "purement spirituel", je veux dire abstraitement, de façon intellectuelle. Tout dans la liturgie est symbole. L'autel n'est pas une allégorie, mais un symbole. Le fidèle en effet ne voit pas dans l'autel le seuil de la Transcendance et la frontière de l'au-delà comme s'il avait pris conventionnellement l'habitude de voir les choses ainsi : d'une certaine manière c'est réellement qu'il voit ce seuil et cette frontière. C'est pourquoi il ne sied pas que le prêtre célébrant se tienne "de l'autre côté de l'autel", comme s'il prenait la place de Dieu. Ce faisant, il est comme un écran qui cache la Transcendance de Dieu. Il est un voile qui cache la majesté de Dieu. Ainsi au lieu de regarder Dieu, les fidèles regardent le prêtre. Et celui-ci, par ses mouvements, ses gestes et multiples paroles brouille le Mystère, cache la Transcendance divine.

» Il suffit à l'homme de se bien disposer intérieurement, de méditer silencieusement et paisiblement pour qu'il ressente vraiment le Mystère, et son cœur se remplit alors de respect et d'amour filial. Oui, si l'heure est très propice, il peut même apprendre à l'autel quelque chose de ce que Moïse a appris lorsque dans la solitude du mont Horeb il gardait le troupeau et que lui apparut soudain "l'Ange de Yahvé" sous la forme d'une flamme de feu jaillissant du milieu d'un buisson. Moïse regarda : le buisson était embrasé mais ne se consumait pas. Yahvé le vit s'avancer pour mieux voir et Dieu l'appela du milieu du buisson : "Moïse, Moïse !" "Me voici", répondit-il. Alors il dit : "N'approche pas d'ici, ôte tes sandales de tes pieds, car le lieu que tu foules est une terre sainte" (Ex 3, 1-5). »

Comprenons-nous vraiment ce que représente l'autel ? Le prêtre qui y monte se rend-il compte qu'il est devant le buisson ardent, devant la majesté et la transcendance divines ? Se rend-il compte que toute la civilisation chrétienne naît de l'autel comme d'une source ? L'autel est le cœur de nos cités. Littéralement, nos villes se sont bâties autour de l'autel, blotties autour de l'église qui le protège. La perte du sens de la grandeur de Dieu est une formidable régression vers la sauvagerie. Le sens du sacré est en effet le cœur de toute civilisation humaine. La présence d'une réalité sacrée engendre les sentiments de respect, les gestes de vénération. Les rites religieux sont la matrice de toutes les attitudes de politesse et de courtoisie humaine. En effet, si tout homme est respectable, c'est fondamentalement parce qu'il est à l'image et à la ressemblance de Dieu. La dignité de l'homme est un écho à la transcendance de Dieu. Mais, si nous ne tremblons plus d'une crainte joyeuse et révérencielle devant la grandeur de Dieu, comment l'homme serait pour nous un mystère digne de respect ? Il n'a plus cette noblesse divine. Il devient une marchandise, un objet de laboratoire. Sans le sens de l'adoration de Dieu, les rapports humains se colorent de vulgarité et d'agressivité. Plus nous serons déférents devant Dieu à l'autel, plus nous serons délicats et courtois avec nos frères.

Nous retrouverons le sens de la grandeur humaine si nous acceptons de reconnaître la transcendance de Dieu. L'homme n'est grand et n'atteint sa plus haute noblesse que lorsqu'il se met à genoux devant Dieu. L'homme grand est humble et l'homme humble est à genoux. Si, comme Jésus, nous nous abaissons devant Dieu, devenant obéissants jusqu'à la mort, Il nous élèvera souverainement et nous conférera un nom qui est au-dessus de tout nom (Ph 2, 8-9). Nous ne sommes pas à genoux devant la majesté et la sainteté de Dieu comme des esclaves. Mais nous sommes des amoureux en compagnie des séraphins, éblouis devant la splendeur de Dieu qui emplit de sa Présence silencieuse le temple de notre cœur. Nous sommes dépassés par Dieu, non pas pour nous happer mais pour nous faire grandir. La transcendance de Dieu est un appel à la transcendance de l'homme. Car le mystère de Dieu et celui de l'homme sont intimement liés.

Romano Guardini écrivait aussi dans le même ouvrage : « Il est très important pour l'homme de faire une fois dans sa vie l'expérience de l'effroi devant Dieu, de se voir chassé une fois du lieu saint et d'avoir ainsi appris au plus profond de lui-même que Dieu est Dieu, et qu'il n'est, lui, qu'un homme. La confiance en Dieu, le sentiment de sa proximité paternelle et miséricordieuse, l'assurance qu'on trouve en lui, restent des choses minces et fades si l'on n'y joint pas la conscience de la majesté inaccessible et de l'effroi devant la sainteté de Dieu. Nous avons besoin de prier Dieu pour qu'il nous accorde cette expérience, et l'endroit où elle nous attend semble bien être l'autel, lieu de transcendance et buisson ardent et lieu saint où se manifestent la majesté et la sainteté de Dieu. »

À Rome, au-dessus de la porte de l'église Santa-Maria-in-Campitelli, une inscription rappelle dans quelle disposition d'âme nous devons entrer dans un lieu sacré. On peut y voir en lettres noires sur fond d'or ces paroles du psalmiste : « *Introibo in domum tuam domine. Adorabo in templum sanctum tuum in timore tuo* », « J'entrerai dans ta maison, Seigneur. Dans ton temple sacré, je t'adorerai dans la crainte. » Je crois que tous, nous devrions nous remémorer ces mots en entrant dans une église. Les prêtres devraient les porter particulièrement en leur cœur quand ils montent à l'autel. Ceux-ci doivent se souvenir que, à l'autel, ils sont face à Dieu. À la messe, le prêtre n'est pas un professeur qui donne une leçon en se servant de l'autel comme d'une tribune dont l'axe serait le micro et non la Croix. L'autel est le seuil sacré par excellence, le lieu du face-à-face avec Dieu.

Comment répondre à cette tentation du passage au monde ?

Nous avons parfois le sentiment d'être prisonniers d'une sorte de colle qui nous empêche de regarder les réalités célestes. On pourrait parler de sables mouvants. Comment s'arracher du monde ? Comment s'arracher du bruit ? Comment nous arracher de cette nuit obscure qui nous oppresse et obstrue notre marche vers le ciel, qui nous abrutit et nous fait oublier l'essentiel. Dieu nous a créés pour être et vivre avec Lui. Dieu, qui a tout voulu, n'a pas créé la nature pour elle-même. Dieu ne nous a pas créés pour une perfection seulement naturelle. Dieu avait un but infiniment supérieur à la perfection de la seule nature : l'ordre surnaturel, le don de pur amour qu'on appelle grâce et qui nous fait participer à sa propre nature de Dieu, la communication de sa propre vie qui fait de nous ses enfants capables de le connaître et de l'aimer dans toute son intimité, comme il se connaît et s'aime lui-même. Nous avons été créés pour nous arracher du monde et pour vivre pleinement de la vie même de Dieu. Nous avons été créés pour connaître et aimer Dieu dans toute sa réalité de Dieu. L'homme est absolument incapable par lui-même de cette vie surnaturelle dont un abîme infini le sépare, et qui est un don gratuit de Dieu. Mais nous sommes faits pour vivre avec Dieu et atteindre notre perfection en Dieu. Quand le Christ explique aux hommes vers quoi ils doivent tendre, il ne leur dit pas : « Soyez pleinement et parfaitement hommes, épanouissez-vous jusqu'à la perfection de votre nature humaine », mais : « Soyez parfaits comme votre Père céleste est parfait », c'est-à-dire de la perfection même de Dieu.

Si Dieu nous a créés pour nous donner sa propre vie, il ne nous la donne pas malgré nous. À son don d'amour, nous devons répondre par un libre don d'amour. Il nous revient d'accepter librement le don que Dieu nous a fait de sa propre vie. Il en résulte le terrible pouvoir pour l'homme de refuser de se donner à son tour, de mépriser le don d'amour infini de Dieu. Ce refus, ce mépris, constitue le péché. Le péché nous prive de la vie de Dieu. Il nous enchaîne et nous rive aux choses de la terre. *A contrario*, par la prière, un contact personnel et réel avec Dieu, nous pouvons nous arracher du monde.

Curieusement, alors que Dieu nous invite à un bonheur sans rivage et sans fin en lui, nous nous laissons fasciner par des bonheurs limités et superficiels. La science et la technologie nous hypnotisent au point que nous agissons comme s'il n'y avait rien au-delà de la matière. Nous savons que toute chose sur terre est périssable mais nous continuons à préférer le fugace à l'éternel. Il faut le dire à temps et contre-temps, seul Dieu est à la mesure de notre cœur. Il est seul à pouvoir nous apporter la plénitude à laquelle nous aspirons.

Les chrétiens doivent sans cesse expliquer aux hommes à quel bonheur ils sont appelés. Ils ont l'obligation de dire au monde que les succès technologiques ne sont rien comparés à l'amour de Dieu. L'homme porte l'image de Dieu en lui et son âme est immortelle. Comment ne pas tenir compte de cette empreinte de Dieu en nous ? Pourquoi l'homme ne regarde que la terre ? Il ne lève plus la tête, courbé comme un esclave de ce monde. Pourtant, la terre n'est qu'une porte vers le ciel. Je n'appelle pas à négliger les réalités terrestres. Ce monde a été voulu par Dieu, aimé par Dieu et façonné avec tendresse par le cœur de Dieu. Nous devons le respecter et l'aimer passionnément. Mais un jour, nous le quitterons. Le ciel est notre patrie éternelle. Notre patrie et notre véritable demeure sont en Dieu.

Incontestablement, la perte du sens du salut en Dieu est un marqueur de notre temps.

L'homme ne se sent pas en danger. Beaucoup dans l'Église n'osent plus enseigner la réalité du salut et la vie éternelle. Dans les homélies, il y a un étrange silence concernant les fins dernières. On évite de parler du péché originel. Cela paraît archaïque. Le sens du péché semble avoir disparu. Le bien et le mal n'existent plus. Le relativisme, cette eau de Javel terriblement efficace, a tout effacé sur son passage. La confusion doctrinale et morale atteint son paroxysme. Le mal est le bien, le bien est le mal. L'homme ne ressent plus le besoin d'être sauvé. La perte du sens du salut est la conséquence de la perte de la transcendance de Dieu.

Nous ne semblons pas préoccupés par ce qui nous arrivera quand nous aurons quitté cette terre. Dans cette perspective, nous préférons considérer que le démon n'existe plus. Des évêques affirment même qu'il n'est qu'une image symbolique. Jésus-Christ mentirait donc en prétendant qu'il est bien réel, qu'il a été plusieurs fois tenté par lui, le Prince de ce monde !

Dans son *Entretien autour de Vatican II*, Henri de Lubac écrivait avec justesse que « la modernité est une certaine attitude générale adoptée à la suite des extraordinaires conquêtes de la science moderne et des non moindres désillusions qui ont succédé aux grands rêves du Progrès et de l'autodéification de l'Homme. [...] En ce cas, on pourrait dire que l'origine première de la modernité, son esprit profond, la raison de sa pénétration dans notre monde, c'est le refus de toute foi, qui suit le refus du mystère humain. Cette modernité refuse le mystère. Elle saura toujours plus, expliquera toujours plus mais ne comprendra réellement plus rien, parce qu'elle a refusé le mystère ». Le théologien poursuivait : « Le présupposé des modernes est toujours le même, quoique n'apparaissant pas toujours dès l'abord : ce qui est dit dans la Bible et dans la tradition commune n'exprimerait pas, au fond, la foi en un Dieu transcendant qui intervient dans notre monde, mais la découverte de l'Homme. Les mystères chrétiens ne seraient qu'un revêtement symbolique, pure superstition tant qu'on n'en pénètre pas le sens qu'ils traduisent pour les esprits faibles. C'est là le plus subtil et le plus profond athéisme, l'inverse de l'attitude propre à la logique de l'Incarnation, et d'abord à un sain réalisme, qui est d'humilité. Saint Augustin l'observait à maintes reprises : il faut une attitude humble pour entrer dans le mystère de l'Incarnation du Verbe. »

Notre orgueil d'hommes modernes nous conduit parfois à un aveuglement ridicule. Oui, il est beau et grand de trembler pour notre salut. Certes non pas d'une peur pathologique devant un dieu terrible qui damnerait par plaisir à tour de bras. Mais comment pourrions-nous être sauvés par Dieu si nous n'avons pas l'humilité radicale de recevoir le salut comme une grâce gratuite ? Allons-nous nous dresser devant Dieu en faisant valoir notre droit ? N'est-il pas urgent de recevoir les mystères de la foi et du salut avec un cœur de pauvre ? La richesse des sociétés modernes ne nous apprend plus à recevoir gratuitement. Voilà un grand malheur. Nous ressemblons à ces enfants gâtés qui ne savent plus se réjouir en recevant des cadeaux de leurs parents. Ils se plaignent de n'avoir pas assez. Encore jeunes, ils sont déjà aigris et tristes comme des vieillards séniles. Face à Dieu, nous sommes fondamentalement des enfants, des pauvres, des mendiants qui ont tout à recevoir. Alors, oui, tremblons pour notre salut ! Non parce que nous aurions peur de Dieu, mais parce que nous mesurons notre petitesse face au don qu'il nous fait. On peut trembler avec confiance et amour ; ce sentiment a un nom, c'est la sainte crainte de Dieu qui est un don du Saint-Esprit. Oui, craignons, par amour, de ne pas savoir nous abandonner à sa miséricorde.

Pouvons-nous dire que nous traversons un temps de confusion volontaire entre le naturel et le surnaturel ?

Les prêtres s'occupent-ils du Christ et de l'évangélisation du monde ou du bien-être terrestre des hommes ? Le surnaturel semble être absorbé et englouti dans le naturel. Le surnaturel est ravalé dans le désert du naturel. Nous devenons sourds, autistes et aveugles aux choses de Dieu. Nous oublions que le ciel existe. Nous ne voyons plus le ciel, et nous ne voyons plus Dieu non plus. L'homme est ensorcelé par ce qui est palpable.

Le monde occidental n'a plus l'expérience du surnaturel. Il faut retisser nos liens avec le ciel. On a fermé les yeux de l'homme, qui ne sait plus regarder la profondeur de l'abîme. Le langage surnaturel lui est devenu hermétique. Il est habitué à tout expliquer, à tout comprendre, à tout prouver. Mais la connaissance des choses divines reposera toujours sur le mystère et la relation avec Celui qui nous a révélé le Père, le Fils éternel fait homme. Pour entendre le langage de Dieu, nous avons besoin de le laisser nous parler à travers l'Évangile et la liturgie. Notre orgueil se refuse à laisser Dieu parler en mots humains. Nous ne pouvons accepter que Dieu se fasse si proche en étant un enfant. Nous n'arrivons pas à accepter que Dieu veuille se donner par l'Église à travers les sacrements. Déjà Louis Bouyer le soulignait dans son ouvrage *Le Métier de théologien* : « C'est l'aboutissement d'une tendance que Péguy avait stigmatisée en parlant des gens qui veulent tellement avoir les mains pures que finalement ils n'ont plus de mains. On veut avoir un christianisme tellement purifié de ses éléments simplement humains que l'élément divin n'ayant plus sur quoi se poser et par quoi s'exprimer est alors complètement évacué. » Pour ce grand théologien du concile Vatican II, « la fausse gnose, croyant dépasser la parole de Dieu aussi bien que le mythe, ramène en fait cette parole à un mythe complètement fermé sur soi. L'homme croit s'affirmer par lui-même et se diviniser à la force du poignet sans recourir à Dieu, sans accueillir la grâce, il devient en fait l'esclave de la puissance démoniaque, de la puissance de Satan ».

Henri de Lubac ne disait pas autre chose dans *Paradoxes*. Il cherchait à identifier le refus fondamental sur lequel est construite la modernité : « On ne veut pas d'un Dieu mystérieux. On ne veut pas non plus d'un Dieu qui soit Quelqu'un. On ne redoute rien tant que ce mystère du Dieu qui est Quelqu'un. Plutôt n'être pas soi-même quelqu'un que de rencontrer ce Quelqu'un ! La soumission totale de l'esprit à la Révélation est une soumission fécondante, parce qu'elle est une soumission au Mystère. Mais la soumission totale de l'esprit à quelque système humain que ce soit est une soumission stérilisante. »

La conversion est-elle une rupture radicale avec le monde ?

Saint Jean nous livre sur cette question un éclairage précis : « Je vous écris, petits-enfants, parce que vos péchés vous sont remis par la vertu de son nom. Je vous écris, pères, parce que vous connaissez celui qui est dès le commencement. Je vous écris, jeune gens, parce que vous avez vaincu le Mauvais. [...] Je vous ai écrit, jeunes gens, parce que vous êtes forts, que la parole de Dieu demeure en vous et que vous avez vaincu le Mauvais. N'aimez ni le monde, ni ce qui est dans le monde » (1Jn 2, 12-15).

Quel est ce monde que nous ne devons pas aimer ? J'ai voulu répondre à cette question dans mon homélie du pèlerinage de Chartres, le 21 mai 2018 : « Le monde que nous ne devons pas aimer et auquel nous ne devons pas nous conformer n'est pas, nous le savons bien, le monde créé et aimé par Dieu, ce ne sont pas les personnes du monde vers lesquelles, au contraire, nous devons toujours aller, surtout les pauvres et les derniers des pauvres, pour les aimer et les servir humblement. [...] Non ! Le monde à ne pas aimer est un autre monde ; c'est le monde tel qu'il est devenu sous la domination de Satan et du péché. Le monde des idéologies qui nient la nature humaine et détruisent la famille. [...] Les structures onusiennes, qui imposent une nouvelle éthique mondiale, jouent un rôle décisif et sont devenues aujourd'hui une puissance écrasante, qui se propage par la voie des ondes à travers les possibilités illimitées de la technologie. Dans beaucoup de pays occidentaux, c'est un crime aujourd'hui de refuser de se soumettre à ces horribles idéologies. C'est ce que nous appelons l'adaptation à l'esprit du temps, le conformisme. Un grand poète croyant britannique du siècle dernier, Thomas Stearns Eliot, a écrit trois vers qui en disent davantage que des livres entiers : "Dans un monde de fugitifs, celui qui prend la direction opposée aura l'air d'un déserteur." Chers jeunes chrétiens, s'il est permis à un ancien, comme l'était saint Jean, de s'adresser directement à vous, je vous exhorte, moi aussi, et je vous dis : vous avez vaincu le Mauvais ! Combattez toute loi contre nature que l'on voudrait vous imposer, opposez-vous à toute loi contre la vie, contre la famille. Soyez de ceux qui prennent la direction opposée ! Osez aller à contre-courant ! Pour nous, chrétiens, la direction opposée n'est pas un lieu, c'est une Personne, c'est Jésus-Christ, notre Ami et notre Rédempteur. Une tâche vous est particulièrement confiée : sauver l'amour humain de la dérive tragique dans laquelle il est tombé, l'amour, qui n'est plus le don de soi-même, mais seulement la possession de l'autre – une possession souvent violente, tyrannique. Sur la Croix, Dieu s'est révélé comme "agape", c'est-à-dire comme l'amour qui se donne jusqu'à la mort. Aimer vraiment, c'est mourir pour l'autre. Comme ce jeune gendarme, le colonel Arnaud Beltrame ! »

Il y a une nécessité et une urgence à nous convertir. Il y a une nécessité et une urgence à changer de direction.

La conversion est un engagement personnel, mais elle ne peut se faire sans l'aide de Dieu et de sa grâce. D'un point de vue étymologique, se convertir, c'est se retourner et regarder dans une nouvelle direction.

La route où nous nous engageons désormais n'est pas un lieu. C'est une personne. C'est Jésus-Christ, notre Sauveur et notre Dieu. Nous quittons une vie mauvaise, une vie d'erreur, pour trouver l'amour. La conversion de saint Paul sur le chemin de Damas montre parfaitement le sens d'une rupture véritablement enracinée dans le Christ.

La conversion est une rupture avec le passé. Nous prenons la direction du Christ.

Certes, la crise de la foi s'inscrit dans une société sécularisée, coupée de Dieu et des réalités surnaturelles. Jean-Paul II a dénoncé à plusieurs reprises l'apostasie du monde occidental, et le risque énorme que celui-ci paganise toutes les autres nations et cultures du monde par sa puissance médiatique et sa capacité de corruption économique.

Mais l'Église possède une responsabilité propre. Les prêtres sont appelés à nourrir et à fortifier la foi du peuple. Comment imaginer que cette crise n'étende pas son empire si nous constatons que la foi des prêtres s'étiole ?

La crise de la foi est profonde, grave et ancienne.

2

LA CRISE DU SACERDOCE

Nicolas Diat : Pensez-vous que nous vivons une crise du sacerdoce ?

Cardinal Robert Sarah : Comment en douter ? J'ai déjà évoqué la crise si douloureuse de la pédophilie. Celle-ci est le symptôme tragique et insupportable d'une crise beaucoup plus profonde et radicale. L'Église court aujourd'hui un risque majeur, car le sens profond du sacerdoce se délite. Le pape François s'est exprimé avec force et intransigeance à ce sujet, le 21 décembre 2018 : « Aujourd'hui aussi, il y a beaucoup d'"oints du Seigneur", des hommes consacrés qui abusent des faibles en profitant de leur pouvoir moral et de persuasion. Ils commettent des abominations et continuent à exercer leur ministère comme si de rien n'était ; ils ne craignent pas Dieu ni son jugement mais craignent seulement d'être découverts et démasqués. [Ces] ministres lacèrent le corps de l'Église, causant des scandales et discréditant la mission salvifique de l'Église et les sacrifices de tant de leurs confrères. »

Je crois que le pape ne parlait pas seulement des criminels pédophiles. Ses paroles visent tous ceux qui détournent l'onction sacerdotale pour la mettre au service d'un pouvoir qui ne vient pas de Dieu. User de son autorité pour prêcher une doctrine humaine et non la foi catholique, renoncer à lutter pour rester fidèle à son engagement à la chasteté, ou simplement renoncer à laisser à Dieu la première place sont autant de comportements qui nient la vérité profonde du sacerdoce et mettent en danger le salut des fidèles.

La lumière du sacerdoce est obscurcie. Je le dis avec d'autant plus de peine que je sais que les prêtres fidèles sont nombreux. Ceux-ci se dévouent inlassablement à leur mission. Je crois que nous, évêques, portons une lourde responsabilité. Nous devons nous soumettre à un examen de conscience. Avons-nous aimé et accompagné les prêtres comme de bons pères de famille ? Faisons-nous tout ce que nous pouvons pour les connaître, les soutenir et les aider ? Bien souvent, les diocèses se transforment en structures administratives, alors que chacun devrait fonctionner comme une grande famille.

Un père doit aimer, corriger, punir et remettre sur le droit chemin. Nous avons trop souvent laissé faire, fermé les yeux et délégué à d'autres notre premier devoir sous prétexte de manque de temps. Nous en payons aujourd'hui les conséquences. Peut-être sommes-nous les premiers à avoir donné un exemple funeste. L'évêque devrait être le modèle du sacerdoce dans son diocèse. Il devrait être le modèle de la vie de prière. Or nous sommes loin d'être les premiers à prier en silence et à chanter l'office dans nos cathédrales. Je crains que nous ne nous égarions dans des responsabilités profanes et secondaires.

Vous dites souvent que le prêtre est l'homme qui prie et non l'homme du social. Pourquoi cette insistance ?

Il est essentiel que chaque prêtre ait pleinement conscience qu'il est d'abord un homme de Dieu et un homme de prière. Un prêtre existe exclusivement pour Dieu et pour le culte. Il ne doit pas se laisser prendre par le monde, comme si le temps consacré au Christ dans une prière intime et silencieuse était du temps perdu. Dans la prière silencieuse devant le tabernacle naissent les fruits les plus merveilleux de notre ministère pastoral.

Souvent, le découragement nous guette. La prière exige un effort et une rupture avec le monde. Nous avons parfois l'impression déroutante que Jésus se tait. Il se tait, mais il œuvre. Jésus lui-même s'est souvent retiré dans le silence du désert ; il trouvait indispensable de quitter le monde des hommes pour être avec le Père, seul à seul. Il est arrivé un jour que ce moment de prière silencieuse soit pénible et douloureux. Que fit-il alors ? « [...] il pri[a] de façon plus instante, et sa sueur devint comme de grosses gouttes de sang qui tombaient à terre » (Lc 22, 44).

La prière peut être harassante et, en apparence, stérile. Dans un monde de bruit, d'égarement et d'agitation, dans un monde anxieux de produire toujours davantage, les prêtres doivent trouver le temps pour se cacher dans l'adoration silencieuse. Là se joue leur identité sacerdotale. Ils n'auront une âme de prêtre que s'ils ont à cœur d'être assidus dans la prière en apprenant aux fidèles à rencontrer Jésus-Eucharistie dans le silence et l'adoration.

Certes, le prêtre est confronté à de multiples obligations ; il doit souvent œuvrer dans plusieurs paroisses, conduire de nombreuses réunions et donner du temps à ses fidèles.

Le bon pasteur est disponible pour tous mais il sait au plus profond de lui que la grande priorité de l'existence sacerdotale est d'être avec le Seigneur. Saint Charles Borromée disait toujours : « Tu ne pourras pas soigner l'âme des autres si tu laisses la tienne dépérir. À la fin, tu ne feras plus rien, pas même pour les autres. Tu dois avoir le temps pour toi pour être avec Dieu. »

Quel que soit le nombre des engagements qui se superposent, quelles que soient les urgences pastorales, c'est une vraie priorité de trouver le temps pour l'oraison, l'office divin, la lecture spirituelle, l'adoration et la célébration de l'Eucharistie. Dans la vie quotidienne, le prêtre est souvent déchiré entre les multiples sollicitations des fidèles et l'appel silencieux de Dieu. Le prêtre a parfois l'impression qu'il doit faire coexister deux existences dans sa vie. Mais, au fond, ce n'est pas ainsi que se présente la réalité. Je voudrais dire aux prêtres que leur vie est profondément une. Son principe unique et unifiant réside dans l'union à Dieu, dans le culte de Dieu. Les œuvres du ministère doivent en découler. Quand nous visitons les malades, quand nous confessons, quand nous consolons les affligés, quand nous enseignons le catéchisme et portons à tous la Bonne Nouvelle, nous devons rester unis à Dieu. Ces moments ne doivent pas être des parenthèses dans notre vie d'adoration. Au contraire, ils doivent être emplis de cette union à Dieu que nous avons puisée dans le silence. Ils sont comme un écho de ce silence. À travers le don de nous-mêmes aux autres dans le ministère, c'est Dieu lui-même que nous continuons à adorer. Au cœur même du ministère, notre âme murmure son adoration de Dieu présent dans les personnes que nous servons. La prière donne vie au ministère. Et le ministère donne faim de Dieu. Il nous conduit à la prière. Comment ne pas déposer dans le cœur du Maître toute les confidences reçues dans la confession ? Comment notre ministère pourrait-il demeurer la continuation de l'œuvre de Jésus lui-même s'il ne débute et ne s'achève dans l'adoration aimante ?

Sans la prière, le prêtre s'épuise, se vide et devient vite une machine qui fait beaucoup de bruit inutilement.

Les prêtres doivent consacrer des temps importants de leurs journées à la prière. Ils doivent ruminer la parole de Dieu. Je pense qu'il est vital de se retirer souvent au désert ou à l'Horeb, la montagne de Dieu, comme Moïse, Élie et Jésus lui-même. Pendant trente ans, Jésus s'est caché sous le voile de notre humanité, apprenant à travailler dans le silence et la prière contemplative. *Ora et labora*, telle était sa vie quotidienne. Il demeurait constamment en conversation avec son Père. Ces moments d'intimité, seul à seul avec Dieu pendant de longues heures et des nuits entières, étaient des moments indispensables de communion et d'intimité intratrinitaire.

Si le prêtre n'imite pas Jésus dans sa vie d'intimité avec le Père, il est perdu. Le Christ n'hésitait pas à fuir, à s'éloigner de la foule qui le harcelait, pour retrouver le Père dans la solitude, la prière, la contemplation et le silence. Pour aider les autres, le prêtre doit d'abord demander de l'aide au Seigneur.

Aujourd'hui, nous devons impérativement retourner à la racine de notre sacerdoce. Cette racine, nous le savons, est unique : c'est Jésus-Christ. Il est celui que le Père a envoyé, il est la pierre d'angle. En lui, dans le mystère de sa mort et de sa résurrection, vient le Royaume de Dieu et s'accomplit le salut du genre humain. Il n'a rien qui lui appartienne de façon personnelle ; tout est entièrement au Père et pour le Père. Les Juifs s'étonnaient ainsi de l'étendue du savoir de Jésus : « Comment connaît-il les lettres sans avoir étudié ? » (Jn 7, 15). Jésus leur répondit : « Ma doctrine n'est pas de moi, mais de Celui qui m'a envoyé. Si quelqu'un veut faire sa volonté, il reconnaîtra si ma doctrine est de Dieu ou si je parle de moi-même » (Jn 7, 15-17).

Le Fils seul ne peut rien. Jésus le leur dit en ces termes : « En vérité, en vérité, je vous le dis, le Fils ne peut rien faire de lui-même qu'il ne voie faire au Père ; ce que fait celui-ci, le Fils le fait pareillement » (Jn 5, 19). Et il ajouta : « Je ne puis rien faire de moi-même. Je juge selon ce que j'entends : et mon jugement est juste, parce que je ne cherche pas ma volonté, mais la volonté de Celui qui m'a envoyé » (Jn 5, 30).

Telle est la véritable nature du sacerdoce. Tout ce qui est constitutif de notre ministère ne peut être le produit de nos capacités personnelles. Cela vaut pour l'administration des sacrements, mais aussi pour le service de la parole. Nous sommes envoyés non pour parler de nos opinions personnelles, mais pour annoncer le mystère du Christ. Nous ne sommes pas chargés de parler de nos sentiments mais d'être les porteurs d'une seule « parole » qui est le Verbe de Dieu fait chair pour notre salut : « Ma doctrine n'est pas de moi mais de Celui qui m'a envoyé » (Jn 7, 16).

Le Seigneur Jésus nous appelle ses amis. Malgré notre indignité et nos nombreux péchés, il s'en remet totalement à nous. Il nous confie son corps et son sang dans l'Eucharistie. Il nous confie son Église. Quelle terrible tâche ! Quelle effrayante responsabilité : « Vous êtes mes amis, si vous faites ce que je vous commande » (Jn 15, 14).

Qu'est-ce que le peuple de Dieu demande aux prêtres ? Il ne veut qu'une seule chose : « Nous voulons voir Jésus » (Jn 12, 21). Il demande de le conduire à Jésus, de le mettre en relation avec Lui. Les baptisés veulent connaître le Christ personnellement. Ils veulent le voir à travers les prêtres. Ils veulent entendre sa parole. Ils veulent voir Dieu. Un prêtre qui n'a pas Jésus dans son cœur ne peut rien donner. Personne ne peut offrir ce qu'il ne possède pas. Comment un prêtre peut-il conduire la prière communautaire s'il ne demeure constamment en contact profond et intime avec le Seigneur en prenant le temps de vivre intensément la liturgie des heures, l'oraison quotidienne, ce face-à-face avec Dieu ? Si le prêtre ne prie pas, alors son offrande est une coquille vide, un acte social et mondain. Peu à peu, les fidèles s'éloignent car le puits où ils espéraient trouver l'eau est à sec.

Le Christ a été le grand priant. Je conseille à tous les prêtres qui dérivent consciemment ou non vers l'activisme de ne pas oublier Mère Teresa de Calcutta. Jésus avait toujours la première place dans sa journée. Avant de rencontrer les pauvres, elle rencontrait Dieu. Avant de prendre les pauvres et les mourants dans ses bras, elle avait été pendant de longues heures dans les bras de Jésus. Elle l'avait longuement contemplé et aimé. De cette source d'amour, elle puisait son énergie pour se donner totalement aux plus délaissés de notre terre. Le silence avec le Père nous prépare à retrouver l'autre. Il faut aborder l'humanité avec les yeux de Dieu.

Dans son *Cantique spirituel*, saint Jean de la Croix invite à réfléchir à la place qu'occupent la prière et l'oraison au regard de nos activités missionnaires. Il nous engage à unir contemplation et action, et à nous tenir constamment devant Dieu, au lieu de nous disperser dans l'extériorité et l'activisme : « Qu'ils réfléchissent, ceux qui s'adonnent à une activité sans mesure, qui s'imaginent qu'ils vont englober le monde dans leurs prédications et leurs œuvres extérieures. Ils seraient beaucoup plus utiles à l'Église et plairaient bien davantage à Dieu s'ils s'employaient à se tenir devant Dieu en oraison la moitié du temps qu'ils consacrent à l'activité, et cela lors même qu'ils n'auraient pas atteint le degré élevé dont nous parlons ici. Assurément ils feraient alors beaucoup plus, et à moins de frais, par une seule œuvre, que par mille poursuivies si activement. Leur oraison leur en mériterait la grâce et leur fournirait les forces spirituelles nécessaires. Sans elle [l'oraison], tout se réduit à frapper de coups de marteau, pour ne produire à peu près rien, ou même absolument rien, et parfois plus de mal que de bien. Dieu nous garde de voir le sel commencer à l'affadir (Mt 5, 13). Admettons qu'il y ait extérieurement quelque bien produit. Au fond et quant à la substance, il n'y en aura point, car, c'est chose indubitable, le bien ne se fait que par la vertu de Dieu » (*Le Cantique spirituel B,* strophe 29.3).

Comment définiriez-vous précisément la tentation mondaine et activiste ?

Chez certains prêtres, il existe une peur d'apparaître comme étrangers au monde. Ils sont préoccupés de s'ouvrir au monde et de le comprendre. Ils sont immergés dans le monde et finissent par s'y noyer. Pourtant, la vocation sacerdotale est un appel à suivre Jésus en quittant le monde. On le voit dans l'Évangile. Les apôtres laissent leurs barques, leurs métiers, leurs amis. Suivre le Christ, c'est renoncer au monde, à ses critères et à son approbation. Le prêtre sera toujours aux yeux du monde un signe de contradiction. Jésus a été rejeté et crucifié, et les prêtres prétendraient être populaires ? Au contraire, je voudrais leur dire : mes frères, soyons inquiets si nous ne rencontrons que le succès, l'approbation et les applaudissements ! Peut-être est-ce le signe que nous ne marchons plus sur les pas de Jésus qui ne peuvent conduire qu'à la Croix.

Comment imaginer une vision comptable et rentable du sacerdoce ? Des prêtres veulent que leurs actions soient efficaces, évaluées et comptabilisées à la manière du monde. Mais la seule action qu'il faudrait quantifier est la prière. Le travail d'un prêtre trouve sa seule mesure en Dieu. Être prêtre n'est pas d'abord une fonction, c'est une participation à la vie du Christ crucifié.

Un prêtre ne doit pas se préoccuper de savoir s'il est apprécié par ses fidèles. Il doit simplement se demander s'il annonce la parole de Dieu, si la doctrine qu'il enseigne est celle de Dieu, s'il réalise pleinement la volonté de Dieu. Les choses invisibles sont les plus importantes. Certes, il doit apporter une entière satisfaction aux attentes des fidèles. Mais les fidèles ne lui demandent rien d'autre que de voir Jésus, d'entendre sa parole et de goûter son amour dans les sacrements de la réconciliation et la belle liturgie eucharistique.

Le prêtre qui court sans arrêt d'une paroisse à une autre sans porter dans sa chair le mystère pascal qu'il annonce est un homme perdu. L'activisme atrophie l'âme du prêtre et l'empêche de laisser place au Christ en lui.

Chers frères prêtres, permettez-moi de m'adresser directement à vous. Le Christ nous a laissé une responsabilité terrible et magnifique. Nous continuons sa présence sur la terre. Il a voulu avoir besoin de nous ! Nos mains consacrées par l'huile sainte ne sont plus les nôtres. Elles sont les siennes pour bénir, pardonner et consoler. Elles doivent être, comme les siennes, percées pour ne rien garder et retenir avidement. Il me revient en mémoire les paroles dramatiques et terrifiantes de Charles Péguy dans son *Éthique sans compromis* : « Que les curés ne croient à rien, ne croient plus à rien, c'est la formule courante aujourd'hui, la formule généralement adoptée, et malheureusement elle n'est injuste que pour quelques-uns.

[…] Ils disent : “C’est le malheur des temps. […] Il n’y a point de malheur des temps. Il y a le malheur des clercs. Tous les temps appartiennent à Dieu. Tous les clercs malheureusement ne lui appartiennent pas. On est épouvanté des énormes responsabilités qu’ils auront à soutenir ; et ils sont peut-être les seuls qui auront à porter, qui soient engagés dans les responsabilités extrêmes. Voilà ce qu’ils ne veulent pas voir. […] Ce n’est un secret pour personne, et dans l’enseignement même on ne peut plus cacher, sinon peut-être dans l’enseignement des séminaires, que toute cette déchristianisation, que toute la déchristianisation est venue du clergé. Tout le dépérissement du tronc, le dessèchement de la cité spirituelle ne vient aucunement des laïcs. Il vient uniquement des clercs. » Péguy concluait : « Ils veulent faire faire des progrès au christianisme. Qu’ils se méfient, qu’ils se méfient. Ils veulent faire faire au christianisme des progrès qui pourraient leur coûter, qui leur coûteraient cher. Le christianisme n’est nullement, il n’est aucunement une religion de progrès : ni (peut-être moins encore si possible) du progrès. C’est la religion du salut. »

Ces paroles sont sévères, impitoyables, hyperboliques et provocatrices. Mais c’est parce qu’il veut réveiller notre responsabilité de pasteurs que l’écrivain s’exprime en ces termes. Les laïcs attendent des prêtres que nous leur disions avec clarté, fermeté et sollicitude paternelle, non pas nos opinions, mais la doctrine de Dieu. Ils attendent de nous que nous soyons « les modèles du troupeau » (1P 5, 3), attentifs à tout le troupeau dont l’Esprit-Saint nous a établis gardiens pour paître l’Église de Dieu, qu’il s’est acquis par le sang de son propre Fils (Ac 20, 28).

Quand la foi du clergé s’étiole, il se produit comme une éclipse : le monde est plongé dans les ténèbres obscures.

Le pape Pie X, le 27 mai 1914, déplorait déjà cette perte de la foi chez les responsables de l'Église : « Nous sommes en un temps où l'on accueille et adopte avec grande facilité certaines idées de conciliation de la foi avec l'esprit moderne, idées qui conduisent beaucoup plus loin qu'on ne pense, non pas seulement à l'affaiblissement, mais à la perte totale de la foi. Il n'est pas inouï de rencontrer des personnes qui expriment doutes et incertitudes sur les vérités, et même affirment obstinément des erreurs manifestes, cent fois condamnées, et qui malgré cela se persuadent ne s'être jamais éloignées de l'Église parce que quelquefois elles ont suivi les pratiques chrétiennes. Oh ! Combien de navigateurs, combien de pilotes, et ce qu'à Dieu ne plaise ! Combien de capitaines faisant confiance aux nouveautés profanes et à la science menteuse de ce temps, au lieu d'arriver au port ont fait naufrage ! »

Comment ne pas appliquer ces paroles à notre temps ? Certains clercs affichent une complaisance avec les théories théologiques les plus incertaines. Ils en viennent à mépriser la foi des petits et des simples. An nom d'une science théologique tout académique, on relativise le cœur même de la Révélation. On se demande s'il n'y a pas une forme de snobisme intellectuel plutôt qu'une sincère recherche de Dieu. Il arrive que la prédication dominicale devienne un moment de déconstruction des vérités de la foi. Il y a là un abus d'autorité très grave, que ne se lasse pas de dénoncer le pape François. Un prêtre ne peut pas profiter de son autorité sur le peuple de Dieu pour exposer ses idées personnelles. Sa parole ne lui appartient pas ! Il n'est que l'écho du Verbe éternel.

Il me revient à ce sujet les paroles sévères et inquiétantes de Hans Urs von Balthasar, qui osait écrire dans *Aux croyants incertains* que la confusion à l'intérieur de l'Église trouvait son origine dans la prédication d'un « clergé sécularisant et mondain (y compris bon nombre de religieux) ». Ce théologien voyait là une cause de l'abandon presque total du sacrement de pénitence – et surtout de la crise « dans la doctrine, où derrière chaque article du Credo, ou presque, fut placé un petit ou un grand point d'interrogation ». Le peuple de Dieu a pâti de cette incertitude des pasteurs : « Un grand nombre de laïcs, surpris de la crise d'identité spectaculaire des clercs et des religieux [...] prirent leurs distances avec la pratique religieuse. Ces allures si théâtrales ne répondaient pas en tout cas à la claire image d'un "homme consacré", c'est-à-dire d'un homme saisi et illuminé par l'Esprit de Dieu auquel le laïc voudrait s'adresser et s'attacher pour avoir un guide sur le chemin de Dieu. Pour le laïc, le prêtre est et reste l'homme qui donne de l'essence cachée de l'Église, des exigences du Christ dans l'Évangile, une empreinte saisissable, qui selon saint Paul est un "type, un modèle sur lequel s'orienter". »

Certains prêtres endossent donc aujourd'hui un rôle de facilitateur social qui n'est pas le leur ?

La mission du prêtre est triple : sanctifier, évangéliser et guider le peuple de Dieu.

D'abord, il est l'intendant des mystères de Dieu. Il est essentiellement chargé de célébrer le mystère pascal, l'Eucharistie, et de réconcilier les pécheurs avec Dieu dans le sacrement de la réconciliation. À de tels ministères, on ne pourra jamais déléguer un laïc. Il faut avoir reçu le sacrement de l'Ordre pour agir *in persona Christi capitis* – au nom du Christ-Tête. Comme Jésus, il doit incarner la Présence de Dieu, une présence qui doit convertir, guérir et sauver les âmes.

Ensuite, il a l'obligation d'annoncer la Bonne Nouvelle de l'Évangile, c'est-à-dire de faire connaître Jésus-Christ et de travailler à mettre ceux qui désirent le connaître en relation vraie et intime avec Lui. Il doit également veiller à ce que la foi demeure authentique, fidèle, qu'elle ne défaille pas, qu'elle ne soit ni altérée ni sclérosée. Il a pour mission de faire de tous les chrétiens des disciples et des missionnaires prêts à mourir pour le Christ et son Évangile. Il lui revient de donner une nourriture spirituelle substantielle qui consolide la foi et la vie intérieure.

Enfin, le prêtre est guide et pasteur. Il doit édifier et maintenir la communion entre les chrétiens dans la communauté paroissiale qui lui est confiée. En lien filial avec le successeur de Pierre, et avec son évêque, le prêtre a la responsabilité de conduire le peuple de Dieu au sein de son territoire paroissial où l'Esprit-Saint l'a établi.

Un prêtre est un bon pasteur. Il n'est pas là pour s'investir prioritairement en faveur de la justice sociale, de la démocratie, de l'écologie ou des droits de l'homme. Ces déviations font du prêtre un expert dans des domaines très éloignés de l'identité sacerdotale voulue par le Christ.

Les missionnaires déployaient toute leur énergie dans l'évangélisation, la formation humaine et intellectuelle, et la santé physique et spirituelle du peuple de Dieu. Ils cherchaient le bon équilibre entre la vie de l'esprit et l'épanouissement humain. Mais ils savaient qu'ils devaient d'abord s'occuper de la prière pour conduire les hommes vers Dieu. Ils avaient à cœur de faire de leur vie une offrande spirituelle.

Comment réussir à s'occuper de la pauvreté matérielle si la pauvreté spirituelle n'est pas combattue ? Comment lutter contre la corruption, la violence, les injustices et toutes les violations de la vie et de la dignité humaines si la lumière de l'Évangile n'est pas d'abord proposée aux consciences humaines, si Dieu est rejeté loin des préoccupations humaines, politiques ou économiques ?

Il ne faut guère s'étonner si le travail d'évangélisation est faible. Le niveau de la vie catéchétique est souvent indigne, à tel point que les chrétiens ne connaissent plus les fondements de leur propre foi. La formation permanente des croyants est fondamentale. Comment nourrir les fidèles s'ils n'écoutent qu'un petit sermon de dix minutes chaque semaine ? C'est un mensonge de prétendre qu'au bout de dix minutes les gens n'écoutent plus : si leur capacité d'attention est si réduite, comment font-ils pour tenir des heures devant la télévision ? Nous écrivons beaucoup sur la nouvelle évangélisation. Il est urgent que chaque prêtre, chaque évêque, fasse son examen de conscience et se mette au clair avec Dieu sur son enseignement et son engagement catéchétique. Nous faisons trop de choses, nous courons d'une réunion à une autre. Nous faisons beaucoup de voyages et de visites et nous négligeons l'essentiel : la prière, notre devoir d'enseigner, de sanctifier et de conduire à Dieu le peuple chrétien et tous ceux qui cherchent le Seigneur. Rappelons-nous cette parole qui doit profondément marquer nos vies sacerdotales : « Les Douze convoquèrent alors l'assemblée des disciples et leur dirent : Il ne sied pas que nous délaissions la parole de Dieu pour servir aux tables. Cherchez plutôt parmi vous, frères, sept hommes de bonne réputation, remplis de l'Esprit et de sagesse, et nous les préposerons à cet office ; quant à nous, nous resterons assidus à la prière et au service de la parole » (Ac 6, 2-4).

Les évêques sont les successeurs des apôtres. Nous devrions suivre leurs pas et prêcher comme ils avaient le courage de le faire. Nous ne sommes pas des administrateurs ou des fonctionnaires ecclésiaux. Nous sommes les porteurs et les gardiens de la parole de Dieu. Les évêques devraient s'inspirer des lettres que saint Paul écrivait aux premiers chrétiens. Aurions-nous le courage de parler avec un tel feu ? Dieu veuille que notre amour pour sa parole ne s'attiédisse pas sous le poids des procédures et des réunions. Dans l'Église, plus l'administration est pesante, moins il y a de place pour l'Esprit-Saint ! Malheur à moi si je n'évangélise pas !

Comment définir le rapport étroit entre le célibat sacerdotal et l'absolu divin ?

J'entends souvent dire qu'il n'y a là qu'une question de discipline historique. Je crois que c'est faux. Le célibat révèle l'essence même du sacerdoce chrétien. En parler comme d'une réalité secondaire est blessant pour tous les prêtres du monde. Je suis intimement persuadé que la relativisation de la loi du célibat sacerdotal revient à réduire le sacerdoce à une simple fonction. Or, la prêtrise n'est pas une fonction mais un état. La prêtrise, ce n'est pas d'abord faire, c'est être.

Le Christ Jésus est prêtre. Tout son être est sacerdotal, c'est-à-dire donné, livré et offert. Avant lui, les prêtres offraient à Dieu des animaux en sacrifice. Il nous a révélé que le prêtre véritable s'offre lui-même en sacrifice. Être prêtre, c'est entrer ontologiquement dans cette offrande de soi au Père pour l'Église que Jésus a réalisée par toute sa vie. C'est adopter le sacrifice de la Croix comme forme de toute sa vie. Le sacerdoce est une participation ontologique à cette dépossession de soi du Christ. Ce don prend la forme d'un sacrifice sponsal. Le Christ est vraiment l'époux de l'Église. Le ministre ordonné représente sacramentalement le Christ-prêtre. Le caractère sacramentel le configure au Christ-Époux. Le prêtre est appelé à un don complet et sans limites. Il rend présent sacramentalement le Christ-Époux. Le célibat manifeste ce don sponsal, il en est le signe concret et vital. Le célibat est le sceau de la Croix sur notre vie de prêtre. Il est un cri de l'âme sacerdotal qui proclame l'amour pour le Père et le don de soi à l'Église. La volonté de relativiser le célibat revient à mépriser ce don radical que tant de prêtres fidèles ont vécu depuis leur ordination.

Le prêtre, par son célibat, renonce à épanouir humainement sa capacité à être époux et père selon la chair. Il choisit par amour de s'en déposséder pour vivre en époux exclusif de l'Église, tout entier offert au Père. Je veux clamer avec tant de mes frères prêtres ma profonde souffrance devant le mépris du célibat sacerdotal ! Ce trésor ne peut pas être relativisé. Le célibat est le signe et l'instrument de notre entrée dans l'être sacerdotal de Jésus. Il revêt une valeur qu'on pourrait qualifier analogiquement de sacramentelle. En 1992, Jean-Paul II précisait cette idée dans son exhortation apostolique *Pastores dabo vobis* : « La volonté de l'Église [quant au célibat de prêtres] trouve sa dernière motivation dans le lien du célibat avec l'Ordination sacrée, qui configure le prêtre à Jésus-Christ Tête et Époux de l'Église. L'Église, comme Épouse de Jésus-Christ, veut être aimée par le prêtre de la manière totale et exclusive avec laquelle Jésus-Christ Tête et Époux l'a aimée. Le célibat sacerdotal alors est don de soi dans et avec le Christ à son Église, et il exprime le service rendu par le prêtre à l'Église dans et avec le Seigneur » (n. 29).

Par une telle déclaration magistérielle, saint Jean-Paul II a exprimé la doctrine du concile Vatican II sur le sacerdoce. Il affirme avec autorité que le célibat sacerdotal n'est pas une simple discipline ecclésiastique, mais une manifestation de la représentation sacramentelle du Christ-prêtre. Ce texte rend difficile une dérogation à la loi du célibat sacerdotal, même limitée à une région. Il ouvre au contraire la voie à une redécouverte par les Églises orientales de la convenance ontologique radicale et profonde entre célibat et état sacerdotal.

En 2007, dans son exhortation apostolique *Sacramentum caritatis*, le pape Benoît XVI nous a rappelé que par le célibat sacerdotal, « le dévouement qui conforme le prêtre au Christ et l'offrande exclusive de lui-même pour le règne de Dieu trouvent une expression particulière. Le fait que le Christ lui-même, prêtre pour l'éternité, ait vécu sa mission jusqu'au sacrifice de la Croix dans l'état de virginité constitue le point de référence sûr pour recueillir le sens de la tradition de l'Église latine sur cette question. Il n'est donc pas suffisant de comprendre le célibat sacerdotal en termes purement fonctionnels. En réalité, il est une conformation particulière au style de vie du Christ lui-même. Ce choix est avant tout sponsal ; il est identification au cœur du Christ-Époux, qui donne sa vie pour son Épouse ».

Si le prêtre manifeste et signifie au monde par son célibat qu'il veut épouser l'Église, quel sens donner à la vie de prêtres mariés ? Seraient-ils moins donnés à l'Église ? Comment pourraient-ils vivre la plénitude de leur responsabilité d'époux et de pères de famille s'ils sont avant tout époux de l'Église et pères des chrétiens ? Renoncer au célibat sacerdotal reviendrait donc à créer une vraie confusion des signes.

Dans cette perspective, nous voyons mal comment l'identité sacerdotale pourrait être encouragée et protégée si l'on supprimait, même seulement pour l'une ou l'autre région, l'exigence du célibat telle que le Christ l'a voulue et que l'Église latine l'a jalousement conservée. De même, on se demande comment, à la lumière d'une telle doctrine, le peuple de Dieu pourrait considérer les prêtres mariés. Même si elle ne concerne pas directement le sacerdoce, la parole de l'évangéliste ne souffre pas la contradiction : « Si quelqu'un vient à moi sans haïr son père, sa mère, sa femme, ses enfants, ses frères, ses sœurs, et jusqu'à sa propre vie, il ne peut être mon disciple » (Lc 14, 26).

Aucune autorité, aucun synode pour aucune raison, ni pour aucune nécessité régionale, ne pourra se donner le pouvoir de disjoindre purement et simplement sacerdoce et célibat sacerdotal, car comme le rappelle le concile Vatican II, le célibat des clercs « n'est pas une simple prescription de la loi ecclésiastique mais un don précieux de Dieu » (*Optatam totius Ecclesia renovationem*, 10).

À quand remonte cette pratique dans l'histoire de l'Église ?

Depuis les premiers siècles de l'Église, la loi de la continence puis du célibat a été considérée comme d'origine apostolique. Tous les documents anciens reconnaissent un lien ontologique entre sacerdoce et continence. Il serait faux d'affirmer que la tradition primitive n'est pas unanime sur ce point. En effet, l'appel au presbytérat d'hommes mariés a toujours été accompagné d'une prescription de la continence, alors même que les époux continuaient à vivre sous le même toit. Parmi les documents anciens, témoins de la tradition, on ne trouve aucune trace d'une discipline contraire avant qu'à la fin du VIIe siècle une certaine confusion s'installe en Orient.

Le concile d'Évire en 305, les décrétales du pape Sirice en 385 et 386, le concile de Carthage en 390 sont les premiers témoins écrits d'une tradition qui apparaît à cette époque comme incontestable, solidement établie et d'ailleurs non contestée. S'il y avait une autre discipline pratiquée en ces temps, nous aurions forcément trace d'une controverse. Or, pour les documents les plus anciens, la discipline est acquise et paisiblement acceptée par toute l'Église indivise. Ces actes magistériels présentent la nécessité de la continence parfaite pour les diacres, les prêtres et les évêques. Ils affirment qu'une telle discipline vient des apôtres. Ils se présentent comme les premières mises par écrit d'une tradition orale incontestée et incontestable.

Dès le deuxième concile de Carthage, le 16 juin 390, les pères du concile votèrent le canon suivant : « Épigone, évêque de Bulle-la-Royale, dit : Dans un concile antérieur, on discuta de la règle de continence et de chasteté. Qu'on instruise donc maintenant avec plus de force les trois degrés qui, en vertu de leur consécration, sont tenus par la même obligation de chasteté, je veux dire l'évêque, le prêtre et le diacre, et qu'on leur enseigne à garder la pureté. L'évêque Genethlius dit : Comme on l'a dit précédemment, il convient que les saints évêques et les prêtres de Dieu, ainsi que les lévites, c'est-à-dire ceux qui sont au service des sacrements divins, observent une continence parfaite, afin de pouvoir obtenir en toute simplicité ce qu'ils demandent à Dieu ; ce qu'enseignèrent les apôtres, et ce que l'Antiquité elle-même a observé, faisons en sorte, nous aussi, de le garder. À l'unanimité, les évêques déclarèrent : Il nous plaît à tous que l'évêque, le prêtre et le diacre, gardiens de la pureté, s'abstiennent de leur épouse, afin qu'ils gardent une chasteté parfaite ceux qui sont au service de l'autel. »

Ce canon confirme indirectement l'existence de nombreux hommes mariés dans les rangs du clergé, mais tous sont appelés à la continence. Les sujets de la loi sont les diacres, les prêtres et les évêques, c'est-à-dire les membres de trois degrés supérieurs de la cléricature, auxquels on accède par des *consecrationes*. Celles-ci mettent des hommes à part pour l'accomplissement de fonctions qui touchent au divin. Le service de l'Eucharistie est ici le fondement spécifique de la continence demandée aux ministres qui exercent le sacerdoce. Célébrer sacramentellement le sacrifice du Christ demande de le vivre jusque dans sa chair. Mgr Lobinger se fourvoie loin de la tradition apostolique en proposant l'ordination sacerdotale d'hommes mariés en vue de la célébration de l'Eucharistie. C'est précisément le service de l'Eucharistie qui requiert la continence parfaite des ministres sacrés. La célébration de l'Eucharistie implique une étroite configuration du prêtre au Christ pauvre, chaste et obéissant.

À cela s'ajoute un second motif qui souligne la finalité de l'obligation : la possibilité d'obtenir en toute « simplicité » ce qu'ils demandent à Dieu. Sans la chasteté, le ministre manquerait d'une qualité essentielle quand il présente à Dieu les requêtes ou les offrandes de ses frères humains et se priverait en quelque sorte de la liberté de parole que lui procure la renonciation à tous les liens terrestres de famille. Avec la chasteté, en revanche, il entre avec le Seigneur dans des rapports « simples » parce qu'il est entièrement livré et donné. Il n'a plus rien à perdre car il a déjà tout donné.

Le canon africain du deuxième concile de Carthage de 390 constitue un poids décisif dans l'histoire du célibat sacerdotal, car il se porte garant d'une tradition remontant aux apôtres : « Ce qu'enseignèrent les apôtres et ce que l'Antiquité elle-même a observé, faisons en sorte, nous aussi, de le garder. »

Beaucoup voudraient voir un jour des femmes prêtres. Ils refusent cette « discrimination » injuste à l'encontre des femmes, exclues des ordres sacrés. Qu'en pensez-vous ?

Dès l'Ancien Testament, Dieu a choisi des hommes pour leur confier le ministère sacerdotal : « Quant à toi, Moïse, fais approcher de toi Aaron ton frère et ses fils, d'entre les Israélites, pour qu'il exerce mon sacerdoce » (Ex 28, 1).

Jésus n'a institué prêtres de la Nouvelle Alliance que ses douze apôtres. Pourtant, au milieu des apôtres, il y avait des femmes très généreuses, « celles-là même qui avaient suivi Jésus depuis la Galilée et le servaient, entre autres Marie de Magdala, Marie, mère de Jacques et de Joseph, et la mère des fils de Zébédée » (Mt 27, 55-56). Dieu a voulu exclusivement que des hommes puissent exercer le sacerdoce alors que Marie sa mère était plus sainte que les apôtres.

Dans la lettre aux Hébreux, il est écrit que le grand prêtre est toujours choisi parmi les hommes, chargé d'intervenir en faveur de l'humanité dans leurs relations avec Dieu. Ce n'est pas un honneur qu'on s'attribue à soi-même : on le reçoit par un appel de Dieu, comme Aaron. Il en est bien ainsi pour le Christ. Le jour où il est devenu grand prêtre, ce n'est pas lui-même qui s'est donné cette gloire ; il l'a reçue de Dieu, qui lui a dit : « Tu es mon Fils, moi, aujourd'hui, je t'ai engendré » (Ps 2, 7). Dans un Psaume, il parle ainsi : « Tu es prêtre pour toujours selon le sacerdoce de Melchisédech » (He 5, 1-6).

Le sacerdoce est de Dieu. Il n'est pas une création humaine. On ne devient pas prêtre en fonction d'un désir ou d'une simple volonté humaine. Il faut être appelé par Dieu. Or, pour cette mission, Dieu a décidé de ne choisir que des hommes. L'histoire judéo-chrétienne et l'enseignement de l'Église latine le confirment.

Certains réclament à grand bruit l'ordination sacerdotale des femmes. Certaines communautés de la Réforme ont cédé devant la pression du monde et ont fabriqué ce qu'ils appellent des prêtres et des évêques féminins. Ce prétendu sacerdoce n'est pas celui du Christ, mais une fabrication humaine sans aucune valeur sacramentelle.

Quelques prélats catholiques exaltés semblent apparemment souhaiter l'ordination des femmes. Ce faisant, ils s'opposent à l'enseignement définitif et infaillible de Jean-Paul II. Dans la lettre apostolique *Ordinatio sacerdotalis* du 22 mai 1994, le pape déclarait solennellement : « Bien que la doctrine sur l'ordination sacerdotale exclusivement réservée aux hommes ait été conservée par la tradition constante et universelle de l'Église et qu'elle soit fermement enseignée par le magistère dans les documents les plus récents, de nos jours, elle est toutefois considérée de différents côtés comme ouverte au débat, ou même on attribue une valeur purement disciplinaire à la position prise par l'Église de ne pas admettre les femmes à l'ordination sacerdotale. C'est pourquoi, afin qu'il ne subsiste aucun doute sur une question de grande importance qui concerne la constitution divine elle-même de l'Église, je déclare, en vertu de ma mission de confirmer mes frères (cf. Lc 22, 32), que l'Église n'a en aucune manière le pouvoir de conférer l'ordination sacerdotale à des femmes et que cette position doit être définitivement tenue par tous les fidèles de l'Église. »

Toute affirmation contraire revient à nier directement l'autorité du pape et à remettre radicalement en cause l'autorité du magistère. Je veux souligner qu'il ne s'agit pas ici de discuter de la pertinence des arguments historiques, théologiques ou scripturaires employés. Saint Jean-Paul II affirmait, par son autorité magistérielle irrévocable, l'incapacité pour l'Église de procéder à l'ordination de femmes. Selon la Congrégation pour la doctrine de la foi, ce sujet fait partie des positions que tous les prêtres ont juré devant Dieu de tenir fermement, par la *Professio fidei* : « Fermement encore, j'embrasse et je tiens toutes et chacune des vérités concernant la foi et les mœurs qui sont affirmées et déclarées par l'Église. » En outre, la note du 29 juin 1998 de la Congrégation explique à propos de cet enseignement de Jean-Paul II sur le sacerdoce réservé aux hommes que « le Souverain Pontife [...] a eu l'intention de réaffirmer qu'il faut considérer cette doctrine comme définitive, dans la mesure où, fondée sur la parole de Dieu écrite, elle est transmise constamment par la tradition de l'Église et enseignée par le magistère ordinaire et universel ». Au point de vue biblique, théologique et canonique, la question est donc close.

Les propos venant des personnalités les plus importantes de l'Église qui attaquent frontalement un acte si éminent du pape Jean-Paul II nient donc sa capacité à émettre des décrets de son propre chef. En insinuant que le concile œcuménique est la seule autorité qui soit apte à décider de certaines affaires ecclésiologiques, ils participent à l'érosion de la foi et de l'ordre dans l'Église. Je voudrais être ici parfaitement clair. De tels propos renouvellent les erreurs graves de ceux qui affirment que le concile peut agir sans le pape ou contre lui. Le collège des évêques ne peut prendre des décisions qu'avec son chef, le pontife romain. Comme le rappelle le droit canon, « contre une sentence du pontife romain, il n'y a ni appel, ni recours » (Canon 333, 3). Un appel au Collège des évêques contre un acte du pape reviendrait à nier le primat du souverain pontife et sa fonction constitutive à l'égard du collège épiscopal lui-même.

Plus profondément encore, certains montrent qu'ils n'ont pas compris pourquoi l'éminente dignité des femmes ne consiste pas simplement à faire ce que font les hommes. On a l'impression qu'ils veulent réduire les femmes à être « des hommes comme les autres » ! L'Église a besoin des femmes en ce qu'elles ont de spécifiquement féminin. Elles ont entre autres la garde du mystère de la maternité charnelle et spirituelle. Le pape François, dans son homélie du 1er janvier 2018, affirmait : « Le don de la Mère, le don de toute mère et de toute femme est très précieux pour l'Église, qui est mère et femme. Et alors que souvent l'homme fait des abstractions, affirme et impose des idées, la femme, la mère, sait garder, unir dans le cœur, vivifier. Parce que la foi ne se réduit pas seulement à une idée ou à une doctrine, nous avons besoin, tous, d'un cœur de mère, qui sache garder la tendresse de Dieu et écouter les palpitations de l'homme. »

L'Église sait qu'elle ne peut pas vivre sans ce mystère que porte la femme. Mais le sacerdoce est essentiellement lié à la masculinité, au mystère de l'époux et du père.

Joseph Ratzinger voyait le sacerdoce comme une affirmation de la vérité de la Croix. Est-ce une idée que vous défendez également ?

Satan entretient une haine violente envers les prêtres. Il veut les salir, les faire déchoir, les pervertir. Pourquoi ? Parce qu'ils proclament par toute leur vie la vérité de la Croix. Les prêtres et les consacrés ne peuvent laisser le monde indifférent. Ils proclament jusque dans leur chair cette vérité de la Croix. Ils seront toujours un sujet de scandale pour le monde. Ils tiennent la place du Christ. Or, ainsi que le déclarait Joseph Ratzinger dans un discours prononcé à Rome en 1977, « la place du véritable *vicarius Christi* est la Croix : être vicaire du Christ, c'est être debout dans l'obéissance de la Croix et être ainsi *representatio Christi* dans le temps et dans le monde, maintenir présent son pouvoir comme contre-pouvoir au pouvoir du monde. [...] Le Christ ne défend pas la Vérité avec des légions, mais la rend visible par sa Passion ». Les prêtres et les consacrés sont, par leur vie humble et donnée, un formidable défi lancé à la puissance du monde.

Je voudrais le rappeler. Vous tous prêtres et religieux cachés et oubliés, vous que la société méprise parfois, vous qui êtes fidèles aux promesses de votre ordination, vous faites trembler les puissances de ce monde ! Vous leur rappelez que rien ne résiste à la force du don de votre vie pour la vérité. Votre présence est insupportable au prince du mensonge. Vous n'êtes pas les défenseurs d'une vérité abstraite ou d'un parti. Vous avez décidé de souffrir par amour pour la vérité, pour Jésus-Christ. Sans vous, chers frères prêtres et consacrés, l'humanité serait moins grande et moins belle. Vous êtes le rempart vivant de la vérité parce que vous avez accepté de l'aimer jusqu'à la Croix : « La mesure de l'humanité se détermine essentiellement dans son rapport à la souffrance et à celui qui souffre. [...] La capacité d'accepter la souffrance par amour du bien, de la vérité et de la justice est constitutive de la mesure de l'humanité, parce que si, en définitive, mon bien-être, mon intégrité sont plus importants que la vérité et la justice, alors la domination du plus fort l'emporte ; alors règnent la violence et le mensonge. La vérité et la justice doivent être au-dessus de mon confort et de mon intégrité physique, autrement ma vie elle-même devient mensonge. Et, enfin, le "oui" à l'amour est aussi source de souffrance, parce que l'amour exige toujours de sortir de mon moi, où je me laisse émonder et blesser. L'amour ne peut nullement exister sans ce renoncement qui m'est aussi douloureux à moi-même, autrement il devient pur égoïsme et, de ce fait, il s'annule lui-même comme tel. Souffrir avec l'autre, pour les autres ; souffrir par amour de la vérité et de la justice ; souffrir à cause de l'amour et pour devenir une personne qui aime vraiment – ce sont des éléments fondamentaux d'humanité ; leur abandon détruirait l'homme lui-même », écrivait Benoît XVI, dans l'encyclique *Spe salvi* (n. 38-39).

Les prêtres et les consacrés, à cause du don extraordinaire de tout leur corps, de tout leur cœur et de toutes leurs forces au Seigneur, sont crucifiés avec le Christ et en profonde communion avec ses souffrances. Ils veulent lui devenir conformes dans sa mort. Chacun d'eux pourra dire avec saint Paul : « [...] je suis crucifié avec le Christ ; et ce n'est plus moi qui vis, mais le Christ qui vit en moi. Ma vie présente dans la chair, je la vis dans la foi au Fils de Dieu qui m'a aimé et s'est livré pour moi » (Ga 2, 19-20).

L'expérience de la Croix est l'expérience de la vérité de notre vie. La vérité et la Croix sont nos lieux de croissance humaine et chrétienne véritable, car c'est en ces lieux que se trouve Jésus, vrai Dieu et vrai homme.

La question de la vérité est d'abord liée à la Croix. L'homme ou le clerc qui proclame la vérité de Dieu monte immanquablement sur la Croix. Tous les chrétiens, et les prêtres en particulier, sont constamment sur la Croix pour que, par leur témoignage, brille la vérité. De façon éminente, nous portons dans notre corps les souffrances de la mort de Jésus, pour que la vie de Jésus soit, elle aussi, manifestée dans notre corps.

Le lien entre la vérité et la Croix est une idée fondamentale de Benoît XVI. Il y revient souvent dans *Spe salvi* : « À la foi chrétienne, dans l'histoire de l'humanité, revient ce mérite d'avoir suscité dans l'homme, d'une manière nouvelle et à une profondeur nouvelle, la capacité de souffrir de la sorte, qui est décisive pour son humanité. La foi chrétienne nous a montré que vérité, justice, amour ne sont pas simplement des idéaux, mais des réalités de très grande densité. Elle nous a montré en effet que Dieu – la Vérité et l'amour en personne – a voulu souffrir pour nous et avec nous. Bernard de Clairvaux a forgé l'expression merveilleuse : *Impassibilis est Deus, sed non incompassibilis,* "Dieu ne peut pas souffrir, mais il peut compatir". L'homme a pour Dieu une valeur si grande que Lui-même s'est fait homme pour pouvoir compatir avec l'homme de manière très réelle, dans la chair et le sang, comme cela nous est montré dans le récit de la Passion de Jésus » (*Spe salvi*, n. 39).

Le pape ajoute : « Disons-le encore une fois ; la capacité de souffrir par amour de la vérité est la mesure de l'humanité » (*Spe salvi*, n. 39). Le sacerdoce chrétien est le rempart de cette humanité sauvée. Par sa vie et son être, chaque prêtre est une lumière qui porte l'espérance. Mais cette flamme révèle aussi la laideur du péché, elle dénonce la vacuité de ce monde. Chers prêtres, on pourrait dire de chacun de vous ce que l'on dit de la Croix du Christ elle-même : scandale pour les uns, folie pour les autres ! Et pourtant, « la Croix est quelque chose de beaucoup plus grand et plus mystérieux qu'elle ne l'apparaît au premier abord. C'est en effet un instrument de torture, de souffrance et d'échec mais, en même temps, elle exprime la complète transformation, le renversement définitif de ces afflictions : c'est ce qui en fait le symbole d'espérance le plus éloquent que le monde ait jamais vu. Elle parle à tous ceux qui souffrent – les opprimés, les malades, les pauvres, les parias, les victimes de la violence – et elle leur offre l'espérance que Dieu peut transformer leur souffrance en joie, leur solitude en communion, leur mort en vie. Elle offre une espérance sans limites à notre monde déchu. C'est pourquoi le monde a besoin de la Croix. La Croix n'est pas uniquement un symbole privé de dévotion. Elle n'est pas seulement l'insigne des membres d'un groupe particulier au sein de la société, et, en son sens le plus profond, elle n'a rien à voir avec l'imposition par la force d'un credo ou d'une philosophie. La Croix parle d'espérance, elle parle d'amour, elle parle de la victoire de la non-violence sur l'oppression. Elle dit que Dieu relève celui qui est humble, qu'il fortifie le faible, qu'il triomphe des divisions et surmonte la haine par l'amour. Un monde sans la Croix serait un monde sans espérance, un monde dans lequel la torture et la brutalité seraient sans contrôle, où la faiblesse serait exploitée et l'avidité aurait le dernier mot. L'inhumanité de l'homme pour l'homme se manifesterait de façon toujours plus horrible, et il n'y aurait aucune fin au cycle vicieux de la violence. Seule la Croix y met fin. Alors qu'aucun pouvoir terrestre ne peut nous sauver des conséquences de nos péchés, et qu'aucun pouvoir terrestre ne peut vaincre l'injustice à sa source, l'intervention salvatrice de notre Dieu d'amour a pourtant transformé la réalité du péché et de la mort en leur contraire », disait Benoît XVI dans une homélie prononcée à Nicosie, en 2010.

Chers frères prêtres, votre mission est de porter la Croix au cœur du monde. Votre vie est centrée sur la célébration quotidienne du sacrifice de la messe qui renouvelle celui de la Croix. Votre vie quotidienne est une continuation de la Croix. Vous êtes les hommes de la Croix ! N'ayez pas peur ! De tout mon cœur d'évêque, je veux vous encourager. Ne vous laissez pas troubler par les bruits du monde. Ils se moquent de votre célibat mais ils ont peur de vous. Ne quittez pas la Croix. Elle est la source de toute vie et de tout amour véritable. En ancrant vos vies sur la Croix, vous vous établissez à la source de tout bien : « C'est ce que nous célébrons quand nous nous glorifions dans la Croix de notre Rédempteur… Quand nous proclamons le Christ crucifié, c'est Lui que nous annonçons et non nous-mêmes. Nous n'offrons pas notre sagesse au monde, ni ne revendiquons un mérite quelconque de notre part, mais nous agissons comme des canaux de sa sagesse, de son amour et de ses mérites salvateurs. Nous savons que nous sommes simplement des vases d'argile, cependant, étonnamment, nous avons été choisis pour être les hérauts de la vérité qui sauve et que le monde a besoin d'entendre. Ne cessons jamais de nous émerveiller de la grâce extraordinaire qui nous a été faite. Ne cessons jamais de reconnaître notre indignité. Mais, en même temps efforçons-nous de devenir moins indignes de notre noble appel, de peur que par nos fautes et nos manquements nous n'affaiblissions la crédibilité de notre témoignage. [...] Quand nous proclamons la Croix du Christ, efforçons-nous toujours d'imiter l'amour désintéressé de celui qui s'est offert pour nous sur l'autel de la Croix, de celui qui est à la fois prêtre et victime, de celui en la personne de qui nous parlons et nous agissons lorsque nous exerçons le ministère que nous avons reçu » (Benoît XVI, *ibid.*).

Le célibat du prêtre, le sacerdoce, la Croix et la vérité sont-ils irréductiblement liés ?

Le célibat, le sacerdoce, la Croix et la vérité sont des réalités strictement liées en Jésus qui est la pierre d'achoppement. Je crois profondément que le lien entre ces quatre points représente la victoire de l'amour sur la peur. Accueillir la vérité suppose de surpasser le poison du soupçon. Accepter la Croix nécessite de croire à l'amour. La vie sacerdotale dans le célibat est une proclamation de la confiance absolue en Dieu. Mais notre monde est dominé par la peur. Il est paralysé par ce sentiment que distille le diable et qui isole les personnes. Chacun préfère vivre dans la tristesse et la solitude plutôt que d'accepter de dépendre de l'amour d'un autre. Lors de la veillée avec les prêtres, place Saint-Pierre, pour la clôture de l'année sacerdotale, Benoît XVI insistait sur cette dimension fondamentale : « Le célibat est un "oui" définitif, c'est laisser Dieu nous prendre par la main. Il faut s'offrir entre les mains du Seigneur, dans son "moi" et donc c'est un acte de fidélité et de confiance [...] ; c'est précisément le contraire de ce "non", de cette autonomie qui ne veut pas se donner d'obligations, ne veut pas entrer dans un lien. [...] Nous voulons ainsi aller de l'avant et rendre présent ce scandale d'une foi qui fait reposer toute l'existence sur Dieu. Nous savons qu'à côté de ce grand scandale que le monde ne veut pas voir il y a aussi des scandales secondaires de nos insuffisances, de nos péchés, qui cachent le vrai et grand scandale, et laissent penser : "Mais ils ne vivent pas réellement sur le fondement de Dieu !" Mais il y a une si grande fidélité ! Le célibat, et ce sont précisément les critiques qui le montrent, est un grand signe de la foi, de la présence de Dieu dans le monde. Prions le Seigneur pour qu'il nous aide à nous libérer des scandales secondaires, pour qu'il rende présent le grand scandale de notre foi : la confiance, la force de notre vie qui se fonde en Dieu et en Jésus-Christ ! »

Les prêtres, par leur célibat, percent la chape de méfiance et de soupçon qui pèse sur le monde et le coupe de Dieu. Leur exemple est nécessaire et les rend crédibles. Comment pourrions-nous encourager les jeunes à l'aventure du mariage indissoluble si nous-mêmes ne sommes pas capables de donner notre vie pour toujours ? Peut-être est-ce l'habitude d'une trop grande richesse qui nous rend peu à peu incapables de risquer notre vie par amour. Nous devenons avares, installés dans le confort et la sécurité. Cela me fait penser à ce que le cardinal Ratzinger appelle prophétiquement le « christianisme bourgeois », cette manière de réduire le christianisme à une philosophie de vie d'où serait banni tout amour qui paraîtrait radical ou excessif.

Pour Jésus, une seule chose compte, la vérité (Jn 18, 37-38). Toute sa vie, il a servi la vérité, il a rendu témoignage à la vérité. La vérité sur le Père, la vérité sur la vie éternelle, la vérité sur le combat que l'homme doit mener en ce monde, la vérité sur la vie et sur la mort sont les grands combats du Christ. Autant de domaines essentiels où le mensonge et l'erreur sont mortels. Devant Pilate, avant d'être chargé de sa Croix et mené au Golgotha, il dit : « Je suis venu dans le monde pour ceci : rendre témoignage à la vérité. Tout homme qui appartient à la vérité écoute ma voix » (Jn 18, 37). Il y a un lien profond entre la vérité et la chasteté. Ce lien, c'est la gratuité de l'amour. On aime la vérité pour elle-même et non pour ce qu'elle nous rapporte. Joseph Ratzinger l'a exprimé dans un passage éclairant de son homélie du 6 octobre 2006 : « Il me vient à l'esprit une très belle parole de la première lettre de saint Pierre, dans le premier chapitre, verset 22. En latin, elle dit ceci : *Castificantes animas nostras in oboedentia veritatis.* "L'obéissance à la vérité doit rendre chastes vos âmes, et conduire ainsi à la parole juste et à l'action justes." En d'autres termes, parler pour susciter les applaudissements, parler en fonction de ce que les hommes veulent entendre, parler en obéissant à la dictature des opinions communes, cela est considéré comme une sorte de prostitution de la parole et de l'âme. La chasteté à laquelle fait allusion l'apôtre Pierre est de ne pas se soumettre à ces règles, de ne pas rechercher les applaudissements, mais de rechercher l'obéissance à la vérité. Telle est, selon moi, la vertu fondamentale du théologien, cette discipline quelquefois difficile de l'obéissance à la vérité qui fait de nous des collaborateurs de la vérité, bouches de la vérité, parce que nous ne parlons pas nous-mêmes dans ce fleuve de paroles d'aujourd'hui, mais réellement purifiés et rendus chastes par l'obéissance à la vérité, pour que la vérité parle en nous. Et nous pouvons vraiment être ainsi des porteurs de la vérité. »

Ainsi, la chasteté du prêtre est le signe de son lien à la vérité qui est le Christ crucifié et ressuscité. Le lien vital à la vérité permet au prêtre d'éviter la duplicité, de mener une vie double dans laquelle il se ment à lui-même en cherchant à séduire plutôt qu'à se donner.

Quelle sera votre attitude lors du synode pour l'Amazonie qui se tiendra en octobre 2019, et où il est évident que la question du célibat viendra à être posée ?

Comme nous l'avons vu en ce qui concerne la place des femmes dans l'Église, je constate avec effarement que certaines personnes voudraient fabriquer un nouveau sacerdoce à taille humaine. Si l'Amazonie manque de prêtres, je suis certain que nous ne résoudrons pas la situation en ordonnant des hommes mariés, des *viri probati*, appelés par Dieu non au sacerdoce mais à la vie conjugale pour qu'ils manifestent la préfiguration de l'union du Christ et de l'Église (Ep 5, 32). Dans un élan missionnaire, si chaque diocèse de l'Amérique latine offrait généreusement un prêtre pour l'Amazonie, cette région ne serait pas traitée avec autant de mépris et d'humiliation à travers la fabrication de prêtres mariés, comme si Dieu était incapable de susciter dans cette partie du monde des jeunes généreux et désireux de donner totalement leurs corps et leurs cœurs, toute leur capacité d'aimer et tout leur être dans le célibat consacré.

J'ai ouï dire que, tout au long de ses cinq cents ans d'existence, l'Église d'Amérique latine a toujours considéré les « indigènes » comme incapables de vivre le célibat. Le résultat de ce préjugé est visible : il y a très peu de prêtres et d'évêques indigènes, même si les choses commencent à changer.

Si par un manque de foi en Dieu et par un effet de myopie pastorale le synode pour l'Amazonie se réunissait pour décider de l'ordination des *viri probati*, de la fabrication de ministères pour les femmes et d'autres incongruités de ce genre, la situation serait extrêmement grave. Ces décisions seraient-elles ratifiées au prétexte qu'elles émanent de la volonté des pères synodaux ? L'Esprit souffle où il veut, certes, mais il ne se contredit pas et ne crée pas la confusion et le désordre. Il est l'Esprit de sagesse. Sur la question du célibat, il a déjà parlé par les conciles et les pontifes romains.

Si le synode pour l'Amazonie prenait des décisions dans la direction susdite, il romprait définitivement avec la tradition de l'Église latine. Qui peut affirmer honnêtement qu'une telle expérimentation, avec le risque qu'elle comporte de dénaturer le sacerdoce du Christ, resterait contingentée à l'Amazonie ? Certes, on veut affronter des urgences et des nécessités. Mais la nécessité n'est pas Dieu ! La crise actuelle est comparable dans sa gravité à la grande hémorragie des années 1970, au cours desquelles des prêtres ont quitté par milliers le sacerdoce. Beaucoup de ces hommes ne croyaient plus. Et nous, croyons-nous toujours à la grâce du sacerdoce ?

Je veux lancer un appel à mes frères évêques : croyons-nous en la toute-puissance de la grâce de Dieu ? Croyons-nous que Dieu appelle des ouvriers à sa vigne ou voulons-nous le remplacer parce que nous sommes persuadés qu'il nous a abandonnés ? Pire, sommes-nous prêts à abandonner le trésor du célibat sacerdotal sous prétexte que nous ne croirions plus qu'il nous donne de le vivre en plénitude aujourd'hui ? Chers frères évêques, chaque instant de notre vie de prêtre est un don gratuit de la miséricorde du Tout-Puissant ; n'en faisons-nous pas l'expérience quotidienne ? Comment douter, comment croire que le Seigneur n'est pas là avec nous au milieu de la tempête ? Par pitié, n'agissons pas comme s'il nous avait abandonnés à notre propre jugement. Benoît XVI a tenu à ce sujet des paroles d'une grande justesse à l'occasion de la veillée du 10 juin 2010 avec les prêtres pour l'année sacerdotale : « Que faire devant le manque de vocations, à cause duquel les Églises locales courent le risque de devenir arides car elles n'auront pas la parole de vie, la présence du sacrement de l'Eucharistie et des autres sacrements ? La tentation est grande de prendre nous-mêmes les choses en main, de transformer le sacerdoce – le sacrement du Christ, le fait d'être élu en lui – en une profession normale, en un job à heures fixes, et le reste du temps, de n'appartenir qu'à soi-même, le faisant ainsi devenir semblable à n'importe quelle autre vocation : le rendre accessible et facile. Mais il s'agit d'une tentation qui ne résout pas le problème. [...] Si nous n'exercions nous-mêmes qu'une profession comme d'autres, en renonçant au caractère sacré, à la nouveauté, à la diversité du sacrement que seul Dieu donne, qui ne peut venir que de sa vocation et pas de notre "action", nous ne résoudrions rien. [...] Un grand problème de la chrétienté, du monde d'aujourd'hui, est que l'on ne pense plus à l'avenir de Dieu : seul le présent de ce monde semble suffisant. Nous voulons avoir seulement ce monde, vivre seuls dans ce monde. Et nous fermons ainsi les portes à la vraie grandeur de notre existence. Le sens du célibat comme anticipation de l'avenir est précisément d'ouvrir ces portes, de rendre le monde plus grand, de montrer la réalité de l'avenir qui doit être vécu par nous comme déjà présent. Vivre donc ainsi dans un témoignage de la foi : nous croyons réellement que Dieu existe, que Dieu a quelque chose à voir avec ma vie, que je peux fonder ma vie sur le Christ, sur la vie future. »

Quel signe de foi et de confiance en Dieu serait une réaffirmation claire de la grandeur et de la nécessité du célibat sacerdotal ! Devant la pénurie de séminaristes dans son diocèse, je connais un évêque qui a annoncé qu'il ferait lui-même à pied – une fois par mois – un pèlerinage vers un sanctuaire marial. Il fait cette démarche depuis plusieurs années pour montrer combien il croit en l'efficacité spirituelle de son geste. Aujourd'hui, son séminaire est obligé de s'agrandir !

Je veux aussi souligner que l'ordination d'hommes mariés n'est en rien une solution au manque de vocations. Les protestants, qui acceptent les pasteurs mariés, souffrent également d'une pénurie d'hommes donnés à Dieu. Bien plus, je suis persuadé que si dans certaines Églises orientales la présence d'hommes mariés ordonnés est supportée par les fidèles, c'est parce qu'elle est complétée par la présence massive des moines. Le peuple de Dieu sait intuitivement qu'il a besoin d'hommes radicalement donnés.

Il serait méprisant vis-à-vis des habitants de l'Amazonie de leur proposer des prêtres de « deuxième classe ». Je sais que certains théologiens, comme le père Lobinger, envisagent sérieusement de créer deux classes de prêtres dont l'une serait constituée d'hommes mariés qui ne feraient que donner les sacrements, tandis que l'autre serait constituée de prêtres à part entière, exerçant les trois charges sacerdotales : sanctifier, prêcher et gouverner. Cette proposition est théologiquement absurde. Elle sous-entend une conception fonctionnaliste du sacerdoce, envisageant de séparer l'exercice des trois charges sacerdotales, les *tria munera,* prenant ainsi le contrepied des enseignements majeurs du concile Vatican II stipulant leur unité radicale. Je ne comprends pas comment l'on peut se livrer à de telles régressions théologiques. Je crois que, sous couvert de sollicitude pastorale pour les pays de mission pauvres en prêtres, certains théologiens veulent expérimenter leurs théories farfelues et dangereuses. Au fond, ils méprisent les peuples en question. Un peuple récemment évangélisé a besoin de voir la vérité du sacerdoce tout entière, et non une pâle imitation de ce qu'est un prêtre de Jésus-Christ. Ne méprisons pas les pauvres !

Les habitants de l'Amazonie ont un besoin profond de prêtres qui ne se bornent pas à accomplir leur travail à horaires fixes avant de retourner en famille s'occuper de leurs enfants. Ils ont besoin d'hommes passionnés par le Christ, brûlants de son feu, dévorés par le zèle des âmes. Que serais-je aujourd'hui si des missionnaires n'étaient pas venus vivre et mourir dans mon village de Guinée ? Aurais-je eu le désir d'être prêtre si l'on s'était contenté d'ordonner l'un des hommes du village ? L'Église serait-elle à ce point refroidie qu'il n'y ait pas parmi ses enfants suffisamment d'âmes magnanimes pour se lever et partir annoncer le Christ en Amazonie ? Je crois au contraire que la perspective d'un don total à Dieu peut réveiller les cœurs assoupis de beaucoup de jeunes chrétiens. Encore faut-il que nous, évêques, ayons le courage d'appeler !

Saint Matthieu parlait des eunuques pour le royaume Dieu...

Les paroles de l'évangéliste sont lumineuses : « Des Pharisiens s'approchèrent de [Jésus] et lui dirent, pour le mettre à l'épreuve : "Est-il permis à l'homme de répudier sa femme pour n'importe quel motif ?" Il répondit : "N'avez-vous pas lu que le Créateur, dès l'origine, les fit homme et femme, et qu'il a dit : Ainsi donc l'homme quittera son père et sa mère, et s'attachera à sa femme, et les deux ne feront qu'une seule chair ? Ainsi ils ne sont plus deux, mais une seule chair. Eh bien ! Ce que Dieu a uni, l'homme ne doit point le séparer !" [...] Ses disciples lui dirent : "Si telle est la condition de l'homme envers sa femme, mieux vaut ne pas se marier." Mais il leur dit : "Tous ne comprennent pas ce langage, mais seulement ceux-là à qui cela est donné. Car il y a des eunuques qui sont nés ainsi du sein de leur mère ; il y a des eunuques qui le sont devenus par l'action des hommes ; et il y a des eunuques qui se sont eux-mêmes rendus tels à cause du Royaume des Cieux. Qui peut comprendre, comprenne !" » (Mt 19, 3-6 ; 10-12)

L'Évangile est radical. Certains refusent aujourd'hui de telles paroles. Au nom d'une pseudo-réalisation personnelle conçue de manière profane, ils refusent qu'un homme renonce à réaliser sa sexualité dans le mariage. Pourtant, quand on donne à Dieu, il le rend au centuple. Le célibat sacerdotal n'est pas une mutilation psychologique. Il est l'offrande libre et joyeuse de l'une de nos possibilités naturelles. S'il est vécu dans l'intimité avec le Christ, loin de créer chez le prêtre aucune frustration, le don de soi épanouit et dilate notre capacité d'aimer aux dimensions du cœur du Christ. Parce qu'il est tout entier donné à Dieu, le prêtre devient libre pour aimer tous ses frères d'un amour chaste : « On aura toujours besoin du prêtre qui est complètement dévoué au Seigneur et, de fait, complètement dévoué à l'homme. Dans l'Ancien Testament se trouve l'appel à la sanctification, qui correspond plus ou moins à ce que nous entendons par consécration, et également par l'ordination sacerdotale : quelque chose est confié à Dieu et est donc soustrait à la sphère du commun, donné à Lui. Mais cela signifie qu'il est désormais à la disposition de tous. C'est justement parce qu'il a été soustrait et donné à Dieu qu'il n'est plus désormais isolé mais a été élevé dans le "pour tous". Je pense que tout cela peut aussi se dire du sacerdoce de l'Église. Cela signifie que, d'un côté, nous sommes confiés au Seigneur, retirés de la sphère du commun, mais, de l'autre, nous sommes confiés à Lui pour que, de cette manière, nous puissions Lui appartenir totalement et totalement appartenir aux autres. Je pense que nous devrions sans cesse chercher à montrer cela aux jeunes – à eux qui sont idéalistes, qui veulent faire quelque chose pour l'ensemble – montrer que c'est justement cette "extraction hors de la sphère commune" qui signifie "don à l'ensemble" et que cela est une manière importante, la manière la plus importante pour servir ses frères. Le fait de se mettre à la disposition du Seigneur vraiment dans la totalité de son être et donc de se trouver totalement à la disposition des hommes fait aussi partie de cela. Je pense que le célibat est une expression fondamentale de cette totalité et déjà pour cela un grand rappel dans ce monde, parce qu'il n'a de sens que si nous croyons vraiment à la vie éternelle et si nous croyons que Dieu nous engage et que nous pouvons répondre à son appel », déclarait Benoît XVI au clergé de Bolzano en août 2008.

Depuis l'Antiquité, le célibat sacerdotal a été soigneusement gardé comme une des gloires les plus pures du sacerdoce catholique. Saint Jean XXIII déclarait ainsi lors de la deuxième session du synode romain, le 26 janvier 1960 : « Nous sommes navrés que certains puissent s'imaginer que l'Église catholique en viendra délibérément ou par convenance à renoncer à ce qui, durant de longs siècles, fut et demeure l'une des gloires les plus nobles et les plus pures de son sacerdoce. La loi du célibat ecclésiastique et le souci de la faire prévaloir évoquent toujours les combats des temps héroïques, alors que l'Église du Christ dut engager la lutte et réussit à faire triompher sa glorieuse trilogie, emblème constant de victoire : Église du Christ libre, chaste et catholique. »

De même, saint Paul VI, dans son encyclique *Sacerdotalis caelibatus* du 24 juin 1967, écrivait : « Nous estimons donc que la loi du célibat actuellement en vigueur doit, encore de nos jours et fermement, être liée au ministère ecclésiastique ; elle doit soutenir le ministre de l'Église dans son choix exclusif, définitif et total de l'amour unique et souverain du Christ, du dévouement au culte de Dieu et au service de l'Église, et elle doit qualifier son état de vie aussi bien dans la communauté des fidèles que dans la société profane. »

Le concile œcuménique Vatican II, dans son décret *Presbyterorum ordinis* sur le ministère et la vie des prêtres, enseignait quant à lui que « la pratique de la continence parfaite et perpétuelle pour le Royaume des Cieux a été recommandée par le Christ Seigneur ; tout au long des siècles, et de nos jours encore, bien des fidèles l'ont acceptée joyeusement et pratiquée sans reproche. Pour la vie sacerdotale particulièrement, l'Église l'a tenue en haute estime. Elle est à la fois signe et stimulant de la charité pastorale, elle est une source particulière de fécondité spirituelle dans le monde. Certes, elle n'est pas exigée par la nature du sacerdoce, comme le montrent la pratique de l'Église primitive et la tradition des Églises orientales. Celles-ci ont des prêtres qui choisissent, par don de la grâce, de garder le célibat – ce que font les évêques –, mais on y trouve aussi des prêtres mariés dont le mérite est très grand ; tout en recommandant le célibat ecclésiastique, ce saint concile n'entend aucunement modifier la discipline différente qui est légitimement en vigueur dans les Églises orientales ; avec toute son affection, il exhorte les hommes mariés qui ont été ordonnés prêtres à persévérer dans leur sainte vocation et dans le don total et généreux de leur vie au troupeau qui leur est confié [...]. C'est donc pour des motifs fondés dans le mystère du Christ et sa mission que le célibat, d'abord recommandé aux prêtres, a été ensuite imposé par une loi dans l'Église latine à tous ceux qui se présentent aux ordres sacrés. Cette législation, ce saint concile l'approuve et la confirme à nouveau en ce qui concerne les candidats au presbytérat. Confiant en l'Esprit, il est convaincu que le Père accorde généreusement le don du célibat, si adapté au sacerdoce du Nouveau Testament, pourvu qu'il soit humblement et instamment demandé par ceux que le sacrement de l'Ordre fait participer au sacerdoce du Christ, bien plus, par l'Église tout entière. Le saint concile s'adresse encore aux prêtres qui ont fait confiance à la grâce de Dieu, et qui ont librement et volontairement accueilli le célibat, selon l'exemple du Christ : qu'ils s'y attachent généreusement et cordialement, qu'ils persévèrent fidèlement dans leur état, qu'ils reconnaissent la grandeur du don que le Père leur a fait et que le Seigneur exalte si ouvertement, qu'ils contemplent les grands mystères signifiés et réalisés par leur célibat ».

À travers l'Évangile, la voix des papes et des conciles, c'est la voix de Jésus lui-même qui retentit à nos oreilles. Elle vient conforter le cœur des prêtres qui doutent ou qui luttent pour être fidèles. Elle vient éclairer l'esprit des laïcs qui pressentent l'importance de cette question et qui veulent compter sur des prêtres qui ont donné leur vie. Quiconque oserait rompre et anéantir cet antique trésor, cet écrin de l'âme sacerdotale, en cherchant à séparer le sacerdoce du célibat, blesserait l'Église et le sacerdoce de Jésus pauvre, chaste et obéissant.

Renoncer au célibat, est-ce finalement accepter de rabaisser Dieu au rang d'idole pour le monde ?

Le célibat est un trésor précieux, un joyau splendide que l'Église conserve depuis des siècles. À travers l'histoire, il fut difficile de le comprendre avec exactitude et de le conserver intact. La renonciation au célibat serait une défaite de toute l'humanité. Beaucoup de nos contemporains estiment qu'il est impossible de vivre la continence parfaite. Nombreux sont ceux qui pensent que le célibat place le prêtre dans une condition physique et psychologique antinaturelle, dommageable à l'équilibre et à la maturité de la personne humaine. Le célibat sacerdotal serait donc une violence faite à la nature. Mais dans la foi de l'Église, il est plutôt une manifestation très sûre du grand mystère de l'amour divin. En effet, le prêtre est *Ipse Christus*. Il est le Christ lui-même. Il porte sacramentellement en lui le Christ, l'incarnation de l'amour de Dieu pour l'homme. Ce Christ, Dieu fait homme, a été envoyé dans le monde et constitué médiateur entre le ciel et la terre, entre Dieu le Père et le genre humain.

En pleine harmonie avec cette mission, le Christ est resté durant toute sa vie terrestre dans l'état de virginité qui signifie son don et son dévouement total au service de Dieu et des hommes. La chasteté parfaite du prêtre veut signifier non seulement cette imitation, cette configuration au Christ, mais aussi la présence intense du Christ en chaque prêtre. Le célibat sacerdotal anticipe ce que nous serons en Dieu dans la plénitude de la vie dans le Royaume céleste. Le célibat est une anticipation de la vie éternelle avec Dieu.

Les nécessités pratiques ne peuvent pousser les hommes d'Église à agir dans une logique de rentabilité. Nous sommes les ouvriers du royaume éternel de Dieu et non les agents d'une entreprise internationale. Le risque est grand de commettre une erreur tragique que l'histoire nous reprocherait. Les douze apôtres ont bouleversé le monde. Pourquoi sommes-nous à ce point préoccupés par le nombre de prêtres ?

Jésus ne nous a-t-il pas avertis que le Royaume des Cieux possède en lui-même une force, une énergie propre et secrète qui lui permet de croître, de se développer et d'arriver à la moisson sans que l'homme le sache : « Et il disait : Il en est du Royaume de Dieu comme d'un homme qui aurait jeté du grain en terre : qu'il dorme et qu'il se lève, nuit et jour, la semence germe et pousse, il ne sait comment. D'elle-même, la terre produit d'abord l'herbe, puis l'épi, puis plein de blé dans l'épi. Et quand le fruit s'y prête, aussitôt il y met la faucille, parce que la moisson est à point » (Mc 4, 26-29).

La moisson du Royaume de Dieu est immense, et les ouvriers sont peu nombreux aujourd'hui comme aux premiers jours. Ils ne furent jamais en nombre tel que le jugement humain l'aurait cru suffisant. Mais le Seigneur du Royaume demande qu'on prie afin que ce soit le Maître qui envoie lui-même les ouvriers dans son champ. Les petits projets humains ne peuvent usurper le rôle de la mystérieuse sagesse de Celui qui au cours de l'histoire a défié par sa folie et sa faiblesse la sagesse et la puissance de l'homme.

Comment définir le plus précisément possible le rapport entre l'ordination et l'appartenance au Christ ?

En vertu de la consécration qu'il a reçue par le sacrement de l'Ordre, il y a un lien ontologique spécifique qui unit le prêtre au Christ. Il est donc configuré de manière spéciale au Christ qui est « le Chemin, la Vérité et la Vie » (Jn 14, 6). Il est possédé, plongé en Christ, de façon si intime qu'il doit vivre et agir dans la vérité, comme le Christ, et dans la force de l'Esprit-Saint par l'humble service de Dieu, de l'Église, et pour le salut des âmes. Grâce à cette consécration, la vie spirituelle du prêtre est empreinte, modelée et marquée par les comportements qui sont propres au Christ.

L'homélie de Benoît XVI pour la messe chrismale du jeudi saint 2009 est sans équivoque : « À la veille de mon Ordination sacerdotale, il y a cinquante-huit ans, j'ai ouvert la Sainte Écriture parce que je voulais encore recevoir une parole du Seigneur pour ce jour et pour le chemin que j'aurais à parcourir comme prêtre. Et mon regard est tombé sur ce passage : "Consacre-les par la vérité : ta parole est vérité." Alors j'ai su :

le Seigneur est en train de parler de moi, et il est en train de me parler. C'est exactement ce qui arrivera pour moi demain. En dernière analyse, nous ne sommes pas consacrés par des rites, même s'il y a besoin de rites. Le bain dans lequel le Seigneur nous plonge, c'est Lui-même – la Vérité en personne. Ordination sacerdotale veut dire : être immergés en Lui, dans la Vérité. Je lui appartiens d'une manière nouvelle et de cette manière j'appartiens aux autres, "pour que ton règne vienne". Chers amis, au moment du renouvellement des promesses, nous voulons prier le Seigneur afin qu'il fasse de nous des hommes de vérité, des hommes d'amour, des hommes de Dieu. Prions-le de nous attirer toujours plus en lui, afin que nous devenions véritablement prêtres de la Nouvelle Alliance. » Il ajoutait : « Être plongés dans la vérité et ainsi dans la sainteté de Dieu, cela signifie pour nous accepter aussi le caractère exigeant de la vérité ; s'opposer, dans les grandes choses comme dans les petites, au mensonge, qui de manière extrêmement variée est présent dans le monde ; accepter le combat pour la vérité, pour que sa joie la plus profonde soit présente en nous. Quand nous parlons d'être consacrés par la vérité, nous ne devons pas non plus oublier qu'en Jésus-Christ vérité et amour sont une seule réalité. Être plongés en Lui signifie être plongés dans sa bonté, dans l'amour vrai. L'amour vrai ne se trouve pas à bon marché, il peut même être très exigeant. Il oppose résistance au mal, pour conduire l'homme vers le bien véritable. Si nous devenons un avec le Christ, nous apprenons à Le reconnaître dans ceux qui souffrent, dans les pauvres, dans les petits de ce monde ; alors nous devenons des personnes qui servent, qui reconnaissent les frères et sœurs du Christ et qui en eux le rencontrent Lui-même. »

Je me demande si la crise du monde et de l'Église que nous vivons ne trouve pas ici l'une de ses profondes racines. Nous avons oublié que la source de toute vérité et de tout bien ne nous appartient pas. Nous avons oublié de nous laisser plonger dans le Christ. Nous avons voulu réaliser par nous-mêmes et selon nos projets humains ce que lui seul peut faire. Les prêtres se sont pensés comme les réalisateurs d'un projet généreux mais trop humain. Beaucoup aujourd'hui ne comprennent plus leur propre mystère. Pourtant, ils sont au milieu de nous le rappel incessant de l'irruption de Dieu au cœur du monde. Il est urgent que les chrétiens disent aux prêtres qui ils sont. Il est urgent qu'ils cessent de leur demander d'être des amis sympathiques ou des *managers* efficaces. Aujourd'hui, j'aimerais que chaque chrétien aille trouver un prêtre et le remercie pour ce qu'il est ! Pas pour ce qu'il réalise, mais pour ce qu'il est : un homme radicalement donné à Dieu !

Comme j'aimerais que tous les chrétiens du monde prient pour que les prêtres se livrent sans retour dans cette consécration. Je crois que les femmes ont un rôle particulier à jouer dans cette prière. Elles doivent porter en une mystérieuse maternité spirituelle les prêtres du monde entier : « Les mères sont l'antidote le plus fort à nos tendances individualistes et égoïstes, à nos fermetures et nos apathies. Une société sans mères serait non seulement une société froide, mais aussi une société qui a perdu le cœur, qui a perdu la saveur de famille, disait le pape François dans son homélie du 1er janvier 2017. Faire mémoire de la bonté de Dieu sur le visage maternel de Marie, sur le visage maternel de l'Église, sur le visage de nos mères, nous protège de la maladie corrosive qui consiste à être "orphelin spirituel", cette réalité que vit l'âme quand elle se sent sans mère et que la tendresse de Dieu lui manque. Cette condition d'orphelin que nous vivons quand s'éteint en nous le sens de l'appartenance à une famille, à un peuple, à une terre, à notre Dieu. »

Chers frères prêtres, nous ne sommes pas orphelins ! Nous avons une mère qui est Marie, qui est l'Église. Chers prêtres, l'Église vous aime comme seule une mère sait aimer. Nous formons ensemble une famille, le saint peuple de Dieu. Aimons passionnément l'Église. En elle, nous trouverons la grâce de vivre avec joie et feu notre sacerdoce, la grâce de tout donner à nouveau pour suivre le Christ et lui offrir nos vies pour sauver les âmes.

3

LA CRISE DE L'ÉGLISE

NICOLAS DIAT : Pouvons-nous parler d'une crise de l'Église ?

CARDINAL ROBERT SARAH : Un regard extérieur et superficiel pourrait être surpris que l'on parle de crise de l'Église. À vues humaines, le christianisme est en pleine expansion dans certaines parties du monde. Mais je ne veux pas parler de l'Église comme d'une entreprise dont on commenterait les résultats chiffrés. La crise que vit l'Église est beaucoup plus profonde, elle est comme un cancer qui ronge le corps à l'intérieur. De nombreux théologiens comme Henri de Lubac, Louis Boyer, Hans Urs von Balthasar et Joseph Ratzinger ont largement analysé cette crise. Je ne serai que l'humble écho et le prolongement de leur analyse.

Le symptôme le plus alarmant est certainement la manière dont les hommes et les femmes qui se disent catholiques font leur choix dans les vérités du Credo. Joseph Ratzinger l'a évoqué en ces termes lors d'une conférence donnée à Munich en 1970 : « Ce qui était jusqu'à maintenant impensable est devenu normal : les hommes qui ont depuis longtemps abandonné le Credo de l'Église se considèrent en toute bonne conscience comme des chrétiens véritablement progressistes.

Il n'y a pour eux qu'un seul critère qui compte et qui leur permet de juger l'Église : le critère de fonctionnalité qui guide son action. » Dans de larges pans de l'Église, nous avons perdu le sens de l'objectivité de Dieu. Chacun part de son expérience subjective et se crée une religion à sa taille. Quel malheur ! Chacun veut construire son Église à sa mesure et selon son idée. Mais ce genre d'entreprise n'intéresse personne. Les hommes n'ont que faire d'une Église qui serait un parti, un club ou une société de pensée. Nous avons déjà pléthore de ce type d'institutions humaines. L'Église n'a d'intérêt que parce qu'elle est l'Église de Jésus-Christ. En elle, il se donne, il me surprend.

Le cardinal Ratzinger écrivait dans son *Entretien sur la foi* : « Il faut recréer un climat authentiquement catholique, retrouver le sens de l'Église en tant qu'Église du Seigneur, en tant que lieu de la présence réelle de Dieu dans le monde. C'est le mystère dont parle Vatican II quand il reproduit ces mots terriblement exigeants et qui, pourtant, correspondent à toute la tradition catholique : "L'Église qui est le règne de Dieu déjà mystérieusement présent" (*Lumen gentium*, 3). »

La perte de ce regard de foi sur l'Église engendre tous les symptômes de la sécularisation. La prière est rongée par l'activisme, la charité véritable se mue en solidarité humaniste, la liturgie est livrée à la désacralisation, la théologie se transforme en politique, l'idée même du sacerdoce entre en crise. La sécularisation est un phénomène terrible. Comment le définir ? On pourrait dire qu'il consiste en un aveuglement volontaire. Des chrétiens décident de ne plus s'éclairer à la lumière de la foi. Ils décident de soustraire à cette lumière une partie de la réalité, puis une autre. Ils décident de vivre dans les ténèbres. Voilà le mal qui ronge l'Église. Nous décidons de nous passer de la lumière de la foi en pratique et même en théorie. Nous étudions la théologie en faisant de Dieu une simple hypothèse rationnelle. Nous lisons l'Écriture comme un livre profane et non comme la parole inspirée par Dieu. Nous organisons la liturgie comme un spectacle et non comme le renouvellement mystique du sacrifice de la Croix. Nous en venons à ce que les prêtres et les consacrés vivent de manière purement profane. Bientôt les chrétiens eux-mêmes vivront « comme si Dieu n'existait pas ».

« Le visage de Dieu disparaît progressivement. La mort de Dieu est un processus tout à fait réel qui touche aujourd'hui le cœur même de l'Église. On a l'impression que Dieu meurt dans la chrétienté », écrivait douloureusement Joseph Ratzinger dans son discours du 4 juin 1970 à l'académie catholique de Bavière. Au cœur de la crise de l'Église, la foi devient comme une réalité encombrante aux yeux même des chrétiens. « Dans ce processus, dit le pape François, la foi a fini par être associée à l'obscurité. On a pensé pouvoir la conserver, trouver pour elle un espace pour la faire cohabiter avec la lumière de la raison. L'espace pour la foi s'ouvrait là où la raison ne pouvait pas éclairer, là où l'homme ne pouvait plus avoir de certitudes. Alors la foi a été comprise comme un saut dans le vide que nous accomplissons par manque de lumière, poussés par un sentiment aveugle ; ou comme une lumière subjective, capable peut-être de réchauffer le cœur, d'apporter une consolation privée, mais qui ne peut se proposer aux autres comme lumière objective et commune pour éclairer le chemin. Peu à peu, cependant, on a vu que la lumière de la raison autonome ne réussissait pas à éclairer assez l'avenir ; elle reste en fin de compte dans son obscurité et laisse l'homme dans la peur de l'inconnu. Ainsi l'homme a-t-il renoncé à la recherche d'une grande lumière, d'une grande vérité, pour se contenter des petites lumières qui éclairent l'immédiat, mais qui sont incapables de montrer la route. Quand manque la lumière, tout devient confus, il est impossible de distinguer le bien du mal, la route qui conduit à destination de celle qui nous fait tourner en rond, sans direction. Aussi il est urgent de récupérer le caractère particulier de lumière de la foi parce que, lorsque sa flamme s'éteint, toutes les autres lumières finissent par perdre leur vigueur. La lumière de la foi possède, en effet, un caractère singulier, étant capable d'éclairer *toute* l'existence de l'homme. Pour qu'une lumière soit aussi puissante, elle ne peut provenir de nous-mêmes, elle doit venir d'une source plus originaire, elle doit venir, en définitive, de Dieu » (*Lumen fidei*, 3-4).

Lorsque nous parlons d'une crise de l'Église, il est important de préciser que l'Église, en tant que Corps mystique du Christ, continue d'être « une, sainte, catholique et apostolique ». La théologie, l'enseignement doctrinal et moral restent inchangés, immuables et intangibles. L'Église, comme continuation et prolongement du Christ dans le monde, n'est pas en crise. Elle a les promesses de la vie éternelle. Les portes de l'enfer ne prévaudront jamais contre elle. Nous savons, nous croyons fermement que, en son sein, il y aura toujours assez de lumière pour celui qui veut sincèrement chercher Dieu.

L'appel de saint Paul à Timothée, son fils dans la foi, nous concerne tous : « Je t'ordonne en présence de Dieu qui donne la vie à toutes choses, et en présence du Christ Jésus qui a rendu un beau témoignage devant Ponce Pilate dans une belle profession, [...] garde le dépôt de la foi, évite les bavardages impies et les objections d'une pseudo-science. Pour l'avoir professée, certains se sont écartés de la foi » (1Tm 6, 13.20-21).

La foi continue d'être un don divin surnaturel. Mais c'est nous, les baptisés dans la mort du Christ, qui résistons à ce que nos pensées, nos actions, notre liberté et notre existence entière soient éclairées et guidées en tout moment par la lumière de la foi que nous professons. Il y a une dichotomie tragique et une incohérence dramatique entre la foi que nous professons et notre vie concrète. Dans son magnifique *Journal d'un curé de campagne*, Georges Bernanos écrivait : « Vous revendiquez d'être les pierres du Temple appelé Dieu, les concitoyens des Saints, les enfants du Père Céleste. Avouez que cela ne se voit pas toujours du premier coup ! »

Aujourd'hui, la crise de l'Église est entrée dans une nouvelle phase : la crise du magistère. Certes, le vrai magistère, en tant que fonction surnaturelle du Corps mystique du Christ, assurée et conduite de manière invisible par l'Esprit-Saint, ne peut pas être en crise : la voix et l'agir de l'Esprit-Saint sont constants, et la vérité vers laquelle il nous guide est ferme et immuable. L'évangéliste Jean nous dit : « Quand il viendra, lui, l'esprit de vérité, il vous guidera dans la vérité tout entière ; car il ne parlera pas de lui-même, mais ce qu'il entendra, il le dira et il vous expliquera les choses à venir. Lui me glorifiera, car c'est de mon bien qu'il recevra et il vous l'expliquera. Tout ce qu'a le Père est à moi. Voilà pourquoi j'ai dit que c'est de mon bien qu'il reçoit et qu'il vous expliquera » (Jn16, 13-15).

Mais il règne aujourd'hui une vraie cacophonie dans les enseignements des pasteurs, évêques et prêtres. Ils semblent se contredire. Chacun impose son opinion personnelle comme une certitude. Il en résulte une situation de confusion, d'ambiguïté et d'apostasie. Une grande désorientation, un profond désarroi et des incertitudes destructrices ont été inoculés dans l'esprit de beaucoup de fidèles chrétiens. Le philosophe Robert Spaemann exprimait clairement ce désarroi par une citation extraite de la première lettre de saint Paul apôtre aux

Corinthiens : « Et si la trompette produit des sons confus, qui va se préparer au combat ? » (1Co 14, 8).

Pourtant, nous le savons, le magistère demeure le gage de l'unité de la foi. Notre capacité à recevoir l'enseignement de l'Église dans un esprit de disciple, avec docilité et humilité, est la vraie marque de notre esprit de fils de l'Église. Malheureusement, certains, qui devraient transmettre la vérité divine avec une infinie précaution, n'hésitent pas à la mêler aux opinions à la mode, voire aux idéologies du moment. Comment discerner ? Comment trouver un chemin sûr dans cette confusion ?

Saint Vincent de Lérins apporte dans son *Commonitorium* une lumière précieuse à propos du progrès ou du changement dans la foi : « Ne peut-il y avoir, dans l'Église du Christ, aucun progrès de la religion ? Si, assurément, et un très grand progrès. Car qui serait assez jaloux des hommes et ennemi de Dieu pour essayer d'empêcher ce progrès ? À condition du moins qu'il s'agisse d'un véritable progrès dans la foi, et non d'un changement. Car il y a progrès si une réalité s'amplifie en demeurant elle-même ; mais il y a changement si elle se transforme en une autre réalité. Il faut donc qu'en chacun et en tous, en chaque homme aussi bien qu'en l'Église entière au cours des âges et des générations, l'intelligence, la science et la sagesse croissent et progressent fortement, mais selon leur genre propre, c'est-à-dire dans le même sens, selon les mêmes dogmes et la même pensée [...]. Nos ancêtres ont jadis ensemencé le champ de l'Église avec le blé de la foi. Il serait injuste et inconvenant pour nous leurs descendants de récolter l'ivraie de l'erreur au lieu du froment de la vérité. Au contraire, il est normal et il convient que la foi ne renie pas l'origine, et qu'au moment où le blé de la doctrine a levé nous moissonnions l'épi du dogme. Ainsi, lorsque le grain des semailles a évolué avec le temps et se réjouit maintenant de mûrir, rien cependant ne change des caractères propres du germe. »

Je voudrais supplier les évêques et les prêtres de prendre garde à la foi des fidèles ! Ne nous fions pas à quelques commentaires postés à la va-vite sur Internet par de soi-disant experts. Recevoir le magistère, l'interpréter selon une herméneutique de continuité prend du temps. Ne nous laissons pas imposer le rythme des médias si prompts à parler de changements, de retournements ou de révolutions. Le temps de l'Église est un temps long. C'est le temps de la vérité contemplée qui donne tout son fruit si on la laisse germer paisiblement dans la terre de la foi. « En vertu même de la nature de l'espèce humaine, le temps est nécessaire pour atteindre l'intelligence pleine et parfaite des grandes idées, écrivait en 1864 le cardinal John Henry Newman dans *Apologia pro vita sua*. Les vérités les plus hautes et les plus merveilleuses, même communiquées aux hommes une fois pour toutes par des maîtres inspirés, ne peuvent être comprises d'un coup par ceux qui les reçoivent, car reçues et transmises par des esprits non inspirés et par des moyens humains, elles requièrent un temps prolongé, une réflexion plus profonde, pour être pleinement élucidées. »

Quand la tempête fait rage sur un navire, il est important de s'arrimer à ce qui est stable et solide. Il n'est pas temps de courir après les nouveautés à la mode qui risquent fort de s'évanouir avant même qu'on ait pu s'en saisir. Il est nécessaire de garder le cap, sans dévier, en attendant que l'horizon se dévoile. Je voudrais dire aux chrétiens : ne vous laissez pas troubler ! Vous avez entre les mains le trésor de la foi de l'Église. Il vous est légué par des siècles de contemplation, par l'enseignement constant des papes. Vous pouvez y nourrir votre vie de foi sans crainte.

Cette crise date-t-elle du concile Vatican II ?

Elle est en germe depuis bien plus longtemps, mais il est incontestable que le concile Vatican II a été suivi d'une crise profonde et universelle de l'Église. L'après-concile ne fut pas l'idéal espéré. Ainsi Jacques Maritain, dans son *Paysan de la Garonne*, évoque-t-il « la fièvre néo-moderniste fort contagieuse, du moins dans les cercles dits "intellectuels", auprès de laquelle le modernisme du temps de Pie X n'était qu'un modeste rhume des foins, cette [...] description nous fait le tableau d'une espèce d'apostasie "immanente" en préparation depuis bien des années et dont certains espoirs obscurs des parties basses de l'âme, soulevés çà et là à l'occasion du concile, ont accéléré la manifestation – mensongèrement imputée parfois à l'"esprit du concile" ».

À cette époque, de nombreux chrétiens, et en particulier des clercs, ont connu une crise d'identité adolescente. Fils de l'Église, nous sommes, sans mérites de notre part, les simples héritiers du trésor de la foi. La vérité de la foi nous a été transmise pour que nous la gardions et que nous en vivions. À cet égard, nous sommes d'insolvables débiteurs vis-à-vis de tous nos pères. Recevoir le trésor de la tradition suppose un esprit filial. Nous sommes, en quelque sorte, des nains juchés sur les épaules de géants. Mais nous sommes surtout les débiteurs de Dieu. Conscients de notre indignité et de notre faiblesse, nous le contemplons avec gratitude remettre en nos mains les trésors de la vie divine que sont les sacrements et le Credo. Quelle doit être notre réaction devant une telle générosité divine face à notre misère ? Il ne nous reste qu'à partager l'héritage reçu et à le transmettre. La conscience de notre indignité foncière devrait nous pousser à annoncer au monde la Bonne Nouvelle, à la proclamer, non pas comme notre propriété, mais à la façon d'un dépôt précieux qui nous a été remis par miséricorde. C'est d'ailleurs la réaction des apôtres après la Pentecôte. Dans les années d'après-concile, il semble que certains ont eu mauvaise conscience de cet état d'héritiers indignes. Comme le dit Joseph Ratzinger dans *Les Principes de la théologie catholique*, on a voulu faire « un grand examen de conscience » de l'Église catholique. On s'est complu dans des « aveux de culpabilité », un « caractère passionné de l'auto-accusation », une « conception de l'Église pécheresse jusque sur le plan des valeurs communes et fondamentales ». Il constate qu'on en est venu à « prendre systématiquement au sérieux tout l'arsenal des accusations portées contre l'Église ». Un examen de conscience aurait dû nous conduire à transmettre notre héritage avec d'autant plus de joie et d'attention qu'on aurait réalisé à quel point nous n'en sommes pas dignes. Au contraire, le cardinal Ratzinger note que cette période « a conduit à une incertitude concernant notre propre identité [...], à une attitude de rupture à l'égard de notre propre histoire [et à] l'idée d'une heure zéro à laquelle tout allait recommencer à neuf ». Mais, dans cette attitude, le risque d'un orgueil subtil était grand. Certains clercs ne se voulaient plus héritiers mais créateurs. On s'est parfois mis à proclamer une foi tout humaine à la place du dépôt divin. Au lieu de transmettre ce que nous avions reçu, on a proclamé bruyamment ce que l'on avait inventé. À la racine de cette crise, je suis persuadé qu'il y a eu un défaut spirituel. Il faut beaucoup d'humilité pour accepter de recevoir un don. Mais, d'un seul coup, nous avons refusé d'être des héritiers sans mérites. Pourtant, cette réalité est au cœur de toute famille.

Un enfant reçoit gratuitement l'amour de ses parents. Il ne l'a pas mérité. Il le donnera à son tour. L'humilité fondamentale qui consiste à accepter de recevoir sans mérites et de transmettre gratuitement est la matrice de l'amour familial. Depuis qu'il tend à se diluer, l'Église perd son esprit de famille. Elle est en proie aux divisions et à la dureté. Elle est minée par l'esprit de parti, le soupçon, l'idéologie. Je dois dire ma profonde souffrance devant les basses manœuvres et les manipulations qui s'introduisent dans la vie ecclésiale. Nous devrions être la famille de Dieu. Nous donnons quasi constamment le lamentable spectacle d'une cour où l'on recherche le pouvoir et l'influence. Les mœurs des politiciens envahissent nos rangs. Où est la charité ? Où est la bienveillance ? Nous ne retrouverons notre unité paisible qu'en faisant corps autour du dépôt de la foi. Il est temps de refuser les herméneutiques de rupture qui brisent la transmission de l'héritage mais aussi l'unité du corps ecclésial, comme l'exprime clairement Joseph Ratzinger dans son *Entretien sur la foi* : « Défendre aujourd'hui la vraie tradition de l'Église signifie défendre le concile. C'est aussi notre faute si nous avons parfois donné prétexte, tant à la “droite” qu'à la “gauche”, à penser que Vatican II ait pu constituer une “rupture”, un abandon de la tradition. Il y a au contraire une continuité qui ne permet ni retours en arrière, ni fuites en avant, ni nostalgies anachroniques, ni impatiences injustifiées. C'est à l'aujourd'hui de l'Église que nous devons rester fidèles, non à l'hier ni au demain : et cet aujourd'hui de l'Église, ce sont les documents de Vatican II dans leur authenticité, sans réserve qui les amputent, ni abus qui les défigurent. »

Il est temps que nous retrouvions un esprit paisible et joyeux, un esprit de fils de l'Église qui assument toute son histoire en héritiers reconnaissants. Le concile ne doit pas être rétracté. En revanche, il est nécessaire de le redécouvrir en lisant attentivement les textes officiels qui en ont émané. Il est nécessaire de lire le concile sans mauvaise conscience mais avec un esprit de gratitude filiale envers notre mère l'Église.

Un des problèmes posés par les conclusions du concile est le sens que l'on a donné à *Gaudium et spes*. Joseph Ratzinger rappelle déjà dans *Les Principes de la théologie catholique* que « ce qui a eu tant d'influence dans ce texte, ce n'est pas le contenu [...] c'est bien plutôt l'intention générale de départ ». Le concept de « monde » n'y est pas défini clairement : « L'Église coopère avec le “monde” pour construire le “monde”. [Ce texte] représente une tentative pour une réconciliation officielle de l'Église avec le monde tel qu'il était devenu depuis 1789. [...] Ni les embrassades ni le ghetto ne peuvent résoudre durablement pour le chrétien le problème du monde moderne. »

Au fond, si les papes et les pères conciliaires ont estimé pouvoir s'ouvrir avec confiance à tout ce qu'il y a de positif dans le monde moderne, c'est justement parce qu'ils étaient certains de leur identité et de leur foi. Ils étaient fiers d'être fils de l'Église. En revanche, chez beaucoup de catholiques, il y a eu une ouverture sans filtres ni freins au monde, c'est-à-dire à la mentalité moderne dominante, au moment même où l'on interrogeait les bases du *depositum fidei* qui, pour un grand nombre, n'étaient plus claires.

Certains se sont réclamés de « l'esprit du concile » pour courir après une nouveauté permanente. Beaucoup ont renoncé à se penser fils de l'Église. Ils ont adopté les formats et les critères du monde parce qu'ils avaient mauvaise conscience. Si l'Église n'est plus perçue comme la mère aimante qui nourrit ses enfants, alors les chrétiens ne comprendront plus pourquoi ils sont des fils. S'ils ne sont plus fils d'une même mère, ils ne seront plus entre eux comme des frères. Je voudrais reprendre ici les paroles du pape François dans son homélie du 1er janvier 2018 : « Pour repartir, regardons vers la Mère. Dans son cœur bat le cœur de l'Église. Pour avancer, il faut revenir en arrière : recommencer de la Mère qui tient Dieu dans ses bras. » Ce qu'il dit de Marie doit s'entendre aussi de l'Église. « Là où se trouve la mère se trouvent unité, appartenance, appartenance de fils », affirmait-il à la même occasion l'année précédente.

Qu'appelez-vous une crise du Credo ?

C'est d'abord une crise de la théologie fondamentale, une crise des fondements de la foi. Celle-ci est liée à une mauvaise interprétation de Vatican II sous la forme d'une herméneutique de la rupture, à quoi devrait s'opposer une herméneutique de la réforme dans la continuité de l'unique sujet Église. Elle se manifeste principalement dans l'ecclésiologie ou théologie de l'Église.

Je dois aussi constater une crise de la place de la théologie dans la vie de l'Église. On assiste chez les spécialistes de la doctrine sacrée à une revendication d'autonomie à l'égard du magistère, laquelle les fait pencher vers des doctrines hétérodoxes présentées comme des vérités immuables. Les théologiens perdent de vue leur authentique mission, laquelle n'est pas la création mais l'interprétation du donné révélé, son approfondissement, et non une mise en valeur de leur propre excellence.

Les théologiens ne doivent pas se penser comme de purs intellectuels qui n'auraient pour univers que le monde des universités et des revues scientifiques. La théologie est un service ecclésial. Un prêtre théologien est avant tout un pasteur. Il ne faut pas oublier que les définitions dogmatiques sont un service rendu aux « petits » de l'Église, et non l'exercice d'une domination. En formulant la foi à travers des mots, le magistère permet à tous de participer à la lumière que le Christ nous a laissée. L'exercice de la théologie commence par le catéchisme et la prédication. Il consiste à scruter les mystères de la foi pour les exprimer en mots humains qui permettent de les transmettre au plus grand nombre. Je suis parfois émerveillé de la profonde théologie que certains fidèles développent intuitivement à partir des vérités du catéchisme. Dans *L'Humilité de Dieu*, François Varillon écrit ainsi : « Quand elle fait de la théologie, l'Église n'honore pas son Dieu au titre de Professeur Suprême qui thématiserait son être en énoncés logiquement articulés pour la satisfaction de l'esprit. » L'Église veille simplement à ce que soit reçue, en tout temps et en tout lieu, la lumière du Christ dont elle est le Sacrement. Ce souci la conduit à formuler sur un mystère, à un moment de l'histoire, sa contemplation, afin que ne soit pas pervertie la relation de ses fils au Dieu vivant. Ces formulations, qui se font au terme d'une longue étude, inaugurent aussi une réflexion nouvelle. Elles sont des points de départ autant et plus que des points d'arrivée. Si un langage vieillit, rien n'empêche qu'on le renouvelle, dans la fidélité au sens qu'il renferme. Oui, il faut travailler à dire mieux ce qui a déjà été dit, le formuler d'une manière toujours plus juste, sans rupture avec la tradition. Il nous faut rester fermes, inébranlables à maintenir la tradition, la doctrine et les dogmes de l'Église. Sans polémique, ni impatience, ni vacarme.

Le travail de déconstruction d'une certaine théologie qui a perdu l'esprit ecclésial se répercute forcément un jour ou l'autre dans l'enseignement de la catéchèse. Le catéchisme perd de la sorte la certitude et l'harmonie qui devraient le caractériser. Ce fut une première et grave erreur de s'attaquer au catéchisme en le déclarant « dépassé ». Il est trop souvent présenté de nos jours comme une série d'hypothèses exégétiques, sans liens logiques ni chronologiques. De cette façon, il ne gagne aucunement en clarté pour les enfants. Nous avons à enseigner la foi et non les dernières théories à la mode bientôt périmées de l'exégèse historico-critique.

La crise se manifeste également au niveau des rapports entre les deux canaux que nous transmet l'unique Révélation divine, à savoir l'Écriture sainte et la tradition, donc entre la Bible et l'Église qui donne ce qu'elle a reçu du Seigneur. Sous l'influence du protestantisme et de son idée maîtresse « *sola scriptura* » – l'Écriture seule, sans le magistère –, les exégètes catholiques ont privilégié une interprétation dite « savante » de la Bible, encombrée d'un ensemble d'hypothèses de travail, de préjugés philosophiques, scientistes ou hégéliens, au détriment de la lecture patristique et traditionnelle, celle qui a fait les saints, les seuls hommes qui comprirent pleinement l'Écriture.

Finalement, celle-ci n'est plus considérée que comme un ensemble de documents anciens, certes passionnants, mais dénués de poids surnaturel, et dont la compréhension n'est plus possible qu'aux seuls spécialistes. Or la tradition est le principal critère en matière de foi. Tout catholique doit avoir l'audace de croire que sa foi, en communion avec celle de l'Église, est au-dessus de tout nouveau magistère des experts et des intellectuels. On peut légitimement se demander quels sont le but et l'intérêt spirituel qui consistent à vouloir séparer la tradition et la parole de Dieu.

La constitution dogmatique *Dei Verbum* avait solennellement proclamé la connexion essentielle entre le magistère et la parole de Dieu : « Il est donc clair, affirme *Dei Verbum*, que la sainte tradition, la sainte Écriture et le magistère de l'Église, par une très sage disposition de Dieu, sont tellement reliés et solidaires entre eux qu'aucune de ces réalités ne subsiste sans les autres, et que toutes ensemble, chacune à sa manière, sous l'action du seul Esprit-Saint, contribuent efficacement au salut des âmes » (DV 10, § 3). *Dei Verbum* poursuit de façon plus explicite en affirmant que la sainte tradition et la Sainte Écriture constituent « un unique dépôt sacré de la parole de Dieu, confié à l'Église » (DV 10 § 1). Le concile souligne ainsi que la parole de Dieu ne peut subsister sans le magistère de l'Église, « étant donné que c'est l'Église qui reçoit le dépôt sacré de la parole de Dieu » et, dans l'Église, c'est uniquement le « magistère vivant » qui a la fonction et la charge d'interpréter avec une autorité spécifique reçue du Christ (*authentice, in nomine Christi*) la parole de Dieu se trouvant dans les Saintes Écritures et dans la tradition (DV 10, § 2). Bien entendu, « ce magistère n'est pas au-dessus de la parole de Dieu, mais il est à son service, n'enseignant que ce qui a été transmis » (DV 10, § 2), c'est-à-dire la même parole de Dieu contenue dans le dépôt sacré de la foi confié à l'Église.

Aujourd'hui, le danger est grand de penser que la sainte tradition pourrait être dépassée par un changement du magistère. On affirme que les vérités transmises par l'Église doivent être relues dans leur contexte et on en profite pour réclamer du magistère des changements. Face à ce péril, le concile nous rappelle fermement que la tradition est la parole de Dieu elle-même et que, si le magistère essaie d'en faire abstraction, il ne peut s'y subsister. Le magistère authentique ne pourra jamais rompre avec la tradition et la parole de Dieu. Notre foi en l'Église nous en donne la certitude.

Vous allez donc jusqu'à parler d'une crise de l'ecclésiologie ?

La grande tentation pour l'ecclésiologie serait de rabaisser l'Église à un niveau sociologique. L'épouse du Christ devient l'objet d'un regard purement humain et profane. On veut bien voir en elle une société qui promeut un projet de libération sociale essentiellement terrestre. Mais on oublie qu'elle n'est rien de moins que « Jésus-Christ répandu et communiqué », selon le mot de l'évêque Bossuet. On oublie qu'elle est réellement le corps mystique du Christ : « Le sens authentiquement catholique de la réalité "Église" disparaît silencieusement, sans être expressément rejeté. Beaucoup ne croient plus qu'il s'agisse d'une réalité voulue par le Seigneur Lui-même. Et même, chez certains théologiens, l'Église apparaît comme une construction humaine, un instrument créé par nous, que nous pouvons par conséquent réorganiser nous-mêmes librement selon les exigences du moment », expliquait Joseph Ratzinger dans *La Foi chrétienne hier et aujourd'hui*.

Le corps mystique du Christ, l'Église, doit faire briller la même lumière partout et en tout temps, exactement comme le soleil qui se lève chaque matin et illumine le monde. Le but premier sur lequel se reposent éternellement le regard et la volonté d'amour infini de Dieu, c'est la perfection infinie du Christ Rédempteur. Tout a été créé par Lui et sans Lui rien ne fut (Jn 1, 3), et c'est vers Lui que Dieu conduit toutes choses et tous les événements de l'histoire. L'Église, c'est Jésus-Christ prolongeant sa vie, qui est la vie même de Dieu, en toute la Création rachetée, sanctifiée et divinisée par Lui.

En octobre 2018, le synode sur « Les jeunes, la foi et le discernement vocationnel » a provoqué une certaine perplexité en raison de l'interprétation controversée de l'épisode des « disciples d'Emmaüs » tiré de l'Évangile de Luc (Lc 24, 13-35).

Vous vous rappelez ces deux hommes qui traînent le pas, tournant le dos à Jérusalem et se dirigeant vers un bourg appelé

Emmaüs. Sur cette route, ils sont rejoints par un inconnu qui arrive à leur hauteur, ralentit son pas et les interpelle. « De quoi vous entretenez-vous en marchant ? » leur demande-t-il. La réponse des deux hommes est simple : « Mais tu es le seul à ignorer ce qui s'est passé ces jours-ci à Jérusalem. » « Quoi donc ? » demande-t-il. « Ce qui concerne Jésus le Nazarénien ! » L'inconnu riposte par une sorte de reproche véhément : « Ô cœurs sans intelligence, lents à croire à tout ce qu'ont annoncé les prophètes ! » Il faut aussi se souvenir de l'épisode des apôtres dans la barque quand ils sont secoués par un vent violent : il y a de quoi s'affoler, la tempête est terrible et leurs vies sont menacées. Le Christ se réveille et les gronde : « Hommes de peu de foi » (Lc 8, 25). Pourquoi ? Manquer d'espérance et de foi, c'est se méfier de Dieu, c'est douter qu'il soit présent, qu'il soit fidèle, qu'il soit actif, au cœur de notre vie et au milieu de nos angoisses. Avec le Christ, quand on désespère, on a toujours tort. Alors il leur fait ce reproche : « Ne fallait-il pas que le Christ souffrît pour entrer dans sa Gloire ? » (Lc 24, 26), et il condamne explicitement le manque d'espérance. Pendant ce trajet d'Emmaüs, Jésus parle et les disciples écoutent. En commençant par Moïse et en évoquant tous les prophètes, il interprète dans les Écritures ce qui le concerne.

Ce passage des Évangiles est certainement la plus belle *lectio divina*. Le Christ est commenté par le Christ, le Christ est expliqué par le Christ, le Christ est regardé par le Christ.

Mais il va falloir se séparer. Pourtant, quelque chose dans le cœur de ces hommes se refuse à la séparation : « Reste avec nous, car le soir approche, et déjà le jour baisse » (*ibid.*, 29). Jésus accepte. Ils entrent tous les trois dans une auberge. Il se passe alors quelque chose de tout à fait étrange. Saint Luc emploie ici le vocabulaire de l'Eucharistie : « [Jésus] prit le pain, dit la bénédiction, puis le rompit et le leur donna » (*ibid.*, 30). C'est effectivement l'Eucharistie, le Sacrement de la Pâque du Christ. Tout cela se passe le soir de Pâques. À ce moment-là seulement, ils le reconnaissent. Mais déjà ils ne le voient plus. Car on ne peut rejoindre le Christ que dans sa Présence eucharistique. Ils auraient pu rester un moment avec lui, l'écouter encore, se rassasier les yeux de son visage glorieux : « Ce que nos mains ont touché, ce que nos yeux ont vu, ce que nous avons contemplé », écrit saint Jean dans sa première lettre (1, 1). La foi ouvre les yeux pour voir le Ressuscité. Voilà ce que nous révèle ce texte merveilleux.

« Aussitôt, ils retournèrent à Jérusalem » (Lc 24, 33). Ils partent dans le froid de la nuit. Ce jour-là, ils n'ont pas dormi. Ils reviennent à la cité sainte et se joignent au groupe des apôtres ; les pèlerins d'Emmaüs seront les premiers témoins de la résurrection.

Ce texte nous permet de comprendre que ce n'est pas nous qui construisons l'Église, mais le Christ, à travers sa parole et l'Eucharistie : « Car la construction que vous êtes a pour fondations les apôtres et les prophètes, et pour pierre angulaire le Christ Jésus lui-même » (Eph 2, 20). Comme Pasteur éternel, il nous conduit. Dans son Église, il nous rejoint en nous livrant sa parole.

Le Christ parlait, et leur cœur brûlait d'amour. Au départ, ils avaient un pas de traînard et une foi attiédie. Mais, tandis que le Christ expliquait les Écritures, ils se sont mis à son pas de ressuscité. Changer de pas, changer de vie, changer de cœur, c'est peut-être ce que le Seigneur attend de nous, à l'écoute de sa parole. Puis est venu le moment de rompre le pain, le moment de l'Eucharistie. On a souvent dit que cet épisode se déroulait exactement comme la célébration eucharistique : au commencement, la lourdeur de l'homme pécheur qui tourne le dos à Jérusalem, lieu de la Croix et de la souffrance du Christ. Il est ensuite touché par la parole, la liturgie de la parole, le commentaire de la parole – l'homélie. Puis vient la fraction du pain et l'envoi en mission. Ces hommes repartent à Jérusalem après avoir eu tout le Christ : le Christ-Parole, le Christ-Corps, le Christ-Sang, le Christ-Eucharistie. Ainsi réinvestis de cette Présence, le cœur plein de cette gloire silencieuse du Ressuscité, ils retrouvent le groupe apostolique : l'Église fondée sur les apôtres (Eph 2, 20). Ils avaient rompu la communion ecclésiale et fraternelle. Découragement, désespérance, baisse de la foi, distance prise par rapport aux membres de l'Église : ils étaient partis loin, vers Emmaüs. Et ils retrouvent la communion ecclésiale. Ils renouent avec le Christ-Eucharistie, ils retrouvent l'Église, ils reconstituent la communion et vont être les témoins intrépides du Ressuscité. C'est Jésus-Christ qui édifie l'Église par sa parole et par l'Eucharistie. Nous devenons membres de l'Église et missionnaires de l'Évangile, témoins du Ressuscité, après nous être nourris de la parole, du Corps et du Sang de Jésus-Christ. Saint Paul nous avertit : « Selon la grâce de Dieu qui m'a été accordée, tel un bon architecte, j'ai posé le fondement. Puis les générations successives vont apporter leurs pierres. Mais que chacun prenne garde à la manière dont il bâtit les murs. De fondement, en effet, nul n'en peut poser d'autre que celui qui s'y trouve, c'est-à-dire Jésus-Christ » (1Co 3, 10-11). Suivons l'œuvre des apôtres et de leurs successeurs à travers les siècles. Ne construisons rien à la manière du monde. C'est le Christ qui construit son Église et nous sommes ses inutiles collaborateurs.

La forme hiérarchique de l'Église est-elle encore acceptable pour nos contemporains ? Beaucoup réclament un gouvernement plus démocratique : qu'en pensez-vous ?

On assiste aujourd'hui à un contresens sur la réalité humaine de l'Église, conçu dans certains laboratoires où l'on distille l'utopie d'un peuple de Dieu en opposition dialectique avec le magistère. Le rôle de ce dernier, et notamment de la congrégation pour la Doctrine de la foi, a été incompris.

Une vision horizontaliste de l'Église conduit inévitablement au désir d'aligner ses structures sur celles des sociétés politiques. Si elle n'est qu'une création de l'homme non directement instituée par le Christ, elle est sans cesse à repenser, à réorganiser suivant des schémas rationnels, répondant aux besoins du moment : « Car si l'Église est notre Église, écrivait le cardinal Ratzinger dans son *Entretien sur la foi*, si l'Église n'est que nous, si ses structures ne sont pas celles qu'a voulues le Christ, alors on ne conçoit plus l'existence d'une hiérarchie au service des baptisés, instaurée par le Seigneur Lui-même. […] On rejette alors le concept d'une autorité voulue par Dieu, autorité qui a sa légitimation en Dieu et non pas – comme il arrive dans les structures politiques – dans l'accord de la majorité des membres de l'organisation. Or l'Église du Christ n'est pas un parti, elle n'est pas une association, elle n'est pas un club : sa structure profonde et intouchable n'est pas démocratique mais sacramentelle et donc hiérarchique ; parce que la hiérarchie, basée sur la succession apostolique, est une condition indispensable pour atteindre à la force, à la réalité du sacrement. L'autorité ici n'est pas fondée sur le vote à la majorité, elle est fondée sur l'autorité du Christ lui-même, qui a voulu la communiquer à des hommes qui seraient ses propres représentants, jusqu'à son retour définitif. Ce n'est qu'en se référant à cette vision qu'on pourra redécouvrir la nécessité et la fécondité de l'obéissance à la hiérarchie légitime de l'Église. »

Les chrétiens ne voient plus dans leurs évêques que des hommes en quête de pouvoir. On commente l'influence d'un tel ou la carrière d'un autre. Comment peut-on oublier que le gouvernement dans l'Église est un service ? Détenir une part de l'autorité du Christ, c'est proprement entrer dans son état de serviteur, se dépouiller de tout son être, de ses idées personnelles, de ses préférences et de ses goûts pour se faire l'humble serviteur du salut de tous : « Vous le savez : ceux que l'on regarde comme chefs des nations les commandent en maîtres ; les grands leur font sentir leur pouvoir. Parmi vous, il ne doit pas en être ainsi. Celui qui veut devenir grand parmi vous sera votre serviteur. Celui qui veut être parmi vous le premier sera l'esclave de tous » (Mc 10, 42-44).

Le service du gouvernement est un chemin de Croix de tous les instants. Il devrait devenir une voie de sanctification à la suite de Celui qui s'est anéanti, prenant la condition de serviteur. Je veux insister : c'est en serviteurs de la foi et du salut de tous que les évêques doivent parfois reprendre et corriger. C'est par souci de la protection de la foi de tous, surtout des plus petits, qu'il arrive à la congrégation pour la Doctrine de la foi de condamner un livre ou d'interdire un prêtre d'enseignement. Ce gouvernement est un service d'amour de Dieu et des âmes. Il est une œuvre sainte et sanctifiante quoique difficile et ingrate.

De même, on n'obéit pas dans l'Église comme dans une société politique. On n'obéit pas à ceux qui ont le pouvoir parce qu'on en a peur. L'obéissance vraiment catholique se rapporte à Dieu. À travers la hiérarchie, c'est lui que nous aimons, c'est à lui que nous obéissons. Nous avons perdu le sens surnaturel de cette obéissance pour en faire un jeu de pouvoir. Déjà, en 1976, le primat des Gaules, le cardinal Alexandre Renard, notait dans *Où va l'Église* : « L'Église a subi une sorte d'horizontalisme. On voit plutôt les hommes, avec leurs limites et leurs tendances, que leur mission et leur grâce ; on se pose face aux évêques – y compris au pape – comme en face de chefs, de patrons ; on les critique assez souvent, au lieu de travailler en communion avec eux, dont la responsabilité est si grande et si lourde. »

Je voudrais rappeler à tous les paroles de Jésus à saint Pierre. « Tu es Pierre et sur cette pierre, je bâtirai mon Église » (Mt 16, 18). Nous avons la certitude que cette parole de Jésus trouve sa réalisation dans ce que l'on appelle l'infaillibilité de l'Église. L'épouse du Christ, avec à sa tête le successeur de Pierre, peut vivre des crises et des tempêtes. Ses membres peuvent pécher et se tromper. Mais jamais, si nous restons unis à Pierre, nous ne pourrons profondément ni durablement nous écarter du Christ. *Ubi Petrus, ibi Ecclesia.* Là où est Pierre, là est l'Église. Dans un discours important au Sacré-Collège et à la Curie, en juin 1980, Jean-Paul II déclarait : « Le mandat du collège épiscopal, étroitement uni à l'humble successeur de Pierre, est donc de garantir, de protéger, de défendre cette vérité et cette unité. Nous savons que, dans l'exercice de ce mandat, l'Église enseignante est assistée par l'Esprit-Saint avec le charisme spécifique de l'infaillibilité. Cette infaillibilité est un don d'en haut. Notre devoir est celui de demeurer fidèles à ce don, qui ne nous vient pas de nos pauvres forces ou de nos pauvres capacités, mais uniquement du Seigneur. Il est de respecter et de ne pas décevoir le *sensus fidelium*, c'est-à-dire cette "sensibilité" particulière par laquelle le peuple de Dieu perçoit et respecte la richesse de la Révélation qui a été confiée par Dieu à l'Église et qui en exige la garantie absolue. »

De même, en novembre 1980, dans un discours aux théologiens allemands à Altötting, Jean-Paul II déclarait : « Le magistère n'intervient que pour constater la vérité de la parole de Dieu, surtout quand celle-ci est menacée de déformations, de fausses interprétations. C'est dans ce contexte qu'il faut voir également l'infaillibilité du magistère ecclésiastique. [...] L'Église doit être [...] très humble et en même temps très sûre de rester dans chacune des vérités, dans chacun des enseignements sur la foi et la morale qu'elle a reçus du Christ qui, dans ce domaine, l'a dotée du don d'une "infaillibilité" spécifique. Quoique la vérité sur l'infaillibilité de l'Église puisse à juste titre sembler une vérité moins centrale et d'ordre moindre dans la hiérarchie des vérités révélées par Dieu et professées par l'Église, elle est cependant, d'une certaine façon, la clef pour la certitude même de professer et de proclamer la foi, pour la vie et le comportement des croyants. En affaiblissant ou en détruisant cette base fondamentale, les vérités les plus élémentaires de la foi commencent à s'écrouler aussitôt. » Ce n'est jamais en contestant le magistère, présent ou passé, ou en jetant le doute sur lui que nous progressons dans la recherche de la vérité. Il est vrai qu'en ce domaine nous ne sommes guère aidés par ceux qui s'approprient le magistère et l'interprètent selon leurs propres idées, en rupture avec la tradition théologique. Hélas, ceux-là sont prompts à jeter l'anathème sur tous ceux qui ne sont pas dans leur ligne. Face à une telle hystérie théologique, il est temps de retrouver un peu de paix et de bienveillance. Seules la foi, la confiance dans le magistère et sa continuité à travers les siècles pourront nous donner l'unité.

Pensez-vous que nous sommes confrontés à une crise d'identité de la religion catholique en lien avec l'œcuménisme et le dialogue interreligieux ?

L'effort œcuménique est nécessaire, mais il a parfois été pratiqué avec une hâte excessive, et nous avons oublié que la réaffirmation des points de dogme intangibles est un service rendu à l'interlocuteur. L'indifférentisme quant aux confessions chrétiennes s'installe par une mauvaise compréhension de la vraie nature de l'œcuménisme.

Le désir d'une relation plus fraternelle, moins hostile et moins tendue entre les chrétiens est juste et louable. Mais l'œcuménisme ne saurait se réduire à cela. Le véritable œcuménisme réside dans le fait d'abandonner nos péchés et notre tiédeur, de nous libérer ensemble de notre manque de foi, de retrouver la même foi dans les mystères chrétiens, dans les sacrements, la même doctrine, la même Église confiée à Pierre et non ce que nous édifions par notre propre génie. Le véritable œcuménisme consiste à se laisser guider par la seule et unique lumière de l'Évangile, avec ses exigences morales. Le véritable œcuménisme, c'est garder fidèlement sa parole et vivre selon les commandements de Dieu. Car « celui qui garde sa parole, c'est en lui vraiment que l'amour de Dieu est accompli. À cela nous savons que nous sommes en Lui. Celui qui prétend demeurer en Lui doit se conduire à son tour comme Celui-là s'est conduit » (1Jn 2, 5-6). Sans une réaffirmation ferme de l'enseignement du Christ tel qu'il a toujours été transmis par le magistère de l'Église, il n'y a pas d'œcuménisme.

Qui se souvient des paroles de saint Paul VI à l'audience générale du 28 août 1974 ? Il affirmait sans crainte : « Quel œcuménisme pourrions-nous construire ainsi ? Où irait finir le christianisme, et, plus encore, le catholicisme, si aujourd'hui, sous la pression d'un spécieux mais inadmissible pluralisme, on acceptait comme légitime la désagrégation doctrinale et donc également la désagrégation ecclésiale qu'elle peut entraîner avec soi ? »

Je suis surpris de l'irénisme que nous montrons vis-à-vis des confessions chrétiennes non catholiques. Sur certains sujets, l'œcuménisme envers les frères séparés d'Orient pose des difficultés au plan théorique, toujours pour des questions d'ecclésiologie, en particulier concernant la primauté du pape du point de vue de la communion. On passe parfois sous silence le sens véritable de la primauté de Pierre pour ne pas incommoder les orthodoxes. Je ne suis pas certain que nous irons vers davantage d'unité par cette forme de diplomatie doctrinale. Je ne pense pas que nos frères séparés attendent cela de nous. Je crois au contraire qu'ils nous sont reconnaissants quand nous assumons toute la doctrine catholique, que nous l'expliquons et la proclamons sans fausse prudence. Il me semble que les pas les plus féconds ont été le fruit de l'œcuménisme des martyrs. Quand catholiques et orthodoxes se retrouvaient dans les mêmes goulags, ils priaient ensemble, témoignaient ensemble de la foi et partageaient parfois les mêmes sacrements.

Nous observons par ailleurs dans certains milieux catholiques une fascination pour le modèle protestant. La charité doit pouvoir abolir nos aspérités pour laisser l'Esprit-Saint travailler à notre conversion. Cependant, il est inutile de nier les profondes différences qui nous séparent. Notre foi en la présence réelle du Seigneur dans l'Eucharistie, notre fidélité à la messe comme renouvellement du sacrifice de la Croix, notre foi en la sacramentalité du sacerdoce exigent de nous une vraie cohérence : il est impossible pour un protestant de communier lors de la sainte messe. Cela n'aurait pas d'autre sens que d'affirmer une forme de sympathie. Mais l'Eucharistie ne doit pas être instrumentalisée pour signifier de bonnes relations humaines. Elle est le lieu de la communion au Dieu de vérité. Depuis le concile, nous constatons une plus grande ouverture de part et d'autre, mais le chemin vers l'unité dans la vérité est encore long.

Il existe par ailleurs, et le fait est plus grave, un irénisme envers les religions non chrétiennes. On va chercher dans ces religions ce qui existe déjà dans l'Église. En Occident, les religions païennes, y compris animistes, sont portées aux nues. De même, les pensées philosophico-religieuses extrême-orientales deviennent des modèles. Il faut certainement être africain pour oser dire sans complexe que ces « religions traditionnelles » païennes sont des zones de peur et d'absence de liberté. On a malheureusement transformé les voies de salut extraordinaires, et je pense en particulier au baptême de désir implicite, présent chez certains non-chrétiens, en voie ordinaire. Bien entendu, certains païens ont des âmes justes et vivent selon une conscience droite. Mais il est urgent de porter à ces âmes la plénitude du salut. La théorie rahnérienne du « chrétien anonyme » risque d'éteindre en nous le sens de l'urgence de la mission. Avons-nous encore l'angoisse du salut qui étreignait un saint Dominique et lui faisait passer des nuits en prière où on l'entendait gémir : « Que vont devenir les âmes des pauvres pécheurs ? »

Vous affirmez souvent que la crise de l'Église n'est pas un problème institutionnel. Pouvez-vous expliquer votre point de vue ?

J'ai vu beaucoup de réformes institutionnelles. On a souvent créé des commissions et des conseils en tout genre. Avons-nous constaté beaucoup de résultats ? On ne corrige pas un mauvais livre en en changeant la reliure ou le papier. Dans son *Introduction au christianisme*, le cardinal Ratzinger écrivait : « Les vrais croyants n'attachent pas une trop grande importance à la lutte pour la réorganisation des formes extérieures de l'Église. Ils vivent de ce qu'est l'Église depuis toujours. Et si l'on veut savoir ce qu'est l'Église véritablement, c'est auprès d'eux qu'il faut aller. Car l'Église ne se trouve pas d'abord là où l'on organise, réforme, dirige, mais en ceux qui croient simplement et qui, en elle, accueillent le don de la foi et en vivent. Seul celui qui a expérimenté comment, par-delà le changement de ses serviteurs et de ses formes, l'Église réconforte les hommes, leur donne une patrie et une espérance, une patrie qui est espérance et un chemin vers la vie éternelle, celui-là seul sait ce qu'est l'Église autrefois et aujourd'hui. »

L'urgence est de retrouver un regard de foi sur toute chose. En réformant les institutions à tour de bras, on entretient l'illusion que l'important est ce que nous faisons, notre action humaine, que nous regardons comme seule efficace. Ce type de réforme ne fait donc que déplacer le problème. Je crois qu'il est essentiel et urgent de discerner la vraie nature de la crise et de prendre conscience que le mal ne se trouve pas seulement dans des institutions ecclésiales. Les modifications mineures apportées à l'organisation de la Curie ne pourront assainir les mentalités, les sentiments et les mœurs. Qu'est-ce qu'une « réforme » au sens profond du terme ? Il s'agit d'une reformation. Un retour à la forme pure, celle qui sort des mains de Dieu. La vraie réforme de l'Église consiste à se laisser de nouveau modeler par Dieu : « "Réforme" vraie ne signifie donc pas tant s'évertuer à ériger de nouvelles façades, que (contrairement à ce que pensent certains ecclésiologues) s'appliquer à faire disparaître, dans la plus grande mesure possible, ce qui est de nous, en sorte qu'apparaisse mieux ce qui est de Lui, le Christ. C'est une vérité qu'ont bien connue les saints : ceux-ci, en effet, réformèrent en profondeur l'Église, non en proposant des plans pour de nouvelles structures, mais en se réformant eux-mêmes. C'est de sainteté et non pas de *management* qu'a besoin l'Église pour répondre à chaque époque aux besoins de l'homme », affirmait le cardinal Ratzinger dans son *Entretien sur la foi*.

Il faut trouver les moyens concrets pour cesser de faire obstacle à l'action divine. Mais tant que nos âmes seront tièdes, tous les moyens resteront vains. La routine est une menace terrible. Elle endurcit. Elle rend aveugle. Elle rend sourd à toute interpellation. Elle ferme les portes et les volets à la lumière divine. Elle empêche de comprendre les erreurs que l'on commet. Elle empêche de réagir, de se corriger, de se convertir et de progresser. Elle favorise le laisser-aller, la dégradation, la pourriture. Elle empêche surtout d'avancer à contre-courant. On ne fait rien de grand avec des hommes de routine qui ont une fois pour toutes consenti à la médiocrité. On ne fait rien de consistant avec des tièdes et des mous. La tiédeur conduit à la lâcheté et à la trahison. Le Seigneur est sans miséricorde envers les tièdes : « Je connais ta conduite : tu n'es ni froid ni chaud – que n'es-tu l'un ou l'autre ! Ainsi, puisque te voilà tiède, ni chaud ni froid, je vais te vomir de ma bouche » (Ap 3, 15-16). Dans *Note conjointe*, Charles Péguy s'est exprimé à ce sujet avec sévérité : « Il y a quelque chose de pire que d'avoir une mauvaise pensée, c'est d'avoir une pensée toute faite. Il y a quelque chose de pire que d'avoir une mauvaise âme, c'est d'avoir une âme toute faite. Il y a quelque chose de pire que d'avoir une âme perverse, c'est d'avoir une âme habituée [...] Les pires détresses, les pires bassesses, le péché même sont souvent les défauts de l'armure de l'homme, [...] par où la grâce peut pénétrer dans la cuirasse de la dureté de l'homme. Mais sur cette inorganique cuirasse de l'habitude, tout glisse et tout glaive est émoussé ! »

Tant que nous n'aurons pas conscience de la gravité de notre déchéance, nous ne réagirons pas. La récente mise au jour des turpitudes ignobles de certains clercs va-t-elle nous réveiller ? Peut-être fallait-il cette humiliation, cette gifle pour que nous prenions conscience de notre profond besoin de réforme, c'est-à-dire de conversion. Comment ne pas réagir devant tant de cynisme de la part d'hommes consacrés à Dieu ? Comment ne pas chercher la cause profonde de ces abus avilissants et organisés sur des mineurs ? Il y a là certainement la pointe la plus extrême et révoltante d'une vie qui a glissé petit à petit pour devenir une vie sans Dieu, une vie marquée par l'athéisme pratique, une vie qui a basculé du sacré vers le profane et même la profanation. Il est nécessaire de prendre des mesures, et l'Église s'y emploie, pour protéger les enfants qui sont l'image sacrée de l'innocence divine. Mais comment ne pas voir qu'aucune mesure ne remplacera un profond regard de foi sur toute notre vie ? Car au-delà des crimes abominables sur les enfants, qui dira la profonde crise qui ronge la vie des clercs ? Leur chasteté est profondément attaquée. Les comportements contraires au célibat consacré se multiplient dans certaines régions du monde. Mais le pire n'est pas tant le péché de faiblesse, qui mérite toujours miséricorde s'il est regretté et confessé. Le pire est que certains clercs revendiquent ces actes comme normaux et bénins. Comment ne voient-ils pas qu'ils blessent profondément leur consécration à Dieu ? Il existe un problème qu'aucune réforme de structure ne résoudra : l'ignorance de Dieu. La tiédeur, le refus des exigences évangéliques, la perte du sens du péché, l'attachement à l'argent trouvent dans la perte du sens de Dieu leur racine commune. La dégradation de la liturgie en spectacle, la négligence dans les célébrations et les confessions, la mondanité spirituelle n'en sont que les symptômes. Ce ne sont pas les structures ou les institutions qui sont en crise, mais notre foi et notre fidélité à Jésus.

Les changements à accomplir ne sont pas seulement dans les institutions, pas même dans les mœurs, mais d'abord à l'intérieur des âmes, au plus profond des esprits et des cœurs, dans les convictions et dans l'orientation des consciences. C'est notre rapport à Dieu qui doit radicalement changer.

Bien entendu, il nous faut trouver des moyens concrets pour mettre en œuvre cette conversion radicale. Où se trouve la véritable boussole qui peut nous orienter ? Faut-il que les papes écrivent ? L'enseignement de l'Église n'est plus comme une ancre où le peuple de Dieu veut s'accrocher. Les derniers papes ont lutté de toutes leurs forces contre la crise qu'ils voyaient grandir. Qui se souvient encore des documents de Paul VI ou de Jean-Paul II ? Qui seulement les lit ? Bien plus, qui les prend comme règle de vie ? On a l'impression que les mots glissent sur les âmes sans parvenir à briser la carapace de l'habitude et de l'indifférence. Plus que de mots, nous avons besoin de refaire l'expérience de Dieu. C'est peut-être le cœur de toute réforme. Benoît XVI disait dans son discours au clergé de Rome, le 22 février 2007 : « C'est uniquement en faisant une certaine expérience que l'on peut ensuite comprendre. » Il nous faut donc nous poser la question : comment faire l'expérience de Dieu ? Il nous faut donc refaire cette expérience de l'Église comme lieu où Dieu se donne.

Dans cette perspective, je veux relever deux priorités. D'abord, il existe un lieu où nous pouvons faire cette expérience de Dieu et de l'Église, c'est la liturgie. Là, il n'est pas possible de se dérober à Dieu. Benoît XVI écrivait dans sa préface des *Œuvres complètes sur la liturgie* que « le véritable renouveau de la liturgie est la condition fondamentale pour le renouveau de l'Église ». En effet, « l'existence de l'Église tire sa vie de la célébration correcte de la liturgie. L'Église est en danger lorsque la primauté de Dieu n'apparaît plus dans la liturgie, et par conséquent dans la vie. La cause la plus profonde de la crise qui a bouleversé l'Église se trouve dans l'obscurcissement de la priorité de Dieu dans la liturgie ». Je supplie humblement les évêques, les prêtres et le peuple de Dieu de soigner davantage la sainte liturgie, de placer Dieu au centre, de demander à nouveau à Jésus-Christ de nous apprendre à prier. Nous avons désacralisé la célébration eucharistique. Nous avons transformé nos célébrations eucharistiques en un spectacle folklorique, en un événement social, en un divertissement, en un dialogue insipide entre le prêtre et l'assemblée chrétienne. Y a-t-il encore une place pour le Très-Haut dans nos liturgies ? Pouvons-nous encore y faire l'expérience de Dieu ? Des laïcs revendiquent parfois une fonction à la messe pour se sentir partie prenante et activement impliqués. Réfléchissons un peu à la nature de la participation active de Marie et de saint Jean au Golgotha. Ils étaient là, se laissant silencieusement pénétrer, imprégner et façonner par le mystère de la Croix. Ne devrais-je pas, à mon tour, me préoccuper de savoir comment je meurs avec Jésus en chaque Eucharistie, et si j'accepte de mourir à mon péché ? Est-ce que ma vie chrétienne est construite sur la prière et sur une véritable intimité avec Dieu ? Quelle est la place de la prière et de la parole de Dieu dans ma vie ? En chacune de nos célébrations eucharistiques, nous devrions pouvoir dire comme saint Paul : « Chaque jour je meurs [...] dans le Christ Jésus, notre Seigneur » (1Co 15, 31).

Il est un autre lieu où nous pouvons faire l'expérience de Dieu qui se donne dans l'Église. Ce sont les monastères. Nous y trouvons une réalisation concrète de ce que devrait être toute l'Église. Je l'ai dit souvent, je ne crains pas de le répéter. Le renouveau viendra des monastères. J'invite tous les chrétiens à partager pendant quelques jours l'expérience de la vie dans un monastère. Ils y feront l'expérience « en petit » de ce que l'Église est « en grand ». Dans les monastères, ils expérimenteront la primauté donnée à la contemplation de Dieu. Retournez aux monastères ! En contraste avec un monde de laideur et de tristesse, ces lieux sacrés sont réellement des oasis de beauté, de simplicité, d'humilité et de joie. Dans les abbayes, les fidèles pourront comprendre qu'il est possible de mettre Dieu au centre de toute la vie. Cette primauté de la contemplation a été proclamée par le Christ lui-même quand il a affirmé « qu'une seule chose est nécessaire » et que « Marie a choisi la meilleure part ; elle ne lui sera pas enlevée » (Lc 10, 42), et plus encore quand Jésus a dit à Dieu son Père : « Or, la vie éternelle, c'est qu'ils te connaissent, Toi, le seul véritable Dieu, et celui que tu as envoyé, Jésus-Christ » (Jn 17, 3). La contemplation est le cœur du christianisme. Dans les monastères, elle est proclamée pour l'éternité et ne sera jamais abrogée. Il nous faut protéger ces lieux précieux de la contemplation. Ils sont le présent et l'avenir de l'Église. Dieu y habite : il remplit le cœur des moines et des moniales de sa présence silencieuse, et toute l'existence y est liturgique. Elle est nourrie par la foi et l'office divin, et brûlée par l'amour et le buisson ardent de la présence divine.

Dans les monastères, nous faisons aussi l'expérience de l'Église primitive, où les croyants mettaient tout en commun. Chaque jour, ils partageaient le pain. Aujourd'hui, la crise de l'Église se manifeste particulièrement dans son émiettement, ses déchirures qui engendrent l'esprit de parti. Le Christ n'a pas fondé une Église où les voix seraient si discordantes.

La vie des monastères nous permet de faire l'expérience de l'unité retrouvée. À leurs exemples, nos communautés chrétiennes devraient devenir des lieux où l'on puisse comprendre la primauté de Dieu, au travers de la beauté de la liturgie, du silence, de la charité et de la mise en commun des biens. On doit pouvoir y « parcourir cette voie qui fait découvrir l'Évangile non pas comme une utopie, mais comme la forme pleine et réelle de l'existence », comme l'affirmait Benoît XVI lors du congrès ecclésial diocésain de Rome, le 13 juin 2011. Nos communautés doivent devenir des oasis où l'on peut faire l'expérience de la vraie nature de l'Église. Or, « dans la vie ecclésiale, affirmait-il encore lors de son audience du 14 mai 2008, on fait une expérience de Dieu qui est plus élevée que celle que l'on atteint par la réflexion : à travers elle, nous touchons réellement le cœur de Dieu ».

Parleriez-vous de la possibilité d'une fausse réforme de l'Église ?

Il est capital de lire et de comprendre la conférence prononcée en 1970 à Munich par Joseph Ratzinger, intitulée « Pourquoi suis-je encore dans l'Église ? » : « La perspective actuelle a déformé notre regard sur l'Église : nous ne la considérons plus que sous l'angle de la faisabilité. Nous nous demandons ce que nous pouvons en faire. Les efforts intenses accomplis pour mettre en œuvre des réformes dans l'Église sont parvenus à nous faire oublier tout le reste ; elle n'est plus pour nous aujourd'hui qu'un objet que nous pouvons transformer. Nous nous interrogeons pour savoir ce qu'il faut modifier pour la rendre plus séduisante, plus attractive et plus efficace, pour l'adapter davantage au monde moderne afin de satisfaire aux buts que chacun lui fixe de façon individuelle. Au cours de ce questionnement, l'idée de réforme a dégénéré dans la conscience courante et se retrouve dépossédée de son fondement. Car la réforme, si l'on prend le mot dans son sens littéral, est une démarche spirituelle très proche du revirement et de la conversion, et, dans ce sens, elle est au cœur de la démarche chrétienne : on ne devient chrétien qu'en se convertissant, cela vaut pour toute personne durant toute sa vie, cela vaut pour l'Église à travers toute son histoire. Elle ne vit en tant qu'Église qu'en renouvelant sans cesse sa conversion au Seigneur, qu'en sortant de son enfermement dans l'individuel, qu'en se débarrassant de ses bonnes vieilles habitudes qui font si facilement obstacle à la vérité. Mais là où la réforme s'éloigne de la conversion et n'en accepte plus les contraintes, là où le salut n'est attendu que de la transformation des autres, de nouvelles adaptations et de nouveaux ajustements à l'époque – il peut certes se produire des choses utiles, mais fondamentalement, elle n'est plus que la caricature d'elle-même. Une telle réforme ne peut finalement concerner que l'inessentiel et l'accessoire ; ce n'est pas un hasard si l'Église finit elle aussi par apparaître comme une préoccupation de second ordre. »

Je crois que nous sommes parvenus à un tournant de l'histoire de l'Église. Deux perspectives s'offrent à nous. Soit nous continuons à prétendre sauver l'Église par nos restructurations qui ne font qu'ajouter des surcharges trop humaines à son essence divine, soit nous décidons de nous laisser sauver par l'Église, ou plutôt par Dieu agissant en elle, et alors nous aurons à trouver les moyens de notre conversion. Nous sommes peut-être à la veille d'une grande réforme de l'Église, comme la réforme grégorienne du XIe siècle, ou la réforme du concile de Trente au XVIe siècle. Les historiens analysent ces moments de la vie de l'Église comme des changements structurels. Je crois en réalité que ce sont les saints qui changent les choses et qui font avancer l'histoire. Les structures suivent, elles ne font que pérenniser l'action des saints. Dans *Frère Martin*, Bernanos écrivait : « Qui prétend réformer l'Église par les mêmes moyens qu'on réforme une société temporelle non seulement échoue dans son entreprise, mais finit infailliblement par se trouver hors de l'Église [...] On ne réforme les vices de l'Église qu'en prodiguant l'exemple de ses vertus les plus héroïques. Il est possible que saint François d'Assise n'ait pas été moins révolté que Luther par la débauche et la simonie des prélats. Il est même certain qu'il en a plus cruellement souffert, car sa nature était bien différente de celle du moine de Weimar. Mais il n'a pas défié l'iniquité, il n'a pas tenté de lui faire front, il s'est jeté dans la pauvreté, il s'y est enfoncé le plus avant qu'il ait pu, avec les siens, comme dans la source de toute rémission, de toute pureté. Au lieu d'essayer d'arracher à l'Église les biens mal acquis, il l'a comblée de trésors invisibles, et sous la douce main de ce mendiant le tas d'or et de luxure s'est mis à fleurir comme une haie d'avril. [...] Ainsi l'Église n'a pas besoin de réformateurs, mais de saints. » Nous attendons les saints qui oseront s'atteler à cette réforme intérieure. Qui seront-ils ? Des papes comme saint Grégoire VII ou saint Pie V ? De pauvres inconnus comme saint François d'Assise ? Des pères et des mères de famille comme les parents de sainte Thérèse de Lisieux ? Chacun de nous est appelé à commencer par soi. Nous devons nous appuyer sur toutes les initiatives empiriques qui permettent de remettre Dieu au centre. Elles ne manquent pas. N'attendons pas une réforme qui vienne par le haut, à la manière d'une administration étatique. Les structures n'évolueront que si elles sont portées par les saints : « Si l'on songe à cela, affirmait encore Joseph Ratzinger dans la même conférence donnée à Munich, on comprendra alors le paradoxe que les tentatives actuelles de rénovation ont généré : l'effort accompli pour

assouplir les structures sclérosées, réformer les formes de l'office qui dataient encore du Moyen Âge ou à vrai dire surtout du temps de l'absolutisme, pour les rectifier et pour libérer l'Église des surcharges accumulées au cours de son histoire afin d'aller vers un office plus simple, conforme à l'esprit de l'Évangile – n'a conduit en fait qu'à une surestimation de l'élément administratif. [...] Derrière tout cela transparaît le point suivant qui est l'essentiel : la crise de la foi, qui joue un rôle essentiel dans le processus. L'Église englobe [...] une population qui se situe largement au-delà du milieu des véritables croyants. Il résulte de cette contre-vérité institutionnalisée une profonde aliénation de sa véritable essence. [...] L'accueil favorable accordé au concile venait en partie de ceux-là mêmes qui n'avaient pas vraiment l'intention de devenir croyants, au sens où la tradition chrétienne l'entend, mais qui saluaient un “progrès” de l'Église. Elle prenait l'orientation qu'ils souhaitaient et cette évolution les confirmait dans leur propre choix. [...] D'autant plus, du reste, qu'à cause de ces évolutions le programme de la réforme apparaît dans une dramatique et étrange ambiguïté, presque impossible à lever. »
La route sera peut-être longue et la purification douloureuse. Mais nous savons que Dieu n'abandonne pas son Église. Et, « si Dieu est pour nous, qui sera contre nous ? » (Ro 8, 31)

Pensez-vous qu'il soit possible de parler d'une mondanisation de l'Église ?

Le pape François parle souvent de cette terrible maladie spirituelle qu'est la mondanité, avec son alignement sur les critères du monde. Dans un élan d'ouverture et de confiance, on a ouvert les portes et les fenêtres, et le monde s'est engouffré jusqu'aux espaces les plus sacrés. Certains semblent contaminés par l'anthropocentrisme des sociétés occidentales et la volonté d'autodéification de l'homme. Mais une Église mondanisée n'a même pas les charmes du siècle : « Quand le monde pénètre à l'intérieur de l'Église, écrivait Henri de Lubac dans *Paradoxes*, il y est pire que le monde tout court. Il n'a, de celui-ci, ni la grandeur dans l'éclat illusoire, ni cette espèce de loyauté dans le mensonge, la méchanceté et l'envie, reconnus d'avance comme sa loi. Quand le monde ecclésiastique est monde, il n'est du monde que la caricature. C'est le monde non seulement en plus médiocre, mais encore en plus laid. Mais jamais ce monde-là, même aux pires moments, ne triomphe tout à fait. Que d'îlots secrets toujours, que d'oasis rafraîchissantes, que d'authentiques et douces grandeurs ! » Combien je comprends tous les chrétiens qui souffrent de voir l'Église défigurée par tant de renoncements et d'abus. Notre cœur de fils est parfois plein de honte. Réfugions-nous dans le cœur de Marie. Je voudrais vous inviter à faire avec moi une visite spirituelle au fond de la basilique Saint-Pierre de Rome. Approchons-nous de la belle statue de la *Pietà* de Michel-Ange. Contemplons cette mère qui porte en ses bras le corps de son fils, torturé, humilié, couvert de crachats et de traces de fouet. Ses mains sont percées et son front lacéré par la couronne d'épines. Et pourtant la mère porte le corps de son fils avec une grande douceur et une infinie délicatesse. Son visage de jeune mère est à la fois recueilli, douloureux et paisible. Elle adore sans comprendre ce fils si beau quoique bafoué, ce fils qui est son Dieu. Comme Marie, sachons reconnaître le visage du Christ derrière le visage souillé de l'Église. Ni nos péchés, ni nos trahisons, ni notre tiédeur, ni nos infidélités ne pourront défigurer l'Église. Elle demeure toute belle, de la beauté des saints. Elle demeure toute jeune, de la jeunesse de Dieu. Sachons aimer l'Église et porter sur elle ce regard de foi que Marie porta sur Jésus mort entre ces bras. Sachons pleurer pour l'Église, sachons souffrir par l'Église s'il le faut, mais traitons-la toujours avec cette délicatesse aimante et toute mariale que révèle si bien le marbre de Michel-Ange.

La Curie romaine est-elle en crise parce que l'institution est devenue trop humaine ?

La Curie doit être le gouvernement des affaires de Dieu. Elle doit faire connaître le mystère divin pour rassembler les hommes en vue du salut. La Curie est un gouvernement spirituel et divin. Elle est entièrement soumise, guidée et vivifiée par Dieu. Ses méthodes, ses moyens et sa force ne peuvent venir que de Dieu. Sa force est dans la prière humble, intense, persévérante, toute attentive à la sainte volonté de Dieu. Si la Curie n'a pas de dimension intérieure, si les prélats, les prêtres et les laïcs qui y travaillent n'ont pas la mystique des apôtres et des prophètes, s'ils ne sont pas nourris par la présence silencieuse de Dieu dans leur vie et leur existence quotidienne, elle devient une structure purement humaine. Elle a des compétences mais elle n'est plus au service de Dieu. Le carriérisme, l'ambition du succès politique ou diplomatique, la mondanité s'emparent alors de ce gouvernement. Le royaume du Christ n'est pas de ce monde (Jn 18, 36). Il est au ciel. Il s'agit de suivre la voie du service et de l'amour, à l'exemple du « Christ qui vous a aimés et s'est livré pour nous, s'offrant à Dieu en sacrifice d'agréable odeur » (Eph 5, 2 ; 2Co 2, 14-15). Les chrétiens doivent être le parfum de Dieu. Tous ceux qui sont à Dieu et travaillent pour sa gloire et le salut des âmes doivent être comme un « parfum de bonne odeur, sacrifice que Dieu reçoit et trouve agréable » (Ph 4, 18).

Si Dieu nous a créés à son image et que nous sommes faits pour Dieu, comment ne pas travailler et nous tenir devant Dieu en lui offrant constamment nos corps, nos cœurs, toutes nos capacités d'aimer et la pureté de notre chasteté sacerdotale ? Dans sa première lettre aux Corinthiens, saint Paul écrit : « Frères, n'oubliez pas que vous êtes le temple de Dieu et que l'Esprit de Dieu habite en vous. Si quelqu'un détruit le temple de Dieu, Dieu le détruira ; car le temple de Dieu est sacré, et ce temple, c'est vous. Que personne ne s'y trompe : si quelqu'un parmi vous pense être un sage à la manière d'ici-bas, qu'il devienne fou pour devenir sage. Car la sagesse de ce monde est folie devant Dieu. L'Écriture le dit : C'est lui qui prend les sages au piège de leur propre habileté. Elle dit encore : Le Seigneur connaît les raisonnements des sages : ce n'est que du vent ! Ainsi, il ne faut pas mettre son orgueil en des hommes dont on se réclame. Car tout vous appartient, Paul et Apollos et Pierre, le monde et la vie et la mort, le présent et l'avenir : tout est à vous, mais vous, vous êtes au Christ, et le Christ est à Dieu » (1Co 3, 16-23). Dans les Actes des Apôtres, saint Paul écrit encore : « Car en lui nous avons la vie, le mouvement, et l'être. C'est ce qu'ont dit aussi quelques-uns de vos poètes : De lui nous sommes la race » (17, 28).

Est-il possible d'imaginer une vie curiale au sens d'une vie communautaire cénobitique ?

Il faudrait que l'Évangile ait totalement imprégné notre vie et que notre premier élan, notre souci essentiel, soit notre sanctification. Il faudrait que Jésus nous ait absolument saisis comme l'a été saint Augustin. Dans les premiers temps du christianisme, les évêques vivaient entourés de leurs prêtres. Ils travaillaient et priaient ensemble. Nous connaissons bien la vie communautaire de l'évêque d'Hippone. Lorsqu'il devient évêque, Augustin habite dans cette ville depuis six ans et il est déjà familiarisé avec le quartier chrétien de la ville, notamment l'*insula*, qui regroupe les bâtiments liés au culte. À l'époque, il y avait deux basiliques à Hippone : l'ancienne, ou basilique Leontina, dans laquelle Augustin avait été nommé clerc par acclamation de la foule ; et la nouvelle, ou basilique de la Paix, où se tint en 393 le concile des évêques. Dans cette dernière, Augustin prêche ordinairement. L'*insula* contient aussi le logement de l'évêque et du clergé. Dans un sermon, Augustin s'explique sur la présence auprès de lui de deux communautés, laïcs et clercs : « Je parvins à l'épiscopat et je vis qu'il était nécessaire à l'évêque d'assurer l'hospitalité à ceux qui allaient et venaient : si l'évêque ne le faisait pas, il passerait pour inhospitalier, et si cette habitude avait été introduite dans le monastère, cela aurait entraîné des désordres. Je voulus donc avoir dans cette maison de l'évêque un monastère de clercs. » Ce modèle est d'abord fondé sur une vie spirituelle commune. L'évêque et son entourage assistent ensemble aux offices et à la sainte messe. Il ne s'agit pas d'une vie repliée du monde. La prière et la vie communautaire sont des moyens pour renforcer nos rapports personnels avec Dieu puis de partir annoncer le Christ. La persévérance dans la prière se nourrit souvent de l'entraide mutuelle. Les paroles des Saintes Écritures sont lumineuses : « Ils se montraient assidus à l'enseignement des apôtres, fidèles à la communion fraternelle, à la fraction du pain et aux prières » (Ac 2, 42).

La vie en commun pourrait renforcer notre courage comme elle a stimulé saint Augustin à prêcher, dénoncer, blâmer, édifier, et à porter les exigences de l'Évangile ensemble. C'est une charge difficile, une dure contrainte et un effort important. Saint Augustin aimait cette vie, ainsi décrite par Catherine

Salles : « Que vos œuvres soient tantôt ceci, tantôt cela, selon le temps, l'heure, le jour. Peut-on toujours parler ? Toujours se taire ? Toujours refaire ses forces ? Toujours jeûner ? Toujours donner du pain à l'indigent ? Toujours vêtir celui qui est nu ? Toujours visiter les malades ? Toujours faire cesser les brouilles ? Toujours ensevelir les morts ? Tantôt faire ceci, tantôt cela, avec calme, sérénité et amour. Mais le principe qui commande ces actions ni ne commence ni ne doit finir. Que la charité fraternelle demeure, comme il est écrit. »

Il est important que nous ayons des moments sans parole, des moments d'études, des moments d'activités, des moments de loisirs et des moments pour nous tenir devant Dieu afin de l'aimer intensément.

Si l'Église peut retrouver cette vie de communion, son témoignage sera plus édifiant et son rayonnement plus lumineux. Ce modèle pourrait valoir pour la Curie, mais il impliquerait une conversion radicale et une plus grande conscience que nous œuvrons pour le Royaume de Dieu. La retraite de Carême voulue par le pape François à l'extérieur de Rome va dans ce sens. Mais ce temps est insuffisant et très spécifique.

On dit souvent que l'on recherche une plus grande collégialité dans l'Église. Mais quel est le modèle de cette collégialité sinon les apôtres qui persévéraient ensemble dans la prière, ayant un seul cœur et une seule âme ? Souvent, on crée des institutions, des conseils ou des commissions pour favoriser cette collégialité. Pourquoi ne pas prendre modèle sur les Apôtres ? Si nous voulons former un collège ecclésial, commençons par prier ensemble ; il nous faut aussi être assidu à l'office divin. Chaque évêque pourrait le mettre en œuvre dans sa cathédrale et donner ainsi l'exemple d'une vie d'unité ecclésiale avec ses prêtres. Là est la vraie source de la charité et de l'unité.

Je suis consterné par le climat délétère qui règne dans certaines assemblées d'Église. La charité a été remplacée par la diffamation, le travail par le carriérisme et la joie par la jalousie. Le pape François a eu des mots justes pour qualifier cette ambiance et cette situation, en déclarant que les bavards, ces « moulins à paroles », sont des terroristes qui tuent par leurs mots vulgaires et prétentieux.

Les prêtres doivent posséder le charisme du secret et du silence. S'ils dilapident ce don de Dieu en paroles faciles et superficielles, la confiance du peuple de Dieu fondra comme neige au soleil.

Un gouvernement prophétique de l'Église est-il possible ?

Le prophète est l'interprète de Dieu. Il donne le sens de l'histoire, des événements et de la politique selon les plans divins. Le prophète n'est qu'un canal : il est la bouche et les yeux de Dieu, mais il doit s'effacer et disparaître en se drapant dans la parole et la présence de Dieu.

Les hommes d'Église doivent être de vrais prophètes. Un prophète ne dit pas sa propre parole. Il dit Dieu. Les paroles des faux prophètes sont des mensonges. Elles nous caressent, mais elles sont comme des poisons mortels. Elles obscurcissent le chemin et nous perdent. Le pape, l'évêque ou le prêtre ne doivent pas parler en leur nom, mais être uniquement la voix et la présence de Dieu.

Aujourd'hui, de faux prophètes essaient de charmer et d'endormir le peuple de Dieu en diluant l'Évangile dans un langage ambigu et confus, menaçant d'affadir notre foi pour obtenir l'attention bienveillante du monde. Le grand écrivain Paul Claudel disait avec esprit : « L'Évangile, c'est du sel, et vous en avez fait du sucre. » À trop vouloir tout concilier, on devient fade, on perd la force corrosive du sel de l'Évangile dans notre vie. Si, pour éviter les difficultés inhérentes au témoignage de notre foi, nous sacrifions la vérité, alors le chrétien perd son sel ; il ne sert plus à rien. Si le chrétien, comme un caméléon, prend la couleur de son milieu, alors il n'est plus le signe tangible du Royaume de Dieu. Au contraire, nous sommes appelés à donner du goût à notre époque par un témoignage clair et solide de notre foi catholique. Telle est la responsabilité qui incombe en premier lieu à tous les chrétiens, et spécialement aux évêques et aux prêtres.

Il y a aujourd'hui de faux prophètes qui, pour des raisons idéologiques, pour plaire aux hommes ou pour rendre l'Église plus séduisante, falsifient la parole de Dieu. À eux aussi, Jérémie dit : « Ce qu'ils vous prophétisent est faux » (Jn 14, 14).

Après la récente canonisation du pape saint Paul VI, ne serait-il pas opportun de méditer l'exemple de ce pape prophétique ? En publiant l'encyclique *Humanae vitae* d'une part et le Credo du peuple de Dieu d'autre part, Paul VI nous a offert l'exemple d'un gouvernement prophétique, à rebours des courants et des pressions.

Considérez-vous que le modèle de Benoît XVI retiré dans son monastère soit un message pour toute l'Église ?

Dans un monde où Dieu ne compte plus, où le spirituel se trouve ravalé au rang de philosophie du bien-être, Benoît XVI est un phare extraordinaire. Il nous montre que Dieu mérite tout notre amour, tout notre temps, que la prière est l'activité la plus importante de l'homme. Le silence est la porte qui nous donne accès à Dieu en nous permettant de le rencontrer.

Benoît XVI ne cesse de rappeler la valeur supérieure des choses du ciel. Il dit que Dieu mérite qu'on lui donne tout. Pour cela, il choisit de passer les derniers jours de sa vie terrestre dans le silence, la prière, la lecture et la méditation de la parole de Dieu. Il est à la tête de la grande cohorte des contemplatifs qui portent mystérieusement le monde. Le pape émérite oppose la contemplation et la prière aux petites ambitions terrestres. Humblement, il témoigne de l'absolu divin : Dieu seul suffit !

4

L'ACÉDIE ET LA CRISE DE L'IDENTITÉ

Nicolas Diat : Comment caractériser la situation spirituelle de l'Occident ?

Cardinal Robert Sarah : Je crois que l'Occident vit ce que les pères du désert ont appelé la tentation du démon de midi, celle qui advient au milieu de la journée, quand la chaleur est la plus pesante. On l'appelle l'acédie. C'est une forme de dépression, un relâchement, une lassitude spirituelle. Il s'agit d'une sorte d'atrophie de la vitalité intérieure, un découragement, une « atonie de l'âme », dit Évagre le Pontique au IVe siècle.

Plus profondément encore, comme le souligne Jean-Charles Nault, abbé bénédictin du monastère de Saint-Wandrille, dans *La Saveur de Dieu, l'acédie et le dynamisme de l'agir*, la tradition spirituelle et monastique définit l'acédie comme une tristesse qui s'empare de l'âme devant ce qui devrait être son plus grand bonheur : la relation d'amitié avec Dieu. Elle attaque la joie qui doit caractériser l'âme dans sa relation avec Dieu. L'âme ne se réjouit plus de connaître et d'aimer Dieu. Cela l'ennuie, la dégoûte, lui pèse. Elle préférerait aimer autre chose. Quoi ? N'importe quoi ! Tout plutôt que Dieu. Cette tristesse devant le don de Dieu engendre en elle le dégoût pour tout ce qui pourrait la rapprocher de Dieu. L'acédie est un dégoût général de tout ce qui constitue la vie spirituelle. « Il n'y a de monotonie que là où manque l'amour », disait Josemariá Escrivá dans *Chemin.*

Lors de la retraite qu'il prêchait devant Jean-Paul II en 1996, le cardinal Christophe Schönborn remarquait : « La plus grande crise de l'Église me paraît reposer en ceci : ne plus oser croire dans le bien que Dieu réalise avec ceux qu'il aime et pour eux. Dans la tradition, les maîtres ont appelé acédie un tel manque de foi. » J'irai pour ma part encore plus loin. Le mal qui caractérise la société occidentale est une tristesse consciente d'elle-même. L'Occident se refuse à aimer. Je crois que c'est infiniment grave. Il tue en lui-même le moteur de toute spiritualité : le désir de Dieu. Devant la grandeur enivrante de l'appel de Dieu à la sainteté, l'homme occidental se replie sur lui-même. Il fait la moue. Il refuse de se laisser attirer. Il choisit de rester dans la tristesse et refuse la joie que Dieu lui offre. Le fruit de cette attitude est immédiat. Une amertume épaisse se répand dans les âmes et la société. Toutes les relations sociales sont marquées par ce dégoût profond. Quand on refuse la vie divine, plus rien ne peut nous rendre heureux. La dépression a gagné le cœur de l'homme d'Occident. Elle s'y est installée et elle distille son dangereux venin.

Permettez-moi de citer les lignes déchirantes de tristesse de Jean-Paul Sartre dans *La Nausée* : « Le mot d'absurdité naît à présent sous ma plume. [...] L'absurdité, ce n'était pas une idée dans ma tête, ni un souffle de voix, mais ce long serpent mort à mes pieds. [...] Je comprenais que j'avais trouvé la clef de l'existence, la clef de mes nausées, de ma propre vie. De fait, tout ce que j'ai pu saisir ensuite se ramène à cette absurdité fondamentale. » Nous avons refusé que la joie nous vienne d'un autre que nous-même, de Dieu. Alors nous avons préféré éteindre en nous l'espérance. Il ne reste que le sentiment terrible et monstrueux de l'absurde. Nous ne voulons pas être dérangé par l'invitation au bonheur infini que Dieu nous offre. Nous préférons rester seul avec nous-même, dans une haine de notre propre grandeur. D'une certaine manière, je crois que l'Occident fait l'expérience de la solitude radicale et délibérément voulue des damnés.

L'histoire de l'Occident nous est racontée dans l'Évangile à travers l'épisode de l'homme riche (Mc 10, 17-31). Ce dernier cherche la vie éternelle. Son cœur est rempli du désir du bonheur. Il respecte les commandements. Il est la figure de l'Occident chrétien de la première moitié du XXe siècle, généreux et plein de grands désirs. Cet Occident a envoyé des missionnaires dans le monde entier. Et, de lui, on peut dire ce que l'Évangile dit de l'homme : « Jésus, posant son regard sur lui, l'aima » (21), et le Seigneur ajoute, l'invitant à partager sa joie suprême et à le suivre de plus près : « Une seule chose te manque, va, vends tout ce que tu as, donne-le aux pauvres puis viens et suis-moi » (21). Jésus offre à l'homme d'entrer dans son intimité. L'Évangile conclut : « Mais lui à ces mots devint sombre et s'en alla tout triste car il avait de grands biens » (22). Voilà l'histoire de l'Occident. Il a refusé au dernier moment de tout donner. Il a calé devant le sacrifice suprême. Il a eu peur, retenu par ses richesses. Alors il a sombré dans la tristesse.

Quelles sont les conséquences de l'acédie ?

L'acédie a trois conséquences qui sont les marques de la société occidentale contemporaine : la torpeur, l'aigreur et la fuite dans l'agitation. D'abord, ce désespoir conduit à la torpeur, à une forme de lente paralysie. Comme si la vie se refusait à s'épanouir et à fleurir. Ensuite, devant un tel état, on observe une rancœur, une aigreur contre le bien que l'on a refusé de désirer. Enfin, c'est la fuite dans une agitation désordonnée, un papillonnage qui vise à oublier l'état dans lequel on s'est enfermé. Torpeur, aigreur et agitation forment le triptyque tragique de notre temps. Il touche tous les états de vie, comme le souligne le père Jean-Charles Nault dans son beau livre, *Le Démon de midi*.

Les couples sont singulièrement touchés. Quand on refuse d'entrer dans la joie de l'amour conjugal avec tout ce qu'il requiert de don et de générosité, une forme de routine s'installe peu à peu entre les conjoints. L'avarice dans le don de soi engendre une frilosité et une torpeur dans l'amour. Souvent, nos contemporains ne croient même plus qu'il soit possible de s'aimer toute sa vie. Ils sont comme désabusés. « C'est trop beau pour être possible », disent-ils en parlant de la fidélité. Je suis frappé de voir à quel points les jeunes hésitent à se marier. Il ne s'agit pas d'une forme de paresse, mais un manque d'espérance et de confiance en leur amour. Ils consentent à la médiocrité dans l'amour, ils renoncent aux grands désirs. C'est la tentation de la tiédeur. Elle engendre inévitablement une aigreur et un ressentiment face aux familles plus généreuses. On voit se développer un discours de mépris de la fidélité, de la fécondité. Enfin, les couples sont tentés de remplacer la joie que devrait procurer le don d'eux-mêmes par une certaine agitation, un papillonnage. Pour certains, ce sera le passage de partenaire en partenaire. Pour d'autres, on observera une multiplication des activités qui viennent tenter de masquer le vide intérieur.

On observe le même phénomène chez les prêtres et les religieux. Comme le soulignait le futur pape François dans son ouvrage *Amour, service et humilité*, « l'acédie peut prendre plusieurs formes dans notre vie de pasteurs. [...] parfois c'est la paralysie quand on n'arrive plus à assumer le rythme de la vie. D'autres fois, elle atteint le pasteur saltimbanque qui, dans ses va-et-vient, montre une incapacité à se fonder lui-même en Dieu ». Dans tous les cas, le refus de la joie de se donner à Dieu engendre le dégoût de la vie chrétienne, de ses exigences, de la prière, et la critique amère de nos frères prêtres ou évêques. Enfin, elle se traduit par une agitation frénétique, des voyages, une présence excessive sur Internet et les réseaux sociaux, qui tente de remplir le vide créé. Cette dispersion est là pour masquer la peur de s'avouer sa tristesse et de reconnaître sa frilosité, son avarice dans le don de soi. Je ne dis pas que tout cela est conscient. Je constate les étapes d'un processus. Je veux surtout souligner que l'acédie est toujours « un syndrome d'homme riche », la réaction d'un cœur fatigué de se donner. À un moment, ces hommes refusent de se réjouir de l'appel de Dieu à aller plus loin ! Le pape François, dans son homélie du dimanche 14 octobre 2018 pour la messe de canonisation de Paul VI, a eu des paroles tranchantes : « Jésus est radical, il donne tout et demande tout ; il donne un amour total et demande un cœur sans partage. Aujourd'hui également, il se donne à nous comme pain vivant ; pouvons-nous lui donner en échange des miettes ? À lui qui s'est fait notre serviteur jusqu'à aller sur la Croix pour nous, nous ne pouvons pas répondre uniquement par l'observance de quelques préceptes. À lui qui nous offre la vie éternelle, nous ne pouvons pas donner un bout de temps. Jésus ne se contente pas d'un “pourcentage d'amour” : nous ne pouvons pas l'aimer à vingt, à cinquante ou à soixante pour cent. Ou tout ou rien ! » En ce sens, l'acédie est vraiment une blessure de notre vie théologale. Elle est un refus de la joie que devrait entraîner la charité en nous. Elle est une indifférence au don qu'est Dieu lui-même. Elle est un refus de la radicalité de l'appel de Dieu.

Je crois qu'on ne mesure pas à quel point toute la culture occidentale est marquée par cette indifférence blasée à Dieu qui engendre tristesse et absence d'espérance. « L'admiration est un abandon heureux de soi-même, l'envie est une revendication malheureuse du moi », disait Kierkegaard dans le *Traité du désespoir*. On ne saurait mieux décrire la situation de l'Occident face à Dieu. Je crois que l'homme contemporain refuse d'adorer, d'admirer, pour ne pas trouver en un autre que lui-même sa joie la plus profonde. Le résultat est une solitude envieuse et triste. Le mal est tellement profond qu'il peut affecter toute la vie spirituelle, détourner de la prière, dégoûter de Dieu. On est paralysé devant ce phénomène qui atteint nos moyens de réaction avant que l'on ait pu se rendre compte des progrès du mal.

Existe-t-il des remèdes ?

Saint Thomas d'Aquin dit que le grand remède à l'acédie n'est pas en nous mais en Dieu. C'est l'incarnation, la venue de Dieu en notre chair. En effet, puisque le ciel semble si loin et que nous pouvons nous lasser dans la recherche de Dieu, il est venu lui-même à notre rencontre pour rendre plus facile notre désir de l'aimer, pour rendre palpable le bien qu'il nous offre. En ce sens, je crois que la fête de Noël est le moment où il est le plus facile de lutter contre l'acédie. En contemplant la crèche, l'enfant-Dieu qui se fait si proche, notre cœur ne peut rester dans l'indifférence, la tristesse et le dégoût. Notre cœur s'ouvre, se réchauffe. Les chants de Noël, les coutumes qui entourent cette fête sont imprégnés de la joie simple d'être sauvés. En ce sens, la contemplation de l'incarnation est la source de tout remède contre l'acédie. C'est là que nous pouvons puiser la force de mettre en œuvre ce que recommandent les pères du désert, ces premiers moines de l'histoire de l'Église. Leur expérience se résume en un mot : persévérance ! Cette dernière suppose déjà d'accepter l'acédie comme une épreuve. « Lourde est la tristesse, intolérable est l'acédie. Mais les larmes devant Dieu sont plus fortes qu'elles deux », dit Évagre. Le seul remède reste le retour à la prière, car elle est une énergie et une force intérieures dont la source est Dieu lui-même. L'ascèse, la mortification, les actes de pénitence et de renoncement sont des moyens humbles et pauvres de manifester notre persévérance dans le combat spirituel.

Je voudrais souligner que la persévérance qui permet de surmonter l'acédie est joyeuse. Il ne s'agit pas d'un durcissement pélagien de la volonté. L'acédie est une tristesse qui semble ne pas avoir de causes particulières car dans les faits, rien ne me manque. Elle atteint le dynamisme spirituel lui-même. Aussi, pour lutter, il n'y a rien d'autre à faire que d'être fidèle à son engagement, de persévérer dans la prière et de se garder de tout remettre en cause. Et ce que nous avons à garder par-dessus tout, c'est la joie tout intérieure et surnaturelle de se savoir sauvé et aimé par Dieu. « Rends-moi la joie d'être sauvé », dit le psaume 50 (14). Je crois donc qu'il est fondamental pour l'Occident de retrouver le sens de l'action de grâce ! L'émerveillement est le propre des enfants. Un vieillard blasé ne s'étonne plus de rien, ne s'enchante plus de rien. L'Occident ressemble parfois à un vieillard aigri. Il lui manque la candeur de l'enfant. Spirituellement, les continents qui ont connu la Bonne Nouvelle plus récemment s'étonnent encore et s'enchantent des beautés de Dieu, des merveilles de son action en nous. L'Occident y est peut-être trop habitué. Il ne frémit plus de joie devant la crèche, il ne pleure plus de reconnaissance devant la Croix, il ne tremble plus d'éblouissement devant le Saint-Sacrement. Je crois que les hommes ont besoin de s'étonner pour adorer, pour louer, pour remercier ce Dieu si bon et si grand. La sagesse commence dans l'émerveillement, disait Socrate. L'incapacité à s'émerveiller est le signe d'une civilisation qui se meurt.

Parleriez-vous d'une chute du sacré ?

Tout ce qui est lié à Dieu est sacré. Plus une réalité est marquée par le sceau divin, plus elle nous inspire les sentiments qui envahissent notre âme en présence de Dieu lui-même. Ces sentiments forment ce que l'on nomme le sens du sacré. Comment les caractériser ? On y trouve d'une part la crainte de l'âme qui adore, le retrait respectueux devant une réalité qui nous dépasse, et d'autre part le désir de s'approcher et de communier à cette réalité fascinante et désirable. Ces deux sentiments ne sont pas contradictoires. Ils sont ordonnés l'un à l'autre.

Pour pouvoir communier aux choses divines, il faut accepter de s'en reconnaître radicalement indigne. Si l'on n'entre pas dans la crainte et l'adoration, on ne parvient pas à l'amour et à l'union. Regardez dans l'Évangile, l'expérience de saint Pierre lors de la pêche miraculeuse (Lc 5, 1-11). Quelle scène magnifique ! Imaginez les bords du lac de Tibériade au petit matin. Les apôtres lavent leurs filets sur la berge après avoir peiné toute la nuit sans rien prendre. Ils devaient être épuisés, ivres de fatigue et tombant de sommeil. Jésus passe. Il monte dans une barque pour enseigner à la foule et subitement demande à Simon d'avancer au large et de jeter les filets. On imagine l'échange de regards qui a dû suivre, les quelques secondes d'hésitation dans le cœur de Simon-Pierre. Il était pêcheur professionnel. Il savait bien qu'à vues humaines il était impossible d'accomplir une pêche fructueuse après une nuit vaine. Il aurait pu protester, s'appuyer sur son expérience d'homme du métier pour contredire Jésus.

Nous savons que Pierre n'avait pas un caractère facile ; il aurait pu se mettre en colère et expliquer au Seigneur qu'en matière de poissons, il était un spécialiste. Mais il décide de faire confiance au Seigneur : « Sur ta parole, je jetterai les filets » (*ibid.*, 5). Il décide de renoncer à ses appuis humains et se fonde sur la seule parole de Jésus. Et voilà que les filets se remplissent au point de rompre. Il a accepté d'entrer dans la foi, il lui est donné de faire l'expérience concrète de la toute-puissance de Dieu. Comment réagit-il ? Bondit-il de joie devant cette manifestation de la gloire divine ? Se met-il immédiatement à louer la gloire du Très-Haut ? Non, il commence par se prosterner devant le Christ et proclame : « Éloigne-toi de moi, Seigneur, car je suis un homme pécheur ! » (*ibid.*, 8). Imaginez la berge de ce lac au charme si particulier. Le décor est grandiose. La nature forme l'écrin merveilleux d'un geste qui constitue le tout premier enseignement du premier de nos papes. Les autres sont encore en train de débarquer, mais Pierre est à genoux, prosterné le front contre le sol devant Jésus. Le chef des apôtres nous enseigne le sens du sacré. Il nous montre par l'exemple que la crainte sacrée est la porte d'entrée qui nous conduit à l'intimité divine. Je ne peux accéder à Dieu de plain-pied. Je dois me faire petit pour qu'il m'admette gratuitement à sa hauteur infinie.

La question du sens du sacré n'est pas seulement une question de discipline liturgique. Elle conditionne la vie spirituelle, j'ose dire la vie mystique. Apprendre aux chrétiens à mépriser le sens du sacré comme une réalité secondaire revient à les priver de la plénitude de l'intimité avec Dieu. Les théologiens de la liturgie qui regardent de haut les manifestations de ce sens de l'adoration sacrée portent une lourde responsabilité spirituelle. Je suis frappé par cette parole de Jésus à sainte Catherine de Sienne : « Je suis celui qui est, tu es celle qui n'est pas ! » Et pourtant l'intimité entre cette dominicaine italienne et le Seigneur Jésus fut sublime. Elle pouvait dire aussi : « On ne fait qu'un avec son ami. On ne fait pas qu'un avec son maître. »

Je crois que l'union mystique la plus profonde suppose le sens de la distance sacrée et de l'adoration. Nous ne pouvons pas nous passer des manifestations de notre petitesse ou de notre bassesse devant la majesté divine. Elles sont la marque d'une âme délicate. Toutes les attitudes qui reviennent à mettre la main sur Dieu détruisent notre juste relation à lui et empêchent l'intimité de se créer. Je pense ici à l'attitude désinvolte pendant la liturgie. Je pense à l'attitude qui s'est installée parfois au moment de la communion eucharistique sans qu'aucun geste d'adoration soit manifeste. Ne devrions-nous pas plutôt nous laisser nourrir comme de petits enfants ? Les prêtres portent une lourde responsabilité. Ils doivent en ce domaine être exemplaires. Dans les églises d'Orient, on ne sort de la maison de Dieu qu'à reculons ! À l'inverse, combien d'églises occidentales servent de salles de concert ? On y parle comme dans un lieu ordinaire, une vulgaire salle de réunion. Le véritable modèle est Moïse devant le buisson ardent ! Qu'on ne dise pas que l'essentiel est l'attitude intérieure. Elle n'a de réalité et de durée que si elle se manifeste par des gestes extérieurs et concrets.

En Occident, la disparition de Dieu a entraîné le bannissement de tout ce qui est sacré dans l'existence humaine. Le sacré est devenu quantité négligeable. La rupture entre l'homme et Dieu semble toujours plus grande, au point que la désacralisation ne provoque aucune réaction. Nous passons près de choses éminemment sacrées sans même être saisis par le respect et la crainte qu'elles inspirent. Je voudrais souligner une conséquence inattendue de ce phénomène. Car le sens du sacré trouve son expression à travers tous les seuils, toutes les séparations qui entourent et protègent les réalités sacrées : l'église, le chœur, l'autel, le tabernacle. Aujourd'hui, en bien des lieux, tout est accessible à tous. On a supprimé les limites symboliques comme la barrière qui entourait le sanctuaire de l'église, les marches qui entouraient l'autel. Avec pour conséquence que tout devient commun voire profane.

En rejetant la présence du sacré dans notre vie, nous créons un monde uniforme et sans relief, un monde aplati. Il est indifférent d'être dans une église ou dans une salle de spectacle pour célébrer la messe. Il revient au même de célébrer sur un autel consacré ou sur une simple table. Comment dans ces conditions pourrions-nous faire l'expérience décrite par le psalmiste : « J'avancerai jusqu'à l'autel de Dieu, vers Dieu qui est toute ma joie » (Ps 42).

Dans un monde où tout est sur le même plan, tout devient tristement égal. Un monde profane, je dirais même profané, est un monde sans joie. Au fond, la perte du sens du sacré est cause de tristesse. Quel enchantement pour un jeune servant d'autel d'approcher pour la première fois de l'autel ! Sa joie est d'autant plus grande qu'il s'approche de Dieu. Pour cela, il a revêtu l'habit sacré de ses ministres. Le sacré est un bien précieux, il est la porte d'entrée de la joie dans le monde. Il nous offre de partager des joies profondes. Qui n'a pas profondément frémi durant la nuit de Pâques en suivant la flamme du cierge pascal dans la nuit ? Qui n'a jamais goûté la joie spirituelle que procure le chant du grand *Salve Regina* grégorien dans un monastère ? Le frémissement de crainte qu'il inspire est un tressaillement de joie. Les voix des moines s'unissent pour proclamer l'amour de Notre-Dame en un chant lent, grave et solennel qui exprime de manière lumineuse le véritable sens du sacré : une crainte joyeuse et confiante. On expérimente littéralement dans notre chair les mots de Dante : « Le sacré est ce qui unit les âmes. » J'ajouterais qu'il les unit dans une joie profonde.

Nous avons perdu ces grands signes sacrés qui devraient faire l'unité et la joie du peuple chrétien. On voit désormais les hommes se tourner vers des pratiques magiques et païennes qui ne sont que la caricature du sacré. De tels comportements manifestent combien les clercs ont créé une famine de gestes sacrés chez les plus fidèles. Il est temps que nous retrouvions la simplicité de saint Pierre sur les bords du lac !

Dieu n'est-il pas devenu pour l'homme moderne une quantité négligeable au milieu d'une foule d'occupations et de plaisirs ?

Je voudrais d'abord décrire un fait qui me semble symptomatique du monde moderne. Dans bien des librairies, la spiritualité est rangée dans le rayon « Développement personnel ». On a réussi à faire de Dieu un moyen de notre petit épanouissement et de notre autosatisfaction. Quelle inversion ! Je crois que cela manifeste un renversement total de la logique de la foi. Dieu n'est pas à mon service. Bien sûr, je ne peux être heureux que par lui et avec lui. Croire en Dieu n'est pas contraire à notre bonheur. Mais il faut remettre les choses dans l'ordre.

Nous avons été créés pour aimer, louer et servir Dieu. C'était autrefois la première phrase du catéchisme que l'on apprenait aux enfants. Quelle sagesse ! Dieu n'est pas un élément de ma vie à côté de toutes mes occupations. Il est mon tout. « Dieu seul suffit », disait Thérèse d'Ávila.

Dans une église, nos contemporains viennent voir une œuvre d'art. Rarement Dieu. Quand ils sont présents à une célébration eucharistique, ils passent une grande part de leur temps à prendre des photos ou à manipuler leurs portables. Dans la vie familiale ou professionnelle, Dieu est absent. Il y a peu de familles qui se lèvent et se couchent en tournant leurs regards vers le ciel. En Occident, Dieu est devenu comme ces vieux parents en maison de retraite auxquels on oublie de rendre visite. Dieu doit s'adapter à notre emploi du temps et à notre fatigue. Nous lui cédons un peu de place en croyant faire beaucoup. Quelle illusion !

Cependant je vois aussi des familles chrétiennes qui mettent Dieu au centre de leur vie. La prière commune y devient comme une évidence. Dans certaines villes, j'ai vu de nombreux fidèles participer quotidiennement non seulement à l'Eucharistie, mais aussi à la prière des Heures. Ces familles remettent Dieu à sa place. Elles bâtissent leur vie sur le seul fondement solide. Elles sont l'espérance de l'Église.

Pouvons-nous aller jusqu'à évoquer un retour du polythéisme ?

Nous vivons dans un système païen où les dieux naissent et meurent en fonction de nos intérêts. Nous ne voulons pas du vrai Dieu unique. Alors nous fabriquons nos propres divinités.

Nous créons des dieux, mais aussi des prophètes et des prêtres, en fonction des humeurs du moment. Le monde postmoderne est le royaume des idoles, des sorciers et des astrologues. Ces dieux et leur clergé sont cruels. Ils n'ont que faire de la vie et de la joie. Derrière les rideaux noirs d'un faux humanisme, ils sont au service du capitalisme financier. Je crois qu'au sommet de ce nouveau panthéon trône l'idole de l'argent. Je voudrais rappeler les paroles prononcées par Benoît XVI à Paris : « Hormis le peuple d'Israël, qui avait reçu la Révélation du Dieu unique, le monde antique était asservi au culte des idoles. Très présentes à Corinthe, les erreurs du paganisme devaient être dénoncées car elles constituaient une puissante aliénation et détournaient l'homme de sa véritable destinée. Elles l'empêchaient de reconnaître que le Christ est le seul et vrai Sauveur, le seul qui indique à l'homme le chemin vers Dieu. Cet appel à fuir les idoles reste pertinent aujourd'hui. Le monde contemporain ne s'est-il pas créé ses propres idoles ? N'a-t-il pas imité, peut-être à son insu, les païens de l'Antiquité en détournant l'homme de sa fin véritable, du bonheur de vivre éternellement avec Dieu ? C'est là une question que tout homme, honnête avec lui-même, ne peut que se poser. Qu'est-ce qui est important dans ma vie ? Qu'est-ce que je mets à la première place ? Le mot "idole" vient du grec et signifie "image", "figure", "représentation", mais aussi "spectre", "fantôme", "vaine apparence". L'idole est un leurre, car elle détourne son serviteur de la réalité pour le cantonner dans le royaume de l'apparence. Or n'est-ce pas une tentation propre à notre époque, la seule sur laquelle nous puissions agir efficacement ? Tentation d'idolâtrer un passé qui n'existe plus, en oubliant ses carences, tentation d'idolâtrer un avenir qui n'existe pas encore, en croyant que, par ses seules forces, l'homme réalisera le bonheur éternel sur la terre ! Saint Paul explique aux Colossiens que la cupidité insatiable est une idolâtrie (Co 3, 5) et il rappelle à son disciple Timothée que "l'amour de l'argent est la racine de tous les maux. Pour s'y être livrés, précise-t-il, certains se sont égarés loin de la foi et se sont infligés à eux-mêmes des tourments sans nombre" (1Tm 6, 10). L'argent, la soif de l'avoir, du pouvoir et même du savoir n'ont-ils pas détourné l'homme de sa Fin véritable, de sa propre vérité ? »

Le cœur de beaucoup de chrétiens est partagé entre l'amour du seul vrai Dieu et la vénération de cette idole qu'est l'argent. Ils deviennent en ce sens de vrais polythéistes. S'il n'y a qu'un Dieu, alors tout le reste devient relatif. L'amour de l'argent se manifeste dans le souci excessif qu'il provoque. Je vois des personnes dont le niveau de vie est assuré et enviable se soucier de l'état de leurs comptes en banque. Je vois des chrétiens s'installer dans la possession sans avoir souci de se détacher des biens. Les paroles de Jésus sont claires : « Malheureux vous les riches, vous avez votre consolation ! » (Lc 6, 24) Je crois que l'attachement aux biens matériels est comme une anesthésie qui nous empêche de ressentir notre faim de Dieu. On peut finir par mourir de faim spirituelle, tout en se croyant repu à cause de l'abondance des biens matériels. La solution doit être radicale. Elle nous est rappelée par un Père de l'Église, Clément d'Alexandrie : « Toute possession que l'on possède pour soi-même, comme si elle vous était propre, et que l'on ne met pas au service de ceux qui en ont besoin, est injuste. » Si nous ne nous détachons pas des richesses par le sens de la gratuité et du service, elles nous étoufferont.

Pensez-vous qu'il soit possible de relier les profanations symboliques de notre époque et ce nouveau règne du polythéisme ?

Les profanations se multiplient. On ne compte plus les églises profanées et souillées. Parfois, on s'en prend aux images de la Sainte Vierge, parfois c'est le tabernacle lui-même qui est visé. Les cimetières même ne sont plus considérés comme des espaces sacrés. Les morts ne sont pas respectés ; on saccage leurs demeures.

Chaque fois, au travers des réalités sacrées, c'est Jésus qu'on attaque frontalement ; c'est toute l'Église qui est touchée. Quand un lieu consacré au culte de Dieu est attaqué, le cœur de chaque chrétien est comme brisé. Les profanateurs s'en prennent au saint sacrement, traitant avec haine et mépris le Dieu tout-puissant, qui s'est fait petit et faible pour nous sauver. Prions pour eux, pour que la haine diabolique cède la place en leurs âmes à la crainte respectueuse de Dieu et à l'adoration reconnaissante. En vérité, c'est leur cœur, habité par Satan, qui est profondément profané.

Ne nous étonnons pas de faire l'expérience du rejet et de la haine. L'amour de Dieu pour les hommes, qui s'est manifesté lors de la Nativité, a déclenché la colère du diable. Souvenons-nous que l'horreur du massacre des saints Innocents a suivi de peu la joie de Noël. Quand Dieu révèle sa douceur et son amour, le diable répond par la violence aveugle et gratuite. L'Église est dans le monde comme un signe de contradiction. Plus elle prêche Celui qui est « le Chemin, la Vérité et la Vie » (Jn 4, 6), plus elle dérange et plus elle est rejetée.

L'Église rappelle sans cesse au monde ce qu'il refuse d'entendre : c'est par la Croix que nous sommes sauvés. La Croix révèle tout à la fois l'amour infini de Dieu et l'insondable misère de l'homme. Comment s'étonner que le signe de la Croix déclenche tant de haine ? « Le serviteur n'est pas plus grand que son maître. S'ils m'ont persécuté, vous aussi ils vous persécuteront », nous a prévenus Jésus (Jn 15, 20). De nombreux chrétiens sont aujourd'hui persécutés à travers le monde dans le silence assourdissant des médias et l'indifférence complice des puissants. Des personnes consacrées, prêtres, religieux et religieuses, sont enlevées et assassinées dans des conditions sordides. Le diable ne se manifeste que par la haine. Il ne construit rien, il détruit. Son nom est néant.

Vous évoquez souvent les marques du diable…

Le signe de Satan est la division. Aujourd'hui, il existe des conflits graves au sein du clergé. Le diable est à la fête. Le diable aime à diviser l'Église. Le prince des ténèbres veut d'abord nous opposer entre nous. Il nous tend un piège terrible au travers de la médiatisation de la moindre des déclarations épiscopales. Chacun est sommé de prendre parti, de choisir son camp. Mais dans l'Église, il n'y a pas de partis ! Il n'y a pas de camp ! Les synodes ne sont pas des assemblées politiques. Chaque chrétien devrait-il juger de tout ? Avoir un avis sur tout ? Cette politisation parfois hystérique de ce qui devrait rester un débat pacifique entre théologiens amoureux du même Dieu est la marque du démon. Il nous attire sur son terrain. Il nous entraîne vers la haine, l'invective, la manipulation et le calcul machiavélique. Faut-il renoncer à dénoncer l'erreur ? Certes non ! Mais nous devons le faire avec un esprit catholique, c'est-à-dire profondément surnaturel et bienveillant.

Quand la barque de l'Église essuie la tempête, le démon essaie de nous affoler. Il sème l'angoisse. Il distille le doute et le soupçon. On cherche un bouc émissaire pour se venger de cette inquiétude. Avec la certitude de défendre le bien, on fait œuvre de haine. Alors, le diable éclate de son rire froid. Il a gagné : les enfants de Dieu se déchirent. L'esprit de foi et de charité est recouvert par le brouillard glacial de la méfiance et du mensonge. Entendons la parole de Jésus dans la tempête : « Pourquoi avoir peur, hommes de peu de foi ? » (Mt 8, 26). Si Jésus est dans la barque avec nous, même s'il semble dormir, nous ne risquons rien. La paix et la joie sont les signes de Dieu, la peur et la tristesse sont les attributs de l'enfer.

Il aime aussi à employer la confusion. « La tactique du diable est de nous proposer le "raisonnable". Oui, c'est le prince du tiède, le roi du compromis. Son but n'est pas de nous faire tomber dans des erreurs précises, mais au contraire de nous laisser dans le vague. Parce qu'il est impossible de jouer sa vie sur des idées vagues, et par conséquent de devenir un saint dans ces conditions-là », déclarait le père dominicain Marie-Dominique Molinié.

Il essaie de nous faire croire que le péché est sans gravité et que nous pouvons transgresser la Loi de Dieu sans trop nous inquiéter. Satan vient brouiller notre juste perception de Dieu dans ses rapports avec les hommes. Il nous trompe et nous tranquillise pour que le règne du péché étende sa nuit. Mais nous, nous savons cette belle parole du psaume : « Heureux l'homme qui met sa confiance en Dieu » (40, 4). En dehors de lui, il n'y a, pour le croyant, que vérité partielle et partiale.

Le diable veut déchirer l'Église en s'attaquant d'abord au sacerdoce. Satan entend détruire les prêtres et l'enseignement de la doctrine. Il a en horreur la liturgie, les sacrements et la succession apostolique. En tentant de s'en prendre aux personnes consacrées, il veut ridiculiser l'Église. Les prêtres lui font peur parce qu'ils sont les ministres de la miséricorde. Il sait qu'il sera vaincu par la miséricorde. Il cherche à instiller la tiédeur et le doute chez les prêtres. Il cherche à gagner le cœur de certains et à les entraîner vers le renoncement à la chasteté. Pire encore, il a poussé certains prêtres à la profanation du corps des enfants. Comment ne pas voir l'œuvre de Satan dans ces vies de prêtres ou d'évêques qui se sont conduits en prédateurs, répandant le mal et la mort spirituelle autour d'eux ? Comment ne pas voir que, en s'en prenant à la fois aux prêtres et aux enfants, le démon révèle sa haine de deux reflets de la bonté de Dieu ?

Le discours aux évêques américains, prononcé par le cardinal Karol Wojtyla en août 1976 fut d'une puissance prophétique extraordinaire : « Nous faisons face aujourd'hui à la plus grande confrontation de l'histoire que l'humanité ait jamais connue. Je ne crois pas que la société américaine dans son ensemble, ou que la communauté chrétienne dans son ensemble, le réalise pleinement. Nous sommes aujourd'hui devant la lutte finale entre l'Église et l'anti-Église, entre l'Évangile et l'anti-Évangile, entre le Christ et l'anti-Christ. Cette confrontation fait partie des desseins de la Providence divine. Elle est donc dans le plan de Dieu et est probablement une épreuve que l'Église doit accepter et affronter courageusement. » Il poursuivait sa réflexion dans un discours tenu à Fulda en novembre 1980 : « Nous devons être préparés à subir de grandes épreuves dans un futur qui n'est pas très éloigné ; des épreuves qui exigeront de nous d'être prêts à donner jusqu'à nos propres vies, et un don de nous-mêmes au Christ. Par vos prières et les miennes, il est possible d'alléger cette tribulation, mais il n'est plus possible de l'éviter. [...] Combien de fois le renouveau de l'Église n'est-il pas advenu dans le sang ! Il n'en sera pas autrement cette fois. »

Tout au long des dernières décennies, l'action des papes a essentiellement consisté à repousser les assauts du démon en offrant au monde un enseignement spirituel, doctrinal et moral clair, fidèle à la tradition de l'Église. Ils ont ainsi voulu offrir au peuple de Dieu des nourritures saines, qui lui donnent de la vigueur en vue du combat à mener aujourd'hui. Mais je crois que nous ne devons pas avoir peur du diable. Il fait du bruit, il s'agite. Cependant toute son action est vaine. Le bien, lui, ne fait pas de bruit. Il construit dans la patience et la persévérance. Le démon avait tellement peur du pauvre curé d'Ars qu'il tentait de l'empêcher de dormir. Le démon tremble devant les saints, alors il essaie de couvrir leur œuvre silencieuse et discrète de ses cris et de ses gesticulations. Ne nous laissons pas prendre au jeu de ce menteur pathétique.

« Nous n'avons pas de pouvoir contre la vérité », disait l'apôtre Paul dans ses Lettres aux Corinthiens...

Dans la deuxième lettre de saint Paul aux Corinthiens, nous trouvons en effet cette phrase extraordinaire : « Car nous n'avons aucun pouvoir contre la vérité ; nous n'en avons que pour la vérité » (2Co 13, 8). Cette phrase de saint Paul exprime le primat absolu de la vérité. Elle nous renvoie au dialogue tragique entre Pilate et Jésus. Pilate est l'homme du pouvoir. Il ne comprend pas qui est Jésus, ce roi qui semble sans pouvoir humain. Jésus cherche à lui faire comprendre que la puissance dominatrice n'est rien face à la vérité. Alors Pilate se réfugie dans la mise en doute. La vérité lui fait peur. Notre monde est comme Pilate. Il sait que la vérité risque de faire crouler son empire, alors il se cache derrière la question : Qu'est-ce que la vérité ? Il affirme qu'elle est sans réponse possible. Dans le débat politique ou juridique, la question de la vérité est un tabou. On veut ignorer le fait que la vérité peut être reconnaissable. « Elle devient reconnaissable si Dieu devient reconnaissable. Il devient reconnaissable en Jésus-Christ. En lui, Dieu est entré dans le monde et, ce faisant, il a dressé le critère de la vérité au cœur de l'histoire. Extérieurement, la vérité est impuissante dans le monde ; tout comme le Christ, selon les critères du monde, est sans pouvoir : il n'a aucune légion à sa disposition. Il est crucifié. Mais c'est justement ainsi, dans l'absence totale de pouvoir, qu'il est puissant, et c'est seulement ainsi que la vérité devient toujours davantage une puissance », écrivait Benoît XVI dans *Jésus de Nazareth*. Il poursuivait : « La royauté annoncée par Jésus dans les paraboles et, finalement, ouvertement devant le juge terrestre, est justement la royauté de la vérité. Ériger cette royauté comme libération véritable de l'homme, voilà ce dont il s'agit. »

Il n'y a que la vérité qui soit puissante par elle-même. Elle n'a pas besoin de s'appuyer sur la force des armes ou de l'argent. Notre monde se voile la face devant la vérité, il ne veut pas la voir. Beaucoup d'hommes de notre temps se crispent et s'éloignent avec dédain dès qu'on parle de vérité ou qu'on se réfère à une vérité objective qui nous précède. Cela leur apparaît comme le synonyme du dogmatisme et de l'intolérance, contraire au progrès. Mais la vérité est lumière, une réalité incontestable et libératrice. La vérité est indestructible car elle vient de Dieu, elle est un visage de Dieu.

À l'origine de toutes ces crises, pouvons-nous considérer qu'il y a d'abord une crise de la théologie morale ?

Effectivement, le domaine de la théologie morale est devenu un champ de tensions entre les théologiens. Beaucoup récusent l'obéissance au magistère de l'Église en ce domaine. Les conséquences sont malheureusement immédiates pour le peuple chrétien.

Tandis que la théologie dogmatique nous enseigne ce que Dieu a révélé et ce qu'on peut en déduire par la raison éclairée de la foi, la théologie morale se propose de nous montrer ce qu'il faut faire. Dans *L'Église*, le cardinal Garonne se désolait : « Les théologiens [...] ont tendance à se faire les arbitres des situations et à entendre leur vocation comme un véritable magistère dont celui des évêques ne serait plus que l'écho fidèle. » Aussi bien les principes de théologie morale fondamentale que les vertus surnaturelles, notamment de religion, et la loi naturelle ou le Décalogue, en particulier la justice et la chasteté, sont maltraités.

La crise de la théologie morale fondamentale est due à l'obscurcissement du sens du bien. La morale ne vise pas à nous imposer de l'extérieur une loi contraignante. Elle nous indique le chemin vers notre bien. Le bien est fondamentalement la vérité de ce que nous sommes. Voilà pourquoi il est faux de dire que l'Église impose un poids, un fardeau trop lourd qui viendrait peser sur la liberté des chrétiens. L'Église ne fait qu'indiquer la voie du bonheur plénier et de la vraie liberté.

Une fausse conception du bien, remplacé par le devoir, engendre des théories erronées comme le conséquentialisme. Selon ce système, rien en soi n'est bon ou mauvais, la bonté d'un acte dépend uniquement de sa fin et de ses conséquences prévisibles. La fin justifie alors les moyens. Il existe une forme américaine de conséquentialisme modéré, le proportionnalisme, où la moralité de l'action découle du calcul de la proportion de bien et de mal que le sujet y voit impliqués.

À propos de ces constructions intellectuelles, Jean-Paul II a pu dire que « lorsqu'on oppose des situations concrètes à ce que la loi morale prescrit, c'est qu'au fond on ne croit plus que la loi de Dieu est l'unique vrai bien de l'homme » (*Veritatis splendor*, 84).

Comment peut-on prétendre que, dans certaines situations, une attitude qui contredit la vérité profonde de l'être humain deviendrait bonne ou nécessaire ? C'est impossible ! « Les circonstances ou les intentions ne pourront jamais transformer un acte intrinsèquement mauvais de par son objet en un acte "subjectivement" bon ou défendable comme choix » (*Veritatis splendor,* 81).

Par conséquent, il n'existe aucune situation où la norme morale serait impossible à mettre en œuvre. En effet, cela impliquerait que le Créateur se contredise et nous demande d'aller contre l'ordre sage qu'il a lui-même inscrit dans la Création. Il y a là un enjeu pastoral fort. Il est faux d'opposer la vérité de la loi à des réalisations pratiques contraires. L'affirmation d'une gradualité de la loi en matière de préceptes négatifs interdisant des actes comme intrinsèquement mauvais est une erreur devenue courante. On ne doit pas opposer pastorale pratique et vérité universelle de la loi morale. La pastorale concrète est toujours la recherche des moyens les plus appropriées pour mettre en œuvre l'enseignement universel, jamais pour y déroger.

Je crois que la véritable source de la crise de la théologie morale est la peur qui a envahi le cœur des clercs. Nous avons peur de passer pour des inquisiteurs cruels. Nous ne voulons pas être impopulaires aux yeux du monde. Pourtant, comme le rappelle saint Paul VI, qui en faisait l'expérience à propos de la contraception : « Ne diminuer en rien la salutaire doctrine du Christ est une forme éminente de charité envers les âmes » (*Humanae vitae*, 29).

Chers frères prêtres, annoncer la Bonne Nouvelle de l'Évangile est notre devoir de pères, de guides et de pasteurs ! De notre part, les silences, les incertitudes ou les ambiguïtés ont pour conséquence de voiler la vérité humaine et chrétienne, d'en priver les fidèles les plus simples. Par amour paternel pour eux, par zèle missionnaire, par générosité dans l'évangélisation, n'ayons pas peur de prêcher et d'annoncer cette Bonne Nouvelle. Paul VI nous a montré un bel exemple de charité pastorale, n'ayons pas peur de l'imiter ! Notre silence serait complice et coupable.

N'abandonnons pas les chrétiens aux sirènes trompeuses de la facilité ! Remarquons d'ailleurs que notre célibat est un gage de crédibilité. Si nous vivons en vérité la joie d'une vie donnée dans la continence totale pour le Royaume, nous pouvons prêcher la joie d'une vie chrétienne exigeante. Bien entendu, plus nous prêcherons avec force la vérité, plus nous saurons accompagner les personnes avec patience et bonté, comme le Seigneur qui fut intransigeant avec le mal et miséricordieux avec les pécheurs.

La foi n'est pas un cri désordonné, un acte politique, ou une stratégie de communication médiatique. Elle est participation à la vérité divine elle-même.

Il y a donc une crise de la vertu de religion, de la liturgie et des sacrements ?

Je ne crois pas qu'il soit exagéré de dire que l'Église connaît la plus grave crise du sacrement et du sacrifice de l'Eucharistie de son histoire. L'*aggiornamento* de la liturgie n'a pas produit tous les fruits espérés. Il faut impérativement continuer les efforts pour éliminer tous les aspects folkloriques qui transforment les Eucharisties en spectacle. Dans la célébration de la messe, les fantaisies les plus incroyables sont venues ternir le mystère pascal. Des musiques étranges ont été diffusées lors de messes. Il y a même eu des messes « à thème ». Le respect des règles liturgiques a été insuffisamment protégé. La fidélité signifie aussi le respect des normes liturgiques promulguées par l'autorité ecclésiastique, et exclut tant les innovations arbitraires et incontrôlées que le rejet obstiné de ce qui a été légitimement prévu et introduit dans les rites sacrés.

Joseph Ratzinger considérait justement dans son *Entretien sur la foi* : « On ne s'est pas assez opposé à l'aplatissement rationaliste, aux vains bavardages, à l'infantilisme pastoral, qui rabaissent la liturgie au niveau d'un club de village [...]. Même les réformes déjà effectuées, notamment en ce qui concerne le rituel, doivent être examinées de ce point de vue. »

En outre, après les années 1960, certaines richesses de la liturgie ont été abandonnées, telle son invariance hiératique, mais également son unité géographique et historique assurée par le latin comme langue de la liturgie, par les rites transmis, par la beauté de l'art et de la solennité qui les accompagnait. La disparition de l'unité linguistique dans la liturgie au profit des langues vernaculaires est à mon sens un facteur possible de division. N'est-ce pas certaines incompréhensions entre

Grecs et Latins qui furent à l'origine du schisme des Églises chrétiennes d'Orient et d'Occident ?

Le concile Vatican II demande expressément que l'on préserve la langue latine. Lui avons-nous été fidèles ? L'usage du latin dans certaines parties de la messe peut aider à retrouver l'essence profonde de la liturgie. Réalité fondamentalement mystique et contemplative, la liturgie est hors d'atteinte de notre action humaine. Pourtant, elle suppose de notre part une ouverture au mystère célébré. Ainsi, la constitution conciliaire sur la liturgie recommande la pleine intelligence des rites, et prescrit « que les fidèles puissent dire ou chanter ensemble en langue latine les parties de l'ordinaire qui leur reviennent ». En effet, l'intelligence des rites n'est pas l'œuvre de la raison humaine laissée à elle seule, qui devrait tout saisir, tout comprendre, tout maîtriser. Mais aura-t-on le courage de suivre le concile jusque-là ? J'encourage les jeunes prêtres à abandonner avec courage les idéologies des fabricants de liturgies horizontales et à revenir aux directives de *Sacrosanctum concilium.* Que vos célébrations liturgiques portent les hommes à rencontrer Dieu face à face et à l'adorer, et que cette rencontre les transforme et les divinise. « La liturgie est principalement et avant tout le culte de la divine majesté », nous enseigne le concile. Elle nous met en présence du mystère de la transcendance divine. Elle n'a de valeur pédagogique que dans la mesure où elle est tout entière ordonnée à la glorification de Dieu et au culte divin : « Le Christ n'a pas aboli le sacré mais il l'a porté à son accomplissement, en inaugurant un culte nouveau, qui certes est pleinement spirituel, mais qui cependant, tant que nous sommes en chemin dans le temps, se sert encore de signes et de rites », affirmait Benoît XVI dans son homélie pour la fête du Corpus Christi, en juin 2012.

Je crois qu'il est important de sauvegarder les richesses de la liturgie que nous a transmises la grande tradition de l'Église. En particulier, l'orientation de l'autel, que nous avons en commun avec la plupart des Églises d'Orient, unies ou séparées de Rome. J'ai eu l'occasion de dire combien ce point est important. Il s'agit de savoir vers qui nous voulons regarder et aller. Est-ce vers le Seigneur glorieux qui vient à l'orient ? « Quand le regard sur Dieu n'est pas déterminant, tout le reste perd son orientation », nous dit Benoît XVI dans sa préface à la version allemande de ses *Œuvres complètes sur la liturgie*. La réciproque est vraie : quand on perd l'orientation du cœur et du corps vers Dieu, on cesse de se déterminer par rapport à lui ; littéralement, on perd le sens de la liturgie. S'orienter vers Dieu est avant tout un fait intérieur, une conversion de notre âme vers le Dieu unique. La liturgie doit opérer en nous cette conversion vers le Seigneur qui est le Chemin, la Vérité, la Vie. Pour cela, elle utilise des signes, des moyens simples. La célébration *ad orientem* en fait partie. Elle est un des trésors du peuple chrétien qui nous permet de conserver l'esprit de la liturgie. La célébration orientée ne doit pas devenir l'expression d'une attitude partisane et polémique. Elle doit rester au contraire l'expression du mouvement le plus intime et le plus essentiel de toute liturgie : nous tourner vers le Seigneur.

La liturgie est parfois devenue un champ de bataille, le lieu des affrontements entre les tenants du missel préconciliaire et ceux du missel issu de la réforme de 1969. Le sacrement de l'amour et de l'unité, le sacrement qui permet à Dieu de devenir notre nourriture et notre vie et de nous diviniser en demeurant en nous et nous en lui, était devenu une occasion de haine et de mépris. Le motu proprio *Summorum pontificum* de Benoît XVI a définitivement mis fin à cette situation. En effet, le pape Benoît affirme avec toute son autorité magistérielle dans sa lettre aux évêques du 7 juillet 2007 : « Il n'est pas convenable de parler de ces deux versions du missel romain comme s'il s'agissait de “deux rites”. Il s'agit plutôt d'un double usage de l'unique et même rite. »

Ainsi renvoie-t-il dos à dos tous les combattants de la guerre liturgique. Et ce n'est pas parce que la forme extraordinaire du rite romain, celle qui fut en usage avant les réformes de 1969, fut un des chevaux de bataille de Mgr Marcel Lefebvre qu'il faut la déprécier. Les disciples de Mgr Lefebvre n'ont pas été les seuls à apprécier la possibilité de rendre un culte selon la forme extraordinaire, ou du moins à être heurtés par la manière dont la messe a souvent été galvaudée dans de nombreuses célébrations.

« La liturgie consiste à entrer vraiment dans le mystère de Dieu, à se laisser porter au mystère et à être dans le mystère », disait le pape François le 14 février 2019. La forme extraordinaire le permet excellemment ; ne la transformons pas en occasion de division ! L'usage de la forme extraordinaire fait partie intégrante du patrimoine vivant de l'Église catholique, elle n'est pas un objet de musée, témoignage d'un passé glorieux et révolu. Elle a vocation à être féconde pour les chrétiens d'aujourd'hui ! Aussi serait-il heureux que ceux qui utilisent le missel ancien observent les critères essentiels de la constitution conciliaire sur la liturgie. Il est indispensable que ces célébrations intègrent une juste conception de la participation des fidèles présents.

Jean-Paul II et Benoît XVI ont eu raison de faire une place à ce rite antique dans l'Église, pourvu que ceux qui y assistent respectent les conditions d'adhésion au magistère spécifiées à diverses reprises et ne refusent pas par principe de célébrer les nouveaux livres liturgiques.

Il faut encourager fortement la possibilité de célébrer selon l'ancien missel romain comme signe de l'identité permanente de l'Église. Car ce qui était jusqu'en 1969 la liturgie de l'Église, la chose la plus sacrée pour nous tous, ne peut pas devenir, après 1969, la chose la plus inacceptable. Il est indispensable de reconnaître que ce qui était fondamental en 1969 le demeure aussi aujourd'hui : c'est une même sacralité, une même liturgie. J'appelle de tout mon cœur à mettre en œuvre la réconciliation liturgique enseignée par le pape Benoît, dans l'esprit pastoral du pape François. Jamais la liturgie ne doit devenir l'étendard d'un parti. Pour certains, l'expression « réforme de la réforme » est devenue synonyme de domination d'un clan sur l'autre. Je préfère parler de réconciliation liturgique. Dans l'Église, le chrétien n'a pas d'adversaire ! Comme l'écrivait le cardinal Ratzinger dans son ouvrage *Serviteurs de votre joie*, « nous devons retrouver le sens du sacré, le courage de distinguer ce qui est chrétien et ce qui ne l'est pas ; non pas pour dresser des barrières, mais pour transformer, pour être vraiment dynamiques ».

Plus encore que d'une « réforme de la réforme », il s'agit d'une réforme des cœurs, d'une réconciliation des deux formes du même rite, d'un enrichissement mutuel. La liturgie doit toujours se réconcilier avec elle-même, avec son être profond.

Éclairés par l'enseignement du *motu proprio* de Benoît XVI, confortés par l'audace du pape François, il est temps d'aller au bout de ce processus de réconciliation de la liturgie avec elle-même. Quel signe magnifique ce serait si nous pouvions, dans une prochaine édition du missel romain réformé, insérer en annexe les prières au bas de l'autel de la forme extraordinaire, peut-être dans une version simplifiée et adaptée, et les prières de l'offertoire qui contiennent une si belle épiclèse qui vient compléter le canon romain. Il serait enfin manifeste que les deux formes liturgiques s'éclairent mutuellement, en continuité et sans opposition. Alors, nous pourrions rendre au peuple de Dieu un bien auquel il est si profondément attaché !

Dans son *Entretien sur la foi*, le cardinal Ratzinger écrit que la participation active à la liturgie est « un concept correct, mais qui, dans les interprétations postconciliaires, a subi une restriction fatale. Il en est ressorti l'impression qu'on n'avait une "participation active" que s'il y avait une activité extérieure tangible : discours, paroles, chants, homélies, lectures, poignées de main. [...] Mais on a oublié que le concile place aussi dans l'*actuosa participatio* le silence, qui favorise une participation vraiment profonde, personnelle, nous permettant d'écouter intérieurement la parole du Seigneur. Or, de ce silence, il n'y a plus trace dans certains rites ». La musique sacrée, pourtant vantée par Vatican II, a été mise de côté au profit d'une « "musique d'usage", des chansonnettes, des mélodies faciles, ce qu'il y a de plus courant. [...] L'expérience a montré que le fait de s'en tenir à la seule notion de l'"accessible à tous" n'a pas rendu les liturgies véritablement plus compréhensibles ou plus ouvertes, mais seulement plus indigentes ».

Nous devons toujours soigner davantage la sainte liturgie, car son véritable renouveau est la condition fondamentale de l'avenir de l'Église. Pour montrer l'importance de la liturgie dans la vie de l'Église, Benoît XVI a agi très concrètement. Dans ses célébrations, il mettait toujours Dieu au centre. En effet, la liturgie doit nous fait expérimenter la centralité de la Croix. La théologie de la Croix est la prémisse et le fondement de la théologie eucharistique. Alors que de nombreux hommes d'Église insistaient sur les nécessaires réformes de structure ou d'administration, le pape Benoît XVI nous a réorientés vers l'essentiel : Dieu ! Avec audace, il a osé dénoncer le danger d'une Église satisfaite d'elle-même, qui s'installe dans ce monde, qui est autosuffisante et s'adapte aux critères séculier. Elle donne assez souvent à l'organisation et à l'institutionnalisation une importance plus grande qu'à son appel à l'ouverture à Dieu. Pour correspondre à sa véritable tâche, l'Église doit de nouveau faire l'effort de se détacher de sa « mondanité » pour s'ouvrir à Dieu.

Il importe aussi de mieux comprendre le saint sacrifice de la messe, c'est-à-dire le sacrifice de la Croix, unique sacrifice de la Nouvelle Loi, rendu présent sacramentellement sur nos autels. Ce n'est pas un banquet d'agape où la communion serait obligatoire et nécessaire, mais avant tout le sacrifice du Christ.

Il ne faut pas réduire ce sacrifice à la communion sacramentelle des fidèles. Cette dernière présuppose d'ailleurs l'état de grâce du communiant, ce que le Saint-Siège dut rappeler à de nombreuses reprises, conformément au concile de Trente. Malheureusement, même sur ce point si important, nous semblons renoncer à demander aux fidèles chrétiens de s'examiner avant de s'approcher du Corps du Christ. Vous constaterez du reste que, à la messe du soir du jeudi saint, en mémoire de la Cène, et à la fête de la solennité du très saint sacrement du Corps et du Sang du Christ, la lecture de la première lettre aux Corinthiens est malheureusement tronquée par l'omission des versets 27 à 29 du chapitre 11, qui sont en quelque sorte la conclusion de l'enseignement de saint Paul : « C'est pourquoi celui qui mangera le pain ou boira le calice du Seigneur indignement sera coupable envers le Corps et le Sang du Seigneur. Que chacun donc s'éprouve soi-même, et qu'ainsi il mange de ce pain et boive de ce calice, car celui qui mange et boit indignement sans discerner le corps du Seigneur mange et boit sa propre condamnation » (1Co 11, 27-29). Dans les grands rassemblements eucharistiques, il est nécessaire de rappeler que seuls les chrétiens en état de grâce peuvent communier. Il est urgent de faire cesser la profanation qui consiste à distribuer la communion à des touristes non-chrétiens de passage qui emportent parfois l'hostie consacrée comme un souvenir.

Il est également urgent de former les fidèles aux gestes de respect envers l'Eucharistie, même quand la coutume a introduit la communion dans la main, et éviter cet abus consistant à faire distribuer la communion par des ministres extraordinaires laïcs, alors que des prêtres sont présents en nombre suffisant pour assurer ce service.

Il ne faut pas non plus réduire la piété des fidèles à la seule Eucharistie, voire à la seule liturgie : la piété populaire a aussi son rôle, et notamment l'adoration de l'Eucharistie – même en dehors de la messe –, le chemin de Croix et le rosaire. Purifiée, débarrassée d'un certain folklore qui la défigure, la piété populaire peut devenir une expérience mystique et l'occasion d'une rencontre véritable avec le Seigneur.

Nous revenons donc à la crise que vous considérez comme la matrice de toutes les autres crises, celle du sacrement de l'ordre et de la vie consacrée…

Il est incontestable que la crise s'est d'abord manifestée au niveau du discernement des vocations sacerdotales, et ce dès avant le concile Vatican II. Par ailleurs, pour le discernement de la qualité des sujets, on a indûment fait appel à des méthodes psychanalytiques. Le Saint-Siège a donc mis en place des critères de discernement de manière directive, voire impérative, y compris dans le domaine de l'usage de la psychologie.

La crise s'est toutefois poursuivie avec la diminution des vocations. Je veux rappeler ici la pensée très grave du cardinal Gabriel-Marie Garrone dans son livre *L'Église* : « Sauf exceptions très rares, cette crise est universelle. Elle prend dans des secteurs entiers du monde aujourd'hui un aspect si grave qu'on peut parler, selon l'apparence, d'une extinction possible à brève échéance du sacerdoce. [...] Tous ceux qui, aujourd'hui, veulent rompre avec les directives cependant bien modérées du concile ne tardent pas à se rendre compte qu'ils se sont égarés et que la disparition des éléments considérés par le concile comme indispensables a créé le vide total. »

Pourtant, après le concile, les dicastères romains, et notamment la congrégation pour l'Éducation catholique, les séminaires et les universités pontificales, ont publié des documents sur chacun des divers aspects du contenu de la formation des futurs prêtres quant à la philosophie, la théologie, l'Écriture sainte, la patrologie, la liturgie, l'histoire de l'Église, la spiritualité et la préparation au célibat.

La crise s'est surtout révélée au niveau de l'identité sacerdotale. Les chiffres parlent d'eux-mêmes. Selon l'agence internationale *Fides* de la congrégation pour l'Évangélisation des peuples, en 2017, l'Europe a perdu 240 000 catholiques et 2 583 prêtres.

Certains prônent une réforme des structures et un rejet du cléricalisme, qui serait la source de tous les maux. Il me semble que la crise est plus profonde. Elle touche à l'identité même du prêtre. Les prêtres ne savent plus qui ils sont en ce monde. Alors les nuages noirs du malaise, de la dépression, du suicide et des défaillances morales d'une énorme gravité pointent à l'horizon funeste. Oui, la crise sacerdotale est profonde. Elle découle directement de la crise de la foi, qui a ébranlé la confiance des hommes d'Église en leur propre identité : ils en viennent à douter de l'importance et de la spécificité de leur rôle. Dans *L'Église*, le cardinal Garrone écrit : « L'un des dangers les plus graves aujourd'hui est de considérer le problème théologique du sacerdoce comme un problème complètement neuf et à reprendre à la base. [...] Le profil du prêtre s'efface. Il perd conscience de soi et les fidèles qui ont besoin de lui ne trouvent plus auprès de lui l'indispensable appui dont ils ont besoin, soit pour leur foi, soit pour leur vie. » Cela se répercute sur les vocations : « Comment des prêtres auraient-ils la pensée et le courage d'orienter vers le séminaire et vers le sacerdoce alors qu'eux-mêmes se trouvent dans un état d'âme incertain et doutent, comme on dit, de "leur propre identité" ? »

Les prêtres ont eu progressivement tendance à considérer leur fonction comme celle d'un député de la communauté, comme si l'Église était une démocratie. Ils n'ont plus d'idée précise de la fonction transcendantale du sacerdoce.

Au cours de la messe, la distinction entre sacerdoce ministériel et sacerdoce commun baptismal a eu tendance à s'estomper, en particulier par l'absence de distinction des espaces liturgiques. Certains théologiens ont prétendu que, en cas de nécessité, la communauté des fidèles sans prêtre pourrait célébrer la messe.

Quant aux évêques, leur office de droit divin est en partie entravé par la bureaucratie des conférences épiscopales ; ils risquent de perdre leur responsabilité inaliénable et personnelle de « maîtres de la foi ». Il faut retrouver l'équilibre entre celle-ci et l'authentique conception de la collégialité, telle qu'enseignée par Vatican II. Les conférences épiscopales nationales sont utiles dans la pratique, mais elles n'ont pas à proprement parler de mission magistérielle ; elles ne doivent pas oublier que la vérité n'est pas issue des votes, encore moins de la quantité de textes publiés.

Les religieux ont été touchés de plein fouet par la crise. Le cardinal Garrone écrit dans *L'Église* ces mots qui font frémir : « La contestation n'a pas épargné les religieux : on les a trouvés au premier rang des contestataires. Ils ont été souvent au nombre des “enragés”. Le phénomène a atteint jusqu’aux grands ordres qui semblaient par leur tradition et par leurs principes devoir rester plus complètement et plus longtemps étrangers à l’orage. Il a atteint également les pièces fondamentales de la structure religieuse. Ce qui semblait faire partie de l’essence de la condition religieuse s’est trouvé mis en question. La prière, avec ses exigences. Les vœux et, si étrange que cela soit, tous les vœux, depuis l’obéissance jusqu’à la chasteté. Dans les douloureuses hémorragies dont toute l’Église a donné le spectacle, les religieux ont été les plus durement frappés et le mal a semblé être chez eux plus difficile à juguler que nulle part. »

Sous le choc de l’après-concile, les grands ordres religieux, qui sont les colonnes traditionnelles de la réforme toujours nécessaire de l’Église, ont vacillé, vidés par d’importantes hémorragies et une crise des vocations. Ils sont encore aujourd’hui ébranlés par une crise d’identité. Nombre de religieux ont tenté d’y remédier en se projetant à l’extérieur et en cherchant la « libération » dans la société et la politique. Beaucoup de religieuses, au contraire, semblent rechercher cette même libération dans la psychologie des profondeurs. Sans en percevoir peut-être les raisons, la religieuse ressent un malaise profond à vivre dans une Église où le christianisme se trouve réduit à l’idéologie de l’action, selon cette ecclésiologie imprégnée de dur masculinisme, que l’on présente pourtant – peut-être le croit-on aussi – comme plus proche des femmes et de leurs exigences « modernes ».

On a souvent confondu chez les religieux « renouveau » et « commodité ». Ainsi l’abandon de l’habit religieux est-il regrettable, de même que le remplacement de l’office nocturne par des veilles communautaires. On a même mis en question la pauvreté religieuse, et plus généralement l’utilité des vœux. Pourtant, la vie religieuse est nécessaire à l’Église : elle lui rappelle sans cesse la radicalité de l’Évangile.

PARTIE II

L'homme rabaissé

« Le monde moderne avilit. Il avilit la cité ; il avilit l'homme. Il avilit l'amour ; il avilit la femme. Il avilit la race ; il avilit l'enfant. Il avilit la nation ; il avilit la famille. Il avilit même, il a réussi à avilir ce qu'il y a peut-être de plus difficile à avilir au monde : il avilit la mort. »

Charles Péguy,
Cahiers de la Quinzaine
(IX, 1, 6 octobre 1907).

5

LA HAINE DE L'HOMME

Nicolas Diat : On voit surgir dans de nombreux débats contemporains l'évocation d'un mépris de la filiation. Il s'agirait de la pierre angulaire de la haine moderne de l'homme. Quel est votre point de vue à ce sujet ?

Cardinal Robert Sarah : Je voudrais remonter à l'origine de cette haine que les hommes modernes semblent se vouer à eux-mêmes comme à leur propre nature. À la racine de ce processus mystérieux, il y a la peur. On a convaincu nos contemporains que pour être libre, il fallait ne dépendre de personne. Cette erreur est tragique.

La méfiance des modernes vis-à-vis de toute dépendance explique bien des maux. Hélas, elle n'a pas fini de déployer ses effets délétères. Car, si le fait de dépendre d'un autre est perçu comme une négation de la liberté, alors toute relation vraie et durable apparaît comme dangereuse. Tout autre devient un ennemi potentiel. Un homme libre ne peut plus être qu'un homme radicalement autonome et indépendant, un homme seul, sans aucun lien. Il se retrouve enfermé en lui-même. Dès lors, la filiation qui nous fait dépendre d'un père et d'une mère devient pour nos contemporains une entrave à la plénitude de la liberté. On ne choisit pas ses parents, on les reçoit ! Cette expérience première est insupportable à l'homme contemporain, qui voudrait être la cause unique de tout ce qui lui arrive et de tout ce qu'il est. Recevoir lui semble contraire à sa dignité. L'éducation reçue de nos parents apparaît comme une offense à une liberté qui se pense comme autocréatrice. À plus forte raison, l'idée de recevoir notre nature d'homme et de femme d'un Dieu créateur devient humiliante et aliénante. Dans cette logique, il est nécessaire de nier la notion même de nature humaine, ou la réalité d'un sexe qui n'aurait pas été choisi.

Je crois qu'il est temps de libérer l'homme de cette haine de tout ce qu'il a reçu. Pour cela, il est urgent de découvrir la vraie nature de notre liberté qui s'épanouit et se fortifie en acceptant de dépendre par amour. En effet, tout amour crée une relation qui est un lien, un don, une dépendance libre avec l'objet de notre amour.

Le refus fondamental de tout lien, de toute filiation, n'est au fond que le renouvellement de ce que le livre de la Genèse nous décrit comme le péché originel : « Quelle est la situation qui nous est présentée dans cette page ? demandait Benoît XVI dans un discours du 8 décembre 2005. L'homme n'a pas confiance en Dieu. Tenté par les paroles du serpent, il nourrit le soupçon que Dieu, en fin de compte, ôte quelque chose à sa vie, que Dieu est un concurrent qui limite notre liberté et que nous ne serons pleinement des êtres humains que lorsque nous l'aurons mis de côté ; en somme, que ce n'est que de cette façon que nous pouvons réaliser en plénitude notre liberté. L'homme vit avec le soupçon que l'amour de Dieu crée une dépendance et qu'il lui est nécessaire de se débarrasser de cette dépendance pour être pleinement lui-même. L'homme ne veut pas recevoir de Dieu son existence et la plénitude de sa vie. Il veut puiser lui-même à l'arbre de la connaissance le pouvoir de façonner le monde, de se transformer en un dieu en s'élevant à Son niveau, et de vaincre avec ses propres forces la mort et les ténèbres. Il ne veut pas compter sur l'amour qui ne lui semble pas fiable ; il compte uniquement sur la connaissance, dans la mesure où celle-ci confère le pouvoir. Plutôt que sur l'amour, il mise sur le pouvoir, avec lequel il veut prendre en main de manière autonome sa propre vie. Et, en agissant ainsi, il se fie au mensonge plutôt qu'à la vérité et cela fait sombrer sa vie dans le vide, dans la mort. L'amour n'est pas une dépendance, mais un don qui nous fait vivre. La liberté d'un être humain est la liberté d'un être limité et elle est donc elle-même limitée. Nous ne pouvons la posséder que comme liberté partagée, dans la communion des libertés : ce n'est que si nous vivons d'une juste manière, l'un avec l'autre et l'un pour l'autre, que la liberté peut se développer. Nous vivons d'une juste manière, si nous vivons selon la vérité de notre être, c'est-à-dire selon la volonté de Dieu. Car la volonté de Dieu ne constitue pas pour l'homme une loi imposée de l'extérieur qui le force, mais la mesure intrinsèque de sa nature, une mesure qui est inscrite en lui et fait de lui l'image de Dieu, et donc une créature libre. Si nous vivons contre l'amour et contre la vérité – contre Dieu –, alors nous nous détruisons réciproquement et nous détruisons le monde. Alors nous ne trouvons pas la vie, mais nous faisons le jeu de la mort. »

Je crois que nous pouvons donner un sens véritablement théologique à la « mort du père » que revendique une certaine philosophie occidentale. En vérité, il s'agit du désir antique et destructeur de ne rien recevoir de personne pour ne rien devoir à personne. La dignité de l'homme consiste à être fondamentalement un débiteur et un héritier. Qu'il est beau et libérateur de savoir que j'existe parce que j'ai été aimé ! Je suis le fruit d'une libre volonté de Dieu qui, en son éternité, a voulu mon existence. Qu'il est doux de se savoir héritier d'une lignée humaine où les enfants naissent comme le plus beau fruit de l'amour de leurs parents. Qu'il est fécond de se savoir débiteur d'une histoire, d'un pays, d'une civilisation. Je ne crois pas qu'il faille naître orphelin pour être vraiment libre. Notre liberté n'a de sens que si d'autres que nous lui donnent, gratuitement et par amour, un contenu. Que serions-nous si des parents ne nous apprenaient à marcher et à parler ? Hériter est la condition d'une vraie liberté.

Quel sens aurait la liberté d'un homme privé d'une nature reçue ? Au fondement de la haine de l'homme, il y a ce refus de s'accepter comme créature. Pourtant notre état de créature est notre plus beau titre de gloire et la condition fondamentale de notre liberté. Comme fils de l'Afrique, je suis frappé de voir à quel point les Occidentaux sont parfois remplis de haine, mais plus souvent d'angoisse et de révolte devant leur condition d'héritier et de créature. Pourtant, ainsi que Benoît XVI l'exprimait le 20 février 2009, « l'homme n'est pas un absolu, comme si le moi pouvait s'isoler et se comporter selon sa propre volonté. Cela est contre la vérité de notre être. Notre vérité est que nous sommes avant tout des créatures, des créatures de Dieu et que nous vivons dans la relation avec le Créateur. Nous sommes des êtres relationnels. Ce n'est qu'en acceptant notre nature relationnelle que nous entrons dans la vérité, sinon nous tombons dans le mensonge et en lui, à la fin, nous nous détruisons. Nous sommes des créatures et donc dépendantes du Créateur. Au cours de la période du siècle des Lumières, cela apparaissait comme une dépendance dont il fallait se libérer. Toutefois, en réalité, la dépendance fatale ne serait telle que si ce Dieu Créateur était un tyran, et non un Être bon, uniquement s'il était comme le sont les tyrans humains. Si, au contraire, ce Créateur nous aime et que notre dépendance signifie être dans l'espace de son amour, dans ce cas, la dépendance signifie précisément liberté. De cette façon, en effet, nous sommes dans la charité du Créateur, nous sommes unis à Lui, à toute sa réalité, à tout son pouvoir. [...] Être créatures signifie être aimés du Créateur, être dans cette relation d'amour qu'Il nous donne, avec laquelle il nous entoure ».

À la racine de la condition humaine, il y a l'expérience joyeuse que nous ne sommes pas à l'origine de notre être, que nous ne sommes pas notre propre créateur, qu'avant même notre existence nous avons été voulus et aimés. Cette expérience est fondatrice : « Le Seigneur m'a appelé, dès le sein de ma mère, il a prononcé mon nom », chante le psaume (Ps 71, 6). Je suis profondément convaincu que cette certitude fondée sur notre expérience est à la racine de toute civilisation. Sans elle, privés de notre origine, nous sommes condamnés à tout créer par nos propres forces. Nous sommes réduits à l'état de nomades errants dans l'existence et jetés dans le monde par le hasard d'une évolution aveugle.

Pour fonder une vie solide en ce monde, nous devons nous lier aux autres. Notre liberté n'est pas tant faite pour dire un non apeuré et soupçonneux aux autres que pour leur dire oui, et s'engager dans des liens durables de confiance et d'amour. L'archétype de ce contrat est le mariage par lequel un homme et une femme, acceptant leur nature profonde d'êtres sexués, prennent conscience qu'ils ont besoin l'un de l'autre et choisissent de se donner pour toujours. Il est significatif que l'homme moderne soit devenu quasi incapable d'un engagement total. Il est littéralement paralysé par la peur devant cette perspective qui implique confiance en soi et en l'autre.

Il y a une racine commune à la crise du mariage et à celle des vocations. Les deux vont de pair.

Comment s'engager pour toute la vie si l'on soupçonne l'autre *a priori* de ne pas vouloir notre bien ? Le soupçon jeté sur la bienveillance et l'amour du Dieu Créateur s'est répandu dans toute la société humaine comme un lent poison paralysant. Toute relation est désormais source de crainte. L'engagement par amour apparaît comme une folie dangereuse. La solitude froide gagne chaque jour du terrain. Elle est devenue la caractéristique de notre société. Pourtant, « la nature relationnelle des créatures implique également un deuxième type de relation : nous sommes en relation avec Dieu, mais ensemble, comme famille humaine, nous sommes également en relation l'un avec l'autre. En d'autres termes, la liberté humaine signifie, d'une part, être dans la joie et dans le vaste espace de l'amour de Dieu, mais elle implique également être un avec l'autre et pour l'autre. Il n'existe pas de liberté contre l'autre. Si je me rends absolu, je deviens l'ennemi de l'autre, nous ne pouvons plus coexister et toute la vie se fait cruauté, devient un échec. Seule une liberté partagée est une liberté humaine ; c'est en étant ensemble que nous pouvons entrer dans la symphonie de la liberté. Et cela est un point d'une grande importance : ce n'est qu'en acceptant l'autre, en acceptant également la limitation apparente de ma liberté qui découle du respect pour celle de l'autre, ce n'est qu'en m'inscrivant dans ce réseau de dépendance qui fait de nous, en fin de compte, une unique famille, que je me mets en chemin vers la libération commune », poursuivait Benoît XVI en février 2009.

Il apparaît alors un autre élément de la haine de tous contre tous. Si nos libertés, pour s'épanouir, doivent collaborer ; il est nécessaire qu'elles partagent une mesure, un ordre commun juste et objectif qui les précède. En effet, si la seule mesure de notre action est une loi positive imposée par la volonté d'une majorité, nous serons sans cesse obligés de nous courber devant ce qui nous est extrinsèque et imposé de l'extérieur. Ainsi, toute soumission à une loi, à un ordre apparaît comme un esclavage auquel on est contraint de consentir au nom de la nécessité de vivre ensemble. Or une telle disposition intérieure ne saurait nous rendre heureux. Elle ne saurait fonder une société paisible et juste. Dans de telles circonstances, la révolte latente et le ressentiment profond finissent par s'installer au cœur de l'homme. Ils sont les moteurs secrets d'une volonté de transgression permanente des limites. Puisque nous sommes contraints de nous soumettre à la loi civile par le pouvoir politique, alors nous poussons la réalité de notre liberté en expérimentant toutes les transgressions morales, en repoussant toutes les limites de notre nature.

Ce ressentiment contre la loi imposée, contre la nature reçue a engendré ce que nous nommons les « évolutions sociétales ». Plus la société marchande mondialisée devient dure et répressive en imposant les lois du marché, plus les hommes tentent de se prouver qu'ils demeurent libres en transgressant l'héritage de la loi naturelle et en refusant toute notion de nature reçue. Mais une telle logique est une impasse qui conduit à la haine de soi et à l'autodestruction de notre nature dont l'idéologie du *gender* et le transhumanisme sont les derniers avatars.

Il est ici capital de redécouvrir la notion de nature comme condition de l'épanouissement de notre liberté. En effet, de quoi parlons-nous quand nous évoquons la notion de loi naturelle ? Nos contemporains la comprennent comme un esclavage imposé par un Dieu qu'ils imaginent concurrent de notre liberté. C'est un malentendu tragique ! La loi naturelle n'est rien d'autre que l'expression de ce que nous sommes profondément. Elle est en quelque sorte le mode d'emploi de notre être, la notice de notre bonheur. Quand l'Église condamne les comportements homosexuels ou le divorce, beaucoup pensent qu'elle cherche à imposer sa domination sur les consciences dans une logique de puissance et de répression. Au contraire, l'Église se fait humblement la gardienne de l'homme, de son être profond, des conditions de sa liberté et de son bonheur.

Dieu et l'homme ne s'affrontent pas en un duel de puissance pour la domination du monde ! Dieu Créateur veut aider l'homme à se gouverner lui-même. Pour cela, il a confié à l'Église le mandat de rappeler à tous ce que chacun peut découvrir en sa conscience : les lois qui régissent profondément notre être. La loi naturelle est en quelque sorte la grammaire de notre nature. Il suffit de la scruter avec bienveillance et reconnaissance pour l'y découvrir.

Permettez-moi de vous faire une confidence. Je suis persuadé que la civilisation occidentale vit une crise mortelle. Elle a atteint les limites de la haine autodestructrice. Comme à l'époque de la chute de l'Empire romain, alors que tout est en voie de destruction, les élites ne se soucient que d'augmenter le luxe de leur vie quotidienne et les peuples sont anesthésiés par des divertissements de plus en plus vulgaires. Aujourd'hui encore, l'Église préserve ce qu'il y a de plus humain dans l'homme. Elle est gardienne de la civilisation. Aux premiers siècles de notre ère, ce sont les évêques et les saints qui ont sauvé les cités menacées par les Barbares. Ce sont les moines qui ont préservé et transmis les trésors de la littérature et de la philosophie antiques.

Plus profondément, l'Église se fait gardienne de la nature humaine. L'immense malentendu qui règne sur ce sujet avec le monde moderne est effrayant. Quand l'Église défend la vie des enfants en luttant contre l'avortement, quand elle défend le mariage en montrant la nocivité profonde du divorce, quand elle préserve la relation conjugale en mettant en garde contre l'impasse que constituent les relations homosexuelles, quand elle veut protéger la dignité des mourants contre la tentation de l'euthanasie, quand elle avertit des dangers des idéologies du *gender* et du transhumanisme, elle se fait en réalité servante de l'humanité et protectrice de la civilisation. Elle cherche à protéger les petits et les faibles contre les errements inconscients d'apprentis sorciers qui, par peur et par haine de leur propre humanité, risquent de conduire tant d'hommes et de femmes vers la solitude, la tristesse et la mort. L'Église veut dresser le rempart de l'humanité face à la néobarbarie des posthumains. Les Barbares ne sont plus aux portes des cités et sous les remparts, ils sont aux postes de gouvernement et d'influence. Ils font les lois et l'opinion, animés souvent d'un véritable mépris pour les faibles et les pauvres. Alors l'Église se lève pour les défendre, convaincue de la vérité de la parole de Jésus : « Ce que vous aurez fait au plus petit, c'est à moi que vous l'aurez fait » (Mt 25, 40).

Les évêques ne cherchent pas à prendre le pouvoir sur les consciences. Ils prennent au sérieux leur mission de *defensor civitatis,* défenseurs des cités et de la civilisation ! Croyez-moi, je sais par expérience que l'évêque est parfois le dernier recours contre l'oppression. Précisément parce que nous n'avons aucun intérêt politique, parce que, par notre consécration, nous avons renoncé à la recherche du pouvoir séculier et de l'argent, nous sommes libres. Il faut avoir tout donné pour n'avoir plus rien à perdre et atteindre une vraie liberté de parole et d'action. En Guinée, j'ai dû prendre la défense de mon peuple contre la dictature de Sékou Touré. J'ai protesté contre la répression violente des ennemis de la liberté. Je ne fais pas autre chose aujourd'hui en luttant contre les ennemis de l'homme. Personne ne me fera taire ! « Si nous nous taisons, les pierres elles-mêmes crieront ! » (Lc 19, 40). Je défendrai le sens véritable de la liberté humaine jusqu'au bout. Je n'abandonnerai jamais les hommes aux élucubrations des ennemis de la nature humaine. Ils nous menacent, ils nous disent : Taisez-vous, vous perdez en popularité, vous êtes mal vus par le monde médiatique, vous risquez de perdre des fidèles !

Je ne suis pas là pour être populaire, ni pour faire du nombre dans les églises ou sur les réseaux sociaux. L'amour profond pour tous mes frères en humanité qui anime mon âme m'interdit de me taire. L'Église s'est toujours levée contre les idéologies. Les évêques ont payé le prix du sang pour s'être opposés au nazisme, au communisme et aux racismes en tout genre. Jamais je ne serai complice par mon silence de cette nouvelle idéologie de haine de l'homme et de la nature humaine. Il en va de la vérité de notre amour pour Dieu et nos frères !

Quelle est votre analyse sur la théorie du genre ?

La théorie du genre se fonde sur une observation : la féminité et la masculinité s'expriment dans les diverses sociétés par des codes hérités des cultures qui nous façonnent. Elle se mue en idéologie en affirmant que les notions mêmes de féminité et de masculinité sont des créations culturelles qu'il faudrait déconstruire pour s'en affranchir. Il reviendrait donc à chacun de construire librement son genre, son identité sexuelle. Il serait contraire à la dignité de notre liberté de naître avec une identité sexuelle reçue et non choisie. On retrouve ici l'équivoque que j'évoquais précédemment. Selon cette idéologie, seul ce que je construis est digne de moi.

À l'inverse, ce que je reçois comme don n'est pas proprement humain. Pourtant, nous faisons tous l'expérience de naître avec un corps sexué que nous n'avons pas choisi. Ce corps nous indique quelque chose de ce que nous sommes. Nous avons à cultiver notre nature et non à la nier ! Notre humanité atteint la plénitude de son épanouissement en acceptant le don de sa nature sexuée, en la cultivant et en la développant. Notre nature indique le sens dans lequel notre liberté pourra s'exprimer de manière féconde et heureuse. Mais, pour les tenants de l'idéologie du genre, je ne peux être libre qu'en niant le donné naturel.

Un homme pourrait donc se penser et se construire comme une femme. Cette revendication peut aller jusqu'à la liberté prétendue de transformer son corps par une opération chirurgicale conçue comme la recréation d'un sexe choisi et fabriqué par soi. Il y a là l'illustration de ce que le pape François décrivait avec beaucoup de finesse dans *Laudato si'* : « Le problème fondamental est autre, encore plus profond : la manière dont l'humanité a, de fait, assumé la technologie et son développement *avec un paradigme homogène et unidimensionnel.* Une conception du sujet y est mise en relief qui, progressivement, dans le processus logique et rationnel, embrasse et ainsi possède l'objet qui se trouve à l'extérieur. Ce sujet se déploie dans l'élaboration de la méthode scientifique avec son expérimentation, qui est déjà explicitement une technique de possession, de domination et de transformation. C'est comme si le sujet se trouvait devant quelque chose d'informe, totalement disponible pour sa manipulation. L'intervention humaine sur la nature s'est toujours vérifiée, mais longtemps elle a eu comme caractéristique d'accompagner, de se plier aux possibilités qu'offrent les choses elles-mêmes. Il s'agissait de recevoir ce que la réalité naturelle permet de soi, comme en tendant la main. Maintenant, en revanche, ce qui intéresse, c'est d'extraire tout ce qui est possible des choses par l'imposition de la main de l'être humain, qui tend à ignorer ou à oublier la réalité même de ce qu'il a devant lui. Voilà pourquoi l'être humain et les choses ont cessé de se tendre amicalement la main pour entrer en opposition » (§ 106).

Nous devons redécouvrir que notre propre nature n'est pas une ennemie ou une prison. Elle nous tend la main pour que nous la cultivions.

À travers notre nature, c'est ultimement le Créateur lui-même qui nous tend la main, qui nous invite à entrer dans son dessein d'amour et de sagesse pour nous. Il respecte notre liberté et nous confie notre nature comme un talent à faire fructifier. Il y a dans l'idéologie du genre un profond refus du Dieu Créateur. Cette idéologie a de réelles conséquences théologiques et spirituelles. En s'y opposant, l'Église ne se fait pas la gardienne intransigeante et inflexible d'un supposé ordre moral. Elle lutte pour que chaque homme puisse rencontrer Dieu. Le premier lieu où il nous attend est précisément notre nature, notre être profond qu'il nous offre comme un don. Je frémis quand j'observe que certains parmi les clercs sont séduits et tentés par l'idéologie du genre. En vérité, elle porte en elle la tentation originelle du serpent : « Vous serez comme des dieux. » Il semble que l'Occident, enivré par la puissance de sa science et de sa technologie, ne puisse se penser qu'en démiurge tout-puissant et que tout ce dont il n'est pas l'auteur finisse par lui apparaître comme un affront à sa dignité ! « Là où la liberté du faire devient la liberté de se faire soi-même, on parvient nécessairement à nier le Créateur lui-même, et enfin, par là, l'homme même – comme créature de Dieu, comme image de Dieu – est dégradé dans l'essence de son être », disait Benoît XVI en décembre 2012 en formulant ses vœux à la Curie romaine.

L'idéologie du genre vise à déconstruire la spécificité de l'homme et de la femme, à abolir les différences anthropologiques. Elle travaille avec acharnement à la fabrication d'une nouvelle culture mondiale unisexe, sans masculinité, sans féminité, qui permette l'avènement d'un nouvel âge humain. Mais dans un monde où tout est produit par l'homme, il n'y a plus rien d'humain ! Notre planète risque de ressembler à ces zones industrielles où il n'y a plus de place pour la nature et qui deviennent inhumaines. Nous devrions avoir le vertige devant l'absurdité et la perversité de nos propres inventions !

Certaines organisations internationales comme la Fondation Bill et Melinda Gates, l'International Planned Parenthood Federation (IPPF) et ses associations membres dépensent des sommes extraordinaires pour introduire cette idéologie en Afrique. Elles n'hésitent pas à faire pression sur les gouvernements et les populations. Appuyées sur leur puissance financière et leurs certitudes partisanes, elles déploient une forme nouvelle de colonialisme idéologique. Avec une énergie furieuse, des militants se conduisent sans respect pour les peuples. Ils ont parfois des comportements de croisés dominateurs et méprisants vis-à-vis de ceux qu'ils considèrent comme des arriérés. Je ne crains pourtant pas d'affirmer que les pauvres d'Afrique, d'Asie ou d'Amérique du Sud sont profondément plus civilisés que les Occidentaux qui rêvent de fabriquer un homme nouveau à leur mesure. Les plus pauvres seront-ils les derniers défenseurs de la nature humaine ? Je veux ici leur rendre hommage. Vous tous qui, aux yeux des hommes, êtes sans pouvoir et sans influence, vous qui, au fond de vous, savez ce que c'est qu'être humain, n'ayez pas peur de ceux qui veulent vous intimider ! Votre mission est grande, « elle consiste à empêcher que le monde se défasse, [...] à restaurer un peu de ce qui fait la dignité de vivre et de mourir », selon les mots prononcés par l'écrivain Albert Camus lors de son discours de réception du prix Nobel en 1957. Face aux puissances de l'argent et des médias, face aux pressions des lobbys internationaux, je veux souligner combien votre vie simple et quotidienne, tout simplement humaine, a une valeur immense. Car, affirmait Camus, « les grandes idées, on l'a dit, viennent dans le monde sur des pattes de colombe. Peut-être alors, si nous prêtions l'oreille, entendrions-nous, au milieu du vacarme des empires et des nations, comme un faible bruit d'ailes, le doux remue-ménage de la vie et de l'espoir. Les uns diront que cet espoir est porté par un peuple, d'autres par un homme. Je crois qu'il est au contraire suscité, ranimé, entretenu, par des millions de solitaires dont les actions et les œuvres, chaque jour, nient les frontières et les plus grossières apparences de l'histoire, pour faire resplendir fugitivement la vérité toujours menacée que chacun, sur ses souffrances et sur ses joies, élève pour tous ».

Pourquoi dites-vous que la théorie du genre met en danger les plus faibles et les enfants ?

L'idéologie du genre place les sociétés dans des situations chaotiques. Elle met en danger les réalités de la paternité et de la maternité. Aux yeux de certains gouvernements occidentaux, les mots « père » et « mère » sont devenus inconvenants. On parle de « parent 1 » et « parent 2 », ou de « géniteur 1 » et « géniteur 2 ». Les premières victimes de ces comportements sont évidemment les enfants. Lors de ses vœux à la Curie romaine, en décembre 2012, Benoît XVI a abordé ce thème avec une grande acuité : « Si jusqu'ici nous avons vu comme cause de la crise de la famille un malentendu sur l'essence de la liberté humaine, il devient clair maintenant qu'ici est en jeu la vision de l'être même, de ce que signifie en réalité le fait d'être une personne humaine. [On connaît] l'affirmation devenue célèbre, de Simone de Beauvoir : "On ne naît pas femme, on le devient." Dans ces paroles se trouve le fondement de ce qui, aujourd'hui, sous le mot "*gender*", est présenté comme une nouvelle philosophie de la sexualité. [...] L'être humain nie sa nature et décide qu'elle ne lui est pas donnée comme un fait préparé à l'avance, mais que c'est lui-même qui se la crée. Selon le récit biblique de la Création, il appartient à l'essence de la créature humaine d'avoir été créée par Dieu comme homme et comme femme. Cette dualité est essentielle pour le fait d'être une personne humaine, telle que Dieu l'a donnée. Justement, cette dualité comme donné de départ est contestée. Ce qui se lit dans le récit de la Création n'est plus valable : "Homme et femme il les créa" (Gn 1, 27). Désormais, homme et femme n'existent plus comme réalité de la Création ; l'homme serait seulement esprit et volonté. La manipulation de la nature, que nous déplorons aujourd'hui pour ce qui concerne l'environnement, devient ici le choix fondamental de l'homme à l'égard de lui-même. [...] Or si la dualité d'homme et de femme n'existe pas comme donné de la Création, alors la famille n'existe pas non plus comme réalité établie à l'avance par la Création. L'enfant, dans ce schéma, perd la place qui lui revenait jusqu'à maintenant, et la dignité particulière qui lui est propre. [...] Dans la lutte pour la famille, l'être humain lui-même est en jeu. Et il devient évident que là où Dieu est nié, la dignité de l'être humain se dissout aussi. Celui qui défend Dieu défend l'être humain ! »

Celui qui défend Dieu défend l'enfant et son droit à naître d'un père et d'une mère. Sans cela, il n'y a plus de filiation claire. Cette dernière disparaît sur l'autel d'une pensée politiquement correcte qui prétend lutter contre les discriminations faites aux homosexuels face à leur désir d'enfant. Qui donc conduit la marche vers ce gouffre dans lequel les enfants ne pourront jamais connaître leurs origines ? Nés du processus de la gestation par autrui, ils porteront leur vie entière le poids d'une naissance anonyme. Ce système risque de brouiller la notion même de filiation et de transformer les enfants en perpétuels déracinés. Comment refuser à un enfant de connaître et d'aimer son père et sa mère biologiques ? Les hommes doivent réfléchir avant que les conséquences soient irréversibles. Les législations qui favorisent de telles pratiques sont profondément injustes. Nous aboutirons à des inégalités incroyables où l'humanité sera divisée en deux. Les hommes qui connaîtront leurs parents et ceux qui seront privés de cette joie, les orphelins perpétuels. Je sais que les personnes vivant au sein d'un couple de même sexe sont capables d'amour pour les enfants. J'affirme qu'elles ne peuvent assumer tous les besoins de ces enfants. Je le demande simplement à mes lecteurs : au-delà de toute idéologie, en toute honnêteté, ne savez-vous pas, par expérience, combien sont nécessaires un père et une mère ?

En réduisant la paternité et la maternité à des rôles à jouer, l'idéologie du genre détruit profondément la notion même de famille. Pour des raisons mystérieuses, nous avons vu se développer au long des dernières décennies du XXe siècle une haine viscérale de la famille. Bien souvent, elle apparaît dans les œuvres de la littérature ou du cinéma comme un lieu d'oppression et d'étouffement des personnalités. Est-ce vraiment notre expérience ? Certes, il existe des cas pathologiques. Mais je peux aussi dire que la famille est le grand rempart de l'amour ! Elle est l'ultime recours de tous ceux qui se savent en danger. Quand tout va mal, c'est naturellement vers sa famille qu'on se tourne. Pourtant, du divorce au *gender* en passant par l'avortement et la contraception, il semble que l'institution familiale a concentré sur elle toutes les attaques et tous les mépris. Dans sa *Lettre aux familles*, saint Jean-Paul II écrivait : « Dans une telle situation culturelle, il est évident que la famille ne peut que se sentir menacée, car elle est attaquée dans ses fondements mêmes. Tout ce qui est contraire à la civilisation de l'amour est contraire à la vérité intégrale sur l'homme et devient pour lui une menace : cela ne lui permet pas de se trouver lui-même et de se sentir en sécurité comme époux, comme parent, comme enfant. Le soi-disant "sexe en sécurité", propagé par la "civilisation technique", en réalité, du point de vue de tout ce qui est essentiel pour la personne, n'est radicalement pas en sécurité, et il est même gravement dangereux. En effet, la personne s'y trouve en danger, de même que, à son tour, la famille est en danger. Quel est le danger ? C'est de perdre la vérité sur la famille elle-même, à quoi s'ajoute le danger de perdre la liberté et, par conséquent, de perdre l'amour même. "Vous connaîtrez la vérité – dit Jésus – et la vérité vous libérera" (Jn 8, 32) : la vérité, et seule la vérité, vous préparera à un amour dont on puisse dire qu'il est beau. »

En fait, je crois que la famille est une réalité proprement insupportable au démon. Parce qu'elle est, par excellence, le lieu de l'amour et du don gratuit de soi, elle excite sa haine et sa violence. Plus profondément encore, l'union du père, de la mère et de l'enfant est un vestige de l'unité féconde de la Trinité divine. Au travers des familles, le diable veut profaner l'unité trinitaire. Il veut surtout priver les enfants innocents d'une jeunesse heureuse et aimée. En détruisant les familles, celui qui est « homicide dès le commencement » ne fait que rejouer le massacre des saints Innocents. Parce que Dieu s'est fait nourrisson, l'innocence de tout enfant lui est devenue insupportable car elle reflète l'innocence même de Dieu. Il est donc urgent de défendre et de soutenir les familles. Ce n'est pas seulement un devoir moral, c'est une part du combat spirituel. Il est nécessaire d'aider les époux à s'aimer fidèlement tout au long de leur vie. Ils portent l'image de la fidélité même de Dieu à son peuple et en particulier aux plus faibles et aux enfants : « C'est précisément la famille, fondée sur le mariage entre un homme et une femme, qui est l'aide la plus grande qui puisse être offerte aux enfants. Ces derniers veulent être aimés par un père et par une mère qui s'aiment, et ont besoin d'habiter, de grandir et de vivre avec les deux parents, car la figure paternelle et la figure maternelle sont complémentaires dans l'éducation des enfants et dans la construction de leur personnalité et de leur identité. Il est donc important que l'on fasse tout le possible pour les faire grandir dans une famille unie et stable. À cette fin, il faut exhorter les conjoints à ne jamais perdre de vue les raisons profondes et le caractère sacramentel de leur alliance conjugale, et à la renforcer à travers l'écoute de la parole de Dieu, la prière, le dialogue constant, l'accueil réciproque et le pardon mutuel. L'absence de sérénité dans le milieu familial, la division du couple de parents, et en particulier la séparation et le divorce ne sont pas sans conséquence pour les enfants, tandis que soutenir la famille et promouvoir son véritable bien, ses droits, son unité et sa stabilité est la meilleure façon de préserver les droits et les exigences authentiques des mineurs », déclarait Benoît XVI en 2010 dans son allocution devant le Conseil pontifical pour la famille.

Le pape François a semblé marquer une évolution de l'enseignement de l'Église sur la question du mariage homosexuel et des droits des LGBT.

J'aimerais d'abord souligner que nous ne pouvons pas réduire une personne à son orientation sexuelle. Plutôt que de parler des « LGBT », je préfère parler de personnes ayant un comportement homosexuel, ou une orientation homosexuelle. Ces personnes sont fondamentalement aimées de Dieu comme tout homme et toute femme. Le Seigneur a versé son sang lors de sa Passion pour chacune d'elles. Il nous faut faire preuve de la plus grande compassion envers elles. Comme de vrais pasteurs, nous devons aussi aller vers ceux qui revendiquent avec agressivité la légitimité de leur comportement. Ils sont la brebis égarée que nous devons aller chercher au loin, quitte à prendre des risques pour la ramener au bercail en la portant sur nos épaules. La première des charités que nous leur devons est la vérité. Personne n'attend de l'Église une parole de complaisance. Un partenariat entre deux personnes du même sexe ne sera jamais un mariage. Il n'y a dans cette affirmation aucun jugement des personnes. Elles peuvent faire preuve de tendresse et de générosité, mais elles ne pourront jamais prétendre vivre le propre de la conjugalité qu'est le don des corps dans l'amour fécond. Je crois que le pape nous invite à ne pas entretenir d'ambiguïtés à ce propos. En fils de saint Ignace, à qui l'on doit les sublimes *Exercices spirituels*, il sait que l'étendard du Christ n'est pas celui de la confusion et du sous-entendu. Il nous invite à la charité par la vérité et à la vérité dans la charité.

Je crois que les premières victimes de l'idéologie LGBT sont les personnes qui vivent une orientation homosexuelle. Elles sont conduites par ses militants à réduire toute leur identité à leur comportement sexuel. Ainsi, on en vient à parler de « communauté gay » comme s'il s'agissait de gens à part, qui auraient une culture commune, une manière particulière de s'habiller et de parler, des quartiers réservés dans les villes et même des magasins et des restaurants propres. On les désigne à la manière d'une communauté ethnique ! J'ai parfois l'impression que l'idéologie gay promeut inconsciemment une forme de communautarisme. Je supplie les croyants tentés par l'homosexualité de ne pas se laisser enfermer dans cette prison qu'est l'idéologie LGBT. Vous êtes fils de Dieu par le baptême ! Votre place est dans l'Église, comme tous les chrétiens. Et si parfois le combat spirituel se fait trop dur, la charité fraternelle vous soutiendra.

Quant aux hommes d'Église qui entretiennent délibérément des équivoques sur la vision chrétienne des comportements homosexuels en affirmant la stricte égalité morale de toutes les formes de sexualité, je leur dis qu'ils font l'œuvre du prince du mensonge et qu'ils manquent de charité envers les personnes. Pourquoi de tels propos ? Est-ce pour justifier leur propre comportement ? Est-ce par recherche de popularité ? Comment peut-on présenter un discours idéologique à ceux qui nous demandent la parole de Dieu ?

J'aimerais simplement rappeler aux prêtres la parole de saint Irénée de Lyon dans *Contre les hérésies* : « L'erreur, en effet, n'a garde de se montrer telle qu'elle est, de peur que, ainsi mise à nu, elle ne soit reconnue ; mais, s'ornant frauduleusement d'un vêtement de vraisemblance, elle fait en sorte de paraître – chose ridicule à dire – plus vraie que la vérité elle-même, grâce à cette apparence extérieure, aux yeux des ignorants. » Prenons garde de devenir complices ! Ceux que nous aurons trompés nous demanderont des comptes dans l'éternité.

Que devons-nous faire ? Rappeler sans cesse le dessein divin qui s'exprime dans la nature de l'homme et de la femme. Cela fait partie intégrante de notre mission d'évangélisation. Nous n'avons pas le droit d'abandonner ceux qui attendent de nous que nous leur indiquions par quelle voie passe la sainteté, y compris dans le domaine de la sexualité. Je veux souligner l'acuité prophétique des paroles de Jean-Paul II. Dans son exhortation *Ecclesia in Europa*, il écrivait : « L'Église en Europe, dans toutes ses composantes, doit proposer à nouveau, avec fidélité, la vérité sur le mariage et la famille. C'est une nécessité qu'elle ressent intensément en elle-même, car elle sait qu'elle est qualifiée pour accomplir cette tâche, en vertu de la mission évangélisatrice que lui a confiée son Époux et Seigneur, et que cette tâche s'impose aujourd'hui de nouveau avec une insistance inégalée. De nombreux facteurs culturels, sociaux et politiques contribuent en effet à provoquer une crise, toujours plus évidente, de la famille. Ils compromettent, dans certaines mesures, la vérité et la dignité de la personne humaine, et ils remettent en cause, en la dénaturant, l'idée même de famille. La valeur de l'indissolubilité du mariage est de plus en plus méconnue ; on revendique des formes de reconnaissance légale des unions de fait, les mettant sur le même plan que les mariages légitimes ; on observe même des tentatives visant à faire accepter des modèles de couples où la différence sexuelle ne serait plus essentielle. Dans ce contexte, il est demandé à l'Église d'annoncer avec une vigueur renouvelée ce que dit l'Évangile sur le mariage et la famille, pour en saisir la signification et la valeur dans le dessein salvifique de Dieu. »

Sur cette question fondamentale de la famille, les peuples du monde entier attendent de la part de l'Église un enseignement clair, ferme et stable.

Dans notre premier livre, Dieu ou rien, *publié en 2015, vous jugiez qu'en Occident le corps de la femme est souvent instrumentalisé, dévalorisé et bafoué. Votre avis a-t-il évolué ?*

Au contraire, la situation ne cesse de se dégrader. La publicité réduit souvent le corps des femmes au rang de marchandise utilisée à des fins commerciales. On l'expose, on l'affiche, on le livre à tous les regards. Il semble que l'on trouve normaux ce mépris et cette humiliation. Le corps féminin est vu comme objet destiné à provoquer le désir sensuel. On invite les hommes à poser sur ce corps sacré et maternel un regard qui s'apparente à un viol, ou au moins à une domination violente. En Italie, aux portes des églises, partout s'affiche cet avilissement. Quand sa relation à l'homme n'est présentée que sous un aspect érotique et sexuel, la femme est toujours perdante. La publicité la caricature comme un simple élément de prestige pour son mari, du moins dans les milieux bourgeois. À son insu, la femme est devenue un objet au service de l'homme.

Certains mouvements féministes veulent promouvoir la dignité des femmes, mais je crois qu'ils ne prennent pas le problème à la racine. En voulant « libérer la femme de l'esclavage de la reproduction », selon l'expression de Margaret Sanger, fondatrice du Planning familial international, ils la coupent de la grandeur de la maternité qui est un des fondements de sa dignité. Cette libération-là est trompeuse et illusoire. Elle peut même accentuer le problème. Sans s'en rendre compte, un certain féminisme pousse les femmes à se regarder elles-mêmes avec ce point de vue des hommes pervers et méprisants qui les réduisent à un objet de jouissance. Il faut se libérer de cette prison, de ce regard faux et humiliant ! Ce n'est pas en rejetant leur féminité profonde que les femmes seront émancipées, mais au contraire en l'accueillant comme une richesse. Ce n'est pas en adoptant une psychologie d'inspiration masculine qu'elles seront heureuses mais en découvrant la profonde dignité de leur spécificité de femme.

Je voudrais remonter à la source du problème. J'emprunte les mots du théologien dominicain Jean-Miguel Garrigues prononcés lors de sa conférence sur « L'homme et la femme dans le plan de Dieu » : « Dans une perspective théologique, la racine de la crise du mystère de la femme semble liée au phénomène de désacralisation. En effet, la sécularisation efface la dimension du sacré. Or la femme est comme le pivot du sacré dans l'histoire de l'humanité. » En effet, la femme a une supériorité naturelle sur l'homme car c'est d'elle que tout homme vient au monde. Ce lien à l'origine lui donne une finesse et une profondeur particulières pour tout ce qui regarde l'ordre de la vie. Elle est celle qui donne la vie. La femme sait par expérience le mystère sacré des commencements de la vie d'un être. Sa capacité à accueillir la vie en son sein la prédispose à recevoir le mystère de la grâce, c'est-à-dire de la vie divine venant se cacher et germer en notre âme. C'est pourquoi dans la Bible, Dieu se présente comme l'Époux et nous demande d'apprendre de la femme à le recevoir. Toute âme doit apprendre à entrer dans ce mystère de l'Épouse. L'Église elle-même est fondamentalement Épouse et mère. Les femmes ont dans l'Église l'immense responsabilité d'enseigner aux hommes ce mystère sacré de la sponsalité. Face à Dieu, toute créature est comme une épouse. C'est pourquoi les femmes ont été historiquement les premières à découvrir le mystère de la vie consacrée, de la vie religieuse. Ce sont elles qui l'ont transmis aux hommes. La femme fait entrer le sacré dans le monde. Depuis la Vierge Marie, c'est par elles que

Dieu passe. Elles savent accueillir et garder sa présence. Ne faut-il pas ici leur rendre hommage ? En 1988, dans *Mulieris dignitatem*, Jean-Paul II écrivait : « Les présentes réflexions sont orientées vers la reconnaissance, à l'intérieur du "don de Dieu", de ce que Lui, Créateur et Rédempteur, confie à la femme, à chaque femme. Dans l'Esprit du Christ, en effet, elle peut découvrir tout le sens de sa féminité et ainsi se disposer au "don désintéressé d'elle-même" aux autres, et, par là, "se trouver" elle-même. En l'année mariale, l'Église désire remercier la Très Sainte-Trinité pour le "mystère de la femme" et pour toute femme, pour ce qui constitue la dimension éternelle de sa dignité féminine, pour les "merveilles de Dieu" qui, dans l'histoire des générations humaines, se sont accomplies en elle et par elle. En définitive, n'est-ce pas en elle et par elle que s'est accompli ce qu'il y a de plus grand dans l'histoire de l'homme sur terre, l'événement que Dieu lui-même se soit fait homme ?

» C'est pourquoi l'Église rend grâce pour toutes les femmes et pour chacune d'elles : pour les mères, pour les sœurs, pour les épouses ; pour les femmes consacrées à Dieu dans la virginité ; pour les femmes dévouées à tant d'êtres humains qui attendent l'amour gratuit d'une autre personne ; pour les femmes qui veillent sur l'être humain dans la famille, ce signe fondamental de la communauté humaine ; pour les femmes qui exercent une profession, celles sur qui pèse parfois une grande responsabilité sociale ; pour les femmes "vaillantes" et pour les femmes "faibles" : pour toutes, telles qu'elles sont sorties du cœur de Dieu dans toute la beauté et la richesse de leur féminité, telles qu'elles ont été entourées de son amour éternel ; telles qu'avec l'homme elles accomplissent le pèlerinage de cette terre, "patrie" temporelle des hommes, parfois transformée en "vallée de larmes" ; telles qu'elles portent, avec l'homme, la responsabilité commune du destin de l'humanité, selon les nécessités quotidiennes et suivant la destinée finale que la famille humaine a en Dieu, au sein de l'ineffable Trinité.

» L'Église rend grâce pour toutes les manifestations du "génie" féminin apparues au cours de l'histoire, dans tous les peuples et dans toutes les nations ; elle rend grâce pour tous les charismes dont l'Esprit-Saint a doté les femmes dans l'histoire du peuple de Dieu, pour toutes les victoires remportées grâce à leur foi, à leur espérance et à leur amour : elle rend grâce pour tous les fruits de la sainteté féminine. »

C'est pourquoi l'Église est en première ligne pour défendre la dignité des femmes. En Afrique, l'Église condamne régulièrement la pratique de l'excision des femmes. Cette pratique est apparue avant même l'animisme, l'islam et le christianisme. Certains chercheurs lui trouvent une origine en Nubie, dans la Corne de l'Afrique, dans les régions qui correspondent aujourd'hui à l'Égypte et au Soudan. Je pense que le combat contre cette mutilation inacceptable finira par l'emporter. Toutefois, en Afrique et en Asie, malgré les apparences, la femme est profondément respectée. Jamais on oserait la réduire à certaines images dégradantes qu'on trouve en Occident. On pourra m'objecter que la femme africaine est conditionnée pour avoir des enfants. Cette manière de caricaturer la famille nombreuse africaine est méprisante. Je veux dénoncer cette hypocrisie qui consiste à faire croire que la femme occidentale est respectée et épanouie parce qu'elle s'est libérée du « poids » de la maternité et qu'elle est l'égale de l'homme en tout point de vue.

Êtes-vous vraiment certain que la postmodernité est fondamentalement marquée par la négation de la figure du père ?

Je crois même que le problème est plus profond. On peut parler de crise de la figure masculine.

Il y a un péril mortel à vouloir opposer les deux sexes. L'homme et la femme sont complémentaires. Ils ont un besoin vital l'un de l'autre. Ils doivent chercher et cultiver cette différence pour que chacun se réalise pleinement. Permettez-moi de répéter ce que je vous disais déjà dans *Dieu ou rien* : « La philosophie africaine affirme que l'homme n'est rien sans la femme, et la femme n'est rien sans l'homme. » Et les deux ne sont rien sans l'enfant. Dieu les a voulus inséparablement complémentaires et chacun est le bonheur et la joie de l'autre. Chacun est un don précieux que Dieu fait à l'autre, et tous deux se reçoivent réciproquement dans l'amour, en rendant grâce à Dieu.

La guerre des sexes que l'on a stupidement déclenchée comme pour remplacer une lutte des classes à bout de souffle ne mène qu'à la caricature de la masculinité et de la féminité. La virilité est réduite aujourd'hui à une forme de violence ou de rudesse vulgaire. Je crois au contraire que l'âme masculine se caractérise par sa vocation à la paternité sous toutes ses formes, charnelle, spirituelle, intellectuelle ou artistique. L'âme masculine est parfois tentée par la violence car l'homme expérimente sa virilité comme une certaine puissance. Il est appelé à développer la force morale, cette vertu qui lui permet de déployer son énergie au service du bien. Il se découvre alors fort pour être serviteur du bien des autres et spécialement du bien commun de la famille et de la société. Qu'il me soit permis d'évoquer les belles figures d'hommes politiques chrétiens comme le philosophe anglais Thomas More ou l'ancien maire de Florence Giorgio La Pira. Ce sont des modèles de courage et d'intrépidité virile face aux puissances politiques ou financières de leurs temps. L'âme masculine peut aussi être tentée par la jouissance de la domination et du mépris face à tout ce qui lui apparaît comme plus faible et moins puissant. Cette tentation connaît un regain d'actualité dans les mouvances néopaïennes et eugénistes. L'homme doit alors découvrir que sa virilité s'épanouit dans le service et la protection du faible et du fragile, en particulier la femme et l'enfant. Je pense ici à Saint Louis, roi de France, à genoux devant les lépreux qu'il soigne ou à Cyprien Rugamba, cet époux rwandais qui s'est fait, après une vie de péché et de violence, le protecteur très doux de son foyer. Enfin, la paresse morale est aussi une tentation masculine et l'âme virile y remédie par une générosité qui lui fait découvrir le sens véritable de l'autorité comme service de la croissance de ceux qui lui sont confiés. Le sommet de cette générosité s'exerce dans la paternité qui, par la parole et l'exemple, guide, conforte et confirme l'enfant.

Je voudrais dire aux hommes que leur âme est faite pour l'héroïsme et non pour la demi-mesure confortable. Saint Paul ne dit-il pas : « Maris, aimez vos femmes comme le Christ a aimé l'Église » (Eph 5, 25). Comment le Christ a-t-il aimé l'Église ? En se donnant jusqu'à la mort sur la Croix. Voilà ce à quoi tout époux est appelé : aimer comme le Christ ! Ne croyons pas que l'héroïsme soit toujours spectaculaire. Il y a une sainteté quotidienne et silencieuse dont saint Joseph est le modèle. Elle suppose le déploiement d'une virilité intérieure que notre société ignore et méprise, si bien que les pères doutent d'eux-mêmes et sont parfois humiliés.

Or une société sans père ne peut être équilibrée. Je sais que les images du père ont souvent changé dans les discours et les représentations sociales. Mais la vraie question est ailleurs.

Lorsque la figure symbolique de ce que signifie le père se trouve altérée, voire escamotée, ni la mère ni l'enfant ne peuvent être heureux. Depuis plusieurs années, la symbolique des sexes a été brouillée. Le père est le symbole de la transmission, de la différence et de l'altérité : autant de réalités qui sont devenues difficilement compréhensibles par le monde moderne.

Enfin, je me demande comment les enfants pourront dire la prière du Notre Père s'ils n'ont plus l'expérience intime d'un père bienveillant et juste. Le père de famille est la première image du Père éternel. Ce n'est pas le moindre de ses titres de gloire.

Pouvons-nous parler du problème de la marchandisation du corps ?

La prostitution, la pornographie, et leurs dérivés sont devenus des grands marchés. Les hommes politiques qui ne prennent pas des mesures appropriées pour lutter contre la prostitution se rendent coupables d'une atteinte délibérée à l'égard des femmes. À bien des égards, la prostitution n'est qu'une forme contemporaine d'esclavage. On voit se mettre en œuvre un véritable trafic d'êtres humains d'un continent à l'autre. L'Occident achète ses esclaves sexuels aux pays les plus pauvres et se cache derrière le paravent d'une pseudo-liberté des mœurs. L'exploitation du corps dans le cadre de la prostitution ne fait pas l'objet d'une législation sérieuse. La traite de milliers de femmes d'Europe de l'Est qui viennent à l'Ouest pour louer leur corps est une honte. Je dois aussi dénoncer l'hypocrisie des pays riches qui continuent de tolérer le tourisme sexuel en Asie et ailleurs pour exploiter la pauvreté des femmes, tout en hurlant par le biais des médias qu'ils veulent libérer les femmes des pays pauvres de l'esclavage qu'elles subissent.

On observe par ailleurs une forme d'érotisation de pans entiers de la société. Je pense en particulier à la pornographie sur Internet. Les jeunes sont livrés sans défense à ces agressions visuelles violentes, et les parents sont décontenancés, ayant le plus grand mal à protéger leurs enfants. Or quels gouvernements prennent des mesures courageuses pour mettre un terme au scandale de la pornographie ? Les intérêts financiers qui sous-tendent ces activités expliquent-ils le grand silence de nombre de dirigeants ? La facilité avec laquelle les enfants accèdent aux images pornographiques sur Internet s'apparente à un viol des consciences de ces mineurs. Je crois qu'on ne mesure pas encore les conséquences psychologiques et spirituelles de cette invasion de la pornographie pour toute une génération d'enfants et de jeunes. Les médecins commencent à sonner l'alarme tant ils rencontrent de jeunes perturbés par des images de plus en plus violentes ou prisonniers d'addiction à la pornographie. Qui leur dira que toutes ces images ne représentent pas la vérité de la sexualité ? Qui leur dira que la sexualité est faite de don de soi et de délicatesse et non de violence et d'humiliation ? Une fois de plus, l'Église est en première ligne pour défendre la vérité et la dignité de la sexualité. Dans ce domaine comme en tant d'autres, elle se fait gardienne et protectrice de ce qu'il y a de plus humain dans l'homme.

Par ailleurs, la marchandisation des organes, notamment entre les pays pauvres et les pays riches, est une ignominie trop peu connue. Des bandes mafieuses assassinent des enfants, prélèvent leurs organes et les vendent à de riches patients. Pendant ce temps, les sociétés occidentales hurlent partout pour appeler au respect des droits de l'homme.

Qui sait aussi que, en Occident, on a fabriqué des produits cosmétiques avec les restes de fœtus avortés ? Plusieurs scandales relatifs à ces pratiques ont touché le Planning familial américain. J'ai parfois le sentiment que ce sont les sociétés les plus amorales et sans Dieu qui s'époumonent le plus à parler des droits de l'homme pour mieux couvrir leur honte.

Dans votre magnifique livre *Un temps pour mourir*, j'ai été très frappé par le témoignage du père abbé bénédictin d'En Calcat, Dom David d'Hamonville, qui évoque la course à la rentabilité qui peut prévaloir dans les hôpitaux français. Si un malade est rentable, il peut être soigné. Dans le cas contraire, on peut le laisser mourir.

Le corps humain est devenu un amas de cellules dont des puissances financières et politiques entendent disposer. L'argent fou et l'idéologie libérale transforment ce monde en un véritable enfer. On peut tout acheter aujourd'hui, des organes au sperme et jusqu'au ventre des femmes gestatrices pour autrui.

Contrairement à ce qu'elle proclame partout, la modernité méprise profondément le corps. Elle en fait un objet. Paradoxalement, l'Église, si souvent accusée de ne pas faire place aux réalités charnelles, est là pour défendre vigoureusement l'incomparable dignité du corps. Je crois que les chrétiens, disciples d'un Dieu qui a pris chair, ne pourront jamais mépriser le corps humain ni l'abandonner à la voracité des marchands ou des expérimentateurs sans scrupules. Nous autres prêtres qui tous les jours tenons en nos mains le corps eucharistique du Seigneur, nous savons bien la fragilité et le prix du corps. Nous partageons peut-être ce privilège avec les mères qui ont l'expérience des soins donnés aux nouveau-nés si fragiles et précieux. À l'image de Jean-Paul II dans sa *Lettre aux familles* de février 1994, jamais nous ne nous lasserons de rappeler que « lorsque le corps humain, considéré indépendamment de l'esprit et de la pensée, est utilisé comme matériel au même titre que le corps des animaux – c'est ce qui advient, par exemple, dans les manipulations sur les embryons et sur les fœtus –, on va inévitablement vers une terrible dérive éthique. Dans une pareille perspective anthropologique, la famille humaine en arrive à vivre l'expérience d'un nouveau manichéisme, dans lequel le corps et l'esprit sont radicalement mis en opposition : le corps ne vit pas de l'esprit, et l'esprit ne vivifie pas le corps. Ainsi, l'homme cesse de vivre comme personne et comme sujet. Malgré les intentions et les déclarations contraires, il devient exclusivement un objet. Dans ce sens, par exemple, cette civilisation néomanichéenne porte à considérer la sexualité humaine plus comme un terrain de manipulations et d'exploitation que comme la réalité de cet étonnement originel qui, au matin de la Création, pousse Adam à s'écrier à la vue d'Ève : "C'est l'os de mes os et la chair de ma chair" (Gn 2, 23). C'est l'étonnement dont on perçoit l'écho dans les paroles du Cantique des Cantiques : "Tu me fais perdre le sens, ma sœur, ô fiancée, tu me fais perdre le sens par un seul de tes regards" (Ct 4, 9). Comme certaines conceptions modernes sont loin de la compréhension profonde de la masculinité et de la féminité offerte par la Révélation divine ! Cette dernière nous fait découvrir dans la sexualité humaine une richesse de la personne qui trouve sa véritable mise en valeur dans la famille, et qui exprime aussi sa vocation profonde dans la virginité et dans le célibat pour le Règne de Dieu. »

Sans Dieu, la dignité humaine est remise en cause. « Si Dieu n'existe pas, alors tout est permis », affirmait Dostoïevski. Sans Dieu, le pire finit par arriver. L'homme finit par être méprisé.

Le XXIe siècle sera certainement le temps de nouvelles utopies, du transhumanisme, de la recherche d'un homme parfait et éternel. Êtes-vous inquiet ?

La présente révolution porte un nom : l'humanité augmentée, ou transhumanisme. Ses moyens passent par les nanotechnologies, les biotechnologies, les sciences de l'informatique et les sciences du cerveau (NBIC). La finalité est de dépasser les limites de l'humanité et de créer un surhomme. Ce projet théorique est en passe de devenir réalité. On atteint ici le terme du processus de refus de soi, de haine de sa nature qui caractérise l'homme moderne. L'homme se hait à ce point qu'il veut se réinventer. Mais il risque fort de se défigurer irrémédiablement. Devant une telle perspective, tout homme sensé devrait trembler. De fait, on sent bien que beaucoup sont profondément désemparés. On a affirmé que la liberté humaine était un absolu. On a rejeté le Créateur. On a méprisé la notion même de nature. Que reste-t-il ? Nous voilà seuls et désarmés, livrés sans défense à ce qui finit par ressembler à un cauchemar. Nous avons transgressé toutes les limites. Mais nous n'avions pas vu que les limites nous protégeaient. Au-delà de la limite, il n'y a que l'infinité du vide. Aujourd'hui, certains hommes de bonne volonté, certains législateurs cherchent à freiner le mouvement. On prend conscience que le soi-disant progrès va trop vite. Mais ce n'est pas une question de vitesse. C'est le mouvement lui-même qui nous entraîne vers le néant. Nous parlons de posthumain, mais après l'humain, il n'y a rien ! Nous sommes enfermés dans l'idée selon laquelle tout est possible du moment que la loi l'autorise. Ce positivisme juridique érigé en principe arrive aujourd'hui à son terme. Il n'est plus capable de nous protéger. Il ne joue plus son rôle, qui consiste à dire le droit et le juste. Les hommes sont abandonnés à eux-mêmes. Comment arrêter cette fuite en avant ? Où trouver la limite qui protégera l'humanité ? Où chercher le principe qui peut nous guider ? Benoît XVI, dans un discours devant le parlement allemand, a eu des paroles prophétiques qui résonnent comme un avertissement, à la fois humble et solennel, pour toute l'humanité : « Là où la raison positiviste s'estime comme la seule culture suffisante, reléguant toutes les autres réalités culturelles à l'état de sous-culture, elle réduit l'homme, ou même, menace son humanité. [...] La raison positiviste, qui se présente de façon exclusiviste et n'est pas en mesure de percevoir quelque chose au-delà de ce qui est fonctionnel, ressemble à des édifices de béton armé sans fenêtres, où nous nous donnons le climat et la lumière tout seuls et nous ne voulons plus recevoir ces deux choses du vaste monde de Dieu. [...] Il faut ouvrir à nouveau tout grand les fenêtres, nous devons voir de nouveau l'étendue du monde, le ciel et la terre et apprendre à utiliser tout cela de façon juste.

» Mais comment cela se réalise-t-il ? Comment trouvons-nous l'entrée dans l'étendue, dans l'ensemble ? Comment la raison peut-elle retrouver sa grandeur sans glisser dans l'irrationnel ? Comment la nature peut-elle apparaître de nouveau dans sa vraie profondeur, dans ses exigences et avec ses indications ? [...] Quand, dans notre relation avec la réalité, il y a quelque chose qui ne va pas, alors nous devons tous réfléchir sérieusement sur l'ensemble et nous sommes tous renvoyés à la question des fondements de notre culture elle-même. Qu'il me soit permis de m'arrêter encore un moment sur ce point. L'importance de l'écologie est désormais indiscutée. Nous devons écouter le langage de la nature et y répondre avec cohérence. Je voudrais cependant aborder avec force un point qui aujourd'hui comme hier est – me semble-t-il – largement négligé : il existe aussi une écologie de l'homme. L'homme aussi possède une nature qu'il doit respecter et qu'il ne peut manipuler à volonté. L'homme n'est pas seulement une liberté qui se crée de soi. L'homme ne se crée pas lui-même. Il est esprit et volonté, mais il est aussi nature, et sa volonté est juste quand il respecte la nature, l'écoute et quand il s'accepte lui-même pour ce qu'il est et qu'il accepte qu'il ne se soit pas créé de soi. C'est justement ainsi et seulement ainsi que se réalise la véritable liberté humaine. [...] La nature pourrait renfermer en elle des normes seulement si une volonté avait mis en elle ces normes. [...] Cela présupposerait un Dieu Créateur, dont la volonté s'est introduite dans la nature. [...] Est-ce vraiment privé de sens de réfléchir pour savoir si la raison objective qui se manifeste dans la nature ne suppose pas une Raison créatrice, un *Creator Spiritus* ? »

Nous arrivons au terme d'un cycle. La question du transhumanisme nous place en face d'un choix de civilisation. Nous pouvons continuer dans le même sens, mais nous risquons alors littéralement de renoncer à notre humanité. Si nous voulons rester humains, nous devons accepter notre nature de créature et à nouveau nous tourner vers le Créateur. Le monde a choisi de s'organiser sans Dieu, de vivre sans Dieu, de se penser sans Dieu. Il est en train de faire une terrible expérience : partout où Dieu n'est pas, là est l'enfer. Qu'est-ce que l'enfer sinon la privation de Dieu ? L'idéologie transhumaniste l'illustre à la perfection. Sans Dieu, il ne reste plus que ce qui n'est pas humain, le posthumain. Plus que jamais l'alternative est simple : Dieu ou rien !

Le philosophe Guy Coq affirmait il y a peu, dans une conférence intitulée « Visage de Dieu, visages de l'homme » : « La barbarie, c'est-à-dire la possibilité d'une destruction de l'essentiel de la civilisation, procède par petits pas. La barbarie ne vient pas au-devant de nous en disant : Voilà c'est moi.

Ayez peur. Voyez l'ampleur de l'inhumain que j'apporte. [...] Notre civilisation est comme un être humain ivre qui circulerait à proximité d'un gouffre. Certains pas l'en rapprochent, d'autres l'en éloignent. Mais il ne sait pas exactement où est le bord du gouffre. Alors il peut arriver qu'un simple petit pas de plus vers le bord provoque la catastrophe définitive. C'était le petit pas de trop. Si le promeneur veut éviter le pire, il doit étudier avec soin son cheminement, essayer de comprendre que tel pas devrait être évité. »

La tentation transhumaniste est ce petit pas de trop qui nous projette dans le vide. En produisant des êtres humains modifiés ou augmentés, elle nous conduirait à abolir la frontière entre sujet et objet. J'ai conscience aujourd'hui en voyant une personne qu'elle est non pas une chose achetable et disponible mais un autre moi-même. Qui dira demain la frontière de l'humain et du non-humain ? Si l'être humain devient un produit de fabrication, qui pourra mesurer sa dignité foncière ?

A-t-on bien conscience de ce que l'on dit quand on parle d'hommes augmentés ? Y aura-t-il bientôt plusieurs classes d'humains : les humains diminués et les humains augmentés ? Quels seront la valeur, le prix, les droits des uns et des autres ? Je tremble en pensant que bientôt peut-être certains hommes pourront se sentir et se croire supérieurs aux autres en raison de leurs prothèses technologiques.

Il faut souligner que ce projet rompt avec la logique médicale. Il ne s'agit plus de soigner, de réparer une nature abîmée par un accident. Il s'agit de créer, d'inventer une race nouvelle et brevetée. Jean-Paul II écrivait dans *Fides et ratio* : « Certains hommes de science, privés de tout repère éthique, risquent de ne plus avoir comme centres d'intérêt la personne et l'ensemble de sa vie. De plus, certains d'entre eux, conscients des potentialités intérieures au progrès technologique, semblent céder, plus qu'à la logique du marché, à la tentation d'un pouvoir démiurgique sur la nature et sur l'être humain lui-même. » Les partisans fous de l'homme augmenté parlent ainsi d'établir un vaste programme d'amélioration de la population. On envisage d'augmenter le QI. Par implantation dans le cerveau d'appareils faisant appel aux technologies informatiques, on espère donner à certains des facultés nouvelles. On veut rendre les hommes performants et efficaces. Déjà les techniques de procréation artificielle, le tri embryonnaire préimplantatoire, la généralisation du diagnostic prénatal des maladies génétiques ont peu à peu fait entrer dans les mentalités une logique marquée par l'eugénisme. On trouve normal d'éliminer les embryons, c'est-à-dire les tout petits êtres humains, qui ne correspondent pas à notre norme. Qui demain fixera la norme ? Qui dira si tel ou tel est assez performant ou doit être augmenté ? Le transhumanisme ne cherche-t-il pas à créer une race de seigneurs ? Ces questions sont terrifiantes et nous glacent jusqu'au sang. La terrible expérience des folies meurtrières du XXe siècle devrait nous servir de leçon.

Face à cette tentation de toute-puissance, je voudrais crier mon amour et mon infini respect pour la faiblesse. Vous les malades, vous les faibles de corps ou d'intelligence, vous qui souffrez de handicap ou de malformation, vous êtes grands ! Vous avez une particulière dignité parce que vous ressemblez singulièrement au Christ crucifié. Permettez-moi de vous le dire, l'Église tout entière se met à genoux devant vous parce que vous portez son image, sa présence. Nous voulons vous servir, vous aimer, vous consoler, vous apaiser. Nous voulons aussi apprendre de vous. Vous nous prêchez l'Évangile de la souffrance. Vous êtes un trésor. Vous nous montrez le chemin, ainsi que le rappelait le cardinal Ratzinger dans une conférence donnée lors d'une rencontre internationale organisée par le

Conseil pontifical pour la pastorale des services de la santé : « La lumière de Dieu repose sur les personnes souffrantes, dans lesquelles la splendeur de la Création s'est extérieurement obscurcie ; elles sont d'une manière très particulière semblables au Christ crucifié, à l'icône de l'amour, elles présentent certains points communs, avec celui qui, seul, est "l'image même de Dieu". Nous pouvons leur attribuer la parole que Tertullien a formulée en la référant au Christ : "Si misérable que puisse être son corps [...], ce sera toujours mon Christ" (Adv. Marc. III, 17, 2). Si grande que soit leur souffrance, si défigurés et ternis soient-ils en leur existence humaine – ils seront toujours les fils privilégiés de Notre-Seigneur, ils en seront toujours l'image, d'une manière particulière. »

La Croix est l'ultime réponse à cette idéologie qui, au travers de la faiblesse, rêve d'en finir avec toute finitude : la fatigue, la douleur, la maladie et même la mort. Je crois au contraire que la finitude assumée et aimée est le cœur de notre civilisation. Le rêve prométhéen d'une vie infinie, d'une puissance infinie est un leurre, une tentation diabolique. Le transhumanisme nous promet de devenir « concrètement » des dieux. Cette utopie est une des plus dangereuses de toute l'histoire de l'humanité : la créature n'a jamais voulu à ce point s'éloigner définitivement du Père. Les mots de Nietzsche dans *Le Gai Savoir* deviennent réalité : « Dieu est mort ! Et c'est nous qui l'avons tué ! [...] Ce que le monde a possédé jusqu'à présent de plus sacré et de plus puissant a perdu son sang sous notre couteau. [...] la grandeur de cet acte n'est-elle pas trop grande pour nous ? Ne sommes-nous pas simplement forcés de devenir nous-mêmes des dieux ? »

Les hommes de science se moqueront certainement de moi et de mon ignorance. Mais, en homme de foi, je voudrais proclamer sans honte ni peur que le « surhomme » est un mythe et que le projet prométhéen est fondamentalement erroné.

Cette folie exprime paradoxalement la nostalgie tragique d'un paradis perdu. Avant le péché originel, l'homme ne devait pas connaître la mort et demeurer éternellement près de Dieu. L'homme semble vouloir rattraper par ses propres forces le bien qu'il a perdu par sa faute. Nous savons au fond de nous que la mort et la souffrance ne peuvent avoir le dernier mot. Nous sentons en nous l'appel de l'éternité et de l'infini. Pourtant, l'homme ne peut cesser d'être par sa nature humaine une créature à une distance infinie du Créateur. Jamais l'homme ne parviendra par son effort d'homme à rejoindre Dieu, à s'élever jusqu'à Lui et à vivre de sa vie. L'homme ne peut vivre de la vie de Dieu, qu'on appelle la grâce sanctifiante, que si Dieu la lui donne en un don entièrement gratuit. L'homme n'y a aucun droit, car il est de la part de Dieu pure gratuité d'amour, et il transcende infiniment toutes les possibilités de la nature humaine. L'homme est foncièrement dépendant. Il sait qu'il est appelé par Dieu à une finalité qui le dépasse. Dieu l'a voulu ainsi, nous ne trouvons pas la pleine réalisation de notre bonheur sur cette seule terre. Dieu ne nous a pas créés pour une perfection seulement naturelle. Dieu, en nous créant à son image et à sa ressemblance, avait un but infiniment supérieur à la perfection de la nature. Nous n'existons que pour cette vie surnaturelle. C'est pour l'éternité que Dieu a créé les hommes.

La sainteté est la plénitude maximale qui nous hisse jusqu'à la hauteur de Dieu. Notre perfection, notre sainteté, c'est l'œuvre de Dieu et de sa grâce. Jamais ne disparaîtra l'abîme infini qui existe entre l'ordre naturel et l'ordre surnaturel, entre la vie de la nature humaine et la vie de la grâce, qui est la vie même de Dieu donné aux hommes. La sainteté assume la nature et ne la contredit pas, mais la dépasse infiniment.

L'Église prolonge la mission du Christ, qui veut conduire l'homme à la perfection, à sa divinisation : « Souvenez-vous de vos chefs, eux qui vous ont fait entendre la parole de Dieu, et, considérant l'issue de leur carrière, imitez leur foi : Jésus-Christ est le même hier et aujourd'hui et pour les siècles. Ne vous laissez pas égarer par des doctrines diverses et étrangères » (He 13, 7-9).

6

LA HAINE DE LA VIE

Nicolas Diat : Les questions de l'avortement et des droits sexuels et reproductifs sont toujours le terrain d'un affrontement difficile entre l'Église et les médias. De son côté, le pape François n'hésite pas à comparer l'avortement à un « génocide en gants blancs ».

Cardinal Robert Sarah : Dans de nombreux pays, il existe ce que saint Jean-Paul II appelait une « coalition contre la vie ». Si un gouvernement peut autoriser, de sa propre autorité, d'ôter légalement la vie d'un enfant, toutes les dérives sont possibles. La légalisation de l'avortement est la matrice de toutes les transgressions. Qui a le droit de vivre ? Qui est condamné à mourir ? L'enfant trisomique appartient-il inexorablement à la seconde catégorie des êtres humains ? Le commandement de Dieu est clair : « Tu ne tueras point. »

Mère Teresa pensait qu'une société où une femme a le droit de tuer son enfant est intrinsèquement barbare. Pour adoucir la gravité de ce crime, ses défenseurs tentent de lui donner des qualificatifs avantageux. L'interruption de grossesse sonne mieux à l'oreille et à la conscience. Des populations entières sont anesthésiées quant à cette question, et semblent ne pas comprendre la gravité des enjeux. Et l'assassinat demeure. Un meurtre devient bon, justifié, légitime. Un meurtre devient un droit. L'Église catholique s'oppose radicalement à ce crime de masse contre l'humanité. On cherche à nous chasser du débat et à étouffer nos paroles. Nos arguments sont considérés comme obscurantistes. Des lobbys exaltent la liberté du choix possible de la mort au lieu de célébrer la joie de la vie et de l'enfantement. Certains font même de la maternité une aliénation et un esclavage.

Les lois cyniques qui légalisent l'avortement portent atteinte aux fondements du droit et entraînent à terme la désagrégation sociale et l'autodestruction de l'État. Le problème est d'autant plus profond que l'Europe traverse une crise démographique sans précédent. Le renouvellement des générations n'est plus assuré. Dans certains pays comme l'Italie, le vieillissement pose de graves problèmes.

Aujourd'hui, il faut convenir que nous sommes loin des recommandations que Paul VI adressait aux gouvernements dans son encyclique *Humanae vitae* : « Aux gouvernants, qui sont les principaux responsables du bien commun, et qui peuvent tant pour la sauvegarde des valeurs morales, nous disons : ne laissez pas se dégrader la moralité de vos peuples ; n'acceptez pas que s'introduisent, par voie légale, dans cette cellule fondamentale de la société qu'est la famille, des pratiques contraires à la loi naturelle et divine. Tout autre est la voie par laquelle les pouvoirs publics peuvent et doivent contribuer à la solution du problème démographique : c'est la voie d'une prévoyante politique familiale, d'une sage éducation des peuples, respectueuse de la loi morale et de la liberté des citoyens. » L'absence d'une vraie politique de soutien à la famille et à la démographie de la part des pays occidentaux est pour moi un profond mystère. Du simple point de vue humain, il est évident qu'il y a urgence. Je crois qu'il y a un profond manque d'espérance dans cette course à la mort. C'est comme si ces pays ne croyaient plus à leur propre avenir.

Et, pendant ce temps, la tragédie de l'avortement continue à faire des ravages. Les enfants à naître en sont victimes, mais aussi les mères, objets de tant de pressions pour les pousser à l'avortement. Nombreuses sont les femmes qui portent en elles pendant des années cette blessure terrible, et qui savent qu'elles ont mis fin à la vie de leur enfant. Je voudrais rappeler les mots prophétiques de Mère Teresa lors de la réception du prix Nobel de la paix. Devant le roi de Norvège et toute l'académie Nobel, cette femme si petite de taille mais si grande devant Dieu a retrouvé les accents des prophètes de l'Ancien Testament pour nous mettre la vérité sous les yeux. Elle a osé affirmer que l'avortement menaçait la paix dans le monde : « Je ressens quelque chose que je voudrais partager avec vous, disait-elle. Le plus grand destructeur de la paix, aujourd'hui, est le crime commis contre l'innocent enfant à naître. Si une mère peut tuer son propre enfant, dans son propre sein, qu'est-ce qui nous empêche, vous et moi, de nous entretuer ? L'Écriture déclare elle-même : "Même si une mère peut oublier son enfant, moi, je ne vous oublierai pas. Je vous ai gardés dans la paume de ma main." Même si une mère pouvait oublier… Mais aujourd'hui on tue des millions d'enfants à naître. Et nous ne disons rien. On lit dans les journaux le nombre de ceux-ci ou de ceux-là qui sont tués, de tout ce qui est détruit, mais personne ne parle des millions de petits êtres qui ont été conçus avec la même vie que vous et moi, avec la vie de Dieu. Et nous ne disons rien. Nous l'admettons pour nous conformer aux vues des pays qui ont légalisé l'avortement. Ces nations sont les plus pauvres. Elles ont peur des petits, elles ont peur de l'enfant à naître, et cet enfant doit mourir ; parce qu'elles ne veulent pas nourrir un enfant de plus, élever un enfant de plus, l'enfant doit mourir. [...] C'est pourquoi, aujourd'hui, je vous invite à prendre ici cette forte résolution : nous allons sauver tous les petits enfants, tous les enfants à naître, nous allons leur donner une chance de naître. Et que ferons-nous pour cela ? Nous lutterons contre l'avortement par l'adoption. Le bon Dieu a déjà si merveilleusement béni le travail que nous avons fait, que nous avons pu sauver des milliers d'enfants. Et des milliers d'enfants ont trouvé un foyer où ils sont aimés. Nous avons apporté tant de joie dans les maisons où il n'y avait pas d'enfant ! C'est pourquoi, aujourd'hui, en présence de Sa Majesté et devant vous tous qui venez de pays différents, je vous le demande : prions tous d'avoir le courage de défendre l'enfant à naître et de donner à l'enfant la possibilité d'aimer et d'être aimé. Et je pense qu'ainsi – avec la grâce de Dieu – nous pourrons apporter la paix dans le monde. Nous en avons la possibilité. Ici, en Norvège, vous êtes – avec la bénédiction de Dieu – assez à l'aise. Mais je suis sûre que dans les familles, dans beaucoup de nos maisons, peut-être que nous n'avons pas faim pour un morceau de pain, mais peut-être qu'il y a quelqu'un dans la famille qui n'est pas désiré, qui n'est pas aimé, qui n'est pas soigné, qui est oublié. Il y a l'amour. L'amour commence à la maison. Un amour, pour être vrai, doit faire mal. [...] Car l'enfant est le plus beau présent de Dieu à une famille, à un pays et au monde entier. Dieu vous bénisse ! »

Je crois que seule une femme pouvait parler avec tant d'audace, seule une sainte pouvait parler avec tant de clarté. Mère Teresa me rappelle ces femmes qui étaient au pied de la Croix alors que les apôtres avaient fui, terrassés par la peur ! Alors que nous autres, prêtres et évêques, sommes souvent si pusillanimes pour rappeler la vérité, le Saint-Esprit nous a parlé ce jour-là à travers une femme.

Dans l'encyclique Evangelium vitae, *Jean-Paul II dénonçait « l'expansion d'une inquiétante culture de la mort », qui s'exprime non seulement par les guerres fratricides, les massacres ou les génocides, « mais surtout par les attentats contre la vie naissante et contre celle des personnes âgées et des malades ». Comment comprendre le point de vue de l'ancien pape ?*

Nos sociétés contemporaines sont devenues morbides. Tous les papes du siècle dernier ont lutté contre cette culture de mort. Au fond, la situation est assez curieuse. Car personne ne peut aimer la mort. Nous avons une répulsion naturelle quant à la contemplation de notre fin sur cette terre. Pourtant, sous les oripeaux trompeurs d'idéologies progressistes, les civilisations postmodernes n'hésitent pas à donner la mort.

Dans *Evangelium vitae*, paru en 1995, Jean-Paul II écrivait : « Comment a-t-on pu en arriver à une telle situation ? Il faut prendre en considération de multiples facteurs. À l'arrière-plan, il y a une crise profonde de la culture qui engendre le scepticisme sur les fondements mêmes du savoir et de l'éthique, et qui rend toujours plus difficile la perception claire du sens de l'homme, de ses droits et de ses devoirs. À cela s'ajoutent les difficultés existentielles et relationnelles les plus diverses, accentuées par la réalité d'une société complexe dans laquelle les personnes, les couples et les familles restent souvent seuls face à leurs problèmes. Il existe même des situations critiques de pauvreté, d'angoisse ou d'exacerbation, dans lesquelles l'effort harassant pour survivre, la souffrance à la limite du supportable, les violences subies, spécialement celles qui atteignent les femmes, rendent exigeants, parfois jusqu'à l'héroïsme, les choix en faveur de la défense et de la promotion de la vie. Tout cela explique, au moins en partie, que la valeur de la vie puisse connaître aujourd'hui une sorte d'éclipse, bien que la conscience ne cesse pas de la présenter comme sacrée et intangible ; on le constate par le fait même que l'on tend à couvrir certaines fautes contre la vie naissante ou à ses derniers instants par des expressions empruntées au vocabulaire de la santé, qui détournent le regard du fait qu'est en jeu le droit à l'existence d'une personne humaine concrète. En réalité, si de nombreux et graves aspects de la problématique sociale actuelle peuvent de quelque manière expliquer le climat diffus d'incertitude morale et parfois atténuer chez les individus la responsabilité personnelle, il n'en est pas moins vrai que nous sommes face à une réalité plus vaste, que l'on peut considérer comme une véritable structure de péché, caractérisée par la prépondérance d'une culture contraire à la solidarité, qui se présente dans de nombreux cas comme une réelle culture de mort. »

Le grand pape polonais a été témoin des atrocités de la guerre – plusieurs de ses amis juifs ne sont pas revenus des camps d'extermination – et de nombre d'autres horreurs. Il connaissait depuis longtemps les ressorts de ces passions morbides.

Les institutions internationales travaillent à la diffusion de cette culture de mort. Les pays pauvres où la famille reste un point d'ancrage fondamental de la vie sociale sont la cible prioritaire de politiques eugénistes et malthusiennes. De grandes fondations aux mains de milliardaires occidentaux développent des programmes d'extermination des enfants à naître. Cette lutte pour répandre la mort à tout prix est une monstruosité et une utilisation débridée de la puissance économique pour détruire les faibles et les sans-défense.

Le paradoxe est grand. L'homme occidental, qui profite le plus possible des charmes de l'existence, combat la vie avec férocité. La haine de la vie, c'est la haine de l'amour. L'amour produit toujours la vie. Celui qui aime en vérité possède la vie. J'aimerais rappeler les belles paroles de l'apôtre saint Jean : « Nous, nous savons que nous sommes passés de la mort à la vie, parce que nous aimons nos frères. Celui qui n'aime pas demeure dans la mort. Quiconque a de la haine contre son frère est un meurtrier, et vous savez que pas un meurtrier n'a la vie éternelle demeurant en lui. Voici comment nous avons reconnu l'amour : lui, Jésus, a donné sa vie pour nous. Nous aussi, nous devons donner notre vie pour nos frères. Celui qui a de quoi vivre en ce monde, s'il voit son frère dans le besoin sans faire preuve de compassion, comment l'amour de Dieu pourrait-il demeurer en lui ? Petits enfants, n'aimons pas en paroles ni par des discours, mais par des actes et en vérité. Voilà comment nous reconnaîtrons que nous appartenons à la vérité, et, devant Dieu, nous apaiserons notre cœur ; car si notre cœur nous accuse, Dieu est plus grand que notre cœur, et il connaît toutes choses. Bien-aimés, si notre cœur ne nous accuse pas, nous avons de l'assurance devant Dieu » (1Jn 3, 14-21).

La culture de mort est l'œuvre d'une contre-culture de morts vivants. Nous sommes face à une conception erronée de la destinée de l'homme. Une véritable civilisation repose sur la joie du don de la vie.

Je suis né en Guinée à l'époque de la dictature de Sékou Touré. J'ai alors compris que l'unique réponse à la violence de la dictature révolutionnaire était dans la passion de l'amour. Il ne fallait pas craindre la dictature, il fallait plutôt semer l'amour : « Car il n'y a pas de crainte dans l'amour ; au contraire, le parfait amour bannit la crainte et celui qui craint n'est point parvenu à la perfection de l'amour » (1Jn 4, 18). Je devais œuvrer, avec l'aide de la grâce divine, pour greffer dans le cœur de chaque Guinéen et de toutes les familles un morceau du cœur de Dieu pour aimer et pardonner comme Lui. Nous savions que tous nos frères arrêtés étaient torturés. Le régime cherchait à leur arracher d'hypothétiques secrets. Il m'était interdit de visiter en prison mon prédécesseur à Conakry, Mgr Tchidimbo, mais il ne faisait aucun doute qu'il était soumis aux pires traitements. Nous n'avions plus de nouvelles des nombreuses personnes enfermées dans les geôles de Sékou Touré. Par l'intermédiaire de certains gardes, nous apprenions parfois la mort de l'un d'entre eux dans des souffrances abominables. Les corps n'étaient jamais rendus aux familles. Les suppôts du régime montraient une extrême perversité ; ils aimaient voir mourir leurs prisonniers. Face à ces horreurs diaboliques, il fallait entraîner le peuple de Guinée à aimer et à pardonner comme Dieu. On ne s'oppose à la violence et à la haine qu'en nous blottissant en Dieu pour aimer démesurément.

La seule espérance est en Dieu. Le Père rassemble en lui la vie et l'amour.

L'euthanasie est une autre forme de mépris de la vie humaine…

L'homme occidental éprouve une peur panique à l'idée de souffrir et de mourir. Quand le plaisir n'est plus au rendez-vous, pourquoi rester sur cette terre ? Comme pour l'avortement, on observe un glissement sémantique qui cherche à faciliter l'évolution des mentalités. On propose de mourir dans la dignité. Mais qui aimerait partir dans la douleur ? Les partisans de l'euthanasie utilisent la détresse morale et psychologique des malades en fin de vie et de leurs familles pour pousser leurs vues. Ils montrent une fausse pitié qui n'est rien d'autre qu'une pulsion de mort hypocrite.

Depuis toujours, l'Église sait accompagner les mourants. Combien de prêtres, de religieux et de religieuses ont passé des heures auprès de personnes en fin de vie ? À la fin du chemin sur la terre, les hommes n'ont pas besoin d'une seringue froide qui vienne donner la mort. Ils ont besoin d'une main compatissante et aimante. Je repense aux mots bouleversants de Mère Teresa : « Nos pauvres gens, nos splendides gens, sont des gens tout à fait dignes d'amour. Ils n'ont pas besoin de notre pitié ni de notre sympathie. Ils ont besoin de notre amour compréhensif, ils ont besoin de notre respect, ils ont besoin que nous les traitions avec dignité. Et je pense que nous faisons là l'expérience de la plus grande pauvreté ; nous la faisons devant eux, eux qui risquent de mourir pour un morceau de pain. Mais ils meurent avec une telle dignité ! Je n'oublierai jamais l'homme que j'ai ramassé un jour dans la rue. Il était couvert de vermine, son visage était la seule chose propre. Et cependant cet homme, lorsque nous l'avons amené à notre mouroir, a dit cette phrase : “J'ai vécu comme une bête dans la rue, mais je vais mourir comme un ange, aimé et soigné.” Et il mourut merveilleusement bien. Il s'en alla dans sa maison, chez Dieu, car la mort n'est pas autre chose que de rentrer chez soi, dans la maison de Dieu. C'est parce qu'il avait éprouvé cet amour, parce qu'il avait eu le sentiment d'être désiré, d'être aimé, d'être quelqu'un pour quelqu'un que, dans ses derniers instants, il a ressenti cette joie dans sa vie. »

Mourir dans la dignité, c'est mourir aimé ! Tout le reste est mensonge ! Les personnes qui se dévouent avec une générosité inlassable dans les services de soins palliatifs, pour diminuer la douleur, accompagner la solitude et aimer les personnes le savent bien : il est extrêmement rare qu'un malade demande l'euthanasie. S'il le fait, sa demande masque une détresse. Au fond, je crois que si l'euthanasie est aujourd'hui en débat, c'est parce que nous les bien portants ne supportons pas la présence des malades et des souffrants. Ils sont des mendiants de notre amour et de notre compassion. Nous n'avons pas le courage d'affronter leur regard. Nous n'avons plus assez d'amour à leur donner. Notre société vit une sécheresse d'amour, alors elle veut se débarrasser de ceux qui en ont le plus besoin. Allez visiter les hôpitaux, allez simplement, chaque jour, tenir la main d'un malade ou d'une personne âgée abandonnée à la solitude ! Je vous en prie, faites cette expérience, vous mesurerez jusque dans votre chair ce que c'est que d'aimer ! « Voici ce que je vous propose : nous aimer les uns les autres jusqu'à en avoir mal. Mais n'oubliez pas qu'il y a beaucoup d'enfants, beaucoup d'enfants, beaucoup d'hommes et de femmes qui n'ont pas ce que vous avez. Souvenez-vous de les aimer jusqu'à en avoir mal », disait encore Mère Teresa.

La réponse à l'euthanasie, c'est l'amour jusqu'à la mort ! L'euthanasie repose essentiellement sur une logique économique. Il faut se débarrasser des personnes qui sont devenues inutiles à la société et coûteuses. La rentabilité est plus importante que la vie.

Les médias participent pleinement à ce combat pour l'euthanasie, prétendant qu'elle permet d'alléger les douleurs et de préparer une mort clémente et heureuse. Ils aiment présenter avec force détails des cas particulièrement émouvants pour forcer les sentiments du public.

L'euthanasie est un suicide par procuration et une mise à mort légale. Un simple fléchissement dans le respect de la vie humaine peut avoir des conséquences incalculables. En Belgique ou en Grande-Bretagne, on veut autoriser l'euthanasie de mineurs sans le consentement des parents. Le corps médical n'est-il plus exclusivement au service de la vie ? Peut-il devenir l'exécuteur de la mort ? L'euthanasie devient pour certains une forme de thérapie. Doit-on craindre un médecin comme un bourreau ?

Un propos du généticien français qui a découvert la réalité de la trisomie 21, le professeur Jérôme Lejeune, me vient à l'esprit : « La qualité d'une civilisation se mesure au respect qu'elle porte aux plus faibles de ses membres. »

L'Église ne doit pas avoir peur de se battre à temps et à contre-temps. Les évêques belges ont-ils été suffisamment courageux au moment de la légalisation de l'euthanasie ? Ces hommes de Dieu ont-ils suffisamment aidé le roi Philippe, homme bon et doux, digne héritier du roi Baudoin, au moment de la légalisation de l'euthanasie des mineurs ? Je sais que les évêques américains, polonais, français ou espagnols montrent un grand courage sur l'ensemble de ces questions.

À quoi ressemblera notre monde dans un siècle ? L'avortement, la marchandisation du corps, les dérives sexuelles, le *gender*, le délitement du mariage, l'euthanasie sont les faces multiples d'un même combat d'une élite occidentale qui ne connaît que trois principes : l'argent, le pouvoir et le plaisir. Ces hommes dansent sur les cadavres de centaines de milliers d'êtres fragiles qu'ils auront délibérément sacrifiés pour maintenir leur domination.

L'Église est le dernier rempart contre la nouvelle éthique mondiale macabre et suicidaire. Elle doit éclairer toutes les consciences. Quand le soleil de l'Église se cache, les hommes ont froid. Il faut retrouver le courage de saint Athanase et de saint Irénée pour renverser ces nouvelles hérésies. Jean-Paul II a ouvert le chemin. En 1980, au début de son pontificat, dans l'encyclique *Dives in misericordia*, il écrivait déjà : « Ayant devant les yeux l'image de la génération à laquelle nous appartenons, l'Église partage l'inquiétude de tant d'hommes contemporains. D'autre part, elle doit aussi se préoccuper du déclin de nombreuses valeurs fondamentales, qui constituent un bien incontestable non seulement de la morale chrétienne, mais simplement de la morale humaine, de la culture morale, comme sont le respect de la vie humaine depuis le moment de la conception, le respect pour le mariage dans son unité indissoluble, le respect pour la stabilité de la famille. La permissivité morale frappe surtout ce milieu si sensible de la vie et de la sociabilité. Avec cela vont de pair la crise de la vérité dans les relations humaines, l'irresponsabilité dans la parole, l'utilitarisme dans les rapports d'homme à homme, la diminution du sens du bien commun authentique et la facilité avec laquelle ce dernier est sacrifié. Enfin, il y a la désacralisation, qui se transforme souvent en déshumanisation : l'homme et la société pour lesquels rien n'est sacré connaissent, malgré toutes les apparences, la décadence morale. »

De même, la lettre encyclique de Jean-Paul II *Evangelium vitae* reste un document prophétique, un hymne à la vie lancé à la face du monde au moment où, selon sa formule, se multiplient « les attentats contre la vie », en particulier à travers l'avortement et l'euthanasie. Ainsi l'enfant à naître peut-il être condamné à mort dans le sein de sa mère pendant que la terrible suite logique de l'infanticide du début de la vie se prolonge dans l'euthanasie en se proposant d'achever des malades lourdement handicapés et des personnes en fin de vie. Quel étonnant paradoxe : au moment où la plupart des sociétés veulent supprimer la peine de mort pour les meurtriers, elles la rétablissent pour des personnes innocentes et vulnérables, de l'enfant en gestation à la personne malade ou vieillissante, ou encore ceux qui sont fatigués de vivre. Dans un cas comme dans l'autre, nous perdons le sens de la solidarité avec des hommes et des femmes en situation difficile.

La société occidentale renoue ainsi avec les réflexes les plus archaïques des sociétés primitives qui se donnaient un droit de vie et de mort sur les enfants et sur certaines catégories de la population. L'avortement comme l'euthanasie sont les nouvelles formes aseptisées d'une barbarie silencieuse. La médecine ne peut être le bras séculier d'un pouvoir qui donne la mort. Les médecins ont vocation à protéger la vie, et non à l'empêcher. Il y a quatre siècles, dans ses *Pensées*, Pascal écrivait : « Le propre de la puissance est de protéger. » Pas d'assassiner.

Je crois qu'il est urgent que l'Église réagisse en créant des « oasis de vie », des lieux où les femmes enceintes puissent être accueillies et accompagnées vers la naissance, sans réprobation et dans la joie, des lieux où les enfants handicapés puissent être accueillis à leur naissance avec émerveillement et non être traités comme des échecs de la médecine, des lieux où les malades puissent mourir dans la dignité et l'amour. Certaines congrégations religieuses font déjà un travail admirable. Je pense aux Sœurs des Maternités catholiques, en Afrique et en Europe, ou à tous ceux qui sont engagés dans les soins palliatifs. Comment ne pas être admiratif devant le travail exceptionnel de la Maison Jeanne Garnier, à Paris, qui accueille des malades en fin de vie ? Dans la capitale française, le cardinal Lustiger, son successeur le cardinal Vingt-Trois et désormais Mgr Aupetit n'ont jamais craint d'annoncer l'Évangile de la vie. Ce devrait être une urgence pour tous les évêques. Dans chaque diocèse, on devrait lutter contre la culture de mort non seulement en paroles, mais bien plus en mettant concrètement en œuvre une culture de vie. L'Évangile n'est pas une utopie, il doit s'incarner. Or Jésus nous le dit : « Je suis venu pour qu'on ait la vie et qu'on l'ait en abondance » (Jn 10, 10). L'Église est matrice d'une civilisation de la vie.

Quelle place occupe à vos yeux la Shoah dans l'histoire humaine ?

Je pense que la Shoah a été le plus grand scandale de l'humanité, le plus grand crime de l'histoire moderne. La haine et la volonté du supprimer le peuple juif est une abomination. N'était-ce pas au fond le projet de tuer Dieu, en éliminant le peuple qui a porté la mémoire de son Alliance à travers les siècles ? J'aimerais citer à ce propos un texte exceptionnel de Benoît XVI. Lors de sa visite au camp de concentration d'Auschwitz, le 28 mai 2006, il déclarait : « Prendre la parole dans ce lieu d'horreur, d'accumulation de crimes contre Dieu et contre l'homme, lieu qui est sans égal au cours de l'histoire, est presque impossible – et particulièrement difficile et opprimant pour un chrétien, pour un pape qui vient d'Allemagne. Dans un lieu comme celui-ci, les paroles manquent ; en réalité, il ne peut y avoir qu'un silence effrayé – un silence qui est un cri intérieur vers Dieu : Pourquoi, Seigneur, es-tu resté silencieux ? Pourquoi as-tu pu tolérer tout cela ? C'est dans cette attitude de silence que nous nous inclinons au plus profond de notre être, face à l'innombrable foule de tous ceux qui ont souffert et qui ont été mis à mort ; toutefois, ce silence devient ensuite une demande de pardon et de réconciliation, formulée à haute voix, un cri au Dieu vivant, afin de ne plus jamais permettre une chose semblable. [...] Le pape Jean-Paul II était venu ici comme un fils du peuple polonais. Aujourd'hui, je suis ici comme fils du peuple allemand, et c'est précisément pourquoi je dois et je peux dire comme lui : je ne pouvais pas ne pas venir ici. Je devais venir. C'était et c'est un devoir face à la vérité et au droit de ceux qui ont souffert, un devoir devant Dieu d'être ici, en tant que successeur de Jean-Paul II et en tant que fils du peuple allemand – fils du peuple dans lequel un groupe de criminels arriva au pouvoir au moyen de promesses mensongères, au nom de perspectives de grandeur, au nom de l'honneur retrouvé de la nation et de son importance, par des perspectives de bien-être, mais également par la force de la terreur et de l'intimidation, de sorte que notre peuple a pu être utilisé et abusé comme instrument de leur soif de destruction et de domination. Non, je ne pouvais pas ne pas venir ici. [...] Telle est encore la raison pour laquelle je suis ici aujourd'hui : pour implorer la grâce de la réconciliation – avant tout de Dieu, qui seul peut ouvrir et purifier nos cœurs ; puis des hommes qui ont souffert, et enfin la grâce de la réconciliation pour tous ceux qui, en cette heure de notre histoire, souffrent à nouveau à cause du pouvoir de la haine et de la violence fomentée par la haine. Combien de questions nous envahissent en ce lieu ! La même question revient toujours à nouveau : Où était Dieu en ces jours-là ? Pourquoi s'est-il tu ? Comment a-t-il pu tolérer cet excès de destruction, ce triomphe du mal ? Les paroles du psaume 44, la lamentation d'Israël qui souffre, nous viennent à l'esprit : "Tu nous broyas au séjour des chacals, nous couvrant de l'ombre de la mort. [...] C'est pour toi qu'on nous massacre tout le jour, qu'on nous traite en moutons d'abattoir. Lève-toi, pourquoi dors-tu, Seigneur ? Réveille-toi, ne rejette pas jusqu'à la fin ! Pourquoi caches-tu ta face, oublies-tu notre oppression, notre misère ? Car notre âme est effondrée dans la poussière, notre ventre est collé à la terre. Debout, viens à notre aide, rachète-nous en raison de ton amour !" (Ps 44, 20.23-27). Ce cri d'angoisse que, dans la souffrance, Israël élève à Dieu dans des périodes d'extrême difficulté est en même temps le cri d'appel à l'aide de tous ceux qui, au cours de l'histoire – hier, aujourd'hui et demain – souffrent pour l'amour de Dieu, pour l'amour de la vérité et du bien ; et ils sont nombreux, aujourd'hui encore. Nous ne sommes pas en mesure de scruter le secret de Dieu – nous ne voyons que des fragments, et ce serait une erreur que de vouloir juger Dieu et l'histoire. Nous ne défendrions pas l'homme dans ce cas, mais nous ne contribuerions qu'à sa destruction. Non – en définitive, nous devons continuer à élever vers Dieu ce cri humble mais persistant : Réveille-toi ! N'oublie pas ta créature, l'homme ! Et notre cri vers Dieu doit être en même temps un cri qui pénètre notre cœur lui-même, afin que s'éveille en nous la présence cachée de Dieu – afin que la force qu'il a déposée dans nos cœurs ne soit pas recouverte et étouffée en nous par la boue de l'égoïsme, de la peur des hommes, de l'indifférence et de l'opportunisme. Élevons ce cri vers Dieu, adressons-le à notre cœur lui-même, précisément en cette heure sur laquelle pèsent de nouveaux dangers, dans laquelle semblent naître à nouveau du cœur des hommes toutes les forces obscures : d'une part, l'abus du nom de Dieu pour justifier la violence aveugle contre des personnes innocentes ; de l'autre, le cynisme qui ne connaît pas Dieu et qui bafoue la foi en Lui. Nous élevons un cri vers Dieu, afin qu'il pousse les hommes à se repentir, en sorte qu'ils reconnaissent que la violence n'engendre pas la paix, mais ne fait que susciter une autre violence – une spirale de destructions, dans laquelle tous, en fin de compte, ne peuvent être que perdants. Le Dieu auquel nous croyons est un Dieu de la raison – d'une raison, cependant, qui n'est certainement pas une mathématique neutre de l'univers, mais qui ne fait qu'un avec l'amour, avec le bien. Nous prions Dieu et nous élevons un cri vers les hommes afin que cette raison, la raison de l'amour et de la reconnaissance de la force de la réconciliation et de la paix, prévale sur les menaces qui nous entourent de l'irrationalité ou d'une fausse raison, détachée de Dieu. Le lieu où nous nous trouvons est un lieu de la mémoire, c'est le lieu de la Shoah. Le passé n'est jamais uniquement le passé. Il nous concerne et nous indique les chemins à ne pas suivre et ceux à suivre. Comme Jean-Paul II, j'ai parcouru le chemin le long des stèles qui rappellent, en différentes langues, les victimes de ce lieu : [...] Toutes ces stèles commémoratives nous parlent de souffrance humaine, nous laissent entrevoir le cynisme de ce pouvoir qui traitait les hommes comme des objets, ne les reconnaissant pas comme des personnes, dans lesquelles se reflète l'image de Dieu. Certaines stèles invitent à une commémoration particulière. Celle en hébreu, par exemple. Les potentats du Troisième Reich voulaient écraser le peuple juif tout entier ; l'éliminer du nombre des peuples de la terre. Alors, les paroles du psaume 44 : "On nous massacre tout le jour, on nous traite en moutons d'abattoir" se vérifièrent de façon terrible. Au fond, ces criminels violents, au moyen de l'anéantissement de ce peuple, entendaient tuer ce Dieu qui appela Abraham, et qui, parlant sur le Sinaï, établit les critères d'orientation de l'humanité, qui demeurent éternellement valables. Si ce peuple, par le seul fait d'exister, témoigne de ce Dieu qui a parlé à l'homme et qui l'a pris en charge, alors ce Dieu devait finalement mourir et son pouvoir n'appartenir qu'à l'homme – à ceux qui se considéraient comme les puissants et qui avaient su devenir les maîtres du monde. Avec la destruction d'Israël, avec la Shoah, ils voulaient, en fin de compte, extirper également la racine sur laquelle se fonde la foi chrétienne, en la remplaçant définitivement par la foi fabriquée par soi-même, la foi dans le pouvoir de l'homme, du plus fort. Il y a ensuite la stèle en polonais : on voulait avant tout, dans un premier temps, effacer l'élite culturelle et éliminer ainsi le peuple comme sujet historique autonome, pour le réduire, dans la mesure où il continuait d'exister, à un peuple d'esclaves. Une autre stèle, qui invite particulièrement à réfléchir, est celle qui est écrite dans la langue des Sinti et des Roms. Ici aussi, on voulait faire disparaître un peuple entier qui vit en migrant parmi les autres peuples. Il figurait au nombre des éléments inutiles de l'histoire universelle, dans une idéologie où ne devait compter désormais que ce dont on pouvait mesurer l'utilité ; tout le reste, selon leur conception, était catalogué comme "*lebensunwertes Leben*" – une vie indigne d'être vécue. Il y a ensuite la stèle en russe, qui évoque le nombre immense de vies sacrifiées parmi les soldats russes dans la lutte contre le régime de la terreur national-socialiste ; toutefois, dans le même temps, elle nous fait réfléchir sur la tragique double signification de leur mission : ils ont libéré les peuples d'une dictature mais tout en soumettant ces mêmes peuples à une nouvelle dictature, celle de Staline et de l'idéologie communiste. Toutes les autres stèles dans les nombreuses langues européennes nous parlent elles aussi de la souffrance des hommes du continent tout entier ; elles toucheraient profondément notre cœur, si nous ne faisions pas mémoire des victimes de façon globale, mais si nous pouvions au contraire voir le visage de chacune des personnes qui ont terminé leur vie ici dans les ténèbres de la terreur. J'ai ressenti comme un profond devoir de m'arrêter de façon particulière également devant la stèle en langue allemande. De là apparaît devant nous le visage d'Edith Stein, Thérèse Bénédicte de la Croix : juive et allemande, disparue, avec sa sœur, dans l'horreur de la nuit du camp de concentration allemand-nazi ; comme chrétienne et juive, elle accepta de mourir avec son peuple et pour son peuple. Les Allemands qui furent alors déportés à Auschwitz-Birkenau et qui sont morts ici étaient considérés comme *Abschaum der Nation* – déchet de la nation. Mais aujourd'hui, nous les reconnaissons en revanche avec gratitude comme les témoins de la vérité et du bien, qui, même au sein de notre peuple, n'avaient pas disparu. Remercions ces personnes, car elles ne se sont pas soumises au pouvoir du mal, et elles apparaissent à présent devant nous comme des lumières dans une nuit de ténèbres. Avec profond respect et gratitude, nous nous inclinons devant tous ceux qui, comme les trois jeunes face à la menace des fournaises de Babylone, surent répondre : “Seul notre Dieu est capable de nous délivrer. Mais s'il ne le fait pas, sache, ô roi, que nous ne servirons pas ton Dieu ni n'adorerons la statue d'or que tu as élevée” (Dn 3, 17 *sq.*). Oui, derrière ces stèles se cache le destin d'innombrables êtres humains. Ceux-ci ébranlent notre mémoire, ébranlent notre cœur. Ils ne veulent pas provoquer la haine en nous : ils nous démontrent au contraire combien l'œuvre de la haine est terrible. Ils veulent conduire la raison à reconnaître le mal comme mal et à le rejeter ; ils veulent susciter en nous le courage du bien, de la résistance contre le mal. Ils veulent nous conduire à ces sentiments qui s'expriment dans les paroles que Sophocle fait prononcer à Antigone face à l'horreur qui l'entoure : “Je ne suis pas ici pour haïr avec toi, mais pour aimer avec toi.” Grâce à Dieu, avec la purification de la mémoire à laquelle nous pousse ce lieu d'horreur, se développent autour de ce lieu même de multiples initiatives qui veulent mettre un terme au mal et conférer une force au bien. Il y a quelques instants, j'ai pu bénir le Centre pour le Dialogue et la Prière. Tout près d'ici se déroule la vie cachée des sœurs carmélites, qui se savent particulièrement unies au mystère de la Croix du Christ et qui nous rappellent la foi des chrétiens, qui affirme que Dieu lui-même est descendu dans l'enfer de la souffrance et souffre avec nous. [...] L'humanité a traversé à Auschwitz-Birkenau un “ravin de la mort”. C'est pourquoi je voudrais, précisément en ce lieu, conclure par une prière de confiance – avec un psaume d'Israël qui est également une prière de tous les chrétiens : "Le Seigneur est mon berger, je ne manque de rien. Sur des prés d'herbe fraîche il me fait reposer. Il me mène vers les eaux tranquilles et me fait revivre ; il me conduit par le juste chemin pour l'honneur de son nom. Si je traverse les ravins de la mort, je ne crains aucun mal car tu es avec moi ; ton bâton me guide et me rassure. [...] J'habiterai la maison du Seigneur pour la durée de mes jours" (Ps 23, 1-4.6). »

Quand règnent les grandes violences, les impérialismes de tous ordres, sanglants ou camouflés, les actions brutales, le désordre affiché et établi, le peuple s'étonne souvent de la patience et du silence de Dieu, et s'en scandalise. Ce silence divin devant la barbarie et les crimes est pour beaucoup un motif suffisant d'incroyance. Si nous savions combien est vive l'impatience de Dieu ! Il ne lui faut pas moins, pour la surmonter, que l'infini de son amour. Dieu ne veut pas le mal. Je suis triste quand j'entends dire : « Dieu permet le mal ! » Mais non ! Dieu ne permet pas le mal. Il en souffre. Il en est blessé à mort. Il en est le premier frappé ! Plus le mal est monstrueux, plus il apparaît que Dieu en nous est la première victime. Dieu est comme une mère : une mère peut souffrir par amour avec son enfant, plus que son enfant et pour son enfant. Une mère en pleine santé peut vivre l'agonie de son enfant plus douloureusement que l'enfant lui-même, en raison même de cette identification de l'amour avec l'être qu'il aime. Voilà ce dont l'amour est capable.

Comment pouvons-nous penser que l'amour de Dieu soit moins maternel que l'amour d'une mère, alors que tout l'amour de toutes les mères, y compris celui de la Sainte Vierge, n'est qu'une goutte dans l'océan de la tendresse maternelle de Dieu ? Aucun être n'est frappé sans que Dieu le soit, en lui, avant lui, plus que lui et pour lui.

Le silence est la parole la plus puissante et la plus chargée d'amour, et cette absence est la présence la plus immédiate au cœur de la souffrance humaine. Le Dieu-Amour était silencieusement présent à Auschwitz-Birkenau, inondant mystérieusement de sa tendresse cette terre martyrisée. Personne ne peut savoir comment Dieu a accueilli dans ses bras tous ceux qui passaient de vie à trépas dans les chambres de la mort.

Il faudrait, pour en douter, que nous ayons complètement perdu conscience de la dignité de notre liberté. Dieu nous a donné une pleine liberté. Si Dieu crée cette liberté, ce n'est pas pour la pétrifier et s'y substituer. La tâche est nôtre. Il faut l'accomplir dans l'impatience et la patience, « en vivant selon la vérité et dans la charité » (Ep 4, 15).

Après la Shoah, nous aurions pu croire que l'horreur des génocides ne se répéterait plus. Hélas, il n'en est rien…

Si nous croyons qu'un homme est à la ressemblance de Dieu, il est impossible de commettre sur lui la moindre exaction. En tuant un homme, nous tuons Dieu. En détestant un homme, nous détestons Dieu. En faisant souffrir un homme, nous faisons souffrir Dieu. Un génocide, l'élimination systématique et programmée d'un groupe national, ethnique ou religieux est une marque parfaite du diable, un combat, une offense, une opposition radicale à Dieu lui-même.

En Afrique, beaucoup d'hommes et de femmes ont été réduits en esclavage. Enfant, j'écoutais les anciens parler des villageois déportés. Sur la côte, au bord de l'océan, nous savions où se trouvaient autrefois les bâtiments où étaient entassés les esclaves avant leur départ en bateau. Ils n'étaient que des marchandises sans valeur. J'ai su très jeune le sort honteux réservé à nombre de mes frères. Je n'ignorais pas que certains de mes ancêtres avaient été vendus comme des animaux. Ils ne sont jamais revenus. Ce commerce a duré pendant des siècles. Les populations sans défense qui en étaient victimes n'avaient rien pour répondre aux coups. Les esclaves noirs avaient moins de valeur qu'un meuble ou un champ de céréales. Toutes les régions d'Afrique ont connu cette humiliation, cet abaissement, cette négation totale, ce commerce d'esclaves pensé, promu et exécuté bassement par des pays chrétiens ou musulmans. Je suis aussi le fils de cette histoire tragique.

Depuis son accession au trône de Pierre, le pape François a dénoncé sans ménagement deux politiques génocidaires de notre époque. Le 12 avril 2015, deuxième dimanche de Pâques, il a concélébré une messe pour les fidèles de rite arménien avec le patriarche Nerses Bedros XIX Tamouni. Cette messe a déclenché une grande tempête diplomatique – la Turquie a rappelé immédiatement son ambassadeur pour consultations à Ankara. Cette réaction fut causée par la salutation préliminaire adressée par le souverain pontife aux fidèles présents. Dans ce texte, il évoquait « le premier génocide du XXe siècle », qui frappa le peuple arménien en 1915 et dont le caractère d'extermination délibérée n'est toujours pas reconnu par la Turquie.

En 2018, il a tenu des propos extrêmement fermes au sujet de l'avortement en déclarant : « Pour avoir une vie tranquille, on élimine des innocents. » Ce jour de juin, en recevant au Vatican des représentants d'associations familiales, le pape François a comparé l'avortement pratiqué en cas de handicap de l'enfant à « un eugénisme en gants blancs » : « J'ai entendu dire qu'il est à la mode, ou au moins habituel, de faire au cours des premiers mois de grossesse des examens pour voir si l'enfant ne va pas bien ou s'il naîtra avec quelque chose [un problème], le premier choix étant de s'en débarrasser. [...] Au siècle dernier, tout le monde était scandalisé par ce que faisaient les nazis pour veiller à la pureté de la race. Aujourd'hui nous faisons la même chose en gants blancs. » Le pape s'est aussi interrogé : « Pourquoi ne voit-on plus de nains dans les rues ? Parce que le protocole de nombreux médecins dit : il va naître avec une anomalie, on s'en débarrasse. » Pour le successeur de Pierre, l'Occident vit avec le drame de l'avortement une forme de génocide caché, aseptisé et destructeur.

Dans ses Cahiers de la Quinzaine, *Charles Péguy écrivait : « Le monde moderne avilit. Il avilit la cité ; il avilit l'homme. Il avilit l'amour ; il avilit la femme. Il avilit la race ; il avilit l'enfant. Il avilit la nation ; il avilit la famille. Il avilit même, il a réussi à avilir ce qu'il y a peut-être de plus difficile à avilir au monde : il avilit la mort. » Quelles réflexions vous inspirent les propos de ce grand écrivain ?*

Dans nos rapports humains, nous avons inventé une justice sans amour, qui devient vite une bête enragée. Nous devenons aussi indifférents à la vérité qu'au mensonge. Nous voulons devenir de plus en plus riches et nous ne voyons pas que nous devenons de plus en plus pauvres. Nous ressemblons à des êtres qui ont perdu leur centre de gravité. Nous ne savons pas aimer car nous ignorons le véritable amour de Dieu. Notre époque aime se regarder dans un miroir. Les hommes s'aiment eux-mêmes sans mesure. Nous vivons le triomphe de l'égoïsme.

En tournant le dos à Dieu, on obscurcit l'amour. Pour le chrétien, Dieu est le Tout-Puissant. Mais cela ne signifie pas dominer ou avoir le pouvoir d'écraser les autres. Dieu est amour parce qu'il aime et donne sans mesure. Dieu se dépouille éternellement. Dieu subsiste, il est présent pour se donner. Il ne peut que se donner. La présence de Dieu dans ma vie me rend incapable d'avilir l'amour, incapable d'avilir l'homme ou la femme. Parce qu'il n'y a pas de plus grande preuve d'amour que de donner sa vie.

Il y a toujours des martyrs et des héros. Saint Maximilien Kolbe et Arnaud Beltrame sont des exemples vivants de la grandeur et de la noblesse de l'amour.

Je voudrais citer encore une parole de Jean-Paul II. Dans l'exhortation *Ecclesia in Europa*, publiée en 2003, il écrivait : « À la racine de la perte de l'espérance se trouve la tentative de faire prévaloir une anthropologie sans Dieu et sans le Christ. Cette manière de penser a conduit à considérer l'homme comme le centre absolu de la réalité, lui faisant occuper faussement la place de Dieu. On oublie alors que ce n'est pas l'homme qui fait Dieu, mais Dieu qui fait l'homme. L'oubli de Dieu a conduit à l'abandon de l'homme, et c'est pourquoi, dans ce contexte, il n'est pas surprenant que se soient largement développés le nihilisme en philosophie, le relativisme en gnoséologie et en morale, et le pragmatisme, voire un hédonisme cynique, dans la manière d'aborder la vie quotidienne. La culture européenne donne l'impression d'une apostasie silencieuse de la part de l'homme comblé qui vit comme si Dieu n'existait pas. Dans une telle perspective prennent corps les tentatives, renouvelées tout récemment encore, de présenter la culture européenne en faisant abstraction de l'apport du christianisme qui a marqué son développement historique et sa diffusion universelle. Nous sommes là devant l'apparition d'une nouvelle culture, pour une large part influencée par les médias, dont les caractéristiques et le contenu sont souvent contraires à l'Évangile et à la dignité de la personne humaine. De cette culture fait partie aussi un agnosticisme religieux toujours plus répandu, lié à un relativisme moral et juridique plus profond, qui prend racine dans la perte de la vérité de l'homme comme fondement des droits inaliénables de chacun. Les signes de la disparition de l'espérance se manifestent parfois à travers des formes préoccupantes de ce que l'on peut appeler une culture de mort. »

Je suis frappé du talent développé par l'homme moderne pour enlaidir ce qu'il touche. Regardez l'espace : les images des planètes et des étoiles sont saisissantes de beauté. Tout y est à sa place. L'ordre de l'univers respire la paix. Regardez le monde, les montagnes, les fleuves, les paysages, tout respire une beauté tranquille. Regardez le visage d'un enfant qui rit aux éclats, le visage d'un vieillard ridé par les années. Dieu a fait sa créature avec tant d'amour qu'elle inspire toujours une impression de noblesse et de beauté. Mais regardez ce que fait le monde moderne !

Je crois que l'homme, même pauvre, même fatigué ou malade est beau quand il reste simple et vrai, c'est-à-dire conscient et heureux de son état de créature. La modernité défigure la beauté du créateur qui se reflète sur le visage des enfants comme des mourants. Ce reflet lui est si insupportable qu'elle veut le déformer. Ce reflet est un reproche incessant qu'elle ne peut tolérer. Elle veut l'avilir. Je me souviens d'un très beau livre écrit par un auteur polonais qui a été déporté, alors qu'il était enfant, au goulag en Sibérie à l'époque soviétique. Au moment d'entrer dans le train qui le conduisait vers les camps, il se demande pourquoi sa mère, qui était si belle, était déportée avec lui. Quoi de plus beau dans le cœur d'un enfant que le visage de sa maman ? Il répond : « Parce qu'une beauté comme celle qui irradiait de ma mère était nécessaire là-bas aussi. La beauté est nécessaire partout où l'homme se fait animal, partout où on veut en faire un démon. » Je voudrais faire mienne cette réflexion de Piotr Bednarski. Le monde moderne avilit et enlaidit les réalités les plus sacrées : l'enfant, la mère, la mort. Et pourtant, jamais il ne pourra arracher complètement de nos âmes la beauté intérieure que Dieu y a déposée. Elle lui est inaccessible. Partout où fleurit la sainteté s'épanouit un peu de la beauté de Dieu même. Dans ce même livre que je viens de citer, intitulé *Les Neiges bleues*, l'enfant, découvrant la laideur du système soviétique concentrationnaire et de la mort violente, s'écrie : « "Le Christ, lui on l'a crucifié. Pour nous. Il était jeune, sage et beau. Il aimait et il était aimé, il proclamait l'amour – et malgré ça, ou peut-être à cause de ça, on l'a tué. […] L'amour est-ce donc une faute ?" C'est alors que quelque chose se rompit en moi. Je me serrai contre la terre pour libérer en pleurs toute mon amertume. Et quand les larmes me manquèrent, quand mes yeux devinrent secs comme le sable du désert, mon cœur s'ouvrit. Et je me mis à pleurer de nouveau, mais à l'intérieur, en moi-même, avec des larmes que ne pouvait voir que Celui qui nous avait créés. » Ces larmes intérieures que voit Dieu seul lavent le monde de toute laideur et de toute bassesse. Elles lui rendent sa beauté. Les enfants, les mères, les vieillards et les saints le savent, mais c'est un secret qu'ils partagent avec Dieu et qui demeure scellé aux yeux du monde.

PARTIE III

La chute de la vérité, la décadence morale et les errements politiques

« S'impose alors le parallèle avec l'Empire romain décadent : il fonctionnait encore comme un grand tout historique, mais, en réalité, il vivait déjà de ce qui allait le faire disparaître, car il n'avait de lui-même plus aucune énergie vitale. »

Cardinal Joseph Ratzinger, *L'Europe, ses fondements, aujourd'hui et demain*

7

OÙ VA LE MONDE ?

Nicolas Diat : Comment percevez-vous le scepticisme de la modernité à l'égard du passé et des traditions ?

Cardinal Robert Sarah : L'homme moderne occidental méprise le passé. Il est fier de sa civilisation, qu'il croit supérieure à toutes celles qui la précèdent. Les progrès dans les domaines scientifique et technologique lui donnent cette illusion ; les dernières révolutions en matière de technologie de la communication, et Internet en particulier, ancrent cette prétention.

L'homme moderne est amnésique. Nous aspirons à la rupture avec le passé, tandis que le nouveau devient une idole. Il existe, à mon sens, une forme d'hostilité agressive vis-à-vis de la tradition et, plus généralement, de tout héritage.

Or, en vivant dans un changement permanent, l'homme moderne se prive de boussole. Les jeunes peuvent condamner les erreurs des générations précédentes. Je peux comprendre qu'ils veuillent tourner certaines pages : comment reprocher aux jeunes Allemands de l'après-guerre de ne plus vouloir penser aux fantômes du passé nazi ? Cependant, même les pages les plus noires de l'histoire ne doivent pas être oubliées. Il est capital d'entretenir la mémoire de la Shoah.

Fondamentalement, la tradition est un accord avec le futur que nous trouvons dans le passé. Hélas, je suis consterné par l'amnésie des Occidentaux. Nous sommes loin de la petite école primaire de mon village guinéen où j'ai appris que mes ancêtres étaient des Gaulois... Cet enseignement pouvait paraître étrange, mais il n'était pas traumatisant. Il relevait d'une volonté réelle d'ouverture de l'identité française aux Guinéens, à l'époque où le pays était une colonie française.

La crise de la mémoire ne peut qu'engendrer une crise culturelle. La condition du progrès réside dans la transmission des acquis du passé. L'homme est physiquement et ontologiquement lié à l'histoire de ceux qui l'ont précédé. Une société qui refuse le passé se coupe de son avenir. Elle est une société morte, une société sans mémoire, une société emportée par l'Alzheimer.

Ce mouvement contemporain vaut pour le christianisme. Si l'Église se coupait durablement de sa longue histoire, elle ne tarderait pas à se perdre. Dans *L'Affrontement chrétien*, Emmanuel Mounier explique que cette volonté de rupture avec le passé a provoqué une décadence conjointe de la civilisation occidentale et du christianisme. Le christianisme fut soutenu en ses débuts par la « verdeur de la civilisation » ; il en subirait aujourd'hui l'affaissement. Mais la crise est d'abord, selon lui, interne au christianisme. Il existe une forme de porosité entre la civilisation et la religion chrétiennes. Si le christianisme pactise avec le monde au lieu de l'éclairer, les chrétiens ne sont pas fidèles à l'essence de leur foi. La tiédeur du christianisme et de l'Église provoque la décadence de la civilisation. Le christianisme est la lumière du monde. Si le christianisme ne brille plus, il contribue à plonger l'humanité dans la pénombre.

Comment jugez-vous le rapport complexe des modernes avec l'idée de racine ?

La racine est le départ et la nourriture de la vie. Elle plante la vie dans un sol fertile et l'irrigue d'une sève nourrissante. Elle plonge dans les eaux pour que la vie reste verdoyante en toute saison. Elle permet la frondaison et l'apparition des fleurs et des fruits. Une vie sans racines appelle la mort. Le rapport complexe des modernes avec l'idée de racine provient de la crise anthropologique que nous avons évoquée plus haut. L'homme moderne a peur que ses racines deviennent un carcan. Il préfère les renier. Il se croit libre, alors même qu'il est en fait plus vulnérable. Il devient comme une feuille morte détachée de l'arbre, exposée à tous les vents.

Cette difficulté est un phénomène occidental. En Afrique et en Asie, nous demeurons attachés à nos racines, elles plongent nos vies et notre histoire au plus profond de nos origines ancestrales. Les ethnies, les religions, et les cultures ont des histoires anciennes dont elles continuent de se nourrir. Le passé et l'avenir y sont imbriqués, inséparables. Cet ancrage n'est pas un déterminisme, mais la condition de notre liberté.

Le refus des racines chrétiennes dans la Constitution européenne est le symptôme le plus manifeste de cette attitude. Aujourd'hui, les institutions européennes sont réduites à une structure économique et administrative. En dehors des intérêts financiers, portés par une petite oligarchie, l'Europe fabrique des idéologies, les nourrit d'utopie et perd son âme. L'Europe s'est coupée de ce qu'elle est profondément. Elle s'est reniée.

L'Occident donne parfois le sentiment d'avoir le progrès comme seul horizon…

Le progrès est une idole puissante des sociétés occidentales. Il représente l'alpha et l'oméga qui doit permettre l'avènement d'un homme nouveau. Le progrès entraîne la naissance d'une civilisation purement technologique, soucieuse de l'opulence et de la surabondance des biens matériels dont l'homme moderne est avide.

Chaque jour, nous sommes accablés par les actualités et les informations nouvelles. Chacun de nous est sommé de s'adapter, de changer. L'homme postmoderne est un nomade perpétuel, un pantin ballotté, soumis à tous les vents de la mode.

La recherche compulsive du progrès a fait émerger un homme virtuel. Comment ce dernier pourrait-il rencontrer Dieu ? Le mouvement et l'instabilité sont les ennemis les plus irréductibles de la contemplation.

Dans les *Confessions*, saint Augustin écrit : « Tu nous as faits pour toi, Seigneur, et notre cœur est sans repos tant qu'il ne repose en Toi. » Dieu est le sens même de tout progrès véritable. La vitesse et l'artificialité ne peuvent pas nous conduire à Dieu. L'homme de l'instant n'est pas l'homme de Dieu. Il finit par ne plus comprendre sa raison d'être.

Dans un tel état de perdition, il n'est pas surprenant que nous ne manifestions aucune inquiétude devant l'avènement des robots humanoïdes dotés d'une intelligence artificielle. Nous sommes vaguement stupéfaits, certains que ces hybrides dotés de cerveaux composés d'un réseau de neurones artificiels sont une chance pour l'humanité. Mais, en réalité, ils annoncent sa mort lente.

Pourtant, l'Église a toujours contribué de manière déterminante au progrès technique. Combien de découvertes scientifiques ont été accomplies en milieu chrétien, voire dans les monastères ? L'Église doit continuer aujourd'hui à encourager tous les progrès scientifiques qui sont réellement au service de l'homme. Pour cela, elle doit rester elle-même et continuer de prêcher ce que le Christ lui a transmis.

L'avènement d'une société de robots annonce-t-elle la mort définitive de Dieu ?

Il nous faut d'abord parler de la mort de l'homme. Je pense souvent à Paul Tibbets, le pilote du bombardier *Enola Gay* qui a bombardé Hiroshima. Il est par excellence l'homme de la civilisation des machines, obéissant et irresponsable.

Dans *La France contre les robots*, Georges Bernanos évoquait avec limpidité ce phénomène : « Dans la lutte plus ou moins sournoise contre la vie intérieure, la civilisation des machines ne s'inspire, directement du moins, d'aucun plan idéologique, elle défend son principe essentiel, qui est celui de la primauté de l'action. La liberté d'action ne lui inspire aucune crainte, c'est la liberté de penser qu'elle redoute. »

Dans notre monde, l'homme ne trouve sa place que dans la mesure où il est utile dans la vaste toile d'araignée des robots. L'homme réduit au rôle d'exécutant n'est plus à proprement parler un homme, mais un opérateur froid qui a depuis trop longtemps renoncé à l'usage de son libre arbitre ; il a perdu le contact avec son âme. Bernanos poursuivait : « Les âmes ! On rougit presque d'écrire aujourd'hui ce mot sacré. […] L'homme n'a de contact avec son âme que par la vie intérieure, et dans la civilisation des machines la vie intérieure prend peu à peu un caractère anormal. »

L'homme contemplatif est celui qui ne se soumet pas à l'impératif technicien de la production. Il sait que la mort de l'homme annonce la mort de Dieu, et la mort de Dieu la fin de l'humanité.

Sans Dieu, le monde ne peut suivre que des utopies et des idoles. Sans Dieu, le monde vit dans le vide, dans le néant, dans une inquiétude et une souffrance permanentes. Si l'homme ne cherche plus Dieu, s'il crée ses propres dieux au service de son épanouissement, alors le vrai Dieu disparaît de l'horizon du monde.

La Vie de la vie s'échappe de nos sociétés. Pourtant Dieu reste vivant en nous. Il est dans notre âme, puisque l'homme est la demeure, le temple le plus sacré de Dieu.

Paradoxalement, le progrès pourrait nous faire découvrir Dieu. Le progrès devrait être le milieu le plus propice pour une découverte constante de ce que Dieu a voulu. Toutes les découvertes scientifiques ou technologiques racontent la Création de Dieu. Un vernis de science éloigne de Dieu, mais une science profonde et sage nous rapproche de lui.

L'Église a-t-elle posé le bon diagnostic quant aux conséquences de la posthumanité ?

La vérité ne change pas. Elle est éternelle. Elle a pour nom Jésus-Christ, et « Jésus-Christ est le même hier et aujourd'hui, et pour les siècles » (He 13, 8). L'humanité ne périra jamais. Elle sera sauvée par le Christ. La posthumanité est un mensonge. Elle veut prendre son autonomie par rapport à son Créateur, mais jamais elle ne pourra tuer son Créateur.

Le libéralisme intégriste semble désormais la seule règle du monde. Il préconise l'abolition de toutes les règles, des frontières et de la morale. Il préconise l'abolition de la religion. Puisque Dieu est mort, elle ne nous relie plus avec aucune divinité, et la religion devient superflue.

Dans la préface de *Pour un traité du vide*, Blaise Pascal écrivait : « Toute la suite des hommes, pendant le cours de tant de siècles, doit être considérée comme un même homme qui subsiste toujours et qui apprend continuellement. » Le philosophe du Grand Siècle a raison. L'idée du dépassement d'un homme par un autre est arrogante et stupide. Il n'y a aucune différence entre Adam et l'homme d'aujourd'hui, ontologiquement parlant et dans leur capacité de pécher, de se rebeller contre Dieu ; la seule différence, insignifiante, c'est que l'homme d'aujourd'hui porte des habits de luxe et possède un téléphone portable, tandis qu'Adam et Ève découvrent qu'ils sont nus.

Que restera-t-il de nous tels que nous sommes, « humains, trop humains », quand les perspectives ouvertes par le clonage et l'utérus artificiel auront supprimé la naissance, quand la maladie sera tenue à distance par les progrès de la nanomédecine et des biotechnologies, et quand la Grande Faucheuse ne nous fera plus peur car nous serons capables de télécharger nos consciences ? Serons-nous enfin délivrés de notre enveloppe charnelle ? Fasciné par les incroyables possibilités de la machine, l'homme souhaite jeter au rebut son corps de chair et de sang pour se revêtir d'une peau de silicium et d'acier. Quelle fausse libération !

Comment ne pas interroger les responsables politiques et les puissants devant les énormes risques de la biotechnique ? Il est évident qu'elle nous confronte à un dilemme moral très grave. Le spectre de l'eugénisme, la mise au monde d'individus sélectionnés selon certains critères, reste suspendu au-dessus de la génétique tout entière. Les États pourraient-ils permettre de stériliser des individus jugés « imbéciles » tout en encourageant les personnes dotées de caractéristiques désirables à avoir autant d'enfants que possible ? Les dispositions légales de la politique eugéniste des nazis, qui impliquait l'extermination de catégories entières de populations et autorisait les expérimentations médicales sur les individus considérés comme génétiquement inférieurs, qualifiés d'*Untermenschen*, de « sous-hommes », deviendront-elles la nouvelle norme ?

Je voudrais rappeler les termes du décret du Conseil de l'Europe sur le clonage humain : « L'instrumentalisation des êtres humains par la création délibérée d'êtres génétiquement identiques est contraire à la dignité humaine et constitue ainsi un usage impropre de la médecine et de la biologie. » Ces paroles sont pleines de lucidité et de courage. Elles sont le signe que l'Europe n'a pas complètement perdu l'héritage de la sagesse.

Nous sommes alanguis dans les vapeurs euphorisantes d'un grand sommeil. Nous avons oublié la parole de l'Apocalypse : « Je suis l'alpha et l'oméga, dit le Seigneur Dieu, celui qui est, qui était, et qui vient, le Tout-Puissant. » (Ap 22, 13).

« Après moi, le déluge », semble s'exclamer l'homme du XXIe siècle. Ce saut dans le vide ne s'accompagne-t-il pas d'une volonté quasi suicidaire de non-transmission ?

La notion d'héritage est morte. Le vide est la norme. Pour les grands prêtres du nouveau monde, la culture, les valeurs, la religion et les traditions ne peuvent pas être transmises. Elles doivent rester ensevelies dans l'oubli, et pour s'assurer qu'on n'en entendra plus parler, on scellera la tombe en les supprimant des programmes scolaires.

La volonté de ne pas transmettre procède d'un désir de mort. Comment pouvons-nous décider de ne pas transmettre ce que le passé nous a donné ? Cet orgueil autosuffisant est terrible, oppressant, asphyxiant. Les sociétés occidentales sont incapables d'assurer et d'assumer la transmission de l'héritage culturel et de l'expérience du passé depuis qu'elles ont fait de la rupture le moteur de la modernité. Refuser tout héritage, faire table rase du passé et de la culture qui nous précède, mépriser les modèles et les filiations, rompre systématiquement avec la figure du père : ces gestes modernes, qui engluent les sociétés dans la dictature du présent, mènent aux pires catastrophes, humaines, politiques et même économiques.

J'ai le sentiment que l'histoire des pays occidentaux est devenue un champ de ruines. Comment transmettre ce qui n'existe plus ? Tout va-t-il disparaître ? Le christianisme, l'histoire, la civilisation, les hommes eux-mêmes disparaîtront-ils pour être remplacés par des robots ?

Les nouvelles générations sont privées d'un héritage pluriséculaire qui leur aurait permis de construire leur vie. Un jeune qui voit une crèche comprend à peine la signification de cet objet. Un jeune qui voit un tableau dans un grand musée est incapable de reconnaître les grandes figures bibliques. Un jeune qui lit un roman du XIXe siècle ne comprend plus rien de la vie et de la culture de ce temps. Sans histoire, sans racines, sans repères, il se perd dans les marécages du virtuel. Dans ces conditions, le passé est une *terra incognita* et le présent, une tyrannie.

La rupture est donc le moteur de la modernité ?

Aujourd'hui, pour apparaître moderne, les Occidentaux se croient obliger d'être dans une attitude de rupture permanente.

Les élites mondialisées veulent créer un monde nouveau, une culture nouvelle, des hommes nouveaux, une éthique nouvelle. Les seules choses qu'elles ne peuvent pas faire, c'est un soleil nouveau, une lune nouvelle, des montagnes nouvelles, un air nouveau, une terre nouvelle. La rupture est le moteur de leur projet politique. Elles ne veulent plus se référer au passé. Les hommes qui continuent de se réclamer des valeurs de l'ancien monde doivent disparaitre de gré ou de force. Ils sont bannis et ridiculisés. Pour les tenants du nouveau monde, ces sous-hommes appartiennent à une race inférieure. Il faut les écarter et les éliminer. Cette volonté de rompre est tragiquement adolescente. L'homme sage est conscient et fier d'être un héritier.

Je constate avec effroi des attitudes parfois similaires au cœur de l'Église. Que serait une Église où ceux qui s'attachent aux trésors de la tradition chrétienne et sont fidèles à l'enseignement immuable de Celui qui « est le même hier et aujourd'hui, et pour les siècles » (He 13, 8) sont éliminés ?

Notre temps vit-il dans un éternel présent ?

Le fait de vivre dans un présent que nous voudrions sans fin manifeste un refus pour les choses de l'éternité. Le présent devient surabondant et Dieu, invisible. L'homme cherche toujours plus à s'évader dans des réalités parallèles. Je suis frappé par toutes les personnes qui passent un temps infini derrière leur téléphone portable, absorbés par des images, des lumières, des fantômes. L'éternel présent est une éternelle illusion, un petit cachot. Le téléphone portable nous transporte continuellement hors de nous-mêmes ; il nous coupe de toute vie intérieure. Il nous donne le sentiment d'être toujours en voyage à travers les continents, nous permettant d'être en contact avec toutes les personnes. En réalité, il nous vide de notre intériorité et nous dépose dans le monde de l'éphémère. Le téléphone portable nous fait perdre le vrai contact, il nous projette vers le lointain, l'inaccessible. Il nous donne l'impression d'engendrer l'espace et le temps, d'être des dieux capables de communiquer sans qu'aucun obstacle nous arrête. Les machines folles de la communication volent le silence, détruisent la richesse de la solitude et bafouent l'intimité. Elles viennent souvent nous arracher à notre vie amoureuse avec Dieu pour nous exposer à la périphérie, à l'extérieur de nous-mêmes au milieu du monde.

Pourtant, le présent appartient aussi à Dieu. Le Père habite toutes les dimensions du temps. Dieu est. Si l'homme connaît son identité et qu'il vit avec raison dans le présent, il peut de nouveau s'implanter en Dieu.

Nous traversons le temps pour trouver plus intimement Dieu. Le temps est une longue marche vers Dieu.

*Le culte de l'*hic et nunc *et le refus de l'éternité vont-ils de pair ?*

Dans le monde moderne, le présent est devenu une idole. Or l'homme est né pour l'au-delà. La vie éternelle est inscrite en lui. La culture de l'instant crée donc une tension nerveuse permanente. Il faut parvenir à sortir l'homme contemporain de cette idolâtrie dangereuse de l'immédiateté. L'homme ne peut retrouver le calme et la quiétude véritable qu'en se reposant en Dieu.

Le culte de l'*hic et nunc* est le fruit de la crise philosophique et de la crise de la culture des temps modernes. Comment pouvons-nous faire comprendre que les plus grands trésors ne sont pas ceux que nous pouvons toucher de nos mains ? L'ouverture à Dieu est un acte de foi que personne ne peut quantifier.

Je crois qu'il est nécessaire de faire comprendre au monde occidental que l'attachement excessif aux choses matérielles est un piège. La civilisation matérialiste postindustrielle qui est la nôtre est promise à une mort prochaine. Et la civilisation transhumaniste serait une catastrophe plus grande encore. L'humanité doit prendre conscience de l'impasse matérielle et spirituelle où elle se trouve. Il ne sert à rien de s'étourdir de petites joies égoïstes, factices et fugaces. Dans une conférence donnée à Rio de Janeiro, le 22 décembre 1944, Georges Bernanos déclarait avec raison : « On ne va jusqu'à l'espérance qu'à travers la vérité, au prix de grands efforts. Pour rencontrer l'espérance, il faut être allé au-delà du désespoir. Quand on va jusqu'au bout de la nuit, on rencontre une autre aurore. »

Notre monde ne pourra pas faire l'économie de la vérité et de l'espérance en Dieu. Ce chemin de vérité nous conduira à d'énormes souffrances. Apprenons à nous détacher des biens matériels et du pouvoir. Soyons scrupuleusement attachés à Dieu et à sa parole de vie. Nous parviendrons alors tous ensemble à l'unité dans la foi et à la connaissance de la vérité qui a un nom : Jésus-Christ.

8

LA HAINE, LA DÉRISION ET LE CYNISME

NICOLAS DIAT : Quel regard portez-vous sur les totalitarismes du XXe siècle et leurs enfants posthumes ?

CARDINAL ROBERT SARAH : Ce siècle a eu le malheur de connaître les régimes politiques et les systèmes idéologiques les plus horribles. Nous savons combien le communisme et le nazisme ont brisé la vie de millions de personnes.

Dans mon pays, en Guinée, nous avons longtemps vécu sous la dictature marxiste de Sékou Touré. Notre peuple a connu la privation de liberté, les exactions des polices politiques, la faim et la misère. Les arrestations arbitraires, la déportation dans les camps de torture, les procès sommaires faisaient partie du quotidien. Que de fleuves de larmes et de sang ont inondé les familles guinéennes. Aucune n'a été épargnée par la dictature et la violence politique et idéologique.

Le totalitarisme s'est répandu comme une traînée de poudre sur tous les continents. Les régimes totalitaires ont détruit l'homme, écrasé la foi et les valeurs culturelles, piétiné les libertés et la dignité de l'homme, alors qu'ils avaient pour ambition de le changer.

Le régime nazi, en particulier, imaginait faire émerger une race sans défaut, une race de seigneurs. La volonté d'extermination du peuple juif, peuple élu de Dieu, a marqué au fer rouge toute l'histoire de l'humanité.

Au XXIe siècle, le totalitarisme prend un visage plus pernicieux. Il a pour nom l'idolâtrie de la liberté totale et absolue, qui se manifeste dans les versions les plus agressives de l'idéologie du genre et du transhumanisme. Le nazisme, le fascisme et le communisme ont de terribles successeurs. Il s'agit des idéologies qui nient la dignité humaine, qui promeuvent l'avortement et l'euthanasie, mais aussi du fanatisme islamiste qui tue et fait régner la terreur. Certains indices nous permettent de déceler les mêmes origines démoniaques de ces mouvements. On y distingue une même haine de l'homme, un même orgueil destructeur.

Eu égard au contexte historique actuel, il est urgent que l'Église, par la voix de ses responsables, fasse connaître à tous, d'une manière définitive, la volonté du Créateur sur l'homme, la famille, le mariage, la sacralité et le respect de la personne humaine. Combien de personnes de bonne volonté se joindraient à cet acte de courage lumineux de l'Église !

L'idéologie athée du XXe siècle entendait détacher l'homme de Dieu. Les nouvelles idéologies souhaitent désormais mutiler et contrôler sa nature. L'homme a rêvé son propre paradis terrestre. L'échec fut cuisant. Il veut maintenant changer sa propre nature humaine.

Jean-Paul II a lutté de toutes ses forces en faveur de la chute du communisme. L'Église doit maintenant protéger les plus faibles des folies du transhumanisme et de l'idéologie du genre dont les forces capitalistes et libérales semblent se satisfaire parfaitement.

Comment définir les nouvelles tentatives de transfiguration du monde ?

Dans son livre *La Haine du monde*, Chantal Delsol écrit que « nous vivons encore en période de démiurgie, et nos démiurges se trouvent dans la même mouvance que les récents totalitarismes. Ils habitent le même processus ». La haine de Dieu est restée la même.

L'homme, privé volontairement de Dieu, cherche à transformer son corps. La science et les nouvelles technologies sont les instruments de cette démiurgie contemporaine. L'homme et la nature doivent plier sous le joug implacable de la recherche. La promesse est simple : l'homme augmenté deviendra immortel, sa capacité intellectuelle inégalable, et ses forces physiques seront décuplées. La génétique est un nouveau Dieu. Personne ne sait à quel désastre nous allons aboutir, et pourtant nous continuons cette course folle. La catastrophe est-elle imminente ? La réponse des idéologues fous est invariablement simple : il faut poursuivre la marche forcée ! Nous allons payer au prix fort ce processus insensé d'autodestruction. L'homme augmenté aboutira à l'homme diminué. Ce chemin monstrueux débouchera sur la commercialisation et la marchandisation de l'homme.

L'émancipation totale de l'homme cache une révolte programmée visant à montrer à Dieu que nous sommes capables de tout réaliser sans lui, en corrigeant ses lacunes et son incapacité de réaliser l'homme parfait. Un fleuve qui se sépare de sa source peut continuer à vivre un certain temps. Mais il finira par se tarir. Un arbre privé de ses racines subirait le même destin. Comment freiner les dérives d'un orgueil humain sans limites ? Comment retrouver la tempérance ? L'Église connaît les liens de l'homme et de son Créateur. Elle sait que le vase a besoin de son potier, le pain du boulanger, la maison du maçon. Un enfant a besoin de ses parents. Et l'homme a besoin de Dieu. La parole de l'Église est une lumière. Elle nous rappelle que l'homme a des racines divines. La recherche d'indépendance est une illusion. Sans Dieu, sa créature est une pierre qui roule sans but vers l'abîme.

Notre temps semble partagé entre la dérision et le cynisme…

Le contraire de la dérision réside toujours dans le sacré. En effet, la dérision vise à salir, à écraser et à humilier ; elle s'affranchit de tout respect. Au contraire, le sacré implique la déférence et le silence. La divinisation de la dérision débouche immanquablement sur la barbarie. Je rejoins à ce sujet l'analyse de Chantal Delsol, livrée dans son ouvrage *La Haine du monde* : « User de sarcasmes et détruire la réputation, l'estime de soi, et pour ainsi dire l'âme, peut se révéler plus grave et plus cruel qu'utiliser la violence nue. Car les cicatrices du corps marquent souvent moins profondément que les cicatrices de l'âme. De même, banaliser un comportement auparavant considéré comme gravement fautif permet de redistribuer l'échelle des valeurs plus sûrement que par aucune menace physique. »

Je suis persuadé que le combat pour la civilisation implique de ne pas utiliser les armes du mal. Nous devons nous garder de la dérision. Le bien avance dans le silence. Les chrétiens et les hommes de bonne volonté ne doivent pas entrer dans une logique de lutte pour la possession de l'espace médiatique. Le vrai combat a lieu dans les cœurs. Une conscience qui respecte silencieusement le Mystère de Dieu et de l'homme fait échec de manière efficace aux hurlements des idéologues dans les médias.

L'Église est la seule à défendre un humanisme authentique. L'Église est le dernier rempart, la seule défense sûre de l'homme et de sa dignité. Certaines agences onusiennes ainsi que des institutions européennes, qui bénéficient de moyens financiers et technologiques considérables, ont lancé une guerre agressive contre son enseignement. Les populations n'ont plus les moyens de réfléchir. Elles sont anesthésiées, hypnotisées, et incapables de réactions raisonnées. Le profit est le seul dieu des élites mondialisées, qui n'ont que faire de l'avenir de l'homme.

Le transhumanisme, qui vise à créer un homme éternel, n'est-il pas une utopie qui a le grand avantage de ne pas montrer son vrai visage ?

Le transhumanisme nourrit le projet fou d'accélérer l'évolution en repoussant les limites de l'être humain et en créant de nouvelles formes de vie. Il encourage les recherches génétiques qui devraient, dans un avenir proche, permettre la naissance d'un hybride homme-machine. Les scientifiques qui promeuvent le transhumanisme tentent de réaliser ce qui est, sans nul doute, le plus vieux rêve de l'humanité malicieusement inculqué à Adam et Ève par Satan. Dans la Bible, le serpent rassure en effet la femme en ces termes : « Pas du tout ! Vous ne mourrez pas de mort. Mais Dieu sait que, le jour où vous en mangerez, vos yeux s'ouvriront et vous serez comme des dieux, connaissant le bien et le mal » (Gn 3, 4-5).

Le projet d'augmenter l'être humain n'est donc pas nouveau. Parce qu'elle le confronte à l'inconnu, parce qu'elle détruit son être même, la dame à la faux a toujours effrayé l'homme. Le transhumanisme entend remédier à la mort en repoussant l'âge du grand voyage vers l'éternité et en l'annulant. Désormais, les chantres du transhumanisme proclament la mort de la mort. L'homme ne mourra plus de mort. Il sera éternel.

Dans *La Haine du monde*, Chantal Delsol décrit ce sombre futur : « Liberté individuelle oblige, il y aura, nous dit-on, des statuts humains différents – au milieu du XXIe siècle, un peuple de cyborgs immortels sera mêlé à des humains traditionnels, en quelque sorte des Amish. Autrement dit : la charge du renouvellement incessant, la vocation de créer toujours du neuf, liée à l'acceptation de la mort, sera dévolue à un groupe de volontaires demeurés mortels. Ceux-ci sauveront le cœur du monde. Car les humains immortels n'auront pas d'enfants : zéro naissance, zéro mort est le programme de la société des immortels, comme dans le roman *Globalia* de Christophe Ruffin. Le programme d'immortalité de la Silicon Valley oublie que la nature est un perpétuel renouvellement, ce qui traduit la perpétuelle jeunesse du monde, le recommencement, la succession indéfinie des aurores – rien d'autre. Et c'est en même temps – les deux sont liés – la diversité toujours recommencée à partir des êtres singuliers, toujours nouveaux. Il n'y a de diversité, de singularité, et d'espérance, que dans l'acceptation de la mort. » Elle conclut avec raison : « Celui que Hannah Arendt appelle l'*homme superflu*, sans futilité ni signification parce que déraciné au sens de privé de liens et de relations, voilà le cœur et le centre des utopies révolutionnaires, qui est en même temps le cœur et le centre de la période contemporaine. »

Ce mouvement suppose acquise une philosophie de l'évolution permanente. Selon cette dernière, l'intelligence n'est nullement une faculté spirituelle, mais le résultat du développement de la matière au cours de l'histoire. Dès lors, il n'est point besoin de questionner la pertinence – et encore moins la moralité – de la modification du génome, de l'insertion de puces électroniques dans le corps ou de l'adjonction de prothèses intelligentes. Possédant le pouvoir de la technique, l'homme doit devenir le maître de l'évolution et contribuer à la venue au monde d'une posthumanité.

Le paradoxe est grand car se dessine une forme de nouvelle nostalgie du paradis perdu. Avant le péché originel, la fatigue, la maladie et la mort n'existaient pas. Mais notre espérance n'est pas en l'homme ni dans la science. Elle est en Dieu. Pour les chrétiens, l'âme survit à la disparition terrestre du corps. Selon le plan de Dieu, nous retrouverons un jour cette enveloppe corporelle. La résurrection ou la vie éternelle est l'œuvre du Père, et non de l'homme. Je constate cependant que l'Église ne consacre plus de prêches à l'âme, à l'éternité et aux fins dernières. Les prêtres ont peur de susciter les railleries. Lors des cérémonies d'obsèques, la suppression du *Dies irae* est symbolique de cette fausse pudeur.

Nous devons être joyeux et pleins d'espérance. L'homme cherche l'éternité par les voies de la science. Mais Dieu seul nous la donnera. Il viendra un temps où nous vivrons éternellement avec Lui.

Dans le monde postmoderne, l'éternité devient une affaire commerciale. Dans le meilleur des mondes, la charité disparaîtra dans la mesure où tout le monde sera fort et éternel. Un enfer sur terre.

L'Église n'a pas le droit d'être médiocre. Si elle refuse de dénoncer les rêves prométhéens de cette époque, elle manque gravement à sa mission divine. Si elle ne propose rien pour remédier aux dérives transhumanistes, elle trahit le Christ. Si elle s'adapte à l'air du temps, elle s'éloigne de Dieu. Le péril est considérable. Ce que les utopies du XXe siècle n'ont pas réalisé, l'Occident postmoderne sans Dieu va tenter de le faire.

Comment, dans ce contexte, revenir à la sagesse ? Il faut écouter Dieu. Accepter notre finitude. Par l'Incarnation, le

Christ nous enseigne que la voie du bonheur n'est pas la négation de notre état de créature. Au contraire, il est venu prendre notre chair. Il nous montre la voie. C'est lui, l'homme parfait. Or, il n'a voulu s'affranchir d'aucune limite de notre condition humaine. Rien de ce qui fait notre humanité ne lui est étranger. Même la souffrance peut être vécue à sa suite dans l'amour. Soulager la souffrance est œuvre de charité ; la nier est une illusion. Le Christ nous montre que la mort elle-même peut ouvrir à la vie éternelle si nous l'acceptons. L'idéologie transhumaniste est inspirée par la navrante tentation de singer la résurrection. Seul le Dieu fait homme peut vaincre la mort. En la traversant par amour, il l'a définitivement vaincue. Par sa mort, il a vaincu la mort. Il nous offre sa vie, qui est la seule vie éternelle.

9

LA CRISE DE L'EUROPE

NICOLAS DIAT : Dans ce chapitre, le grand livre de Joseph Ratzinger L'Europe, ses fondements, aujourd'hui et demain, *paru en 2005, sera le fil de notre réflexion. Un an avant son élection sur le trône de Pierre, le cardinal écrivait : « Il y a là quelque chose d'étrange et que l'on ne peut considérer que comme une attitude pathologique : l'Occident semble se haïr lui-même. Certes, il s'efforce de s'ouvrir et c'est louable avec beaucoup de compréhension aux valeurs étrangères, mais il ne s'aime plus lui-même. De sa propre histoire, il ne retient plus désormais que ce qui est déplorable et causa des ruines, n'étant plus en mesure de percevoir ce qui est grand et beau. Si elle veut survivre, l'Europe a besoin de s'accepter à nouveau elle-même. » Comment ne pas être frappé par l'aspect prophétique des paroles de Ratzinger ?*

CARDINAL ROBERT SARAH : Avec les années, et malgré son développement économique, le problème de l'Europe devient de plus en plus grave. Les progrès scientifiques et technologiques, l'abondance des biens matériels, la dissolution de toute identité propre ont aveuglé l'Europe, l'ont déséquilibrée, rendue orgueilleuse, areligieuse et athée. L'homme ou l'organisation qui renie ses racines et ne reconnaît plus son être propre se renie ou est frappé d'amnésie. L'Europe semble programmée pour s'autodétruire. Elle n'a de vision de son avenir que sur les plans économique et militaire. Ses racines judéo-chrétiennes sont oubliées. L'Occident semble se haïr et prêt à se suicider.

L'Europe veut s'ouvrir à toutes les cultures – ce qui peut être louable et source de richesse – et à toutes les religions du monde, mais elle ne s'aime plus. Il suffit d'observer l'appauvrissement de la connaissance de leur propre langue maternelle chez les nouvelles générations.

L'Europe a perdu sa noblesse. La laideur envahit tous les pans de ses sociétés. La prétention et l'orgueil sont des maux graves. La recherche de la vérité n'existe plus. Le mal et le bien sont confondus. Le mensonge n'a plus honte de lui-même ; en quelque sorte, il s'exhibe avec fierté. La parole est transformée en outil de guerre économique et financière. On vit dans la confusion. Des mots nouveaux sont créés, mais il ne faut surtout pas leur donner une définition précise. On ne sait plus ce que sont un homme ou une femme. Le sexe n'est plus une réalité objective. On n'a de cesse de redéfinir la famille, le mariage et la personne humaine.

Le tableau que vous dépeignez est terrible. L'Europe serait-elle déjà morte ?

Je crois qu'elle est agonisante. Un processus d'autodestruction est toujours réversible. Mais le temps presse. Depuis quelques années, la chute s'accélère. Toutes les civilisations qui ignorent l'éminente dignité de la personne humaine ont disparu. Aujourd'hui, comme au temps de l'Empire romain, l'Europe manipule, commercialise, joue avec la vie de l'homme, créant ainsi les conditions de sa disparition.

Le refus de la vie, le meurtre des enfants à naître, celui des handicapés et des vieillards, la démolition de la famille et des valeurs morales et spirituelles : voilà qui constitue le premier acte du suicide d'un peuple tout entier. Nous assistons impuissants à la décadence d'une civilisation. Le plongeon de l'Europe est unique dans l'histoire de l'humanité.

Cependant, je dois ajouter qu'il y a en Europe, à côté des institutions qui semblent suicidaires et décadentes, de vrais germes de renouveau. J'ai rencontré de nombreuses familles généreuses et profondément enracinées dans leur foi chrétienne. J'ai vu aussi de belles communautés religieuses, fidèles et ferventes. Elles me font penser aux chrétiens qui, dans l'Empire romain finissant, veillaient sur la flamme vacillante de la civilisation. Je veux les encourager. Je veux leur dire : votre mission n'est pas de sauver un monde qui meurt. Aucune civilisation ne détient les promesses de la vie éternelle. Votre mission consiste à vivre fidèlement et sans compromis la foi que vous avez reçue du Christ. Ainsi, sans même vous en rendre compte, vous sauverez l'héritage de tant de siècles de foi. N'ayez pas peur de votre petit nombre ! Il ne s'agit pas de gagner des élections ou d'influencer les opinions. Il s'agit de vivre l'Évangile. Non pas de le penser comme une utopie, mais d'en faire concrètement l'expérience. La foi est comme un feu. Il faut être soi-même brûlant pour pouvoir la transmettre. Veillez sur ce feu sacré ! Qu'il soit votre chaleur au cœur de l'hiver de l'Occident. Quand un feu éclaire la nuit, les hommes se rassemblent peu à peu autour de lui. Telle doit être votre espérance.

Dans le même livre, L'Europe, ses fondements, aujourd'hui et demain, *Joseph Ratzinger écrivait : « À l'heure même de sa suprême réussite, l'Europe semble devenue intérieurement vide, comme paralysée par une crise de son système circulatoire, crise qui compromet sa vie. On veut la pallier par des transplantations qui ne peuvent finalement qu'abolir son identité. À cette diminution de ses forces spirituelles fondamentales correspond le fait que, sur le plan ethnique, l'Europe semble en voie de disparition.* » *Ce constat sévère semble rejoindre vos propres analyses…*

En parlant de transplantation, le cardinal Ratzinger évoque déjà les processus migratoires. Sous peu, nous savons qu'il y aura en Europe un déséquilibre d'une rare dangerosité sur les plans démographique, culturel et religieux. L'Europe est stérile, elle ne se renouvelle pas, faute d'un taux de natalité suffisant. Sa maison se remplit d'étrangers parce qu'elle est vide, « libre, balayée, bien en ordre » (Mt 12, 44). Elle est débarrassée de ses trésors historiques et chrétiens.

Il semble que les technostructures européennes se réjouissent des flux migratoires ou les encouragent. Elles ne raisonnent qu'en termes économiques. Elles ont besoin de travailleurs qui puissent être peu payés. Elles ignorent l'identité et la culture de chaque peuple. Il suffit de voir le mépris affiché pour le gouvernement polonais. L'idéologie libérale prime sur toute autre approche. Comme à Bethléem, Dieu est le seul pauvre pour qui il n'y a pas de place à l'hôtellerie.

L'Europe prétend lutter contre toutes les formes de discriminations liées aux appartenances raciales et religieuses. Dans ce domaine, de véritables progrès ont eu lieu. Mais on en a profité pour imposer un esprit utopique. La disparition des patries et la colonisation des cultures ne sauraient être un progrès. L'entreprise multiculturaliste européenne exploite un idéal de charité universelle mal compris. La charité n'est pas un déni de soi. Elle consiste à offrir à l'autre ce que l'on a de meilleur et ce que l'on est. Or ce que l'Europe a de meilleur à offrir au monde, c'est son identité, sa civilisation profondément irriguée de christianisme. Mais qu'a-t-elle offert aux nouveaux venus musulmans sinon l'irreligion et un consumérisme barbare ? Comment s'étonner que ces derniers se réfugient dans le fondamentalisme islamiste ? Les Européens doivent être fiers de leurs mœurs et de leurs coutumes inspirées par l'Évangile. Le plus précieux cadeau que l'Europe puisse faire aux immigrés vivant sur son sol n'est pas d'abord une aide financière, encore moins un mode de vie individualiste et sécularisé, mais le partage de ses racines chrétiennes. Assumer ce que l'on est : c'est une condition essentielle pour accueillir l'autre. Face au danger de l'islamisme radical, l'Europe devrait savoir énoncer fermement à quelles conditions on peut partager sa vie et sa civilisation. Mais elle doute d'elle-même et a honte de son identité chrétienne. C'est ainsi qu'elle finit par attirer le mépris.

Joseph Ratzinger ajoutait : « Sans cesse se trouve passionnément encouragée la multiculturalité, mais parfois c'est là surtout abandon et rejet de ce qui est propre, fuite des particularités de l'Europe. La multiculturalité ne peut subsister si font défaut, à partir des valeurs propres, certaines constantes communes, certaines données permettant de s'orienter. Elle ne peut certainement pas subsister sans le respect de ce qui est sacré. »

Un jardin est riche de chaque variété de fleurs qui le constitue. Toutes les espèces sont belles et différentes. Les couleurs, les nuances et les parfums mêlés forment un paradis. Si les fleurs se ressemblaient, la beauté disparaîtrait. La véritable beauté est sacrée. Le cardinal Ratzinger avait raison de considérer que « pour les cultures du monde, la dimension absolument profane qui est apparue en Occident est quelque chose de profondément étranger. Elles en sont persuadées :

un monde sans Dieu n'a pas d'avenir. Aussi la multiculturalité nous invite-t-elle à rentrer à nouveau en nous-mêmes ». Je crois que si les migrants qui arrivent en Europe finissent par la mépriser, c'est au fond parce qu'ils ne découvrent en elle rien de sacré.

En Afrique et en Asie, rien n'est profane. Tout est sacré. Tout est lié à Dieu et dépend de lui. Tout atteint sa plénitude en Dieu. La plus petite des réalités est liée à Dieu. Elle est inséparable de son origine. Une culture profane est une terre inconnue et méprisable, « une fontaine sans eau » (2P 2, 17). L'homme africain ne peut comprendre un monde sans Dieu. Le fleuve n'aurait plus de sources, et les maisons seraient dépourvues de fondations. Un monde sans Dieu et sans morale est comme un enfant mort-né. Le lac de Tibériade, sans la source du Jourdain, ne peut exister. Un monde sans Dieu et sans valeurs morales et religieuses est une illusion mortifère. Les progrès techniques essaient d'endormir l'homme dans un sommeil toujours plus profond. Les civilisations égyptienne et romaine ont disparu alors qu'elles avaient réalisé des prouesses impressionnantes. L'homme sans Dieu se berce de l'illusion d'être immortel.

Le cardinal Ratzinger savait qu'il existe des pathologies de la religion, mais il a toujours été convaincu que la pathologie d'une raison totalement détachée de Dieu est beaucoup plus dangereuse.

L'indifférence vis-à-vis de Dieu est une grave pathologie, car elle conduit à l'autocélébration de l'homme. Il y a une arrogance terrible dans cette crise de la foi. À la lecture des Saintes Écritures, il est frappant de constater chez nos contemporains cette erreur fondamentale de jugement par laquelle les hommes semblent attacher beaucoup d'importance à des choses qui n'en ont pas. On donne, par exemple, la première place aux fantômes de l'argent, de la richesse matérielle ou du pouvoir politique. En revanche, Dieu, qui devrait être le trésor et la source de tout épanouissement humain, ne trouve dans le cœur de l'homme qu'indifférence et mépris. Il estime qu'il n'a pas besoin de Dieu pour prendre en main son destin, se réaliser pleinement par lui-même et construire le monde d'aujourd'hui et de demain.

En tout Dieu prend l'initiative, nous accompagne, nous soutient et réalise notre véritable humanité et notre bonheur. Malheureusement, l'homme ne veut plus reconnaître ses errements. Il est content de ce qu'il réalise sans Dieu. Il est content de sa décadence. Il est content du chaos. Il sera bientôt content d'être remplacé par des robots ou des transhumains. Je dis cela en frémissant de frayeur.

Le fait qu'il existe des valeurs que personne ne peut altérer ne constitue-t-il pas la meilleure garantie de notre liberté ?

Il est déterminant que des valeurs fondamentales régissent la vie des sociétés. Le relativisme se nourrit de la négation des valeurs pour asseoir son emprise délétère. En régime relativiste, tout est manipulable, y compris la vie humaine. Ainsi s'éteint la liberté. Mais les véritables valeurs ne mourront jamais.

Le projet occidental consiste à détacher l'homme de Dieu pour le rendre autonome. Cette entreprise peut sembler triomphante, mais elle sera un échec. Nous ne pouvons vivre pleinement notre humanité en étant détachés de nos origines. Le bien, le beau, la vérité, l'amour et le bonheur viennent de Dieu. Sans lui, l'homme a peur du bonheur. L'appel du bonheur devient plus difficile que la mort. Pour nombre de nos contemporains, le bonheur vient de la simple consommation et d'une liberté absolue que rien ne freine dans son expression, chacun suivant son désir, ses tendances et ses appétits. Cette jouissance matérialiste est une agonie. L'instinct, le plaisir, l'envie sont les seuls maîtres de ces vies désenchantées. Quelle vulgarité presque animale ! Mais l'homme restera toujours une créature divine. La vraie liberté réside dans le combat pour rejoindre et correspondre à la volonté du Père. Alexandre Soljenitsyne et tous les prisonniers des goulags soviétiques connaissaient le prix de ce chemin. Ils savaient que Dieu aurait toujours le dernier mot. On a beau le nier, Dieu sera toujours Dieu ; il habite au milieu de nous, car c'est lui qui nous réalise pleinement. Tous les croyants de mon pays, qui ont souffert sous la dictature marxiste de Sékou Touré, peuvent parler de la liberté. Et, toujours, ils affirmeront que la liberté est absolument liée à la vérité. En Afrique, on dit que la liberté et la vérité sont comme l'huile : vous aurez beau chercher à les noyer ou à les détruire, comme l'huile elles se maintiendront toujours à la surface.

La liberté du monde occidental est dans les bas-fonds. Mais elle pourrait un jour se reconstruire. Sauf si les hommes et leurs dirigeants s'obstinent dans l'erreur. La coalition des forces du mal qui se fardent des oripeaux de la pureté semble prévaloir. Mais, à Dieu, rien n'est impossible.

Une autre remarque du cardinal Ratzinger frappe par sa résonance avec notre époque : « Si les États d'Occident suivaient la voie du laïcisme, prétendant construire un État de la pure raison, libre à l'égard de toutes racines historiques et spirituelles, ils ne pourraient à la longue résister à la pression d'idéologies et de théocraties politiques. »

Cette phrase est une prophétie. Il n'est pas compliqué de comprendre où sont aujourd'hui les pressions et les théocraties dont parle le cardinal Ratzinger. Le libéralisme relativiste et l'islamisme radical menacent nombre d'États occidentaux. Les théocraties ont des convictions enracinées dans une histoire qui leur donne une puissance indéfectible de combat. Le matérialisme et l'hédonisme sont d'une fragilité infinie face à ces systèmes. Comment l'Occident, qui n'a plus aucune énergie intérieure, va-t-il se défendre face aux attaques portées par des volontés de domination et de conquête aussi terribles ? La seule force de l'Occident réside dans une volonté farouche de s'autodétruire. L'exaltation d'une force imaginaire fait parfois penser aux derniers moments de l'Union soviétique. Nous assistons impuissants au passage d'un âge humain à un âge bestial. Deux barbaries s'affrontent : une barbarie matérialiste et une autre islamiste. Je crains que la seconde ait le dernier mot. Il me revient en mémoire les paroles si fortes du cardinal Ratzinger, lors d'une conférence donnée en juillet 1987 : « Au nom d'une équivoque entre pluralisme et liberté religieuse, on a opéré un retrait total du fait chrétien par rapport à l'exigence de donner forme à l'ordre public. L'idée d'un État complètement neutre par rapport aux valeurs, d'un État se tenant à distance de tout ordre religieux et moral est absurde. Bultmann lui-même disait que si un État non chrétien est concevable, un État athée ne l'est pas. Je crois qu'il est très important de rappeler aux consciences la dimension politique et sociale du christianisme, son caractère imprescriptible de fait public. » La crise européenne est essentiellement une crise spirituelle, elle a sa racine dans le refus de la présence de Dieu dans la vie publique.

La conclusion du cardinal Ratzinger semble décrire une bougie sur le point de s'éteindre : « L'État refuse un fondement religieux et se considère reposant de manière exclusive sur la raison et ses propres institutions. À cause des fragilités de la raison, ces systèmes se sont révélés frêles et aisément victimes des dictatures. S'ils survivent, c'est que, nés de la morale, ils continuent à subsister même en l'absence des fondements antérieurs et permettent un consensus moral de base. »

En Occident, un régime chrétien invisible, fragile et essoufflé tient-il encore de ses anciennes mains les nations qu'il a créées ? La chose est possible. Mais un État qui refuserait toutes normes morales est voué tôt ou tard à sa perte. Saint Paul nous dit clairement que le véritable pouvoir vient de Dieu. La médiacratie tente par tous les moyens de mettre en pièces les restes de la chrétienté. Le système médiatique, véritable police de la pensée unique, court de bataille en bataille pour transformer l'homme.

Si l'Europe ne porte pas une attention particulière à cet avertissement, elle disparaîtra. La rupture avec Dieu entraînera une révolution anthropologique sans équivalent dans l'histoire de l'humanité. Pour achever cette réflexion, je voudrais citer des paroles lumineuses extraites du discours de réception du cardinal Ratzinger à l'Académie des sciences morales et politiques, le 6 novembre 1992, prononcées sous la coupole de l'Institut de France : « Revenons-en à la question : comment peut-on redonner au droit et au bien dans nos sociétés leur force contre la naïveté et le cynisme, sans que pareille force du droit soit imposée ou même arbitrairement définie par la coercition extérieure ? À cet égard, l'analyse faite par Charles Alexis Clérel de Tocqueville dans *De la démocratie en Amérique*, livre de référence des partisans du libéralisme politique, m'a toujours impressionné. Que cet édifice de soi fragile conserve néanmoins sa cohésion et rende possible un ordre des libertés dans la liberté vécue communautairement, le grand penseur politique en voyait une condition essentielle dans le fait qu'en Amérique était vivante une conviction morale fondamentale, conviction qui, nourrie du christianisme protestant, donna leurs bases aux institutions et aux mécanismes démocratiques. De ce fait, des institutions ne peuvent se maintenir et être efficaces sans des convictions éthiques communes. Or celles-ci ne peuvent pas provenir d'une raison purement empirique. Les décisions de la majorité ne resteront elles-mêmes véritablement humaines et raisonnables que tant qu'elles présupposeront l'existence d'un sens humanitaire fondamental et respecteront celui-ci comme le véritable bien commun, la condition de tous les autres biens. De telles convictions exigent des attitudes humaines correspondantes, et ces attitudes ne peuvent se développer lorsque le fondement historique d'une culture et les jugements éthico-religieux qu'elle contient ne sont pas pris en considération. Pour une culture et une nation, se couper des grandes forces éthiques et religieuses de son histoire revient à se suicider. Cultiver les jugements moraux essentiels, les maintenir et les protéger sans les imposer de façon coercitive, me paraît être une condition de la subsistance de la liberté face à tous les nihilismes et à leurs conséquences totalitaires. »

Je m'inquiète enfin des conséquences de l'anéantissement de l'Europe chrétienne pour toutes les autres parties du monde. Les missionnaires du Vieux Continent ont longtemps porté la parole de l'Évangile et l'enseignement des valeurs chrétiennes en Afrique ou en Asie. Ils ont permis à des populations entières de délaisser les vieilles religions païennes pour trouver le Christ. Je suis le fruit de cette histoire. Dieu avait donné une responsabilité particulière à l'Europe. Pendant de longs siècles, elle a répondu généreusement à cet appel. Son nouvel égoïsme forcené aura forcément des conséquences. Mais je veux continuer à croire en l'Europe même si je suis conscient que la maladie semble irréversible. L'élément tragique, pour le Vieux Continent, n'est pas qu'il ignore le sens de sa mission, mais que cela le dérange de moins en moins de ne pas en avoir. La civilisation humaine est en jeu et l'homme européen n'en a cure. Il danse au bord d'un volcan. Et cependant, des pays se réveillent peu à peu. Leurs voix portent. Je pense à la Pologne, à la Slovaquie, à l'Autriche, à l'Italie et à la Hongrie. Alors espérons !

10

LES ERREURS DE L'OCCIDENT

NICOLAS DIAT : Dans notre premier livre, Dieu ou rien, *vous établissiez un lien entre l'idéologie des Lumières et l'humanisme areligieux. Pourrions-nous reprendre cette réflexion ?*

CARDINAL ROBERT SARAH : Dans son fameux discours de Harvard, prononcé en 1978, Alexandre Soljenitsyne parlait avec une loyauté et une franchise qui ne manquèrent pas de surprendre certains Occidentaux déjà habitués au langage « politiquement correct » : « Mais, inversement, si l'on me demande si je veux proposer à mon pays, à titre de modèle, l'Occident tel qu'il est aujourd'hui, je devrai répondre avec franchise : non, je ne puis recommander votre société comme idéal pour la transformation de la nôtre. Étant donné la richesse de développement spirituel acquise dans la douleur par notre pays en ce siècle, le système occidental, dans son état actuel d'épuisement spirituel, ne présente aucun attrait. »

Quand l'homme n'accorde d'importance qu'à sa propre raison, aux biens matériels, et que Dieu disparaît dans de grands fracas idéologiques, comment s'étonner que l'Occident puisse traverser une crise sans commune mesure ? La caractéristique profonde de l'idéologie des Lumières est d'affirmer que la raison, pour être elle-même, doit se couper de tout éclairage divin. L'idéologie des Lumières a voulu exiler Dieu le plus loin possible de notre terre. Sous la Révolution française, le culte de l'Être suprême exprime parfaitement cet enfantillage aux conséquences graves. La prétention et la révolte de l'homme finissent toujours par se retourner contre lui. Aucune civilisation n'a jamais professé à ce point l'athéisme et l'areligion. Aucune civilisation n'a jamais cru à ce point que la raison seule suffisait pour avancer dans la vie.

Pourquoi l'humanisme serait-il forcément areligieux ? La volonté de prendre soin de l'homme devrait au contraire conduire l'Occident à se rapprocher de Dieu. Je crois profondément que la raison ne trouve son plein épanouissement qu'en s'ouvrant à la lumière de la foi.

Pensez-vous qu'il existe une forme de suprématie factice du droit sur la morale ?

Les civilisations athées perdent inévitablement le sens métaphysique. Les réalités transcendantes leur sont étrangères. L'homme se croit désormais suffisamment puissant pour prendre seul son destin en main.

L'homme moderne ne veut plus de son Créateur. Alors il piétine peu à peu les règles morales pour les remplacer par des règles de droit soi-disant démocratiques. Les désirs les plus rudimentaires deviennent la mesure de toute chose. La majorité, souvent représentée par le pouvoir parlementaire des États, manipulée par les puissances médiatiques, réécrit peu à peu la norme morale.

Dans cet égarement, la liberté individuelle est le seul critère et les satisfactions personnelles, l'unique objectif. Chacun peut faire ce qu'il veut. La loi morale est détestée. Les pulsions sont encensées par les grands prêtres médiatiques. Si un homme veut mettre un point final à sa vie, il le peut. Si un homme veut devenir une femme, il le peut. Si une jeune fille veut se prostituer sur Internet, elle le peut. Si un adolescent veut regarder de la pornographie sur Internet, il le peut. Si une femme veut avorter, elle le peut. C'est son droit. Tout est possible.

Ce tableau peut paraître caricatural. Et pourtant, c'est la réalité. Nous sommes entrés dans une civilisation du chaos des désirs. Et plus nous nous enfonçons dans le chaos, plus s'impose le constat suivant : quand les jouissances primitives se tarissent, l'homme préfère en finir avec la vie. Il préfère le néant. Il n'a pas d'espoir en dehors de ce monde. L'homme ne regarde plus le ciel. Il se débat dans ses frustrations. Les Occidentaux sont devenus les plus grands consommateurs d'antidépresseurs. Les cabinets des psychologues et autres praticiens ne désemplissent pas. Le suicide chez les adolescents est devenu un phénomène courant.

En Afrique, le suicide est *quasi* inexistant. Dans les sociétés traditionnelles, il n'existe pas. L'homme est pleinement intégré dans une petite communauté. Il est respectueux des lois de la nature et des coutumes de son peuple. Dieu demeure le fondement de sa vie. Il aspire à l'au-delà après son bref séjour sur terre. Si la mort arrive, il l'accepte comme un chemin qui nous fait passer de cette terre vers la patrie où nous attendent les ancêtres.

Dans mon continent, tous les hommes d'une même tribu se soutiennent mutuellement. Il n'y a pas de marginaux. Le soir, chacun parle. L'argent n'a aucune signification vitale. Seules les relations humaines et la relation avec Dieu ont une véritable importance. Les pauvres sont heureux ; ils dansent de bonheur et de vie.

En Occident, les nouveaux droits sont activement soutenus par les forces médiatiques et financières. Ces dernières influencent et culpabilisent les populations. Pour populariser l'euthanasie, elles ne cessent de distiller des messages pour renverser les fameuses « opinions publiques ». Quand les moyens d'information ont fait leur œuvre, les instituts de sondage viennent doctement expliquer que la majorité a changé… Les temps seraient donc mûrs. Un monde de mensonges, de conditionnements et de manipulations s'installe sans vergogne. Un monde d'esclaves. Les techniques de manipulation mentale sont d'une rare subtilité. Le mal devient un bien par un grand tour de magie.

Si l'Église ne dénonce pas l'illusion que portent ces nouveaux droits, le chaos s'installera. Et il mènera le monde dans les ténèbres. Paul VI a eu ce courage prophétique avec la lettre encyclique *Humanae vitae* sur le mariage et la régulation des naissances. Jean-Paul II parlait constamment des ravages de la culture de mort. Benoît XVI appelait l'Europe à retrouver ses racines chrétiennes. Et, aujourd'hui, François refuse l'exploitation économique de l'homme par l'homme. Les derniers papes n'ont pas été suivis par les gouvernements de l'Occident. Le mal a empiré. Mais nous ne devons pas baisser les bras.

Jean-Paul II dénonçait régulièrement l'idéal de liberté dégénérant en licence et en débridement des passions. Quel est votre point de vue sur ce sujet ?

Il y a une dictature de la liberté débridée. Alexandre Soljenitsyne a compris très rapidement que l'Occident ne connaissait plus le vrai sens de la liberté. Dans son discours de Harvard, il déclarait : « La liberté n'a pas dévié ainsi vers le mal d'un coup : l'évolution s'est faite progressivement, mais il semble qu'elle ait eu pour point de départ la bienveillante conception humaniste selon laquelle l'homme, maître du monde, ne porte en lui aucun germe de mal, et tout ce que notre existence offre de vicié est simplement le fruit de systèmes sociaux erronés qu'il importe d'amender. » Soljenitsyne offre une critique objective de l'idolâtrie occidentale de la liberté. Sa réflexion sur la liberté telle qu'elle est vécue en Occident mérite notre attention.

L'ancien prisonnier du goulag avait adressé un appel très poignant aux peuples libres au nom des peuples opprimés. Il voulait pointer la racine du mal : « Le monde occidental arrive à un moment décisif, écrivait-il dans *L'Erreur de l'Occident*. Il va jouer au cours des prochaines années l'existence de la civilisation qui l'a créé. Je pense qu'il n'en est pas conscient. Le temps a érodé votre notion de liberté. Vous avez gardé le mort et fabriqué une autre notion. Vous avez oublié le sens de la liberté. Lorsque l'Europe l'a conquise, aux alentours du XVIIIe siècle, c'était une notion sacrée. La liberté débouchait sur la vertu et l'héroïsme. Cela, vous l'avez oublié. Cette liberté qui, pour nous, est encore la flamme qui éclaire notre nuit, elle est devenue chez vous une réalité rabougrie et parfois décevante parce que pleine de clinquant, de richesses et de vide. Pour ce fantôme de l'ancienne liberté, vous n'êtes plus capables de faire des sacrifices, tout juste des compromis [...] Vous avez l'impression que les démocraties peuvent durer. Or vous n'en savez rien. La volonté intérieure est plus importante que la politique. Si les dirigeants de l'Est sentaient en vous la moindre flamme, le moindre élan vital pour que les libertés subsistent chez vous et pratiquement s'étendent, s'ils comprenaient que vous êtes prêts à sacrifier votre vie, à cette seconde même, ce sont eux qui baisseraient les bras. La bataille ne se déroule pas entre eux et vous, mais entre vous et vous-mêmes.

Au fond de vous-mêmes, vous pensez que la liberté est acquise une fois pour toutes, et c'est pourquoi vous vous payez le luxe de la mépriser. Vous êtes engagés dans une bataille formidable et vous vous comportez comme s'il s'agissait d'une partie de ping-pong. Or les cartes dont vous disposez sont probablement encore maîtresses. À la seule condition que votre volonté de les jouer perce à travers vos attitudes, et que nul ne doute de votre résolution. »

Cet homme a souffert des années durant dans les goulags soviétiques. Il mesure le prix de la vraie liberté, la saine liberté. En ces temps de dégradation morale et de démission générale, il nous invite à la résistance spirituelle et à un effort de discernement sur les enjeux de la liberté. Comment taire cette interpellation vigoureuse et sévère devant la chute de l'Occident ?

Le mot liberté reste mais le sens profond n'existe plus. Il est devenu une coquille vide. Les hommes confondent la liberté et le libertinage. La liberté n'est-elle pas la fille de la vérité qui la conduit à faire le bien et à chercher le beau ? Ou n'est-elle qu'un moyen pour trouver ce qui est agréable ? La liberté occidentale est un théâtre d'ombres.

La véritable liberté est une conquête, une lutte concrète qui demande le dépassement de soi, la discipline et l'effort. Elle exige d'abord une maîtrise de soi-même et un discernement de ses propres faiblesses et qualités. La liberté est une flamme qui éclaire. Elle est le contraire d'un sentiment aveugle qui nous entraîne vers nos passions et nos abîmes.

Seuls ceux qui ont connu la perte de la liberté peuvent comprendre son véritable sens. Ils savent sa profondeur.

Aujourd'hui, la liberté est un slogan publicitaire. Elle s'achète et se vend au gré des fluctuations du marché boursier. J'ai peur que les majorités parlementaires occidentales se fabriquent simplement avec de l'argent, des sauces rhétoriques, des théâtres médiatiques, des systèmes électifs sécurisés, des biseautages de circonscriptions, et mille pressions ou subterfuges variés. La culture occidentale qui devait porter la liberté au monde n'en connaît plus le sens.

L'Église doit parler du Christ libérateur. Il vient briser les chaînes du mal et du péché. Dieu donne la liberté. Si l'Église cesse d'enseigner la liberté voulue par Dieu, elle manque gravement à sa mission. L'homme n'est pas naturellement bon. Le péché originel existe. La liberté passe par le détachement de ce péché. Dieu seul peut nous aider. L'Église doit répéter sans cesse cette vérité.

On a parfois l'impression que les droits de l'individu bafouent ceux de la société...

Nous avons oublié que le bien commun est le bien le plus profond et intime des personnes. Dans un orchestre, le meilleur bien de chaque instrumentiste est au fond la symphonie jouée par tous. Dans une famille, le bonheur commun est le premier bien de chacun. Aujourd'hui, on préfère opposer société et individu. Or la société ne doit pas brimer l'individu. Les politiques économiques laissent trop souvent les hommes au bord du chemin, dépouillés de tout, roués de coups et à demi morts. Je suis affreusement choqué de voir dans quelle situation de détresse les familles d'agriculteurs pauvres sont abandonnées. Ce scandale silencieux est innommable.

Mais il est aussi vrai que l'épanouissement personnel ne doit pas nuire au destin collectif. Dans les sociétés occidentales hédonistes, la primauté du plaisir de l'individu a tendance à nuire à la bonne marche des sociétés. Les choix et les tendances individuels peuvent polluer la société et la déstabiliser dans ses fondements. Il règne une forme de dictature de l'épanouissement personnel.

L'individualisme est une ruine. Je suis préoccupé de constater que les dirigeants européens montrent eux-mêmes des signes d'individualisme patents. Par exemple, beaucoup n'ont pas voulu construire une famille et n'ont pas d'enfants. Dans ces conditions, comment promouvoir une politique familiale ambitieuse ? Comment cultiver dans le cœur des familles le désir et l'amour des enfants ?

Le pouvoir des médias est régulièrement remis en cause. Pourtant, ils ont un rôle majeur au sein de nos sociétés…

Les médias ont un pouvoir de séduction, de conditionnement, de pression psychologique et d'embrigadement redoutable. Les jeunes représentent une proie facile. Face à la diversité chaotique des images qui défilent, ils sont souvent démunis. Ils pensent acquérir facilement une forme de liberté nouvelle. En réalité, ils sont asservis, enchaînés et désorientés, incapables de se poser les questions essentielles de la vie. Il leur manque la sagesse, le discernement, l'expérience et l'éducation pour affronter avec maturité tout ce que les médias leur proposent. Ils sont exposés à un flux incessant d'informations qui font irruption par effraction dans leur innocence virginale.

Je constate avec tristesse que des prêtres sont tombés dans les pièges grossiers du pouvoir médiatique. Ils sont devenus dépendants de ces formes de communication. Des séminaristes tombent aussi dans ces chausse-trapes. Au lieu de se construire peu à peu une clôture intérieure qui leur permettra d'être toujours plus intimement au côté de Dieu, ils dilapident un temps précieux qui devrait être destiné au silence, à la prière et à la lecture méditée de la parole de Dieu. La télévision, Internet et tant d'autres technologies de communication accaparent le temps destiné à Dieu.

Au Vatican, à la basilique Saint-Pierre, les médias et les télévisions ont envahi les célébrations eucharistiques solennelles du pape. Les cérémonies sont traitées comme des spectacles. Nous assistons à un processus de désacralisation incroyable. Derrière leurs écrans, je n'ignore pas que des malades et des personnes âgées peuvent ainsi nourrir leur foi. Mais on ne peut trouver Dieu en regardant un programme de télévision. Dieu est une présence réelle cachée dans le tabernacle. Une image ne remplacera jamais une rencontre intime. Le Père n'accepte pas d'intermédiaire fictif pour faire grandir une âme. Nous nous leurrons en feignant de croire que nous avons rencontré Dieu et pris part au sacrifice eucharistique en regardant une émission télévisée. Personne ne peut prétendre avoir été aux obsèques de sa mère en regardant le film de la cérémonie de la messe de ses funérailles. Ce serait dénaturer nos rapports avec Dieu que de les soumettre aux médiations techniques. Aucune relation humaine réellement intime et personnelle ne peut se construire par l'intermédiaire d'une machine. Aucune machine, aucune technologie, aucun robot ne peut remplacer un homme dans sa relation à Dieu.

Les médias ne sont pas étrangers à notre perte du sens de la prière et de la contemplation. Ils sont des voleurs de feu sacré. La vie de notre âme n'a aucune importance pour eux. J'aimerais répéter ici un message que j'ai déjà adressé aux prêtres : ne priez pas l'office divin avec votre téléphone portable. Vous ne pouvez pas manipuler une machine où il y a toutes sortes de choses et prier. Comme dans la liturgie eucharistique, il y a un missel pour la messe. Aimez le livre sacré qui est votre bréviaire, car l'office divin est une véritable liturgie.

Le grand opposant au silence, ce sont les médias. Sans silence, la raison même ne peut s'épanouir. Je crois que nous devrions instaurer un grand jeûne médiatique pendant le carême. Les chrétiens devraient donner l'exemple d'une abstinence complète d'écran pendant quarante jours. Une telle pratique aurait de vraies conséquences sur nos rapports non seulement avec Dieu, mais aussi entre nous. C'est une vraie question de civilisation. Mais en sommes-nous capables ? Je pose la question à tous mes lecteurs chrétiens : oserez-vous briser vos chaînes numériques au moins quarante jours par an ? Ce serait une attitude prophétique !

Pie XI et son successeur Pie XII attendaient beaucoup des médias pour accroître les potentialités de l'évangélisation. Le Vatican a été pionnier avec Radio Vatican. Il existait alors une belle espérance. Pourtant, malgré la mise en œuvre de ces nouvelles techniques de communication, l'évangélisation n'a jamais été aussi faible. C'est que l'évangélisation n'est pas une communication. Elle est d'abord un témoignage. Elle se fait avec un corps, une fatigue et une souffrance. Les sacrifices du Christ sont notre modèle. L'évangélisation est une nouvelle incarnation du Verbe de Dieu.

Aurais-je quitté mon petit village guinéen si je n'avais pas eu la chance de rencontrer un missionnaire totalement saisi par le Christ, dévoré par l'envie de mourir pour lui, habité par l'annonce de l'Évangile ? J'ai été touché par l'exemple de la prière des missionnaires dans notre petite église. Je ne les ai pas écoutés à la radio. Je voyais le père Marcel Bracquemond et ses confrères, les pères André Mettan, André Besnir et Daniel Denoual, dans la pénombre du chœur. La prière est le fondement de l'évangélisation.

Il est urgent de retrouver le sens d'une authentique ascèse chrétienne. Il faut aussi une grande humilité pour faire un bon usage des médias. Cette qualité est nécessaire aux journalistes.

Récemment, j'ai été heureux de lire un entretien de Mgr Batut, évêque de Blois, dans lequel il expliquait que « la liturgie n'est pas un show ». Le journaliste lui demandait par où il fallait commencer pour initier les jeunes au mystère de la liturgie chrétienne. J'adhère entièrement à la réponse qu'il lui a faite : « Il faut les sortir de leurs tablettes et de leurs smartphones, les sortir de leur incapacité à vivre le silence… Le silence, c'est la chose la plus dure pour eux, mais aussi la plus fructueuse. Les jeunes sont capables de comprendre que l'important n'est pas de s'ennuyer ou pas à la messe, mais d'y aller. Il faut leur faire dépasser le côté affectif qui les mobilise souvent à 99 %. Le plus important, ce n'est pas de donner des explications sur la liturgie, mais de la faire vivre ! Combien de fois ai-je vu des jeunes en larmes lors de belles liturgies ? Ils pleuraient car ils découvraient une nouveauté transformante. Ils faisaient l'expérience de Dieu. » Il faut certainement sortir les jeunes de leurs tablettes et de leurs smartphones pour faire l'expérience de Dieu. Je propose d'étendre l'exemple à tous les prêtres.

L'accumulation des biens n'est certainement pas pour rien dans la longue sieste de l'Occident ?

Dieu veut que l'homme soit heureux sur cette terre. La vie terrestre est un prélude à la félicité éternelle. Il ne s'agit donc pas de s'opposer à l'amélioration des conditions de vie.

Mais il existe aujourd'hui une inversion des finalités. La consommation est devenue une fin en soi. Le matérialisme capitaliste a triomphé du matérialisme marxiste. Les deux sont des frères jumeaux. Ils atrophient la dimension spirituelle des hommes qui deviennent des consommateurs esclaves. Or, il faut substituer le primat de l'esprit au primat de la matière.

Plus un homme s'installe et se complaît dans les choses matérielles, plus il a tendance à s'éloigner de Dieu. Le Christ lui-même le dit : « En vérité, je vous le dis, il sera difficile à un riche d'entrer dans le Royaume des Cieux. Oui, je vous le répète, il est plus facile à un chameau de passer par un trou d'aiguille qu'à un riche d'entrer dans le Royaume des Cieux » (Mt 19, 23-24).

À rebours de cette vie émolliente, les moines choisissent volontairement la pauvreté pour mieux se rapprocher de Dieu. Leur ascèse leur permet de développer une vie culturelle extraordinaire. Ils font leurs les paroles du Deutéronome : « Souviens-toi de tout le chemin que Yahvé ton Dieu t'a fait faire pendant quarante ans dans le désert, afin de t'humilier, de t'éprouver et de connaître le fond de ton cœur : allais-tu ou non garder ses commandements ? Il t'a humilié, il t'a fait sentir la faim, il t'a donné à manger la manne que ni toi ni tes pères n'aviez connue, pour te montrer que l'homme ne vit pas seulement de pain, mais que l'homme vit de tout ce qui sort de la bouche de Yahvé. Le vêtement que tu portais ne s'est pas usé et ton pied n'a pas enflé, au cours de ces quarante ans ! Comprends donc que Yahvé ton Dieu te corrigeait comme un père corrige son enfant, et garde les commandements de Yahvé ton Dieu pour marcher dans ses voies et pour le craindre » (Dt 8, 2-6).

Les grands saints, Benoît de Nursie, Bruno de Cologne ou François d'Assise, ont choisi la pauvreté pour mieux nourrir leur vie spirituelle. Ils ont fondé des foyers de vie spirituelle et civilisationnelle extraordinaires.

Souvent la Vierge Marie est apparue à de pauvres enfants. À Lourdes ou à Fatima, les petits bergers qui l'ont vue ne possédaient rien. Ils ont été distingués par la Mère du Christ. Dieu aime les cœurs pauvres, simples, doux et brûlants d'amour. Le cœur pur est le plus beau Temple de Dieu.

La foi et la pauvreté sont consanguines. Le confort conduit souvent à l'arrogance et à l'égoïsme.

La quête de confort et l'obsession matérialiste vont-elles à l'encontre de la vie de l'âme ?

L'homme moderne prend soin de son corps et néglige complètement son âme. Il parle toute la journée de la croissance de l'économie, de l'argent, de la production, de bien-être, des conditions de travail et des vacances d'été. Mais il ne connaît plus Dieu.

Il ne s'agit pas de s'opposer au confort. Il y a des hommes immensément riches qui n'ont pas perdu leur dimension spirituelle – qui, comme Job, gardent la foi en plaçant Dieu au centre de leur vie et de leurs activités.

Toutefois, il existe une obsession moderne de l'argent et du luxe. L'acquisition semble synonyme de bonheur. Ce piège devient un esclavage, avec son cortège de jalousie et de haine. La publicité entretient perpétuellement cette quête illusoire. Elle pollue profondément les relations entre les hommes. Comment accepter qu'elle s'affiche partout, sur le moindre mur libre de nos villes et de nos campagnes ? Sa suppression, ou du moins sa réduction, est une question de salubrité publique. Je sais que certaines villes du Brésil ont déjà eu le courage de l'interdire dans l'espace public. C'est une attitude prophétique et courageuse. Les chrétiens devraient s'unir aux hommes de bonne volonté pour repousser hors de nos cités cette invasion de la laideur et de la vulgarité. Peut-être alors retrouverons-nous le goût des œuvres d'art qui offrent gratuitement à tous le réconfort de la beauté !

Quand cette obsession de la consommation et du confort entre à l'intérieur de l'Église, elle conduit à la trahison des promesses faites au Christ. Le Dieu que nous suivons est pauvre et humble. Les prêtres et les évêques sont trop influencés par les mentalités séculières. Ils doivent prendre garde de ne pas tomber dans des fossés boueux. Le meilleur moyen pour y remédier est de partir régulièrement dans les monastères. Ces enclaves sont souvent la seule manière de retrouver le chemin de l'Évangile. La pauvreté volontaire des moines, leur silence, leur immersion en Dieu, leur discrétion sont des modèles qui peuvent restructurer nos vies et les réorienter davantage vers Dieu et son Église.

Connaissez-vous beaucoup de prêtres contemporains disposés à partir annoncer le Christ dans les régions les plus reculées au péril de leur vie, comme les missionnaires autrefois ? Le confort matériel entraîne une bureaucratisation mondaine et bourgeoise du clergé.

Comment jugez-vous les rapports entre l'Occident, la Russie et l'orthodoxie ?

Jean-Paul II était convaincu que les deux poumons de l'Europe devaient travailler ensemble. Aujourd'hui, l'Europe de l'Ouest déploie des moyens insensés pour isoler la Russie. Pourquoi s'acharner à ridiculiser ce grand pays ? L'Occident fait montre d'une arrogance inouïe. L'héritage spirituel et culturel de l'Église orthodoxe russe est inégalable. Le réveil de la foi qui a suivi la chute du communisme représente une espérance immense. Il est le fruit du sang des martyrs. Le témoignage donné par Alexandre Soljenitsyne au *Figaro* en 1985 est impressionnant : « Le monde n'avait jamais connu auparavant une irréligiosité aussi organisée, aussi militarisée et ayant une malveillance aussi tenace que l'appareil marxiste. Dans le système philosophique de Marx et Lénine, et au cœur de leur psychologie, la haine de Dieu est la force agissante principale, plus fondamentale que toutes leurs prétentions politiques et économiques. L'athéisme militant n'est pas simplement fortuit ou marginal à la politique communiste ; ce n'est pas un effet secondaire, mais le pivot central. Les années 1920 en URSS ont été témoins d'un cortège ininterrompu de victimes et de martyrs parmi les membres du clergé orthodoxe. Deux métropolites furent abattus, dont l'un, Benjamin de Petrograd, avait été élu par le vote populaire de son diocèse. Le patriarche Tikhon lui-même est passé par les mains de la Tcheka-GPU et est ensuite mort dans des circonstances suspectes. Un très grand nombre d'archevêques et d'évêques périrent. Des dizaines de milliers de prêtres, de moines et de nonnes, poussés par les tchékistes à renoncer à la parole de Dieu, ont été torturés, abattus dans des sous-sols, envoyés aux camps, bannis dans la toundra désolée du Nord lointain, ou rejetés à la rue dans leur vieillesse sans nourriture ou abri. Tous ces martyrs chrétiens sont allés inébranlablement à leur mort pour la foi ; les cas d'apostasie étaient rares. Pour des dizaines de millions de laïcs, l'accès à l'Église était bloqué et on leur interdit d'élever leurs enfants dans la foi : les parents religieux étaient arrachés à leurs enfants et jetés en prison, tandis qu'on détournait les enfants de la foi par des menaces et des mensonges. »

En Russie, l'Église orthodoxe a largement repris son rôle d'avant 1917 en tant que fondement moral de la société. Cela suscite une opposition politique, mais aussi une haine profonde de la part des élites de l'Occident postchrétien, non seulement vis-à-vis de la Russie, mais aussi contre l'Église orthodoxe russe et, par extension, contre le christianisme orthodoxe lui-même.

L'attaque, ouvertement politique, qui vise à opposer l'Ukraine à l'Église orthodoxe russe sous l'autorité du patriarche Kirill de Moscou est une provocation dangereuse et stupide. Je crois au contraire que les chrétiens européens devraient s'unir pour mettre en valeur leur héritage, qui est d'abord celui des saints et des martyrs.

11

LES ENNEMIS IMPITOYABLES

NICOLAS DIAT : Pourquoi dénoncez-vous sans relâche ce que vous appelez la faiblesse psychologique, morale et spirituelle des Occidentaux ?

CARDINAL ROBERT SARAH : L'Occident s'est progressivement détaché de la source de la vie. Comment oublier l'enseignement du prophète Jérémie, qui plaçait ces paroles dans la bouche de Dieu : « Car mon peuple a commis deux crimes. Ils m'ont abandonné, moi la source d'eau vive, pour se creuser des citernes, citernes lézardées qui ne tiennent pas l'eau » (Jr 2, 13) ? La rupture avec Dieu ne peut être que fatale. Comment imaginer que les conséquences spirituelles, morales et psychologiques ne soient pas graves ? Malgré des symptômes préoccupants, les Occidentaux refusent de se remettre en question. Prenons l'exemple des arts, de l'architecture, de la poésie, de la peinture, ou de la musique. Comment ne pas constater une régression terrible ? Le beau disparaît de l'horizon. Le laid est érigé en norme indépassable.

Le déni de réalité de l'Occident est le fruit d'un orgueil terrible, d'une cécité volontaire, d'une pulsion de mort. Les fausses valeurs sont chéries et propagées. Le laid est devenu beau, l'immoral est un progrès. L'Occident est-il vraiment conscient de l'abîme qu'il creuse sous ses pas ? Il est difficile d'imaginer qu'une civilisation si brillante puisse vouloir abandonner tant de richesses sans rien comprendre de cette perte. Nous devons dénoncer ce mouvement qui conduit à s'inventer des richesses qui n'en sont pas et à transformer l'or en boue.

L'Occident semble heureux de voir ses églises transformées en salles de sport, ses chapelles romanes tomber en ruine, son patrimoine religieux menacé d'une désacralisation totale. La Russie, au contraire, dépense des sommes importantes pour restaurer les trésors de l'orthodoxie. L'Occident n'imagine pas un instant les conséquences infinies de sa veule lâcheté à l'égard de l'histoire artistique chrétienne.

Iriez-vous jusqu'à parler de colonisation postmoderne de l'Afrique ?

Dans ma propre vie en Afrique, j'ai pu apprécier les plus beaux fruits de la colonisation occidentale. Les valeurs culturelles, morales et religieuses que les Français ont données à mon pays étaient d'une grande richesse. Les colons venaient avec des traditions ancestrales riches et vivantes ennoblies par le christianisme. Leurs conceptions de la dignité de l'homme, de ses droits et de ses valeurs étaient émancipatrices. La France m'a donné une langue extraordinaire. Les missionnaires de ce pays m'ont apporté le véritable Dieu. Je n'ai pas peur de dire que je suis l'enfant d'une colonisation constructive. Aujourd'hui, cependant, les Occidentaux viennent en Afrique avec de fausses valeurs criminelles. Je ne peux accepter cette propagation d'un venin qui menace de détruire l'homme africain traditionnel. Pourquoi l'Occident veut-il annihiler ce qu'il a lui-même construit ? Le véritable ennemi de l'Occident, c'est l'Occident lui-même, sa fermeture à Dieu et aux valeurs spirituelles qui tient d'un processus d'autodestruction funeste.

Comment jugez-vous la mondialisation ?

La terre a été créée par Dieu. Il a voulu un monde pluriel. Les hommes ne se ressemblent pas. La nature aussi est une richesse multiforme ordonnée par Dieu. Notre Père a pensé que ses fils pourraient s'enrichir de leurs différences.

Aujourd'hui, la mondialisation est contraire au projet divin. Elle conduit à une uniformisation de l'humanité. La mondialisation entend couper l'homme de ses racines, de sa religion, de sa culture, de son histoire, de ses coutumes et de ses ancêtres. Celui-ci devient apatride, sans pays, sans terre. Il est chez lui partout et nulle part. Pourtant, l'homme est riche de la terre qui l'a vu naître et grandir. Il puise dans cet espace géographique particulier des ressources inestimables. La terre ne peut pas être un océan sans frontières. Cette planète pourrait devenir un cauchemar.

Dieu a voulu placer sa créature dans un jardin, dans un pays, dans un continent. Les nations sont de grandes familles. Dieu a voulu des hommes enracinés. Il sait combien les attaches sont importantes à sa bonne santé. L'homme n'a pas été créé pour être un agent économique ou un consommateur. L'humanité entre dans un projet divin que la Bible ne cesse de décrire. Dieu cherche à nous protéger, mais si les hommes dévient des routes tracées par lui, ils se perdront.

Les pays, comme ceux du groupe de Visegrád, qui refusent de se perdre dans cette course folle sont stigmatisés, parfois même insultés. La mondialisation devient une ordonnance médicale obligatoire. La patrie-monde est un continuum liquide, un espace sans identité, une terre sans histoire.

Comment l'Afrique peut-elle exister dans cette mondialisation sans frein ?

Le continent africain a longtemps été structuré par des royaumes. Les Mandingues occupaient des territoires sans frontières tracées et définies, dont les seuls repères étaient les lois des ancêtres. Les véritables relations à l'intérieur des royaumes n'étaient pas d'ordre économique. L'inspiration coutumière était le lien le plus solide des hommes. Dans cet ordre, l'initiation constituait un rite de passage déterminant pour une parfaite appartenance à la famille ancestrale.

La colonisation a inventé les nations que nous connaissons aujourd'hui. Les colons n'ont jamais aboli complètement les traditions, les valeurs et les fêtes ancestrales. Désormais, la mondialisation cherche insidieusement à couper les jeunes de ces racines. J'ai peine à croire que cette tentative réussira : comment construire une vie sur la seule croyance idolâtre dans les lois économiques, financières et commerciales ?

Quelle est votre position sur la question déterminante de la migration ?

Il y a une grande illusion qui consiste à faire croire aux peuples que les frontières seront toutes abolies. Certes, les flux migratoires ont toujours existé. La recherche d'une vie meilleure ou la fuite de la pauvreté et des conflits armés ne sont pas nouvelles. Les mouvements actuels se distinguent en revanche par leur importance. Des hommes prennent des risques incroyables. Le prix à payer est lourd. On présente l'Occident à des Africains comme le paradis terrestre. La faim, la violence et la guerre peuvent pousser ces hommes à risquer leur vie pour atteindre l'Europe. Mais comment accepter que des pays soient privés de tant de leurs fils ? Comment ces nations vont-elles se développer si tant de travailleurs font le choix de l'exil ? Quelles sont ces étranges organisations humanitaires qui sillonnent l'Afrique pour pousser de jeunes hommes à la fuite en leur promettant des vies meilleures en Europe ? Pourquoi la mort, l'esclavage et l'exploitation sont-ils si souvent la véritable issue des voyages de mes frères africains vers un eldorado rêvé ? Je suis révolté par ces histoires. Les filières mafieuses des passeurs doivent être éradiquées avec la plus grande fermeté. Curieusement, elles restent totalement impunies. De ce point de vue, la situation en Libye est catastrophique. Ce pays a été cyniquement détruit pour piller son pétrole. Pourquoi les gouvernements occidentaux ont-ils si peu de projets à présenter en vue de sa reconstruction ? De tous les côtés, je ne suis pas certain que le respect et la protection de la vie humaine soient respectés.

Il y a peu, le général Gomart, ancien dirigeant du renseignement militaire français qui a quitté l'armée en mai 2017, expliquait : « Cette invasion de l'Europe par les migrants est programmée, contrôlée et acceptée [...] Rien du trafic migratoire en Méditerranée n'est ignoré des autorités françaises, militaires et civiles. » Le général était en effet chargé de recueillir toutes les informations susceptibles d'aider la France à prendre ses décisions. Il a analysé comment le trafic migratoire au Moyen-Orient et en Méditerranée était capté par les services de renseignement français. Ces derniers connaissent l'endroit où les passeurs échangent leurs cargaisons humaines et où elles sont hébergées. Les services de renseignement français les voient préparer les départs vers l'Europe, depuis les plages de Tripolitaine et de Cyrénaïque, imposant aux migrants une trajectoire inflexible.

Avant tout départ en mer, les passeurs appellent le Centre de coordination italien des secours maritimes, et c'est ainsi que les bateaux européens vont recueillir directement en mer les flux migratoires pour les transporter à bon port, de crainte qu'ils ne s'égarent sur les côtes africaines… L'invasion n'est pas imprévisible. Il n'y a donc aucun mystère, tout se sait. On sait où les passeurs vont s'approvisionner en bateaux. On sait que la Turquie délivre de faux passeports, et que les autorités de réception préfèrent fermer les yeux. Le renseignement français est au courant des moindres détails du trafic migratoire en Afrique.

Il faut tout faire pour que les hommes puissent rester dans les pays qui les ont vus naître. Chaque jour, des centaines d'Africains meurent dans les eaux de la Méditerranée. Je demeure hanté par l'histoire de ces deux jeunes Guinéens qui ont cherché à fuir clandestinement Conakry. Montés dans la soute de l'avion, ils sont morts de froid pendant le voyage. Des amis proches m'ont parlé de jeunes venant d'Afrique morts dans les frigidaires de bateaux transportant des bananes. La barbarie ne peut plus durer.

En Europe, on prive les migrants de leur dignité. Des êtres humains sont parqués dans des camps et condamnés à attendre sans rien faire de leurs journées. En France, la jungle de Calais était une honte. Comment voulez-vous qu'un homme sans travail puisse trouver un véritable épanouissement ? Le déracinement culturel et religieux des Africains projetés dans des pays occidentaux qui traversent eux-mêmes une crise sans précédent est un terreau mortifère.

La seule solution durable passe par le développement économique de l'Afrique. Les chefs d'État de mon continent ont une grande responsabilité. L'Europe ne doit pas devenir le tombeau de l'Afrique.

Je ne suis pas certain que le pacte de Marrakech, qui a pour but de renforcer la coopération entre les pays au sujet des problématiques migratoires, signé par plusieurs pays dont la France en 2018, soit réellement porteur d'un progrès. Ce texte nous promet des migrations sûres, ordonnées et régulières. Je crains qu'il produise exactement l'inverse. Pourquoi les peuples des nations qui ont signé le texte n'ont-ils pas été consultés ? Les gouvernements de ces États, comme la France, pensent-ils que le peuple n'est pas apte à juger correctement de questions aussi importantes pour l'avenir du monde ? Les élites mondialisées ont-elles peur de la réponse de la démocratie sur les flux migratoires ? Des pays aussi divers que l'Italie, l'Australie, la Croatie, l'Estonie, l'Autriche, la Hongrie, la Slovaquie, la Pologne, la Suisse, la République tchèque, ou encore les États-Unis ont refusé de signer ce pacte. *A contrario*, je m'étonne que le Saint-Siège ne soit pas intervenu pour apporter des nuances et des compléments à ce texte qui me paraît gravement insuffisant.

Que doivent faire les gouvernements pour les migrants déjà présents sur le sol européen ?

Si les gouvernements ont déjà accueilli ces hommes et ces femmes, cela suppose qu'ils ont un projet précis pour leur donner toutes les garanties d'une vie digne avec un toit, un travail, une vie familiale et religieuse stable. Le contraire serait irresponsable et inquiétant. Hélas, je constate que toutes ces conditions sont loin d'être réunies. Sans projet précis d'intégration, il est criminel d'offrir l'hospitalité aux migrants.

Le totalitarisme islamiste vous inquiète-t-il ?

Les attaques perpétrées par des islamistes radicaux sont devenues quotidiennes. Au Moyen-Orient, en Afrique et en

Europe, les violences ne connaissent pas de trêve. La liste des villes touchées est toujours plus longue : Paris, Nice, Bruxelles, Cologne, Berlin, Stockholm, Londres, Ouagadougou, Grand-Bassam, Nairobi. Je suis frappé, en particulier, par les crimes terribles commis contre les coptes égyptiens.

Je me demande parfois si les gouvernements occidentaux mettent en place des politiques adéquates pour lutter contre le terrorisme. Comment l'État islamique a-t-il pu naître et grandir dans une telle impunité ? Je ne veux pas critiquer le travail qui est engagé. Mais il est largement insuffisant. Les causes religieuses ne sont pas traitées. Beaucoup parmi les terroristes islamistes sont en Europe depuis plusieurs générations. Ce sont des enfants de la société de consommation. Désespérés par le nihilisme européen, ils se jettent dans les bras de l'islamisme radical. Je crois que les causes du terrorisme sont largement religieuses. On ne pourra combattre ce phénomène qu'en proposant aux jeunes issus de l'immigration une vraie perspective spirituelle. Ils rejettent la société athée. Ils refusent de s'intégrer au monde sécularisé. Qui aura le courage de leur proposer une Europe fière de son héritage chrétien ? Qui aura le courage de les inviter à embrasser une identité qui soit fondée sur la morale et les valeurs chrétiennes ? L'évangélisation des jeunes Européens d'origine musulmane devrait être une priorité pastorale. Je suis persuadé qu'ils attendent de nous un témoignage clair et ferme. Mais, au nom d'un dialogue interreligieux mal compris, nous sommes pusillanimes et timides dans l'annonce du Christ.

L'islamisme intégriste fanatisé qui entend attaquer et blesser les chrétiens et les musulmans doit être combattu avec vigueur. Dans mon pays, j'ai eu la chance de connaître un islam spirituel, inspiré par le soufisme. Les musulmans y stimulent les chrétiens dans leurs propres pratiques.

La détérioration de la morale chrétienne est forte en Occident. Elle choque sincèrement de nombreux musulmans. Les migrants qui partent vers l'Occident sont majoritairement de jeunes hommes musulmans. Comment imaginer qu'ils ne seront pas heurtés en arrivant dans des pays européens où règne un paganisme insensé ?

On observe aussi une vraie frilosité des gouvernements pour accueillir les réfugiés chrétiens persécutés. Le fait était particulièrement notable sous l'administration du président Obama. Au Canada, le gouvernement Trudeau est emblématique de cette étrange pratique.

L'Occident souffre d'une perte de repères fondamentaux ; le renoncement à ses racines chrétiennes en est un des aspects. Dans ce contexte, son philanthropisme utopique l'expose aux attaques de l'islamisme radical. Si l'Europe retrouve son identité, elle pourra relever la tête et combattre le terrorisme. L'identité est le creuset du véritable respect mutuel. Dans une société dite ouverte, sans identité propre, les hommes qui possèdent un système de valeurs sont forcément les vainqueurs.

Quel est votre point de vue sur les interventions militaires des pays occidentaux dans le monde ?

Les gouvernements occidentaux ont la prétention d'imposer leur type de régime politique dans le monde entier. Pourquoi la démocratie américaine devrait-elle être exportée aux quatre coins du monde ? Il est absurde d'imposer les mêmes règles à tous les pays. La démocratie parfaite n'existe pas. Faut-il rappeler les nombreux problèmes posés par la législation sur la peine de mort aux États-Unis ? Je respecte plus la politique familiale de la Russie que celle de la Grande-Bretagne, du Canada ou de la France.

L'administration Obama a voulu apporter la liberté aux Syriens. Aujourd'hui, le pays ressemble à un champ de ruines. Il est évident que le régime du président Assad n'est pas le meilleur qui soit. Les exactions du régime baasiste sont intolérables. La protection dont jouit la minorité chrétienne ne doit pas faire oublier les pires crimes de masse qui y sont commis. Sans l'intervention de la Russie, un régime islamiste aurait fini par l'emporter. Les chrétiens de ce pays doivent leur survie à Moscou. La Russie a joué son rôle de protecteur des minorités chrétiennes à majorité orthodoxes. Le gouvernement russe a voulu défendre une religion, mais aussi une culture.

En Irak, la coalition occidentale a fait tomber Saddam Hussein et le chaos s'est installé. Jean-Paul II a tout fait pour éviter l'intervention militaire contre Saddam Hussein. Nous savons aujourd'hui que la présence d'armes chimiques, prétexte de l'invasion, était un mensonge éhonté. Quels étaient les intérêts financiers cachés dans cette initiative ? L'interventionnisme occidental au nom de la démocratie peut conduire à un dévoiement de la liberté.

En Libye, la chute du régime du Guide a entraîné les flux migratoires que nous connaissons et la destruction de toutes les structures politiques du pays. Pourquoi Nicolas Sarkozy a-t-il subitement décidé de supprimer un régime sans envisager l'après ? La France a une lourde responsabilité dans la tragédie libyenne. Quelle absence de sens moral ! On parle au sujet de la Syrie de « respect des droits de l'homme » ? On parle d'un progrès de la civilisation ? Quand on pense à la manière dont Saddam Hussein et Mouammar Kadhafi ont été torturés et tués… On considère à juste titre que ces deux hommes avaient beaucoup de sang sur les mains. Pour autant, l'Occident devait-il mettre en scène l'atrocité de leur agonie et de leur mort ? Les plus grands bandits ont droit à une mort digne. Dieu seul est juge. La tragédie de l'Occident est toujours la même. Dieu a disparu. Les États ont pris la place de Dieu.

L'Occident doit faire un examen de conscience. Combien de pays ont vu leurs droits les plus élémentaires bafoués par les puissances occidentales ? Comment peut-on dire que des peuples sont moins dignes ou moins civilisés que d'autres ? Aucun État n'est légitime à imposer sa vision politique, économique ou culturelle. L'Occident a apporté de grands idéaux au monde, mais sa propension à imposer son système politique est condamnable. Pourquoi ne veut-il pas recevoir des autres peuples ?

Le fourvoiement de l'Occident est fatal. Il est nécessaire de remettre en question toute l'armature de sa ligne géopolitique.

12

LES SÉDUCTIONS TROMPEUSES DE LA VIE PRÉTENDUMENT ÉMANCIPÉE

NICOLAS DIAT : La vie moderne s'apparente de plus en plus à une fête permanente…

CARDINAL ROBERT SARAH : Les hommes semblent obsédés par la monotonie et la tristesse. Pour conjurer la peur, ils se perdent et s'ébrouent continûment. Or leurs joies sont factices, puisqu'elles découlent du triste règne de la jouissance et de la facilité.

Dans les sociétés occidentales, dites évoluées, les misères morales et spirituelles sont immenses. La fête devient l'unique moyen pour oublier le néant dans lequel les individus sont tombés.

Plus l'homme se détruit, plus il éprouve le besoin de trouver des adjuvants à sa crise intérieure : au bout de cette quête éperdue, les philosophies asiatiques apparaissent comme des recettes miracle.

L'homme court de réjouissances en vacances, de voyages en festins. La vie est un grand jeu. L'exotisme est une promesse. Les funérailles même ne doivent plus être tristes. Il faut chanter et rire jusqu'aux derniers moments. Comment des hommes peuvent-ils applaudir les morts qui entrent ou sortent de l'église ? Comment peut-on galvauder un moment si dense d'émotions et de sacralité ? Notre légèreté et notre superficialité devant le mystère est stupide. Devant la mort, nous devons garder le silence, nous recueillir, prier et nous tourner vers Dieu pour essayer d'entrer dans le grand mystère divin où se trouve désormais le défunt. La mort n'est pas facile. Votre livre, *Un temps pour mourir. Derniers jours de la vie des moines,* le montre bien. L'homme veut chasser la mort, éliminer le deuil. Il ne supporte plus la tristesse et les larmes.

La souffrance intérieure comme physique n'a plus droit de cité. Il faut cacher les handicapés, oublier les malades et parquer les personnes âgées. La vieillesse n'est pas drôle. Elle doit donc être cachée derrière les murs sinistres des maisons de retraite.

Enfin, l'indifférence est la règle tacite quant aux choses qui concernent Dieu et la religion.

Les fêtes religieuses sont transformées en journées commerciales piteuses dont la générosité est frelatée. Cette vie faussement lumineuse est le sommet d'une civilisation décadente. La quête de la jouissance, de la réussite, de l'épanouissement entraîne les hommes toujours plus loin de Dieu. La vie est devenue une fête sans Dieu.

Dans ses *Pensées*, Pascal écrivait : « Tout le malheur des hommes vient d'une seule chose, qui est de ne savoir pas demeurer en repos, dans une chambre. » Le philosophe montre bien que l'homme, dans son orgueil et sa concupiscence, ne peut trouver la paix intérieure et le véritable bonheur qu'en Dieu. Selon lui, c'est la relation brisée entre l'homme et son Créateur qui produit chez l'humain l'insatisfaction constante de la vie qu'il mène et le désir d'oublier, par le « divertissement », qu'il est mortel. Il conclut ainsi : « Les hommes n'ayant pu guérir la mort, la misère, l'ignorance, ils se sont avisés pour se rendre heureux de n'y point penser. »

Pour ne pas entendre la musique de Dieu, nous avons choisi d'utiliser tous les artifices de ce monde. Mais les instruments du ciel ne s'arrêteront pas de jouer parce qu'il y a des sourds.

Dans notre second livre, La Force du silence, *nous avions consacré une longue réflexion à la lutte moderne du bruit contre le silence...*

Il faut aider le monde moderne en lui faisant comprendre que le bruit est devenu une dictature puissante qui ne cesse de le rabaisser. Loin du bruit, l'homme peut retrouver Dieu. Si les lumières s'éteignent, que les sons se taisent, il est capable d'écouter la voix de Dieu dans son cœur.

La civilisation de la fête cherche par tous les moyens à étouffer le silence. Elle promeut la dispersion des sentiments, la superficialité et l'hédonisme. Le bruit est le frère jumeau du mensonge. Le silence est le siège de la vérité, la demeure de Dieu.

Comment faire comprendre à nos contemporains que la vie n'est pas une fête et que le silence rend libre ? Il faut les aider à saisir que le silence est la belle farine de toutes les rencontres véritables. Le silence intérieur est toujours difficile à conquérir. Dans cette recherche, les monastères offrent des oasis.

Diriez-vous qu'il existe un combat implacable entre la quête du plaisir et l'intériorité ?

L'homme moderne néglige tellement son intériorité qu'il ne sait plus ce que cela signifie. Il est plongé dans la boue des passions, préoccupé de se divertir et de jouir de tous les plaisirs du monde. Il lui est indifférent de vivre dans un monde où dominent le mal, la violence, la corruption, le relâchement des mœurs, la perversion, l'irréligion et même le mépris de Dieu.

L'exagération est la norme. Il y a toujours eu des périodes dans l'histoire où le sordide, le brutal, l'obscène, l'immonde et la frénésie tenaient le haut du pavé. Notre époque est d'autant plus inquiétante à cet égard que Dieu est socialement mort. Cette grande absence est la pire des menaces pour l'humanité. L'homme amoral risque de succéder à l'homme chrétien.

L'Église doit absolument jouer son rôle. Le travail est d'autant plus complexe que le consensus moral issu de la civilisation judéo-chrétienne qui marquait le monde depuis plusieurs siècles a disparu. Le relativisme philosophique dénoncé par Benoît XVI a tout emporté dans ses flots meurtriers. Lors de l'ouverture du conclave de 2005, il déclarait avec courage : « On est en train de mettre sur pied une dictature du relativisme qui ne reconnaît rien comme définitif et qui donne comme mesure ultime uniquement son propre ego et ses désirs. » Dans son livre *Lumière du monde*, publié en 2010, il poursuivait cette réflexion : « Il est notoire que le concept de vérité est désormais un objet de soupçon. On en a beaucoup abusé, c'est exact. Au nom de la vérité, on a pu justifier l'intolérance et la cruauté. Quand quelqu'un dit : c'est la vérité, ou : je détiens la vérité, cela nous fait peur. Nous n'avons jamais la vérité ; dans le meilleur des cas, c'est elle qui nous a. Personne ne contestera qu'il faille se montrer prudent et précautionneux en cette matière. Mais la supprimer simplement en la disant inaccessible, c'est une destruction en règle. Une grande partie des philosophes d'aujourd'hui persiste effectivement à dire que l'homme n'est pas capable de vérité. Mais vu ainsi, il ne serait pas non plus capable d'ethos. Nous n'aurions plus aucune norme. »

Loin de la vérité, l'homme se disperse dans les plaisirs vains. La confusion fait le lit des divertissements les plus immoraux.

La mort de l'intériorité est presque considérée comme un bien. Le plaisir et l'erreur marchent et ricanent fièrement sur la même route. Nous assistons à la revanche de l'instinct. La maîtrise de soi, une certaine hygiène de l'esprit et du cœur passent par une véritable continence.

Hélas, l'individu roi est le seul juge de sa conduite. Il est renvoyé à son seul discernement. Comment un homme qui n'a pas la formation et la culture adéquates peut-il se juger lui-même ?

Pour retrouver une vie intérieure digne de ce nom, il faut d'abord cultiver le silence. Le silence est difficile mais il rend l'homme capable de se laisser conduire par Dieu. Du silence naît le silence. Par Dieu le silencieux, nous pouvons accéder au silence. L'homme ne cesse d'être surpris par la lumière qui jaillit alors. Le silence est plus important que toute autre œuvre humaine. Car il exprime Dieu. La véritable révolution vient du silence ; elle nous conduit vers Dieu et les autres pour nous mettre humblement et généreusement à leur service.

Le silence et la réflexion, éclairés par les réalités divines, peuvent seuls faire renaître la vie intérieure. Il faut donner à l'homme moderne les moyens de retrouver le chemin de son cœur pour fuir la saison hivernale des bas instincts.

Pourrait-on parler d'un panthéon des idoles modernistes ?

L'idole de l'argent y domine les autres. Un proverbe dit : « Quand l'argent parle, même le démon écoute ! » L'argent tient le monde. Le culte du veau d'or est une obsession du monde contemporain.

La liberté est une autre idole. L'homme occidental ne supporte plus aucune contrainte. Il revendique une indépendance absolue vis-à-vis de toutes les normes morales. Dieu ne peut venir contredire aucun de ces droits. La vie entière est désormais faite de droits. Mais les idoles sont toujours mensongères.

La démocratie est la troisième déesse. Hélas, elle est sanglante. Des nations, des peuples, des cultures, particulièrement au Moyen-Orient et en Afrique, sont massacrés au nom de la démocratie. Ses grands prêtres, les Occidentaux, pour imposer son culte à travers le monde, versent des fleuves de sang.

À mon sens, les hommes sont d'abord tenus par les puissances de l'argent.

Dans son livre *Les Droits de l'homme dénaturé*, le juriste Grégor Puppinck écrit : « Les droits de l'homme ? Après la Seconde Guerre mondiale, ils apparaissaient comme une promesse universelle de paix et de justice. Aujourd'hui, ils sont devenus un champ de bataille idéologique, le terrain sur lequel se confrontent les civilisations en lutte. Car les droits de l'homme sont d'abord le reflet de notre conception de l'homme. Or, celle-ci a beaucoup changé depuis la rédaction de la Déclaration universelle, en 1948. Alors que cette déclaration d'après-guerre s'inspirait encore des *droits naturels*, l'affirmation de l'individualisme a généré de nouveaux *droits antinaturels*, tels que le droit à l'euthanasie ou à l'avortement, ou à l'homosexualité, conduisant à leur tour à l'émergence de *droits transnaturels* transhumains qui garantissent aujourd'hui le pouvoir de transformer et de redéfinir la nature, tels que le droit à l'eugénisme, le droit à l'enfant ou au changement de sexe. À l'œuvre au cœur de cette transformation, on note une évolution qui témoigne d'une transformation profonde de la conception de la dignité humaine qui tend à être réduite à la seule volonté individuelle, au mépris du corps, ou à l'esprit, par opposition au corps, et qui envisage toute négation de la nature et des conditionnements comme une libération et un progrès. Au-delà, les droits de l'homme accompagnent discrètement le transhumanisme, œuvrant au dépassement de la démocratie représentative. »

L'homme moderne est inconscient. Il ne mesure pas toutes les conséquences de ses actes. Il vit dans l'artifice pour masquer ses crimes. Il préfère l'illusion à la réalité. Les fausses idoles ont conduit l'Occident à l'effondrement. Dans son *Sermon sur l'honneur*, Bossuet tonnait : « Il ne s'agit presque plus parmi les hommes d'éviter les vices ; il s'agit seulement de trouver des noms spécieux et des prétextes honnêtes. [...] Le nom et la dignité d'homme de bien se soutient plus par esprit et par industrie que par probité et par vertu ; et l'on est en effet assez vertueux et assez réglé pour le monde, quand on a l'adresse de se ménager et l'invention de se couvrir. »

Le courage de la résistance seul pourra venir à bout de toutes les séductions trompeuses d'une vie prétendument émancipée ! L'amour de Dieu et des autres, la recherche patiente et obstinée du bien sont plus que jamais les dissidences dont le monde a besoin.

13

LE DÉCLIN DU COURAGE ET LES UTOPIES MORTELLES DU « MEILLEUR DES MONDES »

Nicolas Diat : Comment définir la civilisation moderne du bien-être ?

Cardinal Robert Sarah : Le culte exagéré du bien-être qui marque tristement notre époque émousse peu à peu la volonté et le courage. Le courage se définit par la force de caractère et la ferme détermination des hommes devant des situations difficiles. Il est l'ennemi de la peur. Or notre temps vit dans la crainte permanente, l'angoisse, les obsessions les plus insensées, l'irrationalité angoissante.

Le courage ne va pas sans une véritable force intérieure. Le combat ne peut exister que s'il est porté par des valeurs morales et spirituelles. Les hommes courageux se distinguent par leur détermination à surmonter les obstacles. Souvent, nous constatons que notre courage vient de notre rapport à Dieu. Le ciel fait les héros. Hélas, nous ne cessons de porter notre intérêt exclusif au bien-être et à la jouissance des biens matériels. La plus grande partie de la vie de l'homme occidental est orientée vers cette recherche des plaisirs d'une vie sans souffrance ni obstacle. Il faut donc travailler à faire reculer cette hantise de l'acquisition et de la consommation. Nous devons substituer le primat de l'esprit à celui de la matière.

Pourquoi d'immenses foules de jeunes, au cours des Journées mondiales de la jeunesse, étaient-elles si enthousiastes et si heureuses autour de Jean-Paul II, Benoît XVI, et aujourd'hui autour du pape François, entreprenant de longs et coûteux voyages uniquement pour les rencontrer et les écouter ? Pourquoi les jeunes sont-ils attirés par ces hommes de Dieu à la parole de feu ? C'est parce que, comme tout athlète a besoin d'un entraîneur, les jeunes, eux aussi, ont besoin de modèles, des héros qui les entraînent à s'investir dans des engagements et des tâches nobles. Les jeunes veulent des paroles fortes, provocantes, des paroles qui défient leur énergie. Ils aspirent à l'héroïsme et à la noblesse dans le comportement, et à une vie intensément spirituelle. Les jeunes sont pleins d'énergie physique, emplis d'énormes réserves spirituelles qui sont comme emmurées, enfermées dans la digue de leur cœur. Voilà ce que l'un d'eux disait dans les colonnes du *Figaro littéraire* au lendemain des événements qui avaient secoué non seulement la France, mais le monde entier, le 13 novembre 2015 : « Notre civilisation souffre d'un mal terrible, mortel peut-être, qui s'appelle le vide spirituel. Nous avons du pain, des machines, la liberté extérieure, mais nous ne sommes pas seulement pétris dans la matière. Le meilleur de nous-mêmes a faim. C'est, selon moi, à cause de l'effondrement des valeurs spirituelles essentielles – religion, art, amour – que les jeunes sont descendus dans la rue. Ils se battaient par manque d'âme. Inconsciemment, mais profondément et avec vigueur, la jeunesse du monde entier s'est levée pour sauvegarder l'esprit. »

Je n'ignore pas que les incroyants font des reproches fondés à l'Église. L'écrivain et dramaturge Eugène Ionesco écrivait dans *Antidotes* : « Pour ne pas perdre ses fidèles, l'Église a fait que les gens ne savent plus ce qu'est le surnaturel et le sacré. Le sentiment religieux est en chacun de nous. Il ne pourra se développer tant que l'Église sera corrompue par tant et tant de compromissions. Qu'elle soit au-dessus du siècle. C'est ainsi seulement que les hommes tâcheront de monter jusqu'à elle. »

Nous ne pouvons pas ne pas avoir l'humilité et le courage d'accueillir de telles paroles ; elles rappellent la véritable mission de l'Église. Elle n'est ni politique ni sociale, elle ne peut s'apparenter à celle d'une ONG. Elle consiste essentiellement à porter les hommes vers Dieu et à faire que le cœur de l'homme redevienne un temple sacré, le temple et la demeure de Dieu.

Je sais que certains estiment que la vie spirituelle n'est possible que dans une forme d'épanouissement matériel. Cette erreur est grave. Les grandes époques de richesse spirituelle sont souvent le fruit de la pauvreté. Aujourd'hui encore, de grands foyers spirituels se trouvent au sein de pays pauvres. Je songe, notamment, à l'Inde de Mère Teresa.

L'expansion du christianisme s'est faite à travers les populations les plus déshéritées. Elles ont été les premières à comprendre la vigueur révolutionnaire de l'Évangile – que ce soit en Palestine, à Corinthe, à Rome ou ailleurs. Dans le Deutéronome, un cantique évoque les reproches faits à Israël. Il se fait comme l'écho de différentes périodes où le peuple élu a abandonné Dieu, lui préférant l'argent et les richesses matérielles : « Israël est donc devenu gras et a regimbé : Tu es devenu gras, épais et replet ! Et il a abandonné le Dieu qui l'avait formé et méprisé le rocher de son salut » (Dt 32, 15). L'attitude des grands spirituels à l'égard du confort n'a jamais varié. Les paroles de l'Ecclésiaste ont toujours été une source d'inspiration : « Soit quelqu'un de seul qui n'a pas de second, pas de fils ni de frère, il n'y a pas de limite à toute sa besogne, et ses yeux ne sont pas rassasiés de richesses. Alors, moi, je travaille et me prive de bonheur : c'est pour qui ? » (Qo 4, 8). L'acharnement avec lequel l'homme se tourmente pour obtenir des richesses, cette « poursuite de vent », pour reprendre la métaphore de l'Ecclésiaste, n'est-elle pas la vaine poursuite effrénée d'une satisfaction qui nous échappe toujours ?

C'est bien la constatation de Salomon : il avait fait de grandes choses, il avait des maisons, des arbres, des troupeaux, des serviteurs, des servantes, des trésors. Pourtant, il doit constater : « Et voici : tout est vanité, et il n'y en a aucun profit sous le soleil » (Qo 2, 11).

Qohélet promène son regard autour de lui, et que voit-il ? Il est seul, sans qu'il y ait de second pour l'aider ; il n'a pas non plus de fils ni de frère ; et il n'y a pas de fin à tout son labeur. Il ne se dit pas : « Pour qui donc est-ce que je me tourmente et prive mon âme de bonheur ? » Toute la richesse que cet homme acquerra ne saurait le rassasier.

Tel autre qui aime l'argent n'est point rassasié par l'argent. Les biens augmentent, ceux qui les mangent augmentent aussi ; quel profit en a le maître ? Le souci que le riche se fait pour ses biens « ne le laisse pas dormir ».

Ézéchias avait fait parade de ses biens devant les envoyés du roi de Babylone. Le prophète lui a déclaré : « Écoute les paroles du Seigneur, le Dieu des armées : voici que des jours viendront où tout ce qui est dans ton palais, tout ce qu'ont amassé tes pères jusqu'à ce jour, sera emporté à Babylone. Rien ne sera laissé, dit le Seigneur Dieu » (Is 39, 5-6).

Au regard de tout ce vide, il me semble important de rappeler l'avertissement du psalmiste : « Si les biens augmentent, n'y mettez pas votre cœur » (Ps 62, 11).

Les puissances de l'argent n'ont aucun intérêt à voir grandir un véritable humanisme. Elles ont placé l'homme dans un grand sommeil visqueux. La civilisation du bien-être mutile l'homme. Il est coupé de l'éternité. L'homme doit s'armer de courage au profit de l'homme intérieur. La lutte contre la dictature de la matière n'est pas aisée. Nos contemporains sont prisonniers d'une forme de colle. Mais les jeunes, saturés par cette orgie de biens matériels et dégoûtés par le vide qu'ils creusent en l'homme, réveilleront ce monde de moins en moins humain pour nous hisser par la force de leur énergie vers nos origines, vers Dieu et vers les valeurs spirituelles.

Il faut poser un pari pascalien. Il faut faire le choix de la transcendance en acquiesçant à l'invisible.

Selon vous, quelle serait la première utopie de notre époque ?

L'utopie consumériste est la plus dangereuse et la plus forte. L'homme est-il fait pour Dieu ou pour passer sa vie à consommer ? Dans le système capitaliste, on peut même se demander si l'homme qui n'a plus de « valeur marchande » a encore sa place dans un monde dominé exclusivement par les flux financiers.

Dans ces sociétés, l'acquisition du confort matériel et la production massive des biens de consommation sont le sommet de la vie terrestre.

La phrase de saint Ignace de Loyola dans ses *Exercices spirituelles* semble devenue la triste relique d'un monde révolu : « Comme la terre me paraît vile quand je regarde le ciel ! »

Certes, le progrès matériel existe et il peut donner à l'homme de vrais bénéfices, un réel bonheur humain et terrestre. Mais dans le monde postmoderne, l'usage de ces avancées est perverti.

La véritable consommation devrait nous aider à une plus grande qualité intérieure, morale et spirituelle. Nous devons tendre à être plus humains en nous rapprochant sans cesse de Dieu. Si les choses de la terre viennent rompre cette course, nous pouvons être certains que la route est mauvaise.

Le Christ voulait toujours rappeler aux hommes qui cherchaient le Royaume de Dieu que celui-ci est déjà dans leur propre cœur. La vie de foi, l'assiduité dans la prière, l'âme tournée vers Dieu et la charité sont des pratiques essentielles pour ne pas sombrer dans un matérialisme asphyxiant. Les profits que nous pouvons tirer des biens matériels dépendent de la richesse de notre vie morale.

La qualité intérieure d'un homme provoquera une croissance authentique. Il nous faut nous détacher du tumulte des objets extérieurs pour nous enfouir dans les replis de notre âme, y chercher les clartés de l'illumination divine et le silence si difficile à préserver. Il y a toujours une lutte, au-dedans de nous, entre l'homme extérieur, qui se détourne de Dieu et vit dans le péché en devenant la proie de ses désirs charnels et mondains et l'homme intérieur, qui s'ouvre à la grâce et se sanctifie, en suivant la loi de l'Esprit et la volonté de Dieu.

Saint Paul évoque cette réalité lorsqu'il écrit aux Corinthiens : « C'est pourquoi nous ne faiblissons pas. Au contraire, même si notre homme extérieur s'en va en ruine, notre homme intérieur se renouvelle de jour en jour. Car la légère tribulation d'un instant nous prépare, jusqu'à l'excès, une masse éternelle de gloire, à nous qui ne regardons pas aux choses visibles, mais invisibles ; les choses visibles en effet n'ont qu'un temps, les invisibles sont éternelles » (2Co 4,16-18).

La vraie valeur matérielle est fonction de la richesse morale et spirituelle. La plus grande crise n'est pas d'ordre économique. Elle est fondamentalement spirituelle. La philosophie utilitariste démontre un pouvoir insoupçonné de corruption. Le productivisme sans limites conduit inévitablement à des catastrophes humaines, culturelles ou écologiques. Le consumérisme est une utopie qui corrompt et rabaisse l'homme à la dimension purement terrestre. Cette religion de l'immédiateté ne regarde que l'intérêt pratique du profit. L'homme ne compte plus. Il est gênant. Pourquoi, dans certains cas, ne pas le remplacer par un robot ? Je crois qu'il est urgent pour nous de refaire l'expérience de la gratuité. Les actes le plus profondément humains sont marqués par la gratuité. Elle est la condition de l'amitié, de la beauté, de l'étude, de la contemplation et de la prière. Un monde sans gratuité est un monde inhumain. J'appelle les chrétiens à ouvrir des oasis de gratuité dans le désert de la rentabilité triomphante. Nous devrions nous poser la question : la gratuité marque-t-elle chacune de nos journées ? Elle n'est pas un supplément d'âme optionnel, elle est la condition de survie de notre humanité.

Le culte du consumérisme que vous dénoncez incessamment serait-il le veau d'or de l'ère postmoderne ?

Dans l'Ancien Testament, en dépit de la sollicitude de Dieu au moment de la libération des esclaves d'Égypte, de l'extraordinaire traversée de la mer Rouge à pied sec et du don de la manne, Israël abandonne son Dieu pour se fabriquer lui-même une idole qu'il peut transporter. Il veut une divinité qui puisse se soumettre à ses caprices. Au lieu de se laisser façonner, éduquer et conduire par le Seigneur, le Dieu des armées d'Israël, il moule lui-même une idole, un veau d'or, fabriqué avec les boucles d'oreille des femmes, fondu par Aaron, et déclare devant cette statue : « Voici ton Dieu Israël, celui qui t'a fait sortir d'Égypte » (Ex 32, 4). L'homme montre alors toute son incohérence, son ingratitude et sa bassesse.

Aujourd'hui, nous sommes revenus à l'époque du veau d'or. L'argent est au cœur des préoccupations du monde occidental, mais aussi de beaucoup de peuples à travers le monde. L'enseignement du Christ est simple : « Aucun serviteur ne peut servir deux maîtres. Ou bien il haïra l'un et aimera l'autre, ou bien il s'attachera à l'un et méprisera l'autre. Vous ne pouvez servir Dieu et Mammon » (Lc 16, 13).

L'argent est censé nous libérer de l'esclavage et de la pauvreté. Pourtant, sans que nous voulions l'admettre, nous sommes prisonniers des chaînes du matérialisme. Le veau d'or est incapable de nous conduire vers la Terre promise. Dès lors, il nous vend à d'autres dieux, vulgaires et vains : l'hédonisme, l'égoïsme et le consumérisme.

Les eaux furieuses de nos passions prennent le dessus sur la raison. L'homme postmoderne est traîné dans les boues les plus malsaines. Dieu a en horreur ces mouvements diaboliques. Il aimerait venir à notre aide, mais nous refusons son amour. Le veau d'or détruit l'humanité. L'homme est mutilé de la partie la plus belle de son être.

Vous avez souvent dénoncé l'utopie d'une religion planétaire. Pouvez-vous nous expliquer ce que vous entendez par là ?

Le rêve de l'élite mondialisée occidentale est précisément l'établissement d'une nouvelle religion mondiale. Pour ce petit groupe, les anciennes religions, et en particulier l'Église catholique, doivent se transformer ou mourir. Elles doivent abandonner leur doctrine et leur enseignement moral. Il faudrait aboutir à une religion mondiale planétaire, une religion sans Dieu, sans doctrine et sans enseignement moral, une religion du consensus. En réalité, cette religion finirait par se mettre au service des seuls intérêts financiers.

La religion est une relation personnelle entre un homme et Dieu. Comment imaginer la vie de cet amour pris dans le magma informe d'une idéologie mondiale ? La recherche du consensus religieux planétaire est fallacieuse et stupide.

Nous sommes face à une démarche politique, idéologique, athée, une dictature aberrante et inadmissible.

À vous entendre, on voit poindre l'utopie d'un monde sans frontières…

Hélas, l'Union européenne est un bon exemple de cette utopie. La suppression des frontières ancestrales passe sous silence l'identité des vieilles nations. Les racines, la culture millénaire et l'histoire d'un pays ne pèsent plus. Le commerce et le libre-échange sont les seules normes valables. Sans surprise, les peuples se révoltent parce qu'on veut effacer leur identité propre, leur histoire, leur langue et leur spécificité. Le projet qui consiste à vouloir annihiler l'histoire des États sur l'autel des intérêts financiers est une utopie dangereuse.

Je peux comprendre l'idée d'une coopération des peuples. Je peux comprendre une certaine ouverture des frontières pour améliorer les échanges économiques. Mais l'idéologie libérale libertaire est un contresens. L'Europe meurt de ces délires égoïstes.

Les élites onusiennes rêvent d'un gouvernement mondial qui gérerait des peuples, des cultures et des traditions autrefois si différents. C'est un rêve qui frôle la démence et marque le mépris des peuples pour leurs richesses. Que deviendra l'Afrique, qui a connu tant d'humiliations au cours de l'histoire ? Aurons-nous encore le droit de vivre ? Il suffit d'observer le travail, dans nos pays, des grandes fondations philanthropiques occidentales pour comprendre ce que l'homme africain représente aux yeux des milliardaires qui les financent. Ils sont convaincus qu'ils connaissent mieux que nous les meilleures politiques pour notre continent. En réalité, cette élite a deux obsessions : la diminution drastique de la natalité africaine et le développement économique au service des objectifs de multinationales occidentales.

Cette utopie veut absolument gagner la partie. Le monde dans lequel nous vivons semble en effet avoir détruit ses frontières. Pourquoi les guerres n'ont-elles jamais été si nombreuses ? En Syrie, en Libye, en Afghanistan, en Centrafrique, le chaos est indescriptible. On veut affaiblir, détruire, dominer pour piller et diriger en maître absolu.

La mondialisation doit-elle profiter à quelques privilégiés ? Les armées occidentales ne passent-elles leur temps à combattre les pauvres ? Les contrats d'armement qui profitent aux grandes puissances et permettent de mener la guerre au Yémen sont une honte. On organise des conférences humanitaires le jour ; et on vend des armes la nuit. Les milliers d'enfants yéménites qui meurent de faim dans des conditions sanitaires atroces ne semblent pas retenir l'attention des décideurs et des diplomates. Ils ne sont rien face aux contrats d'armement mirifiques.

En Afrique, l'Occident fournit des armes aux populations qui se déchirent entre elles. Pendant que les pauvres s'entretuent, de grands groupes internationaux exploitent les richesses naturelles des pays en guerre.

L'idéologie mondialiste repose uniquement sur des intérêts financiers. On est sans pitié pour les pauvres et les faibles. Mais les puissants ont tous les droits.

De nombreux penseurs dénoncent l'utopie de la transparence. Quelles réflexions cela vous inspire-t-il ?

Nous vivons dans des sociétés dites ouvertes où les nouveaux moyens de communication sont censés nous informer du moindre événement. En réalité, la désinformation n'a jamais été aussi forte. Le père du mensonge et prince de ce monde a pris possession du cœur de ceux qui ont le pouvoir.

Une société transparente est pourvue d'instruments de contrôle dangereux pour sa population. Les pouvoirs politiques et financiers cherchent à s'en emparer pour influencer les opinions.

Sur les réseaux sociaux, notamment, les hommes acceptent de donner beaucoup d'informations sur leur vie privée qui contribuent à renforcer les instruments de contrôle que j'évoquais.

À l'heure de l'intelligence artificielle, le régime de la transparence est une falsification de la véritable liberté. Le mécanisme de contrôle des dictatures traditionnelles sur les consciences était relativement simple à comprendre. La tyrannie des régimes postmodernes est plus subtile.

La véritable transparence est fondée sur la grandeur de la relation entre Dieu et les hommes. Dans sa lettre aux Philippiens, saint Paul nous donne le chemin : « Au reste, frères, que tout ce qui est vrai, tout ce qui est honorable, tout ce qui est juste, tout ce qui est pur, tout ce qui est aimable, tout ce qui est de bonne renommée, s'il est quelque vertu et s'il est quelque louange, que ce soit là l'objet de vos pensées » (Ph 4, 8). La noblesse et la vertu ne peuvent être cachées.

L'homme doit être vigilant, savoir analyser et faire preuve d'un esprit critique et de discernement. Il ne doit pas prendre pour argent comptant les informations qu'on ne cesse de lui apporter sur un plateau d'argent. Il y a souvent de fausses vérités qui circulent. Il ne faut surtout pas répéter ces fausses vérités, car on finit par les admettre.

L'homme qui aime vraiment Dieu veut être discret. L'homme sans Dieu est sans cesse exposé dans la lumière séculière. Il est nu, ballotté dans les vents des rumeurs, prisonnier des orages du mensonge et de la calomnie.

Pour les libéraux, l'utopie de l'égalitarisme est particulièrement dangereuse…

Depuis le siècle des Lumières, il est admis que la justice ne peut se réaliser sans l'égalité entre les hommes. Pourtant, nous savons que cet état est impossible. Au siècle dernier, la recherche de l'égalité conduisait à la tragédie du communisme et du marxisme, qui voulaient construire le paradis sur cette terre. *A contrario*, il faut considérer avec attention les politiques de lutte contre les inégalités sociales. La promesse de l'égalité est souvent un étendard brandi par les puissances financières les plus égoïstes. Elles ont besoin de maintenir cette illusion pour que les peuples ne se révoltent pas.

Nous pouvons nous indigner. Hélas, l'inégalité fait partie de l'existence humaine. Toutes les étapes de la vie sont marquées par ce sceau. La mort n'échappe pas à cette règle difficile. Comment nier qu'un Européen et un Africain ne sont pas égaux devant la maladie et la mort ? Les uns meurent âgés, les autres meurent jeunes. Les uns meurent subitement, sans souffrir, d'autres subissent une longue agonie. Est-ce juste ? Nous naissons avec des chances de vie très différentes.

L'utopie de l'égalitarisme abîme le sens de l'existence humaine. La sagesse commande de se tenir à l'écart de ses foucades d'essence révolutionnaire et orgueilleuse.

Il faut déposer nos vies entre les mains de Dieu. Il est notre meilleur guide, notre rempart. Il nous a créés et Il est le seul à connaître le sens de nos destinés.

Que dire de l'utopie de la révolution numérique et de la tyrannie du formatage des esprits ?

Aujourd'hui nous devons nous exercer au courage pour résister à la primauté de la technique et des techniciens. Il nous faut choisir entre ce qui nous porte vers le haut, vers le vrai et ce qui nous tire vers le bas. Nous savons que les médias peuvent former et déformer le jugement moral. Dans la crise que nous traversons, ils peuvent sauver notre civilisation comme ils peuvent la corrompre mortellement. De plus en plus, ils semblent permettre à nos contemporains de se faire une certaine idée du monde. Autrefois il fallait travailler, chercher, faire un effort pour découvrir la vérité. Aujourd'hui, il suffit d'ouvrir Internet pour accéder à une masse impressionnante de données. Nous sommes dispensés de réfléchir et de porter un jugement critique. L'homme moderne a perdu la notion du temps long. L'homme ne se comporte qu'en consommateur. Il y a urgence à acquérir une maturité intérieure et une plus grande conscience de notre responsabilité.

La protection de la nature est primordiale, ce qui n'empêche pas certains philosophes, comme Alain Finkielkraut, de se défier d'une utopie écologiste.

Hélas, l'homme africain connaît trop bien les problèmes de la destruction de la nature. Les ressources naturelles comme les minerais sont souvent pillées sans vergogne sur l'autel des intérêts financiers. Les pays riches n'ont que faire des conséquences humaines et sociales qu'ils provoquent sur des populations sans défense.

Dans son encyclique *Laudato si'*, le pape François a abordé avec radicalité ces questions. Voici les lignes prophétiques qui ouvrent ce texte : « Le défi urgent de sauvegarder notre maison commune inclut la préoccupation d'unir toute la famille humaine dans la recherche d'un développement durable et intégral, car nous savons que les choses peuvent changer. Le Créateur ne nous abandonne pas, jamais il ne fait marche arrière dans son projet d'amour, il ne se repent pas de nous avoir créés. L'humanité possède encore la capacité de collaborer pour construire notre maison commune. Je souhaite saluer, encourager et remercier tous ceux qui, dans les secteurs les plus variés de l'activité humaine, travaillent pour assurer la sauvegarde de la maison que nous partageons. Ceux qui luttent avec vigueur pour affronter les conséquences dramatiques de la dégradation de l'environnement sur la vie des plus pauvres dans le monde méritent une gratitude spéciale. Les jeunes nous réclament un changement. Ils se demandent comment il est possible de prétendre construire un avenir meilleur sans penser à la crise de l'environnement et aux souffrances des exclus. J'adresse une invitation urgente à un nouveau dialogue sur la façon dont nous construisons l'avenir de la planète. Nous avons besoin d'une conversion qui nous unisse tous, parce que le défi environnemental que nous vivons, et ses racines humaines, nous concernent et nous touchent tous. Le mouvement écologique mondial a déjà parcouru un long chemin, digne d'appréciation, et il a généré de nombreuses associations citoyennes qui ont aidé à la prise de conscience. Malheureusement, beaucoup d'efforts pour chercher des solutions concrètes à la crise environnementale échouent souvent, non seulement à cause de l'opposition des puissants, mais aussi par manque d'intérêt de la part des autres. Les attitudes qui obstruent les chemins de solutions, même parmi les croyants, vont de la négation du problème jusqu'à l'indifférence, la résignation facile, ou la confiance aveugle dans les solutions techniques. Il nous faut une nouvelle solidarité universelle. Comme l'ont affirmé les évêques d'Afrique du Sud, "les talents et l'implication de tous sont nécessaires pour réparer les dommages causés par les abus humains à l'encontre de la Création de Dieu". Tous, nous pouvons collaborer comme instruments de Dieu pour la sauvegarde de la Création, chacun selon sa culture, son expérience, ses initiatives et ses capacités. »

Dans l'encyclique *Caritas in veritate*, Benoît XVI avait ouvert le chemin : « Le thème du développement est aussi aujourd'hui fortement lié aux devoirs qu'engendre le rapport de l'homme avec l'environnement naturel. Celui-ci a été donné à tous par Dieu et son usage représente pour nous une responsabilité à l'égard des pauvres, des générations à venir et de l'humanité tout entière. Si la nature, et en premier lieu l'être humain, sont considérés comme le fruit du hasard ou du déterminisme de l'évolution, la conscience de la responsabilité s'atténue dans les esprits. Dans la nature, le croyant reconnaît le merveilleux résultat de l'intervention créatrice de Dieu, dont l'homme peut user pour satisfaire ses besoins légitimes – matériels et immatériels – dans le respect des équilibres propres à la réalité créée. Si cette vision se perd, l'homme finit soit par considérer la nature comme une réalité intouchable, soit, au contraire, par en abuser. Ces deux attitudes ne sont pas conformes à la vision chrétienne de la nature, fruit de la Création de Dieu. [...] La façon dont l'homme traite l'environnement influence les modalités avec lesquelles il se traite lui-même et réciproquement. C'est pourquoi la société actuelle doit réellement reconsidérer son style de vie qui, en de nombreuses régions du monde, est porté à l'hédonisme et au consumérisme, demeurant indifférente aux dommages qui en découlent. Un véritable changement de mentalité est nécessaire qui nous amène à adopter de nouveaux styles de vie "dans lesquels les éléments qui déterminent les choix de consommation, d'épargne et d'investissement soient la recherche du vrai, du beau et du bon, ainsi que la communion avec les autres hommes pour une croissance commune". Toute atteinte à la solidarité et à l'amitié civique provoque des dommages à l'environnement, de même que la détérioration de l'environnement, à son tour, provoque l'insatisfaction dans les relations sociales. À notre époque en particulier, la nature est tellement intégrée dans les dynamiques sociales et culturelles qu'elle ne constitue presque plus une donnée indépendante. La désertification et la baisse de la productivité de certaines régions agricoles sont aussi le fruit de l'appauvrissement et du retard des populations qui y habitent. En stimulant le développement économique et culturel de ces populations, on protège aussi la nature. En outre, combien de ressources naturelles sont dévastées par les guerres ! La paix des peuples et entre les peuples permettrait aussi une meilleure sauvegarde de la nature. L'accaparement des ressources, spécialement de l'eau, peut provoquer de graves conflits parmi les populations concernées. Un accord pacifique sur l'utilisation des ressources peut préserver la nature et, en même temps, le bien-être des sociétés intéressées. L'Église a une responsabilité envers la Création et doit la faire valoir publiquement aussi. Ce faisant, elle doit préserver non seulement la terre, l'eau et l'air comme dons de la Création appartenant à tous, elle doit surtout protéger l'homme de sa propre destruction. Une sorte d'écologie de l'homme, comprise de manière juste, est nécessaire. La dégradation de l'environnement est en effet étroitement liée à la culture qui façonne la communauté humaine : quand l'"écologie humaine" est respectée dans la société, l'écologie proprement dite en tire aussi avantage. De même que les vertus humaines sont connexes, si bien que l'affaiblissement de l'une met en danger les autres, ainsi le système écologique s'appuie sur le respect d'un projet qui concerne aussi bien la saine coexistence dans la société que le bon rapport avec la nature. Pour préserver la nature, il n'est pas suffisant d'intervenir au moyen d'incitations ou de mesures économiques dissuasives, une éducation appropriée n'y suffit pas non plus. Ce sont là des outils importants, mais le point déterminant est la tenue morale de la société dans son ensemble. Si le droit à la vie et à la mort naturelle n'est pas respecté, si la conception, la gestation et la naissance de l'homme sont rendues artificielles, si des embryons humains sont sacrifiés pour la recherche, la conscience commune finit par perdre le concept d'écologie humaine et, avec lui, celui d'écologie environnementale. Exiger des nouvelles générations le respect du milieu naturel devient une contradiction, quand l'éducation et les lois ne les aident pas à se respecter elles-mêmes. Le livre de la nature est unique et indivisible, qu'il s'agisse de l'environnement comme de la vie, de la sexualité, du mariage, de la famille, des relations sociales, en un mot du développement humain intégral. Les devoirs que nous avons vis-à-vis de l'environnement sont liés aux devoirs que nous avons envers la personne considérée en elle-même et dans sa relation avec les autres. On ne peut exiger les uns et piétiner les autres. C'est là une grave antinomie de la mentalité et de la praxis actuelle qui avilit la personne, bouleverse l'environnement et détériore la société. »

Le véritable respect de la nature naît d'une attitude contemplative. Il ne se décrète pas, il exige une profonde conversion du cœur et un sens de l'adoration aimante du Créateur.

14

LE VISAGE DES DÉMOCRATIES POSTMODERNES ET LE CAPITALISME

Nicolas Diat : Comment définir le cynisme dont vous parlez si souvent en évoquant le gouvernement de la cité ?

Cardinal Robert Sarah : En grec ancien, ce mot dérive de *kuôn, kunos* qui signifie « chien ». Le cynisme a été théorisé par Antisthène, fidèle disciple de Gorgias. À l'âge d'homme, il s'attacha à Socrate. De ce dernier, Antisthène retint surtout la fermeté du caractère dont il fit une sorte de finalité ultime de l'homme. Il aboutit ainsi à une morale de l'autosuffisance individuelle et à un mépris pratique des institutions que Socrate avait pourtant respectées au prix de sa vie. Le mépris des conventions fut poussé à son point extrême par Diogène de Sinope, dont l'individualisme radical s'est traduit par l'insolence qui a marqué tous les philosophes appelés cyniques, à cause de leur attitude et de leurs propos mordants et obscènes – d'où le rapprochement avec le chien. Ils n'avaient aucune considération pour le bien public. La bienséance, la politesse et l'altérité n'entraient pas dans leur réflexion.

Aujourd'hui, les principes moraux et le bonheur des peuples sont sournoisement piétinés par le cynisme de nombreux gouvernements et compagnies financières. Les médias jouent efficacement les seconds rôles pour accompagner ce funeste mouvement.

Les guerres et les crises économiques sont souvent le fruit de politiques sans vergogne dont on tait les véritables motivations.

Il me suffit de prendre un seul exemple. Qui distribue les armes dont se servent les enfants soldats ? Les pays pauvres n'ont pas les moyens de produire ce matériel militaire. Je condamne ces mensonges. Les pays du Moyen-Orient, la Libye, la Syrie et, plus loin, l'Afghanistan sont brisés, déstructurés par l'esprit de domination et les intérêts économiques des Occidentaux. Des milliers d'enfants partent dans la plus grande indifférence coupable. Dans le même temps, lorsqu'un soldat italien ou français meurt au combat, un deuil national est immédiatement décrété. Le mensonge européen, qui pratique des morales à géométrie variable, est scandaleux.

Je me souviens des appels désespérés de Jean-Paul II pour empêcher la première guerre en Irak. Il avait compris que cette campagne qui ne voulait pas dire son nom n'était qu'une guerre commerciale déclenchée au nom de faux principes humanitaires. Le complexe militaro-pétrolier n'avait aucune considération pour les droits du peuple irakien. L'histoire a donné raison au pape polonais. Il faut dénoncer ces agissements machiavéliques où l'Occident décadent veut imposer sa vision anthropologique et morale au monde entier.

En Afrique, nous connaissons cette instrumentalisation des intérêts des pauvres. L'idéologie occidentale permet qu'y soient perpétrés des massacres en toute impunité. La famille est la grande richesse de notre continent. Les gouvernements des pays du Nord ont décidé de casser cet avantage incomparable. Je pense souvent à la phrase abjecte du président Emmanuel Macron lors du sommet du G20 à Hambourg, en juillet 2017 :

« Quand des pays ont encore sept à huit enfants par femme, vous pouvez décider d'y dépenser des milliards d'euros, vous ne stabiliserez rien. » Comment évoquer l'indépendance des pays africains quand on ose parler de la sorte ?

Il faut dénoncer la grande braderie des ressources naturelles de l'Afrique au profit des étrangers, effectué avec la complicité des leaders politiques nationaux. L'Afrique est littéralement pillée, exploitée par les multinationales et les gouvernements occidentaux. On fomente la guerre, on traque ses ressources minières avec des armes. Puis, pendant que les Africains se battent, on exploite son sous-sol. On pollue l'environnement et on laisse le continent dans la pauvreté endémique. Le marché des armes en Afrique est une horreur qui décime les populations africaines, crée une instabilité permanente et des haines qui ruinent les peuples. Les évêques de la République démocratique du Congo ont récemment voulu se révolter, déclarant le 25 juin 2017 : « La politique économique de notre pays est toujours plus extravertie, organisée au détriment des Congolais mais au profit des économies étrangères : les ressources minières sont pillées, les surtaxes par les agents publics étranglent et tuent l'économie congolaise avec une concurrence déloyale organisée par ceux-là mêmes qui ont la charge de protéger ce peuple ! Tout cela entraîne la misère des populations congolaises et le banditisme de tout bord. »

Il faut lutter contre toutes les formes de corruption, de mensonge, de mépris des peuples, de leur culture et de leur foi. Le bien commun est le seul objectif. La défense de la vie et de la morale est un combat noble qui plaît à Dieu.

Dans son livre Les Yeux ouverts, *Marguerite Yourcenar écrivait : « Je condamne l'ignorance qui règne en ce moment dans les démocraties aussi bien que dans les régimes totalitaires. Cette ignorance est si forte, souvent si totale, qu'on la dirait voulue par le système, sinon par le régime. J'ai souvent réfléchi à ce que pourrait être l'éducation de l'enfant. Je pense qu'il faudrait des études de base, très simples, où l'enfant apprendrait qu'il existe au sein de l'univers, sur une planète dont il devra plus tard ménager les ressources, qu'il dépend de l'air, de l'eau, de tous les êtres vivants, et que la moindre erreur ou la moindre violence risque de tout détruire. » Comment réagir face à l'inculture croissante de notre temps ?*

À la racine de l'effondrement de l'Occident, il y a une crise culturelle et identitaire. L'Occident ne sait plus qui il est, parce qu'il ne sait plus et ne veut pas savoir qui l'a façonné, qui l'a constitué, tel qu'il a été et tel qu'il est. De nombreux pays ignorent aujourd'hui leur histoire. Cette autoasphyxie conduit naturellement à une décadence qui ouvre la voie à de nouvelles civilisations barbares. J'en ai la certitude : la paganisation de l'Occident paganisera le monde entier et l'effondrement de l'Occident provoquera un cataclysme général, un bouleversement culturel, démographique et religieux total.

Parallèlement à ce phénomène de développement de l'inculture, les élites, qui ont gardé pour elles une grande connaissance littéraire, scientifique ou politique, ont décidé d'évacuer toute référence à une culture morale ou chrétienne. La culture chrétienne est l'amour d'une sagesse incarnée par un homme, le Fils de Dieu, Jésus-Christ. En lui, toutes les vies trouvent une justification. En se détachant méthodiquement de Dieu, la culture moderne ne peut plus offrir une vision unifiée de l'univers.

Et pourtant, la nuit obscure de ce monde est toujours belle, car Dieu existe.

L'inculture contemporaine est la ruine de l'homme. Celui-ci est quasiment revenu à un stade animal. La dilution de la culture engendre une forme de sentimentalisme pervers et vide. Il nous faut réapprendre à connaître Jésus-Christ, à croire qu'il nous aime et qu'il est mort par amour pour nous. Il faut réapprendre le catéchisme de l'Église catholique. Il faut avoir le courage et la détermination d'acquérir la connaissance des vérités fondamentales du Credo de la foi catholique. Pourquoi de nombreux catholiques devraient-ils s'accommoder d'une piété analphabète, sans arguments, d'une religion réglée sur des spasmes émotionnels, sentimentale, d'une morale aveugle privée de l'assise d'une doctrine solide ?

La culture nous conduit à la clarté. Mais il faut passer par des étapes exigeantes, par un travail intense et des combats conduits avec intelligence.

Les Romains employaient cette maxime : « *Ars sine scientia nihil est* », « l'art sans la science n'est rien ». Le manque de recours à l'intelligence est un naufrage. Il n'est pas possible d'atteindre la foi sans faire appel à la raison. L'identification mystique avec Dieu sans le secours de la réflexion est un quiétisme dangereux.

L'étymologie même du mot culture comporte une notion de croissance : il n'y a pas de culture sans travail et sans effort. Pour retrouver un sens authentique de la culture, il faut savoir quelle humanité nous souhaitons établir. Voulons-nous un monde où l'homme est à l'image et à la ressemblance de Dieu, ou une terre coupée de toute relation avec les réalités transcendantes, un monde totalement sécularisé, un monde sans Dieu ? Dans le premier cas, nous pourrons faire grandir une culture noble et belle, dans l'autre, nous nous approcherons peu à peu de la sauvagerie. Le bonheur consiste dans un perfectionnement toujours plus riche d'une culture héritée de nos pères sous le regard de Dieu. La barbarie de l'inculture est dominée par la recherche d'une jouissance sans fin et par la satisfaction de nos instincts et de nos passions.

Comment définir les mensonges que vous ne cessez de mettre en lumière ?

Le mensonge est un masque derrière lequel l'homme se cache pour tromper et corrompre ses frères en humanité. Mais il s'égare et il se ment à lui-même, parfois jusqu'à ne plus savoir retrouver la terre ferme.

Le mensonge est la pratique courante d'un monde qui ne craint plus Dieu.

Le mensonge est un gouffre où le diable règne en maître. Dieu est absent de ce trou. Il faut accepter la lumière de la vérité pour revenir à la surface.

Un menteur est un homme qui s'inocule une maladie incurable et mortelle. Notre monde risque aujourd'hui, par ses mensonges, d'être un monde condamné à disparaître. Le poème de Charles Baudelaire, « L'amour du mensonge », qui figure dans *Les Fleurs du mal*, évoque admirablement le drame d'un monde menteur coupé de Dieu :

Quand je te vois passer, ô ma chère indolente,
Au chant des instruments qui se brise au plafond
Suspendant ton allure harmonieuse et lente,
Et promenant l'ennui de ton regard profond ;

Quand je contemple, aux feux du gaz qui le colore,
Ton front pâle, embelli par un morbide attrait,
Où les torches du soir allument une aurore,
Et tes yeux attirants comme ceux d'un portrait,

Je me dis : Qu'elle est belle ! et bizarrement fraîche !
Le souvenir massif, royale et lourde tour,
La couronne, et son cœur, meurtri comme une pêche,
Est mûr, comme son corps, pour le savant amour.

Es-tu le fruit d'automne aux saveurs souveraines ?
Es-tu vase funèbre attendant quelques pleurs,
Parfum qui fait rêver aux oasis lointaines,
Oreiller caressant, ou corbeille de fleurs ?

Je sais qu'il est des yeux, des plus mélancoliques
Qui ne recèlent point de secrets précieux ;
Beaux écrins sans joyaux, médaillons sans reliques,
Plus vides, plus profonds que vous-mêmes, ô Cieux !

Mais ne suffit-il pas que tu sois l'apparence,
Pour réjouir un cœur qui fuit la vérité ?
Qu'importe ta bêtise ou ton indifférence ?
Masque ou décor, salut ! J'adore ta beauté.

Par sa haine de la vérité, notre temps se condamne à disparaître. L'Évangile nous dit : « Vous connaîtrez la vérité, et la vérité vous rendra libres » (Jn 8, 32).

Satan est le premier des menteurs. Saint Jean écrit : « Vous êtes du diable, votre père, et ce sont les désirs de votre père que vous voulez accomplir. Il était homicide dès le commencement et n'était pas établi dans la vérité, parce qu'il n'y a pas de vérité en lui : quand il profère le mensonge, il parle de son propre fonds, parce qu'il est menteur et père du mensonge » (Jn 8, 44). Tout mensonge est un esclavage, il nous enchaîne sans que nous en ayons conscience. Il nous fait entrer dans les eaux troubles de Satan.

Pensez-vous que les démocraties occidentales sont prises en otage par une oligarchie financière ?

Il est communément admis que la démocratie est le régime politique idéal. Nous connaissons le mot de Winston Churchill : « La démocratie est le pire des systèmes, à l'exclusion de tous les autres. » Cet aphorisme est un des plus inusables du débat politique.

Cependant, les démocraties sont aujourd'hui prises en otage par de puissantes oligarchies financières. Elles sont devenues le système privilégié de petits groupes puissants qui veillent d'abord sur leurs intérêts cotés en Bourse. Le gouvernement du peuple par le peuple est devenu la soumission du peuple par la finance.

En Guinée, avec Sékou Touré, j'ai connu la démocratie marxiste. Le peuple était censé détenir tous les pouvoirs. En réalité, il était opprimé, affamé, écrasé.

En Occident, après les désastres du nazisme et du communisme, on a voulu assurer le succès des démocraties dites libérales. Ces régimes se veulent ouverts, tolérants et progressistes. Pourtant, le pouvoir du peuple est devenu une illusion que les médias tentent d'accréditer quotidiennement.

Comment peut-on continuer à prétendre que le peuple est souverain ? Observons la manière éhontée avec laquelle le pouvoir du peuple est sans cesse détourné pour renforcer le pouvoir d'un petit groupe privilégié.

La démocratie est malade. La corruption des gouvernements occidentaux n'a rien à envier à celle des pays pauvres du Sud. Je suis révolté par la violence qui s'exerce contre les manifestants français, appelés les « gilets jaunes ». La répression devient un mode opératoire de plus en plus fréquent dans les démocraties occidentales. En outre, je ne peux croire que les institutions bureaucratiques de l'Union européenne veulent vraiment défendre l'intérêt des peuples. La démocratie est divinisée. Or elle présente désormais des dérives totalitaires. Je m'inquiète quand je vois les puissances occidentales prétendre installer la démocratie dans des pays pauvres par les armes. Leurs populations ne connaissent rien aux caractéristiques de ce régime qu'on prétend asseoir par la force.

Comment jugez-vous la vérité pratique du capitalisme ?

Il s'est opéré un glissement sémantique. On ne parle plus du capitalisme mais du libéralisme économique ou de l'économie décentralisée. Les tenants du capitalisme estiment que la libre concurrence constitue la seule voie de progrès possible. Le profit des entreprises doit permettre à tous une amélioration du niveau de vie et procurer davantage de possibilités d'épanouissement, de confort et de bien-être.

En réalité, le capitalisme repose sur l'idole de l'argent. L'appât du gain détruit progressivement les liens sociaux. Le capitalisme se dévore lui-même. Le marché détruit peu à peu la valeur du travail. L'homme devient une marchandise. Il ne s'appartient plus. Il en résulte une nouvelle forme d'esclavage, un système où une large partie de la population est dépendante d'une petite caste.

Dans ces conditions, la solidarité et l'épanouissement ont-ils encore un sens ?

La vérité du capitalisme doit se juger à l'aune de la liberté que chacun peut garder et faire grandir. Il est clair qu'aujourd'hui les dirigeants comme les salariés sont pris dans des engrenages de décisions nationales et internationales qui limitent leur liberté. J'ai souvent le sentiment que le bien-être matériel de l'Occident a été acquis au prix d'une forme de chute morale des populations. Il faut donc clairement affirmer la distinction entre une économie fondée sur la liberté d'entreprendre et un système capitaliste fondé sur la recherche du profit. La liberté économique implique notre responsabilité d'homme devant Dieu et nos concitoyens. Elle n'est pas un absolu sans règles ni limites. Elle est au service du bien de tous. Elle a pour finalité l'amitié de tous dans la cité. Elle doit donc être régulée par une certaine sobriété et tempérance sous peine de devenir aveugle et violente. Une liberté qui ne vise que le profit finit par se détruire elle-même.

Quel lien existe-t-il entre la société de consommation, la culture de masse et l'uniformisation des modes de vie ?

Le capitalisme tend à réduire l'humanité à une figure centrale et unique : le consommateur. Toutes les forces de l'économie tentent de créer un acheteur qui puisse être le même en tout point du globe. Le consommateur australien doit ressembler exactement à l'espagnol ou au roumain. Les identités culturelles et nationales ne doivent pas être un frein à l'édification de cet homme interchangeable.

La standardisation des produits de consommation est le reflet parfait de la sécheresse de cette civilisation sans âme. La société de consommation encourage à produire toujours plus, à accumuler et à consommer toujours davantage de biens matériels. Elle met l'homme devant une abondance inimaginable de biens matériels à consommer et tente d'exciter toujours plus la cupidité des hommes. L'abondance des biens matériels est presque effrayante. L'être humain semble obligé de consommer ce qui se trouve à sa portée.

Le matérialisme cherche à provoquer un besoin illimité de jouissance. Il méconnaît totalement les besoins de la vie intérieure. Pour s'épanouir, chacun doit être reconnu dans son unicité. L'essence du capitalisme est contraire à ce principe. Le capitalisme emprisonne l'homme en lui-même, il l'isole, il le rend dépendant.

La consommation de masse entraîne une forme de grégarisme dangereux et stérile. L'uniformisation des modes de vie est le cancer du monde postmoderne. Les hommes deviennent les membres inconscients d'un grand troupeau planétaire qui ne pense pas, ne se révolte pas et se laisse guider vers un avenir qui ne lui appartient plus.

L'isolement des individus et la réduction des personnes, condamnées à n'être plus qu'un élément perdu dans la masse des consommateurs, sont les deux enfants les plus horribles du capitalisme.

La créature de Dieu est abrutie. Elle brûle son cœur sur l'autel d'un bonheur artificiel. Elle ne connaît plus le goût des vraies joies. Elle est un animal qui mange, qui boit, qui se repaît et qui jouit. Le sens critique est devenu une chimère du passé.

L'humanité globalisée, sans frontières, est un enfer.

Pensez-vous que le libéralisme économique et le libertarisme sociétal marchent d'un même pas ?

Le capitalisme libéral a besoin de faire perdre aux hommes leurs croyances et leur morale. Il mobilise toutes ses forces pour parvenir à un libertarisme anarchique. Mais l'esprit d'indifférence au mal, en tolérant tout, ne protège rien.

Mai 68 marqua le tournant de cette alliance fatale entre le libéralisme économique et le libertarisme sociétal.

Les penseurs officiels, Jean-Paul Sartre ou Michel Foucault, prônaient la libération des instincts. Ils voulaient briser tous les tabous, les cadres sociaux et les institutions, libérer la spontanéité. Ceux qui se réclamaient de cette ligne déconstructiviste aimaient à proclamer la mort de Dieu.

Ce mouvement repose sur une conception erronée de la liberté.

Le père Henri de Lubac a justement résumé le climat de l'époque : « L'un dit : deux plus deux égalent quatre. L'autre répond : deux plus deux font cinq. Et l'homme du juste milieu propose : quatre et demi. » La révolution de Mai 68 fut une explosion libertaire. Mais si j'affirme que deux plus deux font cinq ou quatre et demi, suis-je plus libre ? Je suis plutôt plus idiot. La liberté est essentiellement liée à la vérité.

En 1993, Jean-Paul II a voulu donner une réponse magistrale à cette crise de la vérité dans l'encyclique *Veritatis splendor* : « La splendeur de la vérité se reflète dans toutes les œuvres du Créateur et, d'une manière particulière, dans l'homme créé à l'image et à la ressemblance de Dieu (cf. Gn 1, 26) : la vérité éclaire l'intelligence et donne sa forme à la liberté de l'homme, qui, de cette façon, est amené à connaître et à aimer le Seigneur. C'est dans ce sens que prie le psalmiste : "Fais lever sur nous la lumière de ta face" (Ps 4, 7). »

Tous les insurgés de 68 criaient avec force, réclamaient la liberté absolue de l'homme, y compris contre Dieu. Mais cette grande et noble aspiration a conduit à des aberrations qui ont détruit l'homme de l'intérieur.

Comment résoudre les inégalités nées de la mondialisation et remédier aux situations de grandes misères ?

Depuis le Siècle des Lumières, l'homme occidental se considère comme un modèle, un surhomme, un maître qui dicte aux autres peuples ce qu'est un homme, la liberté, la démocratie, la culture, la société, l'économie et le droit. À l'époque de la traite des Noirs, l'Africain avait moins de valeur que les meubles de son maître. Certains marchands se sont même posé la question théologique de l'existence de l'âme des Africains. Mais, dans l'Église, les saints ont toujours été les défenseurs des esclaves et des petits. Je pense à Anne-Marie Javouhey, une femme qui a lutté contre les gouvernements pour imposer le respect de la liberté des esclaves en Guyane au XIXe siècle. Je pense aussi à saint Pierre Claver, l'apôtre des esclaves, à saint Martin de Porres, un dominicain noir du XVIIe siècle, ou encore à sainte Joséphine Bakhita, esclave devenue une religieuse canossienne au début du XXe siècle. Le phénomène que nous évoquons n'est pas si ancien. La ségrégation raciale et les pratiques discriminatoires n'ont pris fin légalement aux États-Unis qu'en 1964 et le régime de l'apartheid, en Afrique du Sud, en 1994.

Au sein de l'Église catholique, des voix se sont toujours élevées pour condamner l'esclavage. On en trouve un très beau signe à Rome. Sur la façade de l'église de San Tommaso in Formis figure une mosaïque du tout début du XIIIe siècle. Le Christ y est représenté sur son trône, tenant d'une main un esclave blanc et de l'autre un esclave noir qu'il libère ensemble de leurs chaînes. Au cœur du Moyen Âge, l'homme blanc et l'homme noir y sont représentés en observant une stricte égalité. Une fois de plus, l'Église était en avance sur son temps. Il a fallu des siècles pour que les chrétiens et le monde acceptent pleinement son message.

Sur un autre plan, le capitalisme a créé en Europe un prolétariat qui vivait dans des conditions misérables et indignes. Dès les origines, une classe bourgeoise dominante écrasa un petit prolétariat sans défense. Il n'est pas inutile, pour en prendre la mesure, de relire certaines pages de Zola. Même si de nombreux patrons chrétiens ont introduit des lois pour protéger les ouvriers, l'esprit du capitalisme a répandu sa loi de domination.

Je ne suis pas surpris de constater que le capitalisme de notre temps puisse transporter ce type d'opposition à l'échelle du monde. Le capitalisme est cynique. Les riches ont vocation à s'enrichir toujours plus tandis que les pauvres doivent rester dans le même dénuement. Les discours humanistes sont des oripeaux mensongers. Les élites ne souhaitent aucun changement. Le sentimentalisme et la pitié à bon marché tiennent lieu d'action.

Qui a provoqué les guerres et la misère qui incitent les Africains à fuir leurs pays ? Qui a détruit l'Irak, la Libye, la République démocratique du Congo, du fait de leurs richesses ? Des nations entières sont économiquement ravagées par des multinationales sans scrupules qui pillent les économies nationales. Les politiques néocolonialistes qui infantilisent les gouvernements sont une honte. Comment s'étonner alors des flux de populations qui fuient de telles situations ? On occulte la vérité, et on ose se demander s'il faut accueillir les populations qui arrivent sur les côtes européennes. Et je ne parle pas des pratiques mafieuses de ceux qui exploitent la misère des migrants.

La question africaine, continent oublié et exploité, a toujours été au cœur de votre réflexion.

Dans *Ecclesia in Africa*, en 1994, Jean-Paul II a eu des mots particulièrement édifiants : « L'Afrique actuelle peut être comparée à l'homme qui descendait de Jérusalem à Jéricho ; il tomba entre les mains de brigands qui le dépouillèrent, le rouèrent de coups et s'en allèrent, le laissant à demi mort (cf. Lc 10, 30-37). L'Afrique est un continent où d'innombrables êtres humains – hommes et femmes, enfants et jeunes – sont étendus, en quelque sorte, sur le bord de la route, malades, blessés, impotents, marginalisés et abandonnés. Ils ont un extrême besoin de bons Samaritains qui leur viennent en aide. Pour ma part, je souhaite que l'Église continue patiemment et inlassablement son œuvre de bon Samaritain ; en effet, dans une longue période, des régimes aujourd'hui disparus ont fortement éprouvé les Africains et affaibli leurs capacités de réaction : l'homme blessé doit retrouver toutes les ressources de son humanité. Les fils et les filles d'Afrique ont besoin de présence compréhensive et de sollicitude pastorale. Il faut les aider à rassembler leurs énergies pour le bien commun. »

Il faut savoir que les pays les plus riches d'Afrique sont continuellement en guerre. Au Congo-Kinshasa, les entreprises internationales exploitent les minerais sans beaucoup de contrôle car les gouvernements sont très affaiblis par les guerres successives. Qui distribue les armes aux différents belligérants ? À qui profite le crime ? Pendant de nombreuses années, l'Angola a connu la même situation. Sur son sol se trouvent les plus grandes réserves diamantaires de l'Afrique. De même, les richesses forestières du Gabon et de Centrafrique ne sont pas sans expliquer les conflits sanguinaires au sein des deux pays.

Enfin, je continue de m'interroger sur les causes qui ont permis de livrer la Libye aux puissances mafieuses les plus dangereuses, lesquelles jouent un rôle de premier plan dans les trafics migratoires.

L'homme augmenté est-il le rêve ultime du capitalisme ?

Le capitalisme n'a plus besoin d'hommes mais de consommateurs. Son seul objectif est d'améliorer les capacités de production et de consommation. L'homme augmenté, fruit d'une révolution technologique, est le dernier avatar du système pour améliorer son profit. Il suffit de regarder les évolutions à l'œuvre dans le monde de la puissante industrie pharmaceutique. L'effacement des frontières entre médecine thérapeutique classique et médecine d'amélioration constitue une des caractéristiques principales de la biomédecine du XXIe siècle. Dans la biomédecine contemporaine, les nouveaux médicaments et les technologies médicales peuvent être utilisés non seulement pour soigner le malade, mais aussi pour augmenter certaines capacités humaines. La médecine n'est plus seulement thérapeutique. Le rêve prométhéen est à l'œuvre. « Je ne vois pas en quoi l'homme actuel serait si parfait qu'il ne faille pas chercher à l'améliorer » : ce propos terrible du biologiste Francis Crick, codécouvreur avec James Watson de la structure de l'ADN, en 1953, pourrait constituer la devise du mouvement transhumaniste.

Dans l'imaginaire actuel, le robot apparaît comme le modèle de l'humanité future. J'ai déjà dit que l'homme souhaite jeter au rebut son corps de chair et de sang pour se revêtir de silicium et d'acier. Les cellules vieillissent, les corps s'usent : le métal, lui, se remplace. C'est pourquoi les transhumanistes étudient les moyens de télécharger les données du cerveau et de transplanter la personnalité dans un autre corps. L'immortalité serait alors acquise ! Quel accablant désir de machine ! Quel type d'homme en surgira ?

Cela me fait penser aux mots du prophète Daniel : « Tu as eu, ô roi, une vision : Voici : une statue, une grande statue, extrêmement brillante, se dressait devant toi, terrible à voir. Cette statue, sa tête était d'or fin, sa poitrine et ses bras étaient d'argent, son ventre et ses cuisses de bronze, ses jambes de fer, ses pieds partie fer et partie argile. Tu regardais : soudain une pierre se détacha, sans qu'aucune main l'eût touchée, et vint frapper la statue, ses pieds de fer et d'argile, et les brisa. Alors se brisèrent, tout à la fois, fer et argile, bronze, argent et or, devenus semblables à la bale sur l'aire de battage en été. Le vent les emporta sans laisser de trace. Et la pierre qui avait frappé la statue devint une grande montagne qui remplit toute la terre » (Dan 2, 31-35).

Pour le capitalisme postmoderne, l'homme est une ressource comme une autre. Seul compte le dieu Argent.

Ainsi, l'objectif primordial d'une société, à savoir la conservation de l'espèce humaine et la protection des personnes, entre-t-il en contradiction avec l'objectif du capitalisme, qui préfère le profit à l'être humain.

Si les hommes ne sont que des consommateurs, ils ne peuvent qu'être les ennemis les uns des autres. La société devient alors le vaste champ de bataille d'une concurrence débridée. Nous ne pourrons nous reconnaître comme frères que si nous découvrons que nous avons un même Père. Alors nous prendrons soin gratuitement les uns des autres. Plus que jamais, Dieu nous demande : qu'as-tu fait de ton frère ?

15

LA MARCHE FUNÈBRE DE LA DÉCADENCE

Nicolas Diat : Comment définir la décadence ? Comment s'est-elle manifestée au sein de l'Empire romain ?

Cardinal Robert Sarah : Dans son *Sermon* 81, citant le psaume 102, saint Augustin écrivait : « Tu t'étonnes que le monde décline ? Que le monde ait vieilli ? Pense à l'homme : il naît, il grandit, puis il devient vieux. La vieillesse a bien des inconvénients : la toux, le catarrhe, la vue baisse, on se sent anxieux et terriblement las. Quand un homme devient vieux, il se lamente sans cesse. Le monde a vieilli, il est plein d'épreuves accablantes [...] Ne cherche pas à te cramponner à ce vieux monde, ne refuse pas de retrouver ta jeunesse dans le Christ qui te dit : le monde s'essouffle dans la vieillesse ; n'aie pas peur, car ta jeunesse sera renouvelée comme celle de l'aigle. »

Ces paroles du vieil évêque d'Hippone semblent décrire Rome minée par son immoralité, son péché de luxure, ses jeux cruels et sanglants où des esclaves sont sacrifiés pour les plaisirs des Romains qui ne réclament qu'une chose : « *Panem et circenses* », du pain et des jeux. Les Romains sont submergés par la recherche frénétique de la jouissance. On aime voir le sang couler au cirque où les bêtes féroces affamées dévorent des hommes. Horribles mœurs que celles de ce temps !

Mais Rome est assiégée. La voilà prise, la ville qui avait conquis l'univers. Une capitale antique s'écroule. Pendant de longues années, elle fut la maîtresse du monde. La prise de la Ville éternelle symbolise la chute et la disparition d'une civilisation millénaire.

Si Rome peut périr, se lamente saint Jérôme dans sa *Correspondance*, que reste-t-il de sûr ? L'univers s'écroule si rapidement. Qui eût pensé que Rome, édifiée grâce aux victoires remportées sur le monde entier, s'effondrerait au point de devenir « le tombeau des peuples dont elle était la Mère ».

En ce début du Ve siècle, lors du sac de Rome par les Wisigoths d'Alaric Ier, l'évêque d'Hippone était triste, mais il voulait voir Rome au-delà de ses palais et de ses arcs de triomphe : « Peut-être Rome ne périra pas, si les Romains ne périssent pas. Il ne s'agit pas ici de pierres et de bois, de grands monuments et de vastes remparts. » Ce que craignait Augustin arriva de manière surprenante et combien douloureuse. En effet, le 24 août 410, les troupes d'Alaric envahirent la capitale de l'Empire. La chute de l'*Urbs* donna lieu à des pillages, des incendies, des viols et des massacres. Les païens accusèrent alors les chrétiens : « Voici que tout s'effondre à cause du Dieu chrétien ! » disaient-ils, persuadés que leurs dieux se vengeaient d'avoir été délaissés au bénéfice de cette nouvelle religion. Les chrétiens eux-mêmes étaient troublés. Malgré les empereurs qui ont ligué toutes leurs forces contre elle, l'Église a réussi à convertir l'Empire qui, au IVe siècle, est devenu chrétien. Puis l'Église a vu déferler les invasions barbares, mais sa vie s'est gonflée d'une sève nouvelle, et elle a converti les peuples barbares pour les conduire au Christ. La jeunesse de Rome, comme la nôtre, ne se renouvellera qu'en se convertissant au Christ. Alors elle pourra acquérir vigueur et force.

L'Église a inspiré et formé le Moyen Âge et créé l'Europe. Elle a vu disparaître la civilisation du Moyen Âge qui avait surgi et s'était épanouie sous son influence. Elle a vu naître le monde moderne qui se soustrait de plus en plus à son influence en s'opposant de façon radicale à sa doctrine.

Les siècles passent, l'Église demeure. De nouveau, notre temps marque la fin d'une civilisation, avec son lot d'angoisse et de peurs.

En observant l'histoire du monde, Montesquieu écrivait dans son ouvrage *Causes de la grandeur et de la décadence des romains* que « plus d'États ont péri de la corruption des mœurs que de la violation des lois ». La lutte contre la pollution de l'air et de l'eau et la conservation des ressources naturelles sont devenues un souci respectable de la société et l'objet d'une science nouvelle : l'écologie. Mais il existe d'autres dangers graves pour notre avenir : les nombreuses formes de pollution morale. Elles aussi empoisonnent l'air que nous respirons. Elles déforment notre conscience, pervertissent notre jugement et notre sensibilité, corrompent la réalité de l'amour, entraînent la déchéance de l'homme. L'Occident est le point de départ principal de cette pollution morale ; c'est pourquoi, comme la Rome antique, il risque de disparaître.

Pourquoi insistez-vous tant sur la question de l'épuisement moral ?

Pour les zélateurs de la postmodernité, les valeurs traditionnelles issues de la civilisation judéo-chrétienne seraient désuètes, inutiles et dangereuses. La famille n'a jamais été autant chahutée. Sous couvert d'humanisme et de fraternité, la dignité de l'homme est bafouée. La corruption des mœurs et la violence contre les femmes atteignent des niveaux rarement égalés.

L'Occident est empoisonné par des idées qui provoquent une déformation des consciences et un pervertissement de la sensibilité.

Le mal, la violence, les crimes, la perversion sexuelle ont toujours existé. Il y a certainement eu des périodes dans l'histoire où le sordide, le brutal, l'obscène, l'immonde, la frénésie érotique et l'ivresse sexuelle régnaient autant qu'aujourd'hui. Mais, par rapport à ces époques, il règne une culture hédoniste institutionnalisée qui menace la vie de l'homme de demain. Il y a peu, les jeunes baignaient dans le grand bain des valeurs incontestées issues de la civilisation judéo-chrétienne. Aujourd'hui, elles sont rejetées comme inadaptées et vétustes, et combattues.

En s'appuyant sur la raison, l'Occident tente d'en finir avec « l'ancien monde ». La confusion entre le bien et le mal est le plus grand drame de notre temps. L'intelligence ne semble plus capable d'opérer une telle distinction. La raison ne sait plus ce qui est nuisible à la nature humaine, à l'existence humaine, et ce qui ne l'est pas. Trop de jeunes et d'adultes méconnaissent ou nient catégoriquement l'importance des grands principes du monde. Nous avons perdu la boussole qui doit orienter le jugement moral de l'homme.

Si la raison demeure en mesure de trouver la vérité, elle semble perdue dans des marais et des brouillards qui l'aveuglent et l'empêchent de s'ouvrir à la vérité.

L'homme occidental est son propre pollueur. On peut observer un parallèle saisissant entre la pollution de la nature et celle de l'homme. Nous savons qu'il ne faut pas utiliser certains produits chimiques pour augmenter les rendements agricoles, mais nous continuons de le faire. Il en va de même avec la vie morale : l'homme a perdu le sens de l'absolu. Il est englué dans un relativisme anesthésiant. Alors il se disperse, il déprime, il ne retrouve plus son chemin.

Une phrase de la seconde lettre de Pierre pose une question d'une retentissante actualité : « Puisque tout est en voie de destruction, voyez quels hommes vous devez être » (2P 3, 11).

L'appauvrissement des structures éducatives est impressionnant. Elles sont pourtant l'origine de toutes les grandes réformes. L'enseignement de l'histoire est symptomatique de cet appauvrissement. Cette matière noble, qui constituait autrefois le pivot des humanités, est désormais ravalée au rôle d'un enseignement quasi inutile.

Dans de nombreux pays occidentaux, la volonté de rompre avec le passé et toutes ses traditions a provoqué des situations de guerre civile larvée. L'homme ne s'aime plus. Il n'aime plus son prochain ni la terre de ses ancêtres. Il déteste sa culture et les valeurs du passé. On combat notre héritage religieux, culturel, historique et nos racines mêmes.

Il y a une nouvelle forme de dictature et de colonisation culturelle qui nourrit le ressentiment d'une partie des peuples. Cette guerre des valeurs est dramatique. Parce qu'elle renie ses racines chrétiennes, l'Europe n'a plus de ciment commun. Elle sombre peu à peu dans la violence et le communautarisme. Les guerres civiles pointent à l'horizon. Les nations se disloquent, les spécificités s'évaporent. Les citoyens se réfugient dans des idéaux artificiels. Ils confondent leurs sentiments et la construction d'un projet collectif.

Au nom de la modernité et du progrès, on brûle tout ce qui se rapporte au passé.

Il ne s'agit pas d'entretenir la nostalgie d'un passé révolu. Mais il est nécessaire que les jeunes aient une identité claire, qu'ils sachent de quelle histoire ils sont les héritiers. Plus profondément, je crois que les jeunes Occidentaux aspirent à un monde où chaque génération ne soit pas accablée par le pesant devoir de tout reconstruire à partir de rien. Il est temps de leur redonner la liberté de recevoir de leurs pères des certitudes et des règles issues de l'expérience. Il est épuisant de devoir sans cesse tout réinventer. Recevoir est une liberté.

Au lieu de cela, que nous propose-t-on ? Les partisans du *gender* veulent déconstruire la famille. La théorie du *gender* est même en train de gravir un échelon supérieur décisif en se transformant en mouvement queer. Celui-ci ne s'arrête pas seulement à la déconstruction du sujet : il s'intéresse surtout à la déconstruction de l'ordre social. Il s'agit de semer le trouble dans les identités et les comportements sexuels, d'introduire le soupçon quant aux règles héritées et regardées comme l'expression de la nature humaine, de changer de l'intérieur la culture et les rapports sociaux en transformant l'approche de la sexualité.

Jean-Paul II parlait volontiers de la passion nihiliste de la destruction.

L'homme postmoderne aime détruire. Il est attiré par les choses morbides. De ce point de vue, l'art contemporain est significatif. Le laid est aimé et exalté. Le virus de l'horrible se répand à bride abattue ; l'incompréhensible succède à l'harmonie.

Les structures anciennes de nos sociétés sont attaquées, condamnant ces dernières à entrer dans un processus de décadence. Je pense que nous atteignons désormais un nouveau palier avec la destruction de l'homme lui-même. Il est urgent d'aider l'homme occidental, souvent très actif, lucide et inquiet, jamais satisfait de lui-même, toujours tendu vers de continuelles améliorations de soi et des autres, à trouver son repos dans l'acceptation humble et résolue de ses faiblesses et de ses limites. Plus qu'un être actif, plus qu'un fabricant d'objets, l'être humain n'est-il pas un contemplatif ? L'homme ne s'autocrée pas, il reçoit beaucoup en héritage.

Nous concluions notre livre, *La Force du silence*, en soulignant combien l'agitation, l'activisme et le bruit qui marquent notre temps agissent comme une force de destruction de la vie intérieure. Le bruit est l'ennemi parfait de la réflexion, de la tranquillité et de l'amour. Or le bruit est devenu banal. Il fait partie de notre environnement et de notre manière de vivre. Et nous évite de nous confronter à notre vie intérieure.

Et le sentiment suicidaire fait tristement et banalement partie du quotidien…

L'homme moderne consomme de manière irréfléchie, happé irrésistiblement par l'abondance et les incitations publicitaires qui l'invitent à jouir sans entrave. Un jour ou l'autre, il ouvre les yeux sur la tristesse infinie de son existence et se rend compte qu'il ne peut plus voir le ciel. Il est pris dans un cercle vicieux : produire, consommer, produire encore plus et consommer encore davantage.

L'homme est matériellement obèse. Sur le plan spirituel, il erre comme un pauvre clochard. Longtemps, il n'a pas été malheureux. L'univers lui semblait plein de promesses matérielles.

La décadence de nos sociétés enveloppe peu à peu les hommes dans un brouillard anxiogène. Les institutions, les cultures, les histoires disparaissent inexorablement.

Il faut venir contempler les ruines du forum romain pour comprendre la finitude des civilisations.

Le suicide de l'Occident est dramatique. Ses renoncements entraînent toute l'humanité dans une impasse. Il n'a plus de force, plus d'enfants, plus de morale, plus d'espoir. Sa seule espérance de survie, c'est de retrouver celui qui a dit : « Je suis le Chemin, la Vérité et la Vie » (Jn 14, 6).

La décadence de l'Occident est le résultat de l'abandon par les chrétiens de leur mission. Ils ne regardent plus le ciel. Ils sont pris en otage par les nouveaux paradigmes. Ils se mondanisent. La vie de prière, qui devrait les nourrir, les fortifier, les faire rayonner, court elle-même le risque de se laisser contaminer par l'esprit de spectacle et la recherche de sensation. Pourtant, depuis plus de deux mille ans, cette prière a nourri la vie des saints et de tous les disciples de Jésus. La prière est le seul grand remède.

16

LA LIBERTÉ RELIGIEUSE

Nicolas Diat : En 2008, dans la majestueuse crypte du sanctuaire de l'Immaculée Conception à Washington, devant plus de quatre cents évêques américains, Benoît XVI déclarait : « Le respect pour la liberté de religion est profondément enraciné dans la conscience américaine ; c'est un fait qui a contribué à ce que ce pays attire des générations d'immigrants à la recherche d'une maison où pouvoir librement rendre leur culte à Dieu selon leurs propres convictions religieuses. » Pour vous, les États-Unis sont-ils un modèle de liberté religieuse qui devrait être imité par les autres nations ?

Cardinal Robert Sarah : Certains ont compris ainsi les paroles de Benoît XVI. Ils ont cru pouvoir ériger les États-Unis en archétype de société ouverte dont le modèle devrait être exporté voire imposé au monde entier. Ils avaient certainement oublié la phrase qui précède celle que vous citez. Le pape rappelait en effet : « Votre peuple a confiance en Dieu et il n'hésite pas à introduire dans les discours publics des raisons morales enracinées dans la foi biblique. » En fait, Benoît XVI voulait ainsi rappeler les fondements objectifs d'une authentique liberté religieuse.

La grande tentation des sociétés politiques est d'oublier qu'elles n'ont en elles-mêmes ni leur fondement, ni leur finalité ultime. Jamais un État ne peut prétendre à la perfection, jamais il ne pourra nous promettre un bonheur complet ni une liberté absolue. Les sociétés terrestres seront toujours inachevées. Je crois qu'il faut le rappeler aux chrétiens : notre espérance n'est pas de ce monde. Le Royaume de Dieu ne sera jamais établi sur la terre. Plus une société politique l'oublie, plus elle se présente comme l'horizon indépassable, plus elle devient totalitaire.

En ce sens, je veux rappeler avec force ce que disait Benoît XVI : il y a une profonde parenté entre le mirage communiste, la folie nazie et le libéralisme démocratique tel que nous le connaissons aujourd'hui.

Ces trois idéologies se ressemblent sur plusieurs points fondamentaux. Elles prétendent faire le bonheur de l'homme de gré ou de force. Le communisme et le nazisme ont inventé les camps d'extermination. L'idéologie libérale démocratique se sert de la persécution médiatique et de l'endoctrinement dès le plus jeune âge. Ce sont là les signes d'une société qui se croit le seul horizon de l'humanité, la seule référence politique, économique et sociale. Les chrétiens seront toujours une écharde dans la chair pour ces totalitarismes doux ou durs. Car les chrétiens rappellent sans cesse que nous ne sommes pas faits pour ce monde. Notre patrie se trouve dans les cieux !

Cela ne veut pas dire que nos patries terrestres ne sont rien et que nous ne devons pas nous investir pour qu'elles deviennent des lieux d'épanouissement humain, de fraternité, d'honnêteté, de vérité et de justice. Au contraire, nous devons chercher comment y vivre unis, fiers de nos cultures respectives. De ce point vue, on doit constater l'échec de l'idéologie libérale démocratique. Les peuples d'Occident sont en proie à une profonde crise d'identité. Ils ne savent plus pourquoi ils forment un peuple.

Là encore, Benoît XVI avait souligné la profonde parenté entre les totalitarismes et l'idéologie libérale. Si au fondement de l'État démocratique il n'y a que l'agrégation de pures subjectivités, comment la majorité ne finirait-elle pas par devenir oppressive ? Elle n'est au fond que l'expression d'une liberté vide de sens, abandonnée aux caprices des opinions, livrée aux manipulations des puissants et des riches. « Privée de son contenu, la liberté individuelle s'abolit elle-même », écrivait Benoît XVI dans *Valeurs pour un temps de crise.* « Ce qui maintient une société et lui donne la paix, écrivait-il encore dans *Un tournant pour l'Europe,* c'est le droit. » Une société qui refuse d'être fondée sur le bien objectif se mue en dictature du vide.

L'Église se doit d'interpeller les sociétés démocratiques sur le fondement du droit. Une société fondée sur elle-même s'écroule tôt ou tard. J'ai été frappé du courage prophétique de Benoît XVI chaque fois qu'il s'est adressé à des parlements nationaux, à Westminster en 2010, comme à Berlin en 2011. Chaque fois il a insisté sur un point : « Quand Dieu et la forme fondamentale d'existence humaine qu'il a créée quittent la conscience collective et sont refoulés dans le domaine privé, purement subjectif, le concept de droit se décompose et avec lui le fondement de la paix. » Ce propos, repris dans l'ouvrage *Un tournant pour l'Europe*, expose un point capital. Le droit a besoin d'un fondement transcendant, reçu par l'homme. Il ne peut s'instituer lui-même, sans quoi l'autorité politique cède à la tentation de Prométhée et se mue en pouvoir totalitaire.

Voulez-vous dire que les sociétés démocratiques peuvent ne pas être des sociétés justes ?

Je voudrais citer une belle formule de saint Augustin : « *Remota itaque justitia quid sunt regna nisi magna latrocinia* » (« Que sont les États lorsque la justice en est bannie, sinon de grandes bandes de brigands »). À cette réflexion de saint

Augustin, le cardinal Joseph Ratzinger fait écho de façon pertinente. Voilà ce qu'il écrit dans *Un tournant pour l'Europe* : « Les critères constitutifs d'une bande de brigands sont par essence purement pragmatiques et donc nécessairement partiaux, ce sont des critères de groupe. Une communauté qui ne soit pas une communauté de brigands, c'est-à-dire un groupe qui règle sa conduite selon ses fins, n'existe que si une justice entre en jeu, laquelle ne se mesure pas à l'intérêt d'un groupe mais à un critère universel. C'est ce que nous appelons "justice" et elle constitue l'État. Elle inclut le Créateur et la Création comme points d'orientation. Cela signifie qu'un État qui se veut agnostique, qui édifie uniquement le droit sur les opinions de la majorité, se désagrège et se réduit à un groupe de brigands. » Une bande de brigands ne forme même pas une communauté mais un agrégat momentané d'intérêts qui convergent accidentellement. Un État qui abandonne la détermination du droit aux fluctuations des majorités risque fort de se transformer en une bande de brigands. « Là où on exclut Dieu, poursuit-il, on introduit – sous des formes plus ou moins flagrantes – le principe de la bande de brigands. Apparaît alors le meurtre organisé d'êtres humains innocents – avant leur naissance – commis sous le couvert d'un droit pour répondre aux intérêts d'une majorité. »

J'affirme que la forme démocratique de l'État est appréciable car elle donne à chacun la possibilité de prendre conscience de sa libre responsabilité dans la société, mais elle ne porte pas en elle-même le fondement d'un droit véritable. Une société démocratique par sa forme a besoin d'un contenu : le droit, le bien, sinon elle s'organise autour du néant. La justice est vraiment le but mais aussi la mesure intrinsèque de toute politique. La politique est plus qu'une simple technique pour la définition des ordonnancements publics : son origine et sa finalité se trouvent précisément dans la justice, et cela est de nature éthique. Ainsi l'État se trouve de fait inévitablement confronté à la question : comment réaliser la justice ici et maintenant ?

Mais, où peut-on trouver ce contenu, ce fondement ? Est-ce à l'Église de le donner ? Ne risque-t-on pas de tomber dans une forme de théocratie ?

Vous mettez le doigt sur le problème de la véritable liberté religieuse. Chaque homme doit pouvoir librement chercher la vérité, surtout en matière religieuse. Le débat public doit rester libre dans son expression. Mais il doit être fondé sur un contenu objectif juste et commun à tous les hommes. Devant le Parlement anglais, Benoît XVI rappelait que « la tradition catholique soutient que les normes objectives qui dirigent une action droite sont accessibles à la raison, même sans le contenu de la Révélation. Selon cette approche, le rôle de la religion dans le débat politique n'est pas tant celui de fournir ces normes, comme si elles ne pouvaient pas être connues par des non-croyants – encore moins de proposer des solutions politiques concrètes – mais plutôt d'aider à purifier la raison et de donner un éclairage pour la mise en œuvre de celle-ci dans la découverte de principes moraux objectifs ». Dans sa lettre encyclique *Deus caritas est*, Benoît XVI est beaucoup plus explicite et précis : « La doctrine sociale de l'Église, écrit-il, argumente à partir de la raison et du droit naturel, c'est-à-dire à partir de ce qui est conforme à la nature de tout être humain. Elle sait qu'il ne revient pas à l'Église de faire valoir elle-même politiquement cette doctrine : elle veut servir la formation des consciences dans le domaine politique et contribuer à faire grandir la perception des véritables exigences de la justice et, en même temps, la disponibilité d'agir en fonction d'elles, même si cela est en opposition avec des situations d'intérêt personnel. Cela signifie que la construction d'un ordre juste de la société et de l'État, par lequel est donné à chacun ce qui lui revient, est un devoir fondamental, que chaque génération doit à nouveau affronter. S'agissant d'un devoir politique, cela ne peut pas être à la charge immédiate de l'Église. Mais, puisque c'est en même temps un devoir humain primordial, l'Église a le devoir d'offrir sa contribution spécifique, grâce à la purification de la raison et à la formation éthique, afin que les exigences de la justice deviennent compréhensibles et politiquement réalisables. L'Église ne peut ni ne doit prendre en main la bataille politique pour édifier une société la plus juste possible. Elle ne peut ni ne doit se mettre à la place de l'État. Mais elle ne peut ni ne doit non plus rester à l'écart dans la lutte pour la justice. Elle doit s'insérer en elle par la voie de l'argumentation rationnelle et elle doit réveiller les forces spirituelles, sans lesquelles la justice, qui requiert aussi des renoncements, ne peut s'affirmer ni se développer » (n. 28).

Le principe de la liberté religieuse est ici finement décrit. Les hommes doivent librement découvrir et mettre en œuvre ces normes objectives qui sont comme la grammaire de notre nature humaine. L'Église est là pour éclairer la libre raison des hommes, la rectifier, la purifier de la tentation de la toute-puissance. Les hommes doivent prendre conscience que la raison qui ne se laisse pas purifier devient totalitarisme, quand bien même elle s'habille de procédures démocratiques. Rappelons-nous que Hitler a été élu selon un processus démocratique.

Quel est alors le rôle des chrétiens en politique ?

Ils doivent avant tout élever une barrière contre l'arbitraire totalitaire qui s'affranchit de la loi naturelle. Ils doivent le faire au nom de leur conscience. Car c'est dans la conscience que le Créateur a inscrit cet ordre objectif. Il est incohérent et nuisible de séparer le chrétien d'un côté et le citoyen de l'autre.

Les chrétiens doivent donc « prendre parti en faveur de la capacité de l'homme à la vérité comme limite de tout pouvoir », pour reprendre les mots du cardinal Ratzinger dans *Valeurs pour un temps de crise*. La vérité est le vrai rempart contre la tentation d'un pouvoir sans limites. Il nous faut à la fois tenir la capacité fondamentale de l'homme à atteindre cette vérité et son droit à la rechercher librement jusqu'à ce qu'il la trouve. Cet ordre naturel objectif, que les chrétiens doivent défendre, est le bien de tout homme. Il n'est pas nécessaire de confesser la foi chrétienne pour le reconnaître. Cet ordre est accessible à tous les hommes de bonne volonté. Les chrétiens ne doivent avoir aucun complexe à le promouvoir. Ils doivent parler sans crainte car ils n'agissent pas au nom d'un parti contre un autre, ils sont les témoins de la vérité, les défenseurs de la nature humaine. Mais ils doivent être prêts à souffrir et à mourir pour témoigner de cette vérité.

Les chrétiens sont-ils parfois appelés à résister à l'autorité politique ?

Ils sont souvent appelés à une résistance spirituelle. Face à un État qui exige une coopération au mal ou impose le mal, les chrétiens sont appelés au nom de leur conscience au martyr, sommet du témoignage politique chrétien. « L'injustice ne peut être vaincue, en dernière instance, que par la souffrance, par la souffrance volontaire de ceux qui restent fidèles à leur conscience et sont ainsi réellement les témoins, dans leur souffrance et dans toute leur existence, de la fin de tout pouvoir », écrivait le cardinal Ratzinger dans son ouvrage

Église, œcuménisme et politique. Il faut surtout refuser de se laisser acheter ou corrompre par l'argent. Le Christ et les apôtres n'avaient absolument rien pour accomplir leur mission. Beaucoup croient que l'argent accroît et fait progresser la mission de l'Église. Qu'ils ouvrent les yeux et regardent les églises opulentes de l'Occident. Elles étaient plus florissantes, plus missionnaires, plus ferventes, plus fidèles et plus dynamiques dans le témoignage évangélique, lorsqu'elles étaient portées par la foi en Jésus-Christ, et plus pauvres en moyens financiers. Tant que nous mettons l'accent et la priorité sur les aspects et les moyens matériels, nous asphyxions l'Église.

Aux États-Unis, certains ont préféré tout perdre plutôt que de collaborer à la destruction de l'ordre naturel sous l'administration Obama. La résistance spirituelle est le meilleur service que les chrétiens puissent rendre à la société politique. Je crois que dans une société humaine, un chrétien sera toujours plus ou moins un dissident. On le mettra parfois en prison pour le faire taire. Plus souvent, on disqualifiera sa parole par l'ironie bien-pensante ou le lynchage médiatique.

Pourtant les chrétiens sont moins persécutés dans les démocraties occidentales que dans les pays dominés par l'islamisme ?

La persécution la plus destructrice du christianisme se déroule aujourd'hui dans les démocraties occidentales. On y a tué Dieu. De plus en plus, le chrétien est marginalisé, terrorisé, humilié, ridiculisé. Il faut ainsi déplorer le cas d'un nombre croissant de chrétiens apostats. Ils n'ont de chrétien que le nom. Ils pratiquent encore leur religion mais sans conviction, comme un pur acte culturel ou social. En disant cela, je n'ignore pas les millions de chrétiens héroïques, profondément fidèles au Christ et à son enseignement. Rappelez-vous l'avertissement du Christ : « Ne craignez pas ceux qui tuent le corps, et après cela ne peuvent rien faire de plus. Je vais vous montrer qui vous devez craindre. Craignez celui qui, après avoir tué, a le pouvoir d'envoyer dans la géhenne ; oui, je vous le dis : C'est celui-là que vous devez craindre » (Lc 12, 4-5).

Dans les démocraties pluralistes, la tentation totalitaire est le fruit d'une raison qui refuse de se laisser purifier par la religion. Cela engendre la dictature molle du relativisme et la persécution larvée qui anesthésie peu à peu les consciences, enlevant aux hommes leur vraie liberté. L'islamisme fanatique et fondamentaliste vit la tentation contraire, celle d'une religion qui refuse de se laisser purifier par la raison. Les chrétiens savent que Dieu se manifeste par la conscience. Il n'y a pas de contraction entre l'œuvre du Dieu Créateur et la Révélation. Aussi nous pouvons affirmer qu'il appartient à la dignité de l'homme de chercher et de trouver librement la vérité. Les chrétiens font confiance à la raison, ils réclament la liberté religieuse pour que la vérité soit embrassée par tous. Au contraire, l'islamisme impose sa croyance contre la raison, par la force, la violence. Il prêche un dieu qui peut ordonner ce qui est contraire à la dignité humaine et viole la conscience et la liberté. L'islamisme fanatique et fondamentaliste promeut une religion fondée sur la pure obéissance à une loi extérieure qui ne se révèle pas dans la conscience mais qui s'impose par la société politique. Là encore, les chrétiens font figure de résistants spirituels. Dans de nombreux pays du Moyen-Orient, ils sont les seuls à résister non pas au nom d'un parti qui chercherait à prendre le pouvoir et à s'imposer aux autres mais au nom des droits de la conscience ouverte à la vérité.

Les martyrs de l'islamisme clament le « pouvoir de l'impuissance » face à la violence. Je pense à tous ces frères et sœurs en Égypte, au Pakistan, en Syrie, en Irak, au Nigeria et au Soudan. Ils sont nos modèles pour nous qui ne vivons pas la persécution sanglante. Ils sont aussi un reproche pour toutes nos compromissions avec le pouvoir du mensonge. Ils interrogent notre christianisme devenu bourgeois, qui avance de compromissions en compromissions pour éviter tout ennui. Ils nous disent avec une clarté aveuglante : si le christianisme pactise avec la décadence de l'Occident, c'est que les chrétiens ne sont pas fidèles à l'essence de leur foi. Leurs visages sont les vraies lumières pour l'Église de notre temps. Leur exemple est véritablement le fondement de notre espérance. Ils sont le visage du Christ aujourd'hui.

« Les martyrs sont la vraie gloire de l'Église », écrivait le pape François en novembre dernier aux Franciscains de Syrie ; rien davantage que le martyre ne peut marquer la façon caractéristique du chrétien de participer à l'histoire du salut de l'humanité. Les martyrs ont pour horizon le Royaume de Dieu. Ils sont la vraie gloire de l'Église et notre espérance. Leurs témoignages sont un avertissement à ne pas se perdre au milieu des orages. « Souvent la mer de la vie nous réserve la tempête, mais des houles existentielles nous parvient un signe inattendu de salut : Marie la Mère du Seigneur, stupéfaite, en silence, regarde son Fils innocent crucifié, qui remplit de sens la vie et le salut du peuple », concluait François.

PARTIE IV

Retrouver l'espoir : la pratique des vertus chrétiennes

« Dans cette vie, la vertu consiste à aimer ce qui doit être aimé. Savoir la choisir, c'est la prudence, ne pas s'en laisser distraire par les séductions, c'est la tempérance, ne pas s'en laisser écarter par l'orgueil, c'est la justice. »

Saint Augustin, lettre 155

17

DIEU OUVRE SA MAIN

NICOLAS DIAT : Vous brossez un tableau très sombre de l'état du monde et de l'Église. Comment ouvrir la voie d'un renouveau ? Quel programme proposeriez-vous de suivre ?

CARDINAL ROBERT SARAH : Je n'ai pas de programme. Quand on possède un programme, c'est que l'on veut réaliser une œuvre humaine. L'Église n'est pas une institution que nous devrions réaliser ou façonner avec nos idées. Il faut simplement recevoir de Dieu ce qu'il veut nous donner.

Jean-Paul II nous mettait déjà en garde contre cette tendance à élaborer des programmes d'église dans sa lettre apostolique *Novo millennio ineunte* : « Il ne s'agit pas, disait-il, d'inventer un nouveau programme. Le programme existe déjà, c'est celui de toujours, tiré de l'Évangile et de la tradition vivante. Il est centré, en dernière analyse, sur le Christ lui-même, qu'il faut connaître, aimer, imiter, pour vivre en Lui la vie trinitaire et pour transformer avec Lui l'histoire jusqu'à son achèvement dans la Jérusalem céleste. C'est un programme qui ne change pas avec la variation des temps et des cultures, même s'il tient compte du temps et de la culture pour un dialogue vrai et une communication efficace. Ce programme de toujours est notre programme pour le troisième millénaire » (n. 29).

Il me revient en mémoire un très beau texte du cardinal Ratzinger dans lequel il se demande ce que doit être la réforme de l'Église. Il compare l'Église à une statue. Michel-Ange, quand il recevait un bloc de marbre, voyait déjà la statue prisonnière à l'intérieur du marbre informe. Pour lui, sculpter revenait à enlever ce qu'il y avait en trop autour de la statue. De même, nous n'avons pas à sculpter le corps de l'Église selon nos petites idées. Nous n'avons pas à inventer une Église. L'Église est l'œuvre de Jésus. Nous avons à retirer tout le surplus que nos péchés et nos compromissions avec le monde ont ajouté sur son œuvre, jusqu'à finir par masquer sa beauté. Oui, retirons toutes les couches de mondanités, de lâchetés, de péchés qui cachent aux yeux de tous la sainteté, la splendeur et la beauté divines de l'Église de Dieu. Que trouverons-nous alors ? D'abord les vertus chrétiennes. Elles nous sont données par Dieu pour diviniser notre nature humaine. Elles sont reçues au baptême, elles sont le cortège qui accompagne la présence de la Trinité en nos âmes. Elles sont notre dynamisme spirituel.

Le mot vertu signifie en grec « excellence ». Les vertus portent chacune de nos facultés à son plus parfait accomplissement. En se fondant sur les vertus chrétiennes, nous sommes certains de ne pas nous tromper.

Quelle est la première vertu que vous aimeriez évoquer ?

Je voudrais débuter en rappelant l'importance de la prudence. Cette vertu nous fait trouver les moyens concrets pour mettre en œuvre les finalités choisies. Nous sommes de plus en plus tentés par un christianisme désincarné. J'entends souvent prêcher une religion des « bonnes intentions ». Or la meilleure des intentions finit par devenir un rêve ou un mirage si elle n'est pas transformée en réalité mise en acte.

Il ne suffit pas d'avoir des idées généreuses ou de grands désirs. Il faut aussi les mettre en œuvre. J'ai déjà souligné cette pathologie caractéristique de l'esprit moderne : sous prétexte d'être « spirituels », nous méprisons les moyens concrets, cédant à la tentation d'un christianisme si « pur » qu'il finit par être intellectuel. Au fond, nous refusons à Dieu la possibilité de s'incarner et d'entrer dans le vif de nos vies. Je me demande s'il n'y a pas derrière cette attitude une forme subtile d'orgueil. Ne refuse-t-on pas tout simplement notre nature créée, avec ses limites ? Ne refuse-t-on pas de recevoir cette nature comme un don dont nous ne sommes pas l'auteur ? N'y a-t-il pas là un secret écho de la révolte luciférienne contre la condition de créature ?

Notre relation à Dieu doit s'appuyer sur des attitudes et des gestes. Bien sûr, l'essentiel se passe à l'intérieur du cœur. Il arrive cependant que l'on finisse par mépriser les moyens concrets de préserver et de développer cette relation intérieure avec Dieu. La prudence consiste à passer à l'acte, sinon les meilleures intentions demeurent des vœux pieux.

Prenons quelques exemples. J'entends souvent des chrétiens prétendument éclairés mépriser les formes de dévotion populaire comme les pèlerinages, le rosaire, les processions en l'honneur du saint sacrement du corps et du sang de Jésus-Christ ou la génuflexion devant Jésus-Eucharistie. Faut-il opposer à ce point foi et religion ? Que serait un amour humain qui ne s'exprimerait jamais extérieurement ? La pure intériorité est illusoire. La prudence nous enseigne que nous avons besoin de gestes sacrés. Nous avons besoin de nous mettre à genoux humblement et par amour, de nous taire, de chanter. Nous avons besoin de ces signes extérieurs. Saint Paul VI ne craignait pas de le rappeler dans son audience générale du 15 juin 1965 : « Il conviendra d'observer que la manifestation extérieure du sentiment religieux est non seulement un droit mais aussi un devoir, en raison de la nature même de l'homme qui reçoit, des signes extérieurs, un stimulant pour son activité intérieure et qui exprime celle-ci dans les signes extérieurs, lui donnant ainsi toute sa signification et sa valeur sociale. [...] En conséquence, l'extériorité religieuse, quand elle n'est ni superstition ni fin en elle-même, sert pour ainsi dire de vêtement aux choses divines qu'elle rend accessibles à notre faculté de connaître. Elle nous permet en quelque sorte de présenter à la Majesté céleste le tribut d'une offrande terrestre. »

Cela est vrai aussi dans le domaine de la pénitence. On a peur d'être trop matérialiste. Alors, au prétexte d'être plus spirituel, on réduit le jeûne à un pur mouvement intérieur. Le jeûne chrétien, pour devenir le jeûne du cœur, doit d'abord être le jeûne du corps. Ainsi, le jeûne du Carême devrait-il être une belle cérémonie communautaire chrétienne. L'ascétisme chrétien n'est pas un ennemi du corps, mais une discipline en vue de la maîtrise de soi et la volonté de faire participer le corps à l'élan de notre âme vers la sainteté.

Je pense aussi à la vie des clercs. Les enseignements des derniers papes posent admirablement les fondements d'une véritable spiritualité sacerdotale. Il reste à les traduire en moyens concrets. Benoît XVI et François ont envisagé une réforme spirituelle de la vie des clercs, qui devrait commencer par une réforme spirituelle de la vie de la Curie. La prudence chrétienne consiste à en chercher les moyens concrets à la lumière de la foi. Plutôt que de copier les institutions bureaucratiques du monde séculier, revenons-en aux moyens que les apôtres ont mis en place dès les premiers temps du christianisme. Les Actes des Apôtres nous l'indiquent : pour mettre en œuvre concrètement l'Évangile, les clercs doivent centrer leur vie sur la parole de Dieu, la prière commune et la célébration de l'Eucharistie. Il faut qu'ils réentendent saint Paul avec toute l'attention et le sérieux possible : « Soyez mes imitateurs comme moi-même je le suis du Christ » (1Co 11, 1). Pour préserver leur chasteté, ils doivent mener une vie commune de pauvreté, de charité et d'obéissance. Comment s'étonner de l'invasion rampante du sécularisme dans la mentalité des pasteurs qui vivent dans l'opulence ? Dans ce domaine, la prudence chrétienne consiste à prendre les moyens concrets d'une vie pauvre. On ne peut se contenter d'un prétendu esprit de pauvreté qui planerait sur une vie concrètement orientée vers la consommation de biens matériels. En septembre 2001, dans une homélie, saint Jean-Paul II déclarait : « C'est la voie de la pauvreté qui nous permettra de transmettre à nos contemporains les fruits du salut. En tant qu'évêque, nous sommes appelé à être pauvre au service de l'Évangile. »

De même, la vie des clercs doit suivre concrètement les préceptes de la sainteté. Comme le rappelait Benoît XVI aux catholiques irlandais le 19 mars 2010, les causes les plus profondes de la multiplication des abus sur mineurs résident dans l'abandon de cet idéal : « Très souvent, les pratiques sacramentelles et de dévotion qui soutiennent la foi et lui permettent de croître, comme par exemple la confession fréquente, la prière quotidienne et les retraites annuelles, ont été négligées. Au cours de cette période apparut également la tendance déterminante, également de la part de prêtres et de religieux, à adopter des façons de penser et à considérer les réalités séculières sans référence suffisante à l'Évangile. » Comment un prêtre peut-il rester fidèle si sa vie n'est pas structurée par ces moyens que sont la confession et la direction spirituelle ?

Il faut toutefois aller plus loin. Benoît XVI note parmi les causes de la multiplication des infidélités à l'engagement au célibat « une tendance, dictée par de justes intentions, mais erronée, une tendance à éviter les approches pénales à l'égard de situations canoniques irrégulières ». À mon sens, ce point est particulièrement important. Nous avons besoin de retrouver le sens de la peine. Un prêtre qui commet une erreur doit être puni. C'est faire preuve de charité à son égard, car cela lui permet de se corriger et de faire pénitence. Mais c'est aussi justice pour le peuple chrétien. Un prêtre qui manque à la chasteté doit recevoir une peine. Le droit canon (Canon 1340) prévoit bien des manières de corriger. Il devrait être envoyé, pour un temps déterminé, faire pénitence dans un monastère. Sous couvert de miséricorde, on s'est contenté de déplacer géographiquement les prêtres fautifs, y compris dans les cas dramatiques d'actes pédophiles. La crédibilité de toute l'Église en est entamée. Retrouver le sens du droit pénal est une urgence. Qui sait combien d'âmes sacerdotales auraient pu être sauvées si l'on avait cherché à les corriger avant que l'irréparable soit commis ?

Je veux rappeler aux évêques que leur responsabilité de pères est en jeu. Un père de famille peut-il élever ses enfants sans jamais les punir ? Je crois que s'exonérer de ce moyen au prétexte de miséricorde ou d'une prétendue foi adulte est la manifestation la plus prégnante du cléricalisme si souvent dénoncé par le pape François.

Nous devons prendre les moyens de nos intentions profondes. Être prudent consiste à se donner les moyens concrets d'atteindre l'union au Christ et de vivre en chrétien. Cela suppose de ne pas vivre au diapason du monde. Il est temps de retrouver le courage de l'anticonformisme. Les chrétiens doivent avoir la force de former des oasis où l'air soit respirable, où, tout simplement, la vie chrétienne soit possible. Nos communautés doivent être ces oasis au milieu du désert. On doit pouvoir donner du temps à la prière, à la liturgie et à la charité.

Le monde s'organise contre Dieu. Nos communautés doivent s'organiser, non pas en se contentant de lui faire une place, mais en le mettant au centre. Je suis frappé de voir que de nombreuses familles chrétiennes choisissent de s'établir à côté d'un monastère ou d'une paroisse vivante. Elles veulent vivre au rythme de l'Église et faire de leur existence une véritable liturgie. Elles veulent que leurs enfants n'aient pas seulement des idées chrétiennes abstraites mais qu'ils fassent l'expérience concrète d'un milieu imprégné de la présence divine et d'une intense vie de prière et de charité : « Nous devons ouvrir des lieux d'expérience de la foi à ceux qui sont à la recherche de Dieu », disait Benoît XVI.

Ne croyons pas que nous pourrons vivre en chrétiens si nous adoptons toutes les attitudes d'un monde sans Dieu. À force de ne pas vivre comme on croit, on finit par croire comme on vit.

Être chrétien n'est pas seulement une disposition d'âme mais un état de vie. Les moines prennent cette disposition au sérieux. Dans un monastère, tout est organisé pour nous rappeler la présence de Dieu et la nécessité de la charité fraternelle. Les laïcs chrétiens doivent s'organiser pour que leur vie quotidienne concrète ne les éloigne pas de Dieu et leur permette une vraie cohérence avec leur foi. Cela implique de repenser toutes les relations sociales et professionnelles, la manière que nous avons de nous détendre, de nous instruire, de nous informer et d'éduquer les enfants. Nous ne pouvons nous en remettre à un monde dont le fondement est l'athéisme. La prudence chrétienne nous commande d'inventer les moyens d'une vie personnelle, familiale et sociale organisée selon le Christ.

La vertu de tempérance a aujourd'hui mauvaise presse. A-t-elle encore une place parmi les vertus chrétiennes ?

Comment pouvons-nous prétendre être disciples du Christ, qui n'eut pas même une pierre où reposer sa tête, si nous vivons dans l'opulence ? Comment un prêtre peut-il prétendre imiter le Christ s'il ne manque de rien ? S'il a un style de vie bourgeois et mondain, si sa consécration sacerdotale ne le distingue pas des gens du monde ? La tempérance est la vertu qui nous fait chercher l'excellence dans l'usage des plaisirs. Ce dernier est bon en lui-même, car il est créé et voulu par Dieu.

La société de consommation fait du plaisir et de la possession une fin en soi et une idole. Comme toute idolâtrie, la consommation à tout prix détourne les hommes de Dieu. La tempérance est cette mesure, cette sobriété simple qui protège en nous la vie intérieure et ouvre à la contemplation. Vous savez combien je suis proche des moines. Combien leurs vies baignées dans la louange et la recherche de Dieu nous entraînent à grandir dans la volonté de Dieu et à tendre constamment vers la perfection. Avec eux, on apprend patiemment à passer du charnel vers le spirituel. Au monastère, on apprend que l'ascétisme n'est qu'une discipline de la force de l'âme dans la maîtrise du corps, en vue de le faire participer à la splendeur des réalités spirituelles. Ainsi, saint Bernard de Clairvaux pouvait écrire à Guigues, prieur de la Grande-Chartreuse : « Comme nous sommes charnels et que nous naissons de la concupiscence de la chair, la cupidité, c'est-à-dire l'amour, doit commencer en nous par la chair ; mais si elle est dirigée dans la bonne voie, elle avance par degrés sous la conduite de la grâce et ne peut manquer d'arriver enfin jusqu'à la perfection par l'influence de l'esprit de Dieu ; car ce qui est spirituel ne devance pas ce qui est animal ; au contraire, le spirituel ne vient qu'en second lieu ; aussi avant de porter l'image de l'homme céleste, devons-nous commercer par porter celle de l'homme terrestre. » Les moines sont des miroirs et des modèles à suivre. Regardez leur exemple. Ils mènent une vie simple, sobre et humble. Ne croyez pas qu'ils méprisent le corps. Au contraire, ils savent le mettre à sa place. Ils savent la nécessité de la contemplation. D'ailleurs, les moines vivent longtemps. Ils se trouvent en meilleure santé que la plupart des Occidentaux gavés de produits de consommation plus ou moins frelatés.

Je crois que nous devons retrouver le sens de la mesure. Je suis frappé du fait que, dans les pays riches, on ne sait plus se réjouir et faire la fête de manière simple. La joie ne passe pas forcément par l'excès, la démesure, la débauche de moyens. La tempérance chrétienne s'exprime dans les joies familiales simples et sobres. Malheureusement, les technologies modernes de communication, en répandant des images toujours plus excessives, créent des désirs et des jalousies. La démesure est devenue la règle. On m'a rapporté que certaines familles retardent des baptêmes ou des mariages plusieurs années pour organiser une fête plus luxueuse. Quelle inversion ! L'intempérance créé l'orgueil de la démesure.

La tempérance doit présider notre rapport à la technologie. La puissance que représentent les moyens technologiques flatte en nous la tentation. Nous voulons être toujours plus puissants, toujours plus connectés, toujours moins dépendants de notre corps. L'intempérance pourrait nous conduire à l'attitude luciférienne du refus de toute limite. Dans l'encyclique *Laudato si'*, le pape François affirme ainsi que « l'homme qui possède la technique sait que, en dernière analyse, ce qui est en jeu dans la technique, ce n'est ni l'utilité ni le bien-être, mais la domination : une domination au sens le plus extrême du terme » (§ 108).

Au lieu de tendre la main vers la nature pour la recevoir en se pliant aux possibilités qu'elle nous offre, nous voulons la posséder, la manipuler et l'asservir. Nous entrons dans l'inquiétude de celui qui veut toujours plus et s'attriste de ne pas posséder assez. Ce constat vaut autant pour les individus que pour les nations. La tristesse et l'inquiétude sont les fruits empoisonnés de l'intempérance.

J'appelle au contraire à la joyeuse autolimitation. En 1993, dans son *Discours du Liechtenstein*, Alexandre Soljenitsyne remarquait : « Le temps est venu de limiter nos désirs. Il est difficile d'en venir au sacrifice et au renoncement, car dans notre vie privée comme dans notre vie publique et en politique, nous avons depuis longtemps jeté la clé d'or de la modération au fond de l'océan. Mais l'autolimitation est l'action primordiale et la plus sage pour tout homme qui a accédé à sa liberté. [...] Il n'est qu'une façon d'éprouver le sentiment d'une véritable satisfaction spirituelle, non pas en saisissant, mais en refusant de saisir. Autrement dit, dans l'autolimitation. [...] Nous limiter nous-mêmes est la seule voie de préservation de tous. Ce qui nous aidera à retrouver la conscience du Très-Haut qui est là, au-dessus de nous, ainsi qu'un sentiment perdu : l'humilité devant lui. » Cette réflexion est d'une grande importance. Ce qui est ultimement en jeu dans la tempérance, c'est notre capacité d'adoration. L'excès de consommation anesthésie la vie contemplative et donne l'illusion de la puissance. La société de consommation enivre ; elle dresse l'homme contre Dieu. Comme un homme qui chancelle car il a trop bu, l'homme occidental défie Dieu et se refuse à l'adorer. Il se croit tout-puissant alors qu'il n'a jamais été aussi fragile.

L'intempérance et la consommation détruisent l'amitié entre les hommes et dissolvent les liens qui unissent les nations. « Si nous n'apprenons pas à restreindre fermement nos désirs et nos exigences, à subordonner nos intérêts aux critères moraux, l'humanité en sera réduite à s'entredéchirer, car les pires aspects de la nature humaine montreront les dents. [...] si une personnalité n'est pas orientée vers des valeurs plus hautes que la seule préoccupation de soi, alors inévitablement la conception et la décadence prennent le dessus », disait encore Alexandre Soljenitsyne dans ce même texte.

Il est difficile de sortir de cette logique. La société de consommation est un système par lequel tous les hommes semblent enchaînés. Je crois qu'il faut avoir le courage de poser des actes prophétiques. Il revient aux chrétiens de notre temps d'être inventifs, même si cela suppose une certaine marginalisation. Dans son *Entretien sur la foi*, le cardinal Ratzinger écrivait : « Il est temps que le chrétien retrouve la conscience d'appartenir à une minorité et d'être souvent en opposition avec ce qui est évident, logique, naturel, pour ce que le Nouveau Testament appelle – et certes pas dans un sens positif – « l'esprit du monde ». Il est temps de retrouver le courage de l'anticonformisme, la capacité de s'opposer, de dénoncer bien des tendances de la culture ambiante, en renonçant à une certaine solidarité euphorique postconciliaire. »

La tempérance est source de joie et de bienveillance. Les chrétiens doivent inventer de nouvelles formes de travail et de consommation. En ce domaine aussi, dans un monde consumériste, ils sont des dissidents de l'intérieur.

Vous parlez d'opposition au monde, n'est-ce pas le lieu même où apparaît la vertu de force ?

Vous avez raison. La force est cette vertu qui nous permet d'affronter les périls corporels et spirituels. Souvent, en se réclamant d'une volonté de douceur et de bienveillance, on a éteint la véritable force chrétienne. Jésus nous dit que nous sommes le sel de la terre, pas le sucre du monde !

Heureux les doux ! Malheur aux mous et aux tièdes ! Les chrétiens doivent se réapproprier cette belle vertu de force qui se marie si bien avec la douceur. Ils doivent savoir qu'ils seront toujours un signe de contradiction pour le monde. Le Seigneur ne nous a pas demandé de n'avoir pas d'ennemis mais de les aimer.

La force chrétienne doit nous donner le courage d'affronter sans crainte le rire méprisant des bien-pensants, des médias et des prétendues élites. Nous devons retrouver l'audace de braver l'inquisition sécularisté qui distribue les brevets de bonne conduite et stigmatise du haut de son autorité autoproclamée. Notre référence n'est pas en ce monde ! Nous n'avons que faire des applaudissements de la société, notre cité se trouve dans les cieux !

Notre force n'est pas un raidissement, une violence ou une rigidité. Elle est la certitude confiante et joyeuse qui faisait s'exclamer saint Paul : « Si Dieu est avec nous, qui sera contre nous ? » (Ro 8, 31).

Notre force est fondée dans la foi en Dieu. Nous n'avons pas peur de défier ce monde parce que nous ne le faisons pas au nom de la puissance temporelle. Notre force ne s'appuie pas sur l'argent, la pression puissante des médias, l'influence ou la puissance militaire. Notre force est celle de Jésus. En janvier 2013, quelques semaines avant sa renonciation, Benoît XVI, fatigué, parla d'une voix fragile : « Dieu semble faible, si nous pensons à Jésus-Christ qui prie, qui se laisse tuer. Une attitude faible en apparence, faite de patience, de douceur et d'amour, démontre que telle est la vraie façon d'être puissant ! Telle est la puissance de Dieu ! Et cette puissance vaincra ! » La seule et vraie puissance de Dieu, c'est la puissance de l'amour qui meurt sur la Croix pour notre salut.

La force chrétienne est celle des martyrs qui sourient à leurs bourreaux. Il y a peu, on me racontait l'histoire de ce Touareg de quinze ans qui s'apprêtait à tuer un jeune chrétien malien de son âge. Il s'est armé et, quand il s'est approché de la victime qu'il avait choisie, le jeune Malien lui a souri et lui a dit : « Avant que tu me tues, je veux juste te dire que j'ai un message pour toi : Jésus t'aime. » Alors le Touareg s'est enfui, terrassé par la force de la vérité. Il s'est converti, il a été battu, il a été torturé. Il a dû fuir son pays et sa famille. Celui qui était violent est devenu fort, de la force du Christ. En octobre 2011, dans une homélie, Benoît XVI nous disait : « Celui qui veut être un disciple du Seigneur, son envoyé, doit être également prêt à la Passion et au martyre, à perdre sa vie pour Lui. [...] Nous devons être disposés à payer de notre personne, à souffrir en première personne l'incompréhension, le refus, la persécution. Ce n'est pas l'épée du conquérant qui construit la paix, mais l'épée de celui qui souffre, de celui qui sait donner sa vie. »

Sur cette terre, le martyre n'est plus réservé aux pays musulmans. Il faut beaucoup de force pour être père et mère de famille aujourd'hui. Il faut une vraie magnanimité, cette vertu qui nous pousse à faire de grandes choses, pour oser l'aventure d'une famille chrétienne. Je veux dire à tous les parents chrétiens qu'ils sont la gloire de l'Église du XXIe siècle : votre témoignage est parfois un martyre quotidien. Vous devez affronter le mépris du monde quand vous choisissez de donner la vie. Vous devez affronter la précarité et l'incertitude du lendemain. Mais votre mission est grande ! Vous portez l'espoir du monde et de l'Église ! Les sourires et la joie de vos enfants sont votre plus belle récompense ! Soyez fermes ! Accrochez-vous à la foi ! Par votre fidélité à l'enseignement du Christ sur le couple et la famille, par vos marques d'amour quotidiennes, vous semez des germes d'espérance. Bientôt se lèvera la moisson.

Je sais aussi combien les prêtres et les consacrés ont besoin de force : chers prêtres, vous œuvrez parfois dans l'obscurité, avec un sentiment d'échec. Même si la barque semble prise dans la tempête, tenez bon ! Ne cédez pas aux discours confus. N'abandonnez pas la tradition de l'Église : ce serait vous couper de vos racines. La barque est battue par la tempête. L'eau y entre en quantité : tenez ferme la barque, autrement dit, tenez ferme la doctrine et priez intensément. Regardez le Christ et non la violence du vent. N'ayez pas peur ! Jésus est avec nous, c'est lui qui tient la barre. L'Église est le seul navire qui jamais ne fera naufrage ! Accrochons-nous sans relâche à la Croix. Elle est le vrai signe de la force chrétienne. La force qui donne tout mais qui ne lâche rien !

À tous les chrétiens, je voudrais dire que notre force contre ce monde de violence et de mensonge, c'est la vérité du Christ. En 1972, lorsqu'il s'est vu décerner le prix Nobel, Alexandre Soljenitsyne a déclaré : « La violence n'est pas seule, elle est intimement associée, par le plus étroit des liens naturels, au mensonge. [...] Tout homme qui a choisi la violence comme moyen doit inexorablement choisir le mensonge comme règle. Au début, la violence agit à ciel ouvert, et même avec orgueil. Mais dès qu'elle se renforce, qu'elle est fermement établie, elle sent l'air se raréfier autour d'elle et elle ne peut survivre sans pénétrer dans un brouillard de mensonges, les déguisant sous des paroles doucereuses. Elle ne tranche pas forcément les gorges ; le plus souvent, elle exige seulement un acte d'allégeance au mensonge, une complicité. Et le simple acte de courage d'un homme simple est de refuser le mensonge : « Que le monde s'y adonne, qu'il en fasse même sa loi – mais sans moi. [...] Et, dès que le mensonge sera confondu, la violence apparaîtra dans sa nudité et dans sa laideur. Et la violence, alors, s'effondrera. »

Ces paroles sont prophétiques ! Nous sommes parvenus à un âge où le monde ne cesse de solliciter notre complicité avec le mensonge. La force chrétienne est celle de la vérité et celle de notre foi, celle de l'amour de Dieu qui a été répandu dans nos cœurs par l'Esprit-Saint qui nous fut donné (Rm 5, 5). La vérité est le milieu où la foi et l'amour sont vécus de façon authentique. C'est pourquoi nous devons créer des îlots de vérité. Chaque famille chrétienne, chaque école, chaque paroisse doit devenir un îlot où tout mensonge est banni, un lieu où nous refusons toute compromission avec l'idéologie du monde, le relativisme et la séduction. Les relations humaines doivent redevenir vraies et simples. Il est de notre responsabilité de faire entrer la vérité partout, dans les métiers, les relations professionnelles, politiques et sociales. Voilà la force chrétienne : refuser le mensonge. La vérité nous rendra libres, la vérité est notre force !

En vous écoutant, on a le sentiment que toutes les relations humaines des chrétiens doivent se transformer. La vertu qui régit ces relations et qui doit permettre d'œuvrer au changement, n'est-ce pas la justice ?

Oui, la justice est la vertu qui permet de rendre à chacun ce qui lui est dû. Cela commence naturellement par nos propres parents. Ils nous ont donné la vie ! À nouveau, je veux rendre hommage à tous les parents du monde. Nous devons les honorer. La piété filiale est une forme de justice. Les chrétiens doivent avoir le sens de la piété envers leurs anciens. L'Afrique connaît cette vertu. Dans mon continent, un vieillard n'est pas considéré comme un problème parce qu'il faut s'en occuper et le nourrir alors qu'il ne produit plus rien. Les anciens assurent la transmission. Ce sont eux qui sont nos archives, nos bibliothèques et les gardiens de nos traditions. Sans eux, les peuples deviennent orphelins : sans appartenance, sans origine, sans mémoire, sans histoire, sans culture, sans tradition. Si nous n'honorons pas nos anciens, nous ne pourrons aimer nos patries. Ces dernières nous confèrent notre identité. Elles nous façonnent par leur langue, leurs coutumes, leur histoire et leur culture. Nous leur devons honneur et affection. Le pape François écrivait le 1er novembre 2018 : « Il n'y a pas d'identités de laboratoire, il n'y en a pas. Toute identité a une histoire. Et en ayant une histoire, elle a une appartenance. Mon identité vient d'une famille, d'un peuple, d'une communauté. Vous ne pouvez pas parler d'identité sans parler d'appartenance. L'identité est appartenance. [...] Ne vous laissez pas duper. Prenez soin de votre appartenance. Et ainsi, quand on voit des gens qui ne respectent rien au milieu de nous [...] que chacun se demande : est-ce que je vends mon appartenance ? Est-ce que je vends l'histoire de mon peuple ? Est-ce que je vends la culture de mon peuple ? Est-ce que je vends la culture et ce que j'ai reçu de ma famille ? Est-ce que je vends la cohérence de ma vie ? [...] ne vendez pas ce qui est le plus profond en nous, c'est-à-dire l'appartenance, l'identité. »

La justice consiste d'abord à reconnaître que nous sommes des héritiers au regard de notre histoire. Nous devons être fiers de nos patries, avoir conscience que nous appartenons à une communauté d'héritage et de destin par notre naissance, sans pour autant tomber dans l'idolâtrie nationale. Une identité assumée est le gage de la vie fraternelle entre les peuples. Les migrants eux-mêmes doivent entrer dans ce sentiment d'appartenance à une communauté d'héritage et de destin quand ils s'installent définitivement dans un pays qui les accueille. Leur identité s'amplifie alors, elle se modifie.

Ils deviennent héritiers par adoption. Ils reçoivent tous les devoirs des fils qui consistent à honorer et à aimer la patrie qui les a adoptés.

En coupant les personnes de leur héritage, en leur refusant ce sentiment d'appartenance, on en fait des orphelins culturels : on les fragilise, on les déracine, on les livre à la barbarie. Être un barbare, c'est vivre sans être attaché à aucun héritage, qu'il soit historique, culturel ou national. Je suis frappé de voir que, dans l'Évangile, Jésus aime son peuple et frémit de compassion devant les souffrances des hommes. Jésus aime sa patrie au point de pleurer sur Jérusalem. Il a une relation profonde avec la ville qui incarne le destin et l'histoire de son peuple. Sans ce sentiment vital d'appartenance, nous nous sentons seuls, perdus et abandonnés. La piété filiale est une forme de justice chrétienne souvent oubliée et pourtant fondamentale. Ce sentiment d'appartenance filiale, fondateur de toute civilisation, est d'autant plus important que nous vivons dans une époque où les relations entre les peuples ou entre les personnes se réduisent à des relations de concurrence économique.

Nous vivons en effet sous la domination d'une idéologie qui affirme que l'économie laissée à elle-même peut remplacer la vertu de justice pour réguler les relations humaines. Le libéralisme marchand partage avec le marxisme ce postulat. L'un et l'autre veulent réduire l'homme à un producteur et à un consommateur. L'un et l'autre refusent toute idée de justice qui ne soit pas strictement le résultat d'une structure économique. Il s'agit là de deux idéologies totalitaires. Le projet qui consiste à exclure la régulation du marché par la vertu de justice revient à livrer l'homme au mécanisme carnassier de la concurrence et du profit mondialisé. En septembre 2001, Jean-Paul II disait dans une catéchèse : « En tant qu'évêques, nous sommes appelés à être des serviteurs de la parole révélée, qui, quand il le faut, élèvent leur voix pour défendre les derniers, à être des prophètes qui soulignent avec courage les péchés sociaux liés au consumérisme, à l'hédonisme, à une économie qui creuse un fossé inacceptable entre luxe et misère, entre un petit nombre de "mauvais riches" et d'innombrables "Lazare", condamnés à la misère. » Pour que de telles paroles soient crédibles, encore faut-il que notre vie soit effectivement sobre, détachée des biens matériels, réellement pauvre !

Nous avons besoin d'une vraie liberté d'entreprise pour développer une économie juste. Mais cette liberté doit être imprégnée de la vertu de justice. Notre liberté a un but, un contenu, elle doit s'épanouir en une forme d'amitié. Elle ne saurait laisser libre cours aux appétits de possession en laissant à d'hypothétiques lois du marché le soin de réguler ces désirs débridés.

Benoît XVI a affirmé magistralement ce principe dans l'encyclique *Caritas in veritate* : « Dans les relations marchandes, le principe de gratuité et la logique du don, comme expression de la fraternité, peuvent et doivent trouver leur place à l'intérieur de l'activité économique normale » (§ 36). Il nous faut repenser l'essence même de la relation économique. Celle-ci ne se réduit pas à une relation marchande. Elle doit devenir au sens propre une relation juste, entre hommes justes. La relation économique doit donc essentiellement être à la fois marchande et ouverte à la gratuité.

Dans son message du 1er janvier 2012, Benoît XVI déclarait : « Nous ne pouvons pas ignorer que certains courants de la culture moderne, soutenus par des principes économiques rationalistes et individualistes, ont aliéné le concept de justice jusque dans ses racines transcendantes, le séparant de la charité et de la solidarité : la cité de l'homme n'est pas uniquement constituée par des rapports de droits et de devoirs, mais plus encore, et d'abord, par des relations de gratuité, de miséricorde et de communion. La charité manifeste toujours l'amour de Dieu, y compris dans les relations humaines. Elle donne une valeur théologale et salvifique à tout engagement pour la justice dans le monde. » Il y a là une profondeur dans la conception de l'économie qui me frappe. La liberté ouvre la relation économique à la relation juste, laquelle s'épanouit en charité fraternelle qui rend gloire à Dieu. On ne mesure pas à quel point Benoît XVI a profondément renouvelé la doctrine sociale de l'Église. Il a fait une synthèse profonde et donné toute son ampleur à la notion de justice en la reliant à celle de charité.

La charité dépasse la justice, parce qu'aimer c'est donner, s'offrir à l'autre ; mais elle ne peut exister sans la justice qui amène à donner à l'autre ce qui est *sien*, c'est-à-dire ce qui lui revient en raison de son être et de son agir. Je ne peux pas « donner » à l'autre du *mien* sans lui avoir donné ce qui lui revient selon la justice. Qui aime les autres avec charité est d'abord juste envers eux. Non seulement la justice n'est pas étrangère à la charité, non seulement elle n'est pas une voie alternative ou parallèle à la charité, mais la justice est inséparable de la charité. Elle lui est intrinsèque. La justice devient la première voie de la charité ou, comme le disait Paul VI, son « minimum », une partie intégrale de cet amour en « actes et en vérité » (1Jn 3, 18). D'ailleurs, dit encore Benoît XVI dans son encyclique *Deus caritas est*, « l'amour – Caritas – sera toujours nécessaire, même dans la société la plus juste. Il n'y a aucun ordre juste de l'État qui puisse rendre superflu le service de l'amour. Celui qui veut s'affranchir de l'amour se prépare à s'affranchir de l'homme en tant qu'homme. Il y aura toujours de la souffrance, qui réclame consolation et aide. Il y aura toujours de la solitude [...]. L'affirmation selon laquelle les structures justes rendraient superflues les œuvres de charité cache en réalité une conception matérialiste de l'homme :

le préjugé selon lequel l'homme vivrait “seulement de pain” (Mt 4,4 ; cf. Dt 8,3) est une conviction qui humilie l'homme et qui méconnaît précisément ce qui est le plus spécifiquement humain » (*Deus caritas est* n. 28).

Pourtant, les relations dans notre société mondialisée se développent dans un sens inverse, approchant de la limite au-delà de laquelle le système perdra l'équilibre et s'effondrera. La violence, de moins en moins embarrassée par les restrictions imposées par des siècles de légalité, embrase l'Occident. Bien plus, ce n'est pas seulement la force brute qui triomphe au-dehors, mais sa justification enthousiaste.

Le monde est emporté par la conviction cynique que la force peut tout, et que la justice est impuissante. Les démons de Dostoïevski rampent à travers le monde, sous nos yeux, contaminant des contrées où, il y a peu, on ne pouvait même pas les imaginer. À travers les destructions et les actes terroristes, les explosions et les incendies nihilistes de ces dernières années, ils manifestent leur volonté d'ébranler et de détruire la civilisation. Et ils pourraient bien y parvenir.

Le monde, soudain civilisé et timide, n'a rien trouvé d'autre à opposer à la renaissance brutale de la barbarie que des sourires et des concessions. L'esprit de capitulation est une maladie de la volonté chez les peuples nantis. Il y a un état d'âme permanent chez ceux qui se sont abandonnés à la poursuite de la prospérité à tout prix, ceux pour qui le bien-être matériel est devenu le but de la vie sur terre. Ces hommes – et il y en a beaucoup dans le monde aujourd'hui – ont choisi la passivité et la reculade afin de prolonger un peu leur plaisir quotidien, afin d'éluder la difficulté de demain. Le prix de la lâcheté est toujours le mal. Nous ne récolterons la victoire que si nous avons le courage de faire des sacrifices.

18

QUE DOIT-ON FAIRE ?

Votre diagnostic paraît bien sombre. Ne manquez-vous pas d'espérance ?

L'espérance n'est pas un optimisme béat ! L'espérance d'un croyant ayant sa source en Dieu, on ne peut espérer vraiment que dans la mesure où l'on est relié à Dieu, ouvert à son influence. L'espérance est un combat constant. Dans ce combat, nous ne brandissons que les armes de la prière, du silence, de la parole de Dieu et de la foi. Il faut que se lèvent des hommes et des femmes qui ont le courage et l'énergie spirituelle de parler et d'agir, semant ainsi autour d'eux des graines de bon sens, de vérité, d'amour et de paix. Oui ! L'espérance est un dur combat. Le *Catéchisme de l'Église catholique* nous dit qu'elle « est la vertu théologale par laquelle nous désirons comme notre bonheur le Royaume des Cieux et la vie éternelle, en mettant notre confiance dans les promesses du Christ et en prenant appui, non sur nos propres forces, mais sur le secours de la grâce du Saint-Esprit ». Cette vertu affermit notre confiance. Nous n'avons aucun doute, Jésus nous l'a dit : « J'ai vaincu le monde. » Il est le victorieux.

Les chrétiens sont paisibles et confiants parce qu'ils savent que le Christ a déjà vaincu. Ce ne sont pas nos forces ou notre pouvoir qui nous rassurent. L'Église doit rester paisible et sereine devant toutes les puissances qui se coalisent pour la tourner en dérision. Notre espérance est fondée sur la bonté sans limite de Dieu. L'espérance chrétienne est apaisante et exigeante : « Tant que nous serons des agneaux, nous vaincrons, et même si nous sommes entourés par de nombreux loups, nous réussirons à vaincre, dit Jean Chrysostome, mais si nous devenons des loups, nous serons vaincus, car nous serons privés de l'aide du Pasteur. Les chrétiens ne doivent jamais céder à la tentation de devenir des loups parmi les loups. Ce n'est pas avec le pouvoir, avec la force, avec la violence que le Royaume de paix du Christ s'étend, mais avec le don de soi, avec l'amour porté à l'extrême, même à l'égard de nos ennemis », déclarait Benoît XVI en octobre 2011. L'espérance nous permet d'être parfaitement lucides dans notre diagnostic.

Je voudrais souligner combien la vertu d'espérance est dynamique. Elle nous porte à désirer la vie éternelle comme notre bonheur ultime. C'est là-bas, au ciel, au paradis, en Dieu, au cœur même de la Trinité qu'est jetée l'ancre de notre espérance. Nous ne désirons pas un royaume terrestre. Nous savons bien que ce monde passera et que jamais le Royaume des Cieux ne s'établira sur terre. De ce point de vue, il me semble que nous autres, prêtres et évêques, ne prêchons pas assez sur l'objet de notre espérance : le ciel.

Autrefois, on parlait des fins dernières. Il n'y avait guère de retraite sans une méditation sur ce sujet. On a parfois l'impression que l'espérance chrétienne s'est sécularisée. Aujourd'hui, dit Jean-Paul II dans sa lettre encyclique *Redemptoris missio*, « la tentation existe de réduire le christianisme à une sagesse purement humaine, en quelque sorte une science pour bien vivre. En un monde fortement sécularisé, est apparue une sécularisation progressive du salut, ce pourquoi on se bat pour l'homme, certes, mais pour un homme mutilé, ramené à sa seule dimension horizontale. Nous savons au contraire que Jésus est venu apporter le salut intégral qui saisit tout l'homme et tous les hommes, en les ouvrant à la perspective meilleure de la filiation divine, à leur divinisation » (Rm n.11). On n'espère plus qu'en un monde meilleur, plus solidaire, plus écologique, plus ouvert, plus juste. Cela ne saurait suffire à nourrir une espérance théologale. L'objet de notre désir, c'est Dieu lui-même ! Notre cœur est trop grand pour ce monde limité ! Nous devons faire nôtre le cri de saint Augustin : « Tu nous as faits pour toi, Seigneur, et notre cœur est sans repos tant qu'il ne repose en toi » (Conf. 1, 1). Oui, nous sommes à l'étroit dans le monde créé. Il n'y a que Dieu qui soit à même d'étancher notre soif de bonheur ! Si nos contemporains désertent nos églises, c'est bien souvent parce qu'ils arrivent avec le désir de Dieu et qu'on essaie de les rassasier avec de bons sentiments, humains, trop humains ! Ne vivons pas en dessous de notre rang ! Nous sommes enfants de Dieu, donc héritiers, héritiers de Dieu, et cohéritiers du Christ, puisque nous souffrons avec lui pour être aussi glorifiés avec lui, et partager son bonheur éternel (cf. Rm 8, 17). Nous sommes, comme disent les Pères d'Orient, appelés à être divinisés en plénitude. Voilà ce qu'est le ciel !

Peut-être est-ce la peur de parler de l'enfer qui nous rend si pusillanimes à prêcher notre vocation divine à la sainteté. Nous ne pouvons nous laisser diviniser par le Saint-Esprit qu'en l'acceptant librement. L'homme qui refuse ce don se coupe définitivement de Dieu. L'enfer est la réalité de cette séparation. Pour avoir voulu gommer l'ombre tragique qu'entraînent la grandeur et la radicalité de notre liberté, nous avons coupé l'homme de son appel à l'éternité divine, à la béatitude divine et à Dieu lui-même. L'espérance chrétienne, au contraire, soutient notre désir de Dieu. Elle dilate le cœur et nous garde de l'usure du découragement.

Je crois fermement qu'elle trouve sa source la plus profonde dans l'Eucharistie. Chaque fois que nous communions se réalise déjà transitoirement ce qui sera définitif et plénier au ciel. Dans la communion, je goûte Dieu, et il me divinise. C'est pourquoi toute liturgie est source de joie et de jeunesse. On attribue à Alcuin, moine compagnon de Charlemagne, ce mot magnifique : « La liturgie est la joie de Dieu. » Oui, la liturgie nous plonge dans la vie même de Dieu. Elle est anticipation du ciel. Combien de fois ai-je été frappé en observant les visages de ces vieux moines qui célèbrent la messe, tout illuminés par une jeunesse nouvelle, tout rayonnants de sainteté et comme nimbés des lumières du ciel ! L'enfant transparaît alors sous les traits du vieillard. J'en dirais autant pour le visage du pape émérite Benoît XVI lorsqu'il célébrait à l'autel. Quelle grâce, quelle délicatesse et quelle joie intérieure ! On avait l'impression de voir le visage aux cheveux blancs d'un vieillard, mais ses traits avaient l'innocence, la candeur et la fraîcheur de celui d'un enfant.

Dans *L'Esprit de la liturgie*, Romano Guardini écrivait : « La liturgie assure à l'âme la liberté de son mouvement spirituel et, comme telle, offre le plus parfait contraste avec la barbarie. » La liturgie est une cure d'espérance. Elle ranime notre désir de Dieu et, en même temps, le rassasie déjà ! Je comprends pourquoi Benoît XVI affirmait que le véritable renouveau de la liturgie est la condition fondamentale du renouveau de l'Église. La liturgie mesure la radicalité, la véhémence de notre désir de Dieu et du ciel. Sans ce désir, le moteur de la vie chrétienne s'alanguit et s'éteint.

Le contact avec les saints est un autre lieu où nous renouvelons notre espérance. J'ai eu l'occasion de rencontrer des saints, vieux ou jeunes, malades ou bien portants, connus ou inconnus. Je revois encore à la Casa dell'Allegria, chez les Sœurs missionnaires de la charité de Mère Teresa de Calcutta, le visage rayonnant de pureté, de splendeur divine et de joie de sœur Mary Frederick qui venait de fêter son cent deuxième anniversaire. Ou celui de frère Vincent de la résurrection, jeune chanoine de l'abbaye de Lagrasse qui mourrait, emporté par la maladie. Je revois tant de visages de pères et de mères de famille, de prêtres discrets qui se tuaient à la tâche. Dans leur regard, il y avait toujours cette lumière de l'espérance, cette jeunesse du désir de Dieu, comme une présence anticipée du ciel. Dans *Jeanne relapse et sainte*, Georges Bernanos écrivait : « Notre Église est l'Église des saints. Pour être un saint, quel évêque ne donnerait son anneau, sa mitre, sa crosse, quel cardinal sa pourpre, quel pontife sa robe blanche ? Qui ne voudrait avoir la force de courir cette admirable aventure ? Car la sainteté est une aventure, elle est même la seule aventure. Qui l'a une fois compris est entré au cœur de la foi catholique, a senti tressaillir dans sa chair mortelle une autre terreur que celle de la mort, une espérance surhumaine. » L'espérance doit être la vertu qui nous fait sourire comme un enfant alors que nous sommes seuls contre tous.

Vous tous qui désespérez, je m'adresse à vous, vous les malades abandonnés dans les hôpitaux, vous les orphelins que la guerre a arrachés des bras d'une mère, vous les oubliés du monde moderne, vous qui ne voyez plus l'aurore au bout de la nuit. J'ose vous inviter à mettre votre espérance en Dieu. *Spes non confundit.* L'espérance ne déçoit pas !

J'en appelle particulièrement à vous, frères prêtres qui désespérez parce que vous croulez sous le poids de la tâche sans voir de résultats à vos efforts. Je vous redis les belles paroles de Georges Bernanos prononcées en 1945, lors d'une conférence :

« Qui n'a pas vu la route, à l'aube entre deux rangées d'arbres, toute fraîche, toute vivante, ne sait pas ce que c'est que l'espérance. L'espérance est une détermination héroïque de l'âme, et sa plus haute forme est le désespoir surmonté. On croit qu'il est facile d'espérer. Mais n'espèrent que ceux qui ont eu le courage de désespérer des illusions et des mensonges où ils trouvaient une sécurité qu'ils prennent faussement pour de l'espérance. L'espérance est un risque à courir, c'est même le risque des risques. L'espérance est la plus grande et la plus difficile victoire qu'un homme puisse remporter sur son âme. [...] On ne va jusqu'à l'espérance qu'à travers la vérité, au prix de grands efforts. Pour rencontrer l'espérance, il faut être allé au-delà du désespoir. Quand on va jusqu'au bout de la nuit, on rencontre une autre aurore. Le démon de notre cœur s'appelle "À quoi bon !". L'enfer, c'est de ne plus aimer. »

En vous écoutant, je pense à ce mot de G. K. Chesterton : « Je ne pourrais abandonner la foi sans tomber dans quelque chose de plus creux que la foi. Je ne pourrais cesser d'être catholique, sauf à devenir quelque chose de plus étroit qu'un catholique. [...] Nous avons quitté les bas-fonds et les lieux desséchés pour l'unique puits profond. La vérité est au fond. »

La foi amplifie notre regard, elle nous permet d'observer toute chose avec le regard même de Dieu, avec les yeux de Dieu. La foi nous fait entrer dans le mystère. Contrairement à une idée bien sotte, la foi dilate l'intelligence. La foi n'enferme pas, elle ne nous interdit pas de réfléchir ; elle approfondit au contraire notre compréhension du monde et des hommes. Elle nous aide à pénétrer au fond des choses, dans leur mystérieuse réalité, dans le secret de leur être intime. Elle nous permet de voir ce qui nous est habituellement obscur. Sans la foi, toute une part de la réalité nous est interdite. La foi nous ouvre une porte sur la profondeur du réel. Grâce à la foi, l'univers nous apparaît dans toute son amplitude comme « une église cosmique dont la nef serait le monde sensible et le chœur le monde spirituel », pour reprendre les mots de saint Maxime le Confesseur.

Le fait de croire dépasse la conviction intellectuelle. L'acte de foi est une participation réelle à la connaissance de Dieu lui-même, à son regard sur toute chose. Je me souviens d'une très belle page du romancier roumain Virgil Gheorghiu dans *De la vingt-cinquième heure à l'heure éternelle*, décrivant l'expérience d'un enfant qui porte tout à coup un regard de foi sur le monde et les hommes : « C'était donc un dimanche. Et c'était après la Divine liturgie. Je regardais les gens du village sortant de l'église. [...] Tout le village était présent. Car le dimanche, personne ne manque jamais la Divine liturgie. [...] Tout le monde semblait transfiguré, dépouillé de toute préoccupation terrestre, sanctifié. Et même plus que sanctifié : déifié. [...] Je savais pourquoi tous les visages étaient beaux et pourquoi tous les regards étaient illuminés. Car les femmes laides étaient belles. Les deux bûcherons portaient sur leurs joues et sur leurs fronts des lumières pareilles aux auréoles des saints. Les enfants étaient comme des anges. En sortant de la Divine liturgie, tous les hommes et toutes les femmes de notre village étaient théophores, c'est-à-dire des Porteurs de Dieu. [...] Je n'ai jamais vu peaux ni chairs plus belles que sur le visage des Théophores, des gens qui portent en eux l'éblouissante lumière de Dieu. Leur chair était déifiée, sans poids ni volume, transfigurée par la lumière de l'Esprit divin. »

En vérité, la foi nous conduit à faire l'expérience de la transfiguration. Bien entendu, cette expérience se vit tous les jours dans une forme d'obscurité souvent aride. Mais, déjà, nous goûtons par anticipation ce que nous verrons dans l'éternité par le regard même de Dieu.

Nous devons vivre à la hauteur de notre vocation chrétienne. Nous devons nous souvenir toujours de la parole du pape saint Léon : « Reconnais, chrétien, ta dignité ! » J'ajouterais : Ne te prive pas du trésor de la foi. Le Christ est venu nous ouvrir à la pleine intelligence et nous voudrions retourner aux ténèbres ? Certains chrétiens semblent vouloir se priver de cette lumière. Ils se contraignent à voir le monde avec un regard sécularisé. Pourquoi ? Est-ce un désir d'être accepté par le monde ? Un désir d'être comme tout le monde ? Je me demande si, au fond, cette attitude ne masque pas tout simplement la peur qui nous fait refuser d'entendre ce que Jésus lui-même nous dit : « Vous êtes le sel de la terre, vous êtes la lumière du monde. » Quelle responsabilité ! Quelle charge ! Renoncer à être le sel de la terre, c'est condamner le monde à rester fade et sans goût, renoncer à être la lumière du monde, c'est le condamner à l'obscurité. Nous ne devons pas nous y résoudre. Il arrive même que des pasteurs, voulant « rencontrer le monde », délaissent délibérément ce regard de foi pour adopter un regard profane. Quelle déchéance ! En faisant nôtres des catégories nées dans un contexte athée, on choisit la cécité et l'étroitesse de vue. Libérons-nous d'un tel complexe ! Tournons-nous vers le monde, mais pour lui porter la seule lumière qui ne trompe pas : « Lorsque l'Église se tourne vers le monde, cela ne peut pas signifier qu'elle supprime le scandale de la Croix, mais uniquement qu'elle le rend de nouveau accessible dans toute sa nudité. [...] Si pour l'Église se tourner vers le monde signifiait se détourner de la Croix, cela la conduirait non pas à un renouveau, mais "à sa fin" », disait avec gravité Benoît XVI le 28 juin 2010.

Il y a, chez beaucoup de chrétiens, une répugnance à témoigner de la foi ou à porter au monde la lumière. Notre foi est devenue tiède, tel un souvenir qui s'estompe peu à peu. Elle devient comme un brouillard laiteux. Alors nous n'osons plus affirmer qu'elle est l'unique lumière du monde. Pourtant, il faut affirmer avec le cardinal Ratzinger dans son ouvrage *Foi, vérité et tolérance* : « La foi chrétienne n'est pas le produit de nos expériences intérieures, mais un événement qui, de l'extérieur, vient à notre rencontre. La foi repose sur l'irruption de quelque chose – ou de quelqu'un – que notre expérience ne pourrait atteindre par elle-même. Bien sûr, ce qui nous touche produit en nous une expérience, mais l'expérience est le fruit d'un événement et non d'une descente en ce qui nous est propre. Tel est le sens de la notion de Révélation, ce qui n'est pas mien, ce qui n'existe pas en moi, vient vers moi et m'arrache à moi-même, m'entraîne au-delà de moi-même, crée quelque chose de nouveau. »

Comment pourrions-nous porter au monde une expérience strictement personnelle, une illumination incommunicable ? Nous avons à témoigner non de nous-mêmes, mais de Dieu qui est venu à notre rencontre et s'est révélé. Dieu s'est montré, il nous a montré son visage en Jésus. Il est mort pour nous sauver du péché et nous offrir sa béatitude : « La Révélation est irruption du Dieu vivant et vrai dans notre monde, elle nous libère des geôles de nos théories », disait le cardinal Ratzinger à Guadalajara en 1996.

La foi est tout ensemble un acte intime, personnel, intérieur, et une adhésion à un contenu objectif que nous n'avons pas choisi. Par la foi, nous posons personnellement un acte par lequel nous décidons de nous en remettre totalement à Dieu en pleine liberté. Je crois : par cet acte, le cœur, authentique sanctuaire de la personne, s'ouvre sous l'influence de la grâce au contenu objectif que Dieu révèle et auquel nous donnons notre assentiment. Alors la foi s'épanouit en profession, c'est-à-dire en témoignage public. Notre croyance ne peut jamais rester purement privée. La foi, parce qu'elle est un acte de liberté, exige d'assumer devant tous la responsabilité qu'elle engage. La foi ne peut donc être confessée que dans l'Église, avec l'Église, qui nous transmet la connaissance intégrale du mystère, des contenus à connaître et à croire.

En faisant de la foi un pur sentiment personnel, on la rend incommunicable, on la coupe de l'Église et, surtout, on la vide de tout contenu. Il est donc urgent d'insister sur l'enseignement du catéchisme aux adultes comme aux enfants. Nous disposons pour cela d'un merveilleux outil : le *Catéchisme de l'Église catholique* et son *Compendium*. L'enseignement du catéchisme ne se réduit pas à une connaissance intellectuelle des contenus. Il favorise une vraie rencontre avec Jésus, qui nous a révélé ces vérités. Tant que nous n'avons pas rencontré physiquement Jésus, nous ne sommes pas vraiment chrétiens.

Je crois que les évêques doivent retrouver le sens de la catéchèse. Nous devons apprendre à redevenir des catéchèses, des enseignants fidèles des vérités divines. C'est, après tout, une de nos premières missions. Regardez les évêques de la primitive église – Ambroise, Augustin, Jean Chrysostome, Basile, Grégoire : ils passaient l'essentiel de leur temps à enseigner, à catéchiser de manière simple, humble et directe. Ils ne faisaient pas des cours de théologie, ils ne commentaient pas l'actualité. Ils osaient enseigner au peuple de Dieu parce qu'ils savaient que, à travers leurs mots, les fidèles rencontraient Jésus. Aujourd'hui, on oppose enseignement et expérience. L'expérience de Dieu ne peut se faire qu'à travers l'enseignement : « Comment croiraient-ils si personne ne prêche ? », demande saint Paul (Rm 10, 14-15).

Cette défaillance de la catéchèse conduit bien des chrétiens à entretenir une forme de flou autour de la foi. Certains choisissent de croire à tel article du Credo et rejettent tel autre. On en vient même à faire des sondages sur l'adhésion des catholiques à la foi chrétienne… La foi n'est pas un étal de marchand où l'on choisirait les fruits et légumes qui nous conviennent. En la recevant, c'est Dieu tout entier que nous recevons. « Homme de foi trop habituée et trop passive, peut-être les dogmes ne sont-ils plus pour nous le Mystère dont nous vivons, le Mystère qui doit s'accomplir en nous », disait le père Henri de Lubac dans *Paradoxes*. J'appelle solennellement les chrétiens à aimer les dogmes, les articles de foi, et à les chérir. Aimons notre catéchisme. Si nous le recevons non seulement avec les lèvres mais avec le cœur, alors, par les formules de la foi, nous entrerons vraiment en communion avec Dieu.

Il est temps d'arracher les chrétiens au relativisme ambiant qui anesthésie les cœurs et endort l'amour. Henri de Lubac ajoutait : « Si l'hérétique ne nous fait plus horreur aujourd'hui comme il faisait horreur à nos ancêtres, est-ce à coup sûr parce que nous avons au cœur plus de charité ? Ou ne serait-ce pas peut-être trop souvent, sans que nous osions le dire, parce que l'objet du litige, à savoir la substance même de notre foi, ne nous intéresse plus ? […] Alors, en conséquence, l'hérésie ne nous choque plus ; du moins ne nous bouleverse-t-elle plus comme ce qui tenterait de nous arracher l'âme de notre âme. […] Ce n'est pas toujours, hélas ! la charité qui a grandi, ou qui est devenue plus éclairée : c'est souvent la foi qui a diminué, le goût des choses éternelles. »

Il est temps que la foi devienne pour les chrétiens le trésor le plus intime et le plus précieux. Songeons à tous ces martyrs morts pour la pureté de leur foi à l'époque de la crise arienne :

pour confesser que le Fils n'est pas seulement semblable au Père, mais d'une seule substance avec lui, combien d'évêques, de prêtres, de moines ou de simples croyants ont souffert la torture et la mort. C'est notre rapport avec Dieu qui est en jeu, pas seulement des querelles théologiques. On mesure à notre apathie devant les déviations doctrinales la tiédeur qui s'est installée parmi nous. Il n'est pas rare de voir enseignées de graves erreurs dans les universités catholiques ou dans les publications officiellement chrétiennes. Personne ne réagit ! Nous autres évêques, nous nous contentons de mises au point prudentes et timorées. Prenons garde, un jour les fidèles nous demanderont des comptes. Ils nous accuseront devant Dieu de les avoir livrés aux loups, et d'avoir déserté notre poste de pasteur défendant la bergerie. Je n'appelle pas ici à restaurer l'Inquisition ! Mon cri est un cri d'amour ! Notre foi conditionne notre amour pour Dieu. Défendre la foi, c'est défendre les plus faibles, les plus simples, et leur permettre d'aimer Dieu en vérité.

Chers frères évêques, prêtres, et vous tous baptisés, nous devons brûler d'amour pour notre foi. Nous ne devons pas la ternir, la diluer dans des compromissions mondaines. Nous ne devons pas la falsifier, la corrompre. Il en va du salut des âmes, les nôtres et celles de nos frères ! « Le jour où vous ne brûlerez plus d'amour, d'autres mourront de froid », écrivait François Mauriac. Le jour où nous ne brûlerons plus d'amour pour notre foi, le monde mourra de froid, privé de son bien le plus précieux. C'est à nous qu'il revient de défendre et d'annoncer la foi !

Quelle grâce pour moi, enfant d'Afrique, d'avoir vu arriver jusqu'à mon village des missionnaires français dont la foi était suffisamment brûlante pour qu'ils aient quitté leur patrie, leur famille, et soient venus mourir chez moi. Beaucoup sont morts très jeunes, offerts en holocaustes pour la gloire de Dieu et le salut des âmes. Le père Firmin Montels, fondateur de ma paroisse Sainte-Rose-d'Ourous, est mort six mois après son arrivée au village en chantant « *O Salutaris hostia* ». Qui aujourd'hui se lèvera pour annoncer aux villes d'Occident la foi qu'elles attendent ? Qui se lèvera pour annoncer la vraie foi aux musulmans ? Ils la recherchent sans le savoir. Qui seront les missionnaires dont le monde a besoin ? Qui seront les missionnaires qui enseigneront l'intégrité de la foi à tant de catholiques qui ignorent ce à quoi ils croient ?

Ne mettons plus la lumière de la foi sous le boisseau, ne cachons plus ce trésor qui nous a été donné gratuitement ! Osons annoncer, témoigner, catéchiser ! Nous ne pouvons plus nous dire croyants et vivre en pratique comme des athées. La foi éclaire toute notre vie, pas seulement notre vie spirituelle.

En se réclamant de la tolérance ou de la laïcité, on s'impose une forme de schizophrénie entre la vie privée et la vie publique. La foi a sa place dans le débat public. Nous devons parler de Dieu, non pour l'imposer mais pour le proposer. Dieu est une lumière indispensable pour l'homme. En 2007, la congrégation pour la Doctrine de la foi a dû rappeler à tous la légitimité de l'évangélisation et de l'annonce de la foi. En effet, toute tentative de convaincre, lorsque des questions religieuses sont en jeu, peut être perçue comme une entrave à la liberté. On affirme qu'il suffit d'aider les hommes à être plus hommes, et on les renvoie à leur conscience. Or la conscience a besoin d'être éclairée. Nous vivons du témoignage les uns des autres. Le concile Vatican II nous a rappelé que « la vérité ne s'impose que par la force de la vérité elle-même ». La vérité doit être cherchée et découverte librement. Mais il est également précisé dans *Gaudium et spes* que le respect de cette liberté ne doit « en aucune façon nous rendre indifférents à l'égard de la vérité et du bien. Mieux, c'est l'amour même qui pousse les disciples du Christ à annoncer à tous les hommes la vérité qui sauve ».

La note doctrinale sur certains aspects de l'évangélisation de la congrégation pour la Doctrine de la foi rappelait quant à elle : « La Vérité qui sauve la vie enflamme le cœur de celui qui la reçoit par l'amour pour le prochain, qui pousse la liberté à redonner ce que l'on a reçu gratuitement. Même si les non-chrétiens peuvent se sauver au moyen de la grâce que Dieu donne “par des voies connues de lui”, l'Église ne peut pas ne pas tenir compte du fait qu'en ce monde il leur manque un très grand bien : connaître le vrai visage de Dieu et l'amitié avec Jésus-Christ, Dieu avec nous. En effet, “il n'y a rien de plus beau que d'être rejoints, surpris par l'Évangile, par le Christ. Il n'y a rien de plus beau que de Le connaître et de communiquer aux autres l'amitié avec lui”. Pour tout homme, la Révélation des vérités fondamentales sur Dieu, sur soi-même et sur le monde est un grand bien ; en revanche, vivre dans l'obscurité, sans la vérité sur les questions ultimes est un mal, souvent à l'origine de souffrances et d'esclavages parfois dramatiques. Voilà pourquoi saint Paul n'hésite pas à décrire la conversion à la foi chrétienne comme une libération “du règne des ténèbres” et une entrée “dans le Royaume de son Fils bien-aimé, par qui nous sommes rachetés et par qui nos fautes sont pardonnées” (Col 1, 13-14). Ainsi, la pleine adhésion au Christ, qui est la Vérité, et l'entrée dans son Église ne diminuent pas mais exaltent la liberté humaine et la projettent vers son accomplissement, dans un amour gratuit et plein d'attention pour le bien de tous les hommes. C'est un don inestimable que de vivre dans le cercle universel des amis de Dieu, qui provient de la communion avec la chair vivifiante de son Fils, de recevoir de Lui la certitude du pardon des péchés et de vivre dans la charité qui naît de la foi.

L'Église veut faire participer toutes les personnes à ces biens, afin qu'elles aient ainsi la plénitude de la vérité et des moyens de salut, “pour connaître la liberté de la gloire des enfants de Dieu” (Rm 8, 21).

“Toutefois, l'annonce missionnaire de l'Église est aujourd'hui” “mise en péril par des théories relativistes, qui entendent justifier le pluralisme religieux, non seulement *de facto* mais aussi *de iure* (ou en tant que principe)”. Depuis longtemps, on en est venu à créer une situation dans laquelle, pour beaucoup de fidèles, la raison d'être même de l'évangélisation n'apparaît plus évidente. On affirme même que la prétention d'avoir reçu en don la plénitude de la Révélation de Dieu cache une attitude d'intolérance et un danger pour la paix. Celui qui raisonne ainsi ignore que la plénitude du don de la vérité que Dieu fait en se révélant à l'homme respecte la liberté qu'il a lui-même créée, comme trait indélébile de la nature humaine : cette liberté n'est pas indifférence, mais tension vers le bien. Un tel respect est une exigence de la foi catholique elle-même et de la charité du Christ ; il est constitutif de l'évangélisation. C'est donc un bien à promouvoir, sans le dissocier de l'engagement visant à faire connaître et à embrasser librement la plénitude du salut que Dieu offre à l'homme dans l'Église. [...] Cet amour vit dans le cœur de l'Église et, à partir de là, comme un feu de charité, se répand jusqu'aux confins de la terre, jusque dans le cœur de tout homme. En effet, le cœur entier de l'homme attend de rencontrer Jésus-Christ. On comprend dès lors l'urgence de l'invitation du Christ à évangéliser et le fait que la mission confiée aux apôtres par le Seigneur concerne tous les baptisés. Les paroles de Jésus, “Allez donc ! de toutes les nations faites des disciples, baptisez-les au nom du Père, et du Fils, et du Saint-Esprit ; apprenez-leur à garder tous les commandements que je vous ai donnés" (Mt 28, 19-20), interpellent tout le monde dans l'Église, chacun selon sa vocation. »

Saint Augustin écrivait : « Dans cette vie, la vertu consiste à aimer ce qui doit être aimé. Savoir la choisir, c'est la prudence, ne pas s'en laisser distraire par les séductions, c'est la tempérance, ne pas s'en laisser écarter par l'orgueil, c'est la justice » (lettre 155). Au fond, toutes les vertus ne reviennent-elles pas à l'amour et à la charité ?

En effet, la charité est la vertu par laquelle nous aimons Dieu plus que tout, ainsi que nos frères, pour l'amour de Dieu. Elle est la forme parfaite de toutes les autres vertus chrétiennes. Chez un chrétien, comme le dit saint Augustin dans *De moribus ecclesiae* : « La tempérance est un amour qui se donne tout entier, la force est un amour qui supporte tout pour ce qu'il aime, la justice est un amour qui sert ce qu'il aime avec rectitude, la prudence est un amour qui discerne avec sagacité ce qui sert l'amour et ce qui lui est nuisible. »

La charité résume et oriente toute la vie des vertus. Malheureusement, beaucoup de nos contemporains croient qu'elle est un bon sentiment. Loin de là, elle est une vertu théologale qui nous met en contact avec Dieu. Elle vient de Dieu. Comprendre la charité, c'est d'abord regarder vers Dieu lui-même, car Dieu est amour, Dieu est charité.

Dans *Deus caritas est*, Benoît XVI écrivait : « Quand Jésus, dans ses paraboles, parle du pasteur qui va à la recherche de la brebis perdue, du père qui va au-devant du Fils prodigue et qui l'embrasse tendrement, il s'agit là non seulement de paraboles, mais de l'explication de son être même et de son agir. Dans sa mort sur la Croix s'accomplit le retournement de Dieu contre lui-même, dans lequel il se donne pour relever l'homme et le sauver, tel est l'amour dans sa forme la plus radicale. En contemplant le côté ouvert du Christ, dont parle Jean (19, 37), on peut comprendre les mots : “Dieu est amour. C'est là que cette vérité peut être contemplée. Et partant de là, on doit définir ce qu'est l'amour.” »

Nous ne pouvons parler de charité si nous ne partons pas du cœur de Jésus. La charité n'est pas une émotion. La charité est une participation à l'amour dont Dieu nous aime, à l'amour qui se manifeste au sacrifice de la messe. Quand les chrétiens entendent le mot charité, ils pensent à donner un peu d'argent aux pauvres ou à une organisation caritative. Il s'agit de bien plus que cela. La charité est le sang qui irrigue le cœur de Jésus. La charité est ce sang qui doit irriguer notre âme. La charité est l'amour qui se donne jusqu'à mourir. L'amour nous fait étreindre Dieu lui-même, il nous fait entrer dans sa communion trinitaire où tout est amour. La charité manifeste la présence de Dieu dans l'âme. Saint Augustin l'a clairement dit : « Tu vois la Trinité si tu vois la charité, car Dieu est charité. » La charité est le don de Dieu et Dieu lui-même. Elle nous entraîne toujours plus loin dans l'union à Dieu. L'amour n'est jamais achevé ni complet. Il grandit sans cesse pour devenir communion de volonté avec Dieu. Par la charité, peu à peu, la volonté de Dieu n'est plus étrangère, « elle devient ma propre volonté, sur la base de l'expérience que, de fait, Dieu est plus intime à moi-même que je ne le suis à moi-même. C'est alors que grandit l'abandon en Dieu et que Dieu devient notre joie », comme le notait Benoît XVI dans *Deus caritas est*.

Au cœur de notre religion, il y a cette découverte de la charité qui donne aux saints leur visage si déroutant. Le saint est celui qui, fasciné par la beauté de Dieu, renonce à tout, même à lui-même, et entre dans le grand mouvement de retour au

Père initié par le Christ. Nous y sommes tous appelés. Je veux le redire à tous les chrétiens : nous sommes appelés à renoncer à tout, même à nous-mêmes, par amour pour Dieu. En cela, les religieux nous montrent la voie. Les moines, les moniales quittent tout, renonçant à eux-mêmes. Ils prennent concrètement tous les moyens. Ne croyons pas que leur vocation ne nous concerne pas. Nous avons à vivre ce renoncement radical, chacun dans notre état de vie. Nous avons tous à expérimenter que l'amour de Dieu suffit.

Mais la charité ne concerne-t-elle pas aussi le prochain ?

Bien sûr, nous aimons d'un même amour Dieu et ceux que Dieu aime : nos frères. La communion avec Dieu me tire hors de moi-même vers Lui, et vers mes frères. « L'union avec le Christ est en même temps union avec tous ceux auxquels il se donne. Je ne peux avoir le Christ pour moi seul ; je ne peux lui appartenir qu'en union avec tous ceux qui sont devenus ou qui deviendront siens », écrivait Benoît XVI dans *Deus caritas est.*

Je veux insister sur ce point. La charité chrétienne me fait aimer mes frères pour Dieu et en Dieu. Quand Mère Teresa tenait la main d'un mourant, elle aimait le Christ agonisant en lui. Mère Teresa, et la communauté des religieuses qui suit ses traces, nous a donné l'exemple. Elle plaçait toujours comme première condition de l'établissement de ses fondations la présence d'un tabernacle. Sans la présence de l'amour de Dieu qui se donne, il n'aurait pas été possible de réaliser cet apostolat, il n'aurait pas été possible de vivre dans cet abandon de soi ; ce n'est qu'en s'insérant dans cet abandon en Dieu, dans cette aventure de Dieu, dans cette humilité de Dieu, qu'elle pouvait réaliser, avec ses sœurs, ce grand acte d'amour, cette ouverture à tous.

Je voudrais lancer un appel à tous les chrétiens. Notre charité puise-t-elle vraiment sa source au tabernacle ? Les heures passées dans l'adoration du saint sacrement doivent me conduire vers les plus pauvres, les plus ignorants de Dieu, les plus souffrants ; sinon, elles sont stériles. Il est urgent et vital de nous demander combien de temps nous passons devant Jésus-Eucharistie présent dans le tabernacle. Une paroisse où il n'y a pas l'adoration du saint sacrement est une paroisse morte ou malade. La présence humble et silencieuse de Jésus au milieu de nous appelle notre présence humble et silencieuse. Même les cloîtrés sont conduits par l'adoration à vivre en compassion spirituelle avec les âmes qui sont dans le monde. Mais les actifs, tous ceux qui sont au front de la mission, de la lutte contre la misère ou pour le soulagement de la souffrance doivent se poser la question : à la racine de leur engagement, y a-t-il le goût de l'action ? Dans ce cas, leurs œuvres seront stériles et nuisibles. Si l'adoration est présente en eux, si la connaissance amoureuse du Cœur de Jésus est présente en eux, alors ils seront pour le monde comme la main de Jésus qui vient soulager la souffrance.

Je voudrais me tourner vers mes frères prêtres. Il y a peu, le pape François nous a rappelé que la charité est au centre de la vie de l'Église, qu'elle en est le cœur. Pouvons-nous faire nôtres ces mots du Pasteur suprême ? Vivons-nous de l'amour même dont le Christ nous a aimés ? Il a quitté la gloire du ciel pour venir nous charger sur ses épaules, nous, l'humanité perdue. N'oublions pas ces paroles magnifiques de Benoît XVI à tous les prêtres rassemblés sur la place Saint-Pierre en juin 2010 : « Tandis que le pasteur de tous les hommes, le Dieu vivant, est devenu lui-même un agneau, il s'est mis du côté des agneaux, de ceux qui sont méprisés et tués. Ce n'est pas le pouvoir qui rachète mais l'amour ! C'est là le signe de Dieu, il est lui-même amour. Le Dieu qui est devenu agneau nous dit que le monde est sauvé par le Crucifié et non par ceux qui ont crucifié. Le monde est racheté par la patience de Dieu et détruit par l'impatience des hommes. [...] Être le pasteur veut dire aimer et aimer veut dire être prêt à souffrir. » Chers frères prêtres, aimons-nous de cet amour qui crucifie ?

Mgr Raymond-Marie Tchidimbo, mon prédécesseur sur le siège épiscopal de Conakry, après avoir été arrêté le 24 décembre 1970, emprisonné et torturé sous la dictature marxiste de Sékou Touré, a écrit ces mots à sa libération : « C'est en prison que j'ai mieux compris pourquoi le peuple de Dieu aimait découvrir dans la vie du prêtre cette Passion du Christ, telle que l'a décrite l'apôtre Paul dans sa vigoureuse lettre aux Galates. J'ai mieux compris aussi pourquoi ce même peuple de Dieu désirait et désire découvrir le prêtre ; non pas "en supplément", mais comme partie intégrante de son être sacerdotal, avec cette soif d'absolu synthétisée dans la Croix, toutes les qualités tant appréciées dans les relations humaines. » Notre vie doit avoir une « forme sacrificielle ». Elle doit aller jusqu'à l'amour qui s'exprime dans le sacrifice. Elle doit donc se nourrir du sacrifice de l'autel et de la messe.

Thérèse de Lisieux avait compris que le cœur de l'Église est l'amour. Elle a compris que les apôtres ne proclameraient plus l'Évangile, que les martyrs ne pourraient plus verser leur sang si ce cœur ne brûlait plus. Elle a compris qu'elle-même, la petite religieuse derrière les grilles du Carmel d'une petite ville de province française, pouvait être présente partout, puisqu'en aimant avec le Christ, elle était au cœur de l'Église. Ce centre que Thérèse appelle simplement cœur et amour, c'est l'Eucharistie. En effet, elle n'est pas seulement la présence permanente de l'amour divin et humain de Jésus-Christ, qui est toujours la source de l'Église, sans laquelle elle serait condamnée à sombrer et à être engloutie par les portes de la mort. En tant que présence de l'amour divin et humain du Christ, elle est continuellement le passage de l'homme Jésus aux hommes qui sont ses membres, qui deviennent eux-mêmes Eucharistie et donc le cœur et l'amour de l'Église. Le cœur doit demeurer un cœur afin que les autres organes, grâce à lui, soient à même de servir comme il faut.

Vous avez dessiné le portrait du chrétien de notre temps dont chaque vertu est un trait. Voulez-vous ajouter quelques lignes à ce portrait ?

Je voudrais insister sur la vertu de religion car elle est particulièrement oubliée aujourd'hui. La religion est la vertu qui nous fait rendre à Dieu un culte, qui nous fait le prier, l'adorer. Elle culmine dans le sacrifice de louange que nous lui offrons par la messe et que prolonge le chant de l'office divin.

Nous oublions souvent que ce culte est dû à Dieu. Nous ne lui faisons pas généreusement cadeau de notre temps. C'est justice de lui offrir l'hommage intérieur de notre dévotion et l'hommage extérieur de nos gestes d'adoration. La vertu de religion est fondée sur la transcendance de la Majesté divine d'une part et la dépendance de notre petitesse créée d'autre part. On voit aujourd'hui des prêtres et des fidèles chrétiens manipuler les choses divines avec un irrespect et une désinvolture qui soulèvent le cœur. Il y a une véritable perte du sens du sacré et de l'infinie transcendance de Dieu. L'homme moderne est-il à ce point orgueilleux pour répugner à adorer ?

Cette vertu trop oubliée colore les actes des trois vertus théologales à qui elle prépare le terrain et qui en retour la nourrissent. Tout acte de foi et d'amour de Dieu s'appuie sur l'adoration. Le cardinal Journet disait joliment que « la charité sort du culte comme le parfum de la fleur ». Déjà, dans tout amour humain, il y a une sorte d'inclination devant la dignité conférée par Dieu à l'autre, créé à l'image de Dieu. Déjà le véritable amour humain ne saurait signifier que nous accaparons et possédons l'autre. Il inclut que nous reconnaissons, avec respect, la grandeur et l'unicité de la personne de l'autre, dont il ne faut jamais prendre possession. Il inclut que nous nous inclinons devant l'autre et devenons ainsi un avec l'autre. Dans *Dieu nous est proche*, le cardinal Ratzinger écrivait : « Dans la communion avec Jésus-Christ, cela atteint un nouveau sommet car ici le partenariat humain est forcément dépassé. Parler du Seigneur comme de notre "partenaire" explique sans doute des choses, mais en dissimule encore davantage. Nous ne nous situons pas au même niveau que lui. Il est le Tout-Autre, en lui la majesté du Dieu vivant s'avance vers nous. S'unir à lui signifie s'incliner et ainsi découvrir sa grandeur. Saint Augustin disait, dans une homélie aux communiants, que personne ne peut communier sans avoir adoré d'abord. Ce que l'on relate des moines de Cluny, autour de l'an mille, est particulièrement saisissant. Quand ils accédaient à la communion, ils enlevaient leurs chaussures. Ils savaient qu'il y avait là le buisson ardent, que le mystère devant lequel Moïse tombait à genoux était là présent. Les formes changent, mais ce qui doit rester, c'est l'esprit d'adoration. »

Il me semble que nous voulons parfois créer avec le Seigneur Dieu une familiarité déplacée et artificielle. Au contraire, je suis frappé de voir combien de vieux pères chartreux qui ont passé toute leur vie dans l'intimité de Dieu tiennent à se prosterner au sol devant sa présence eucharistique en signe d'adoration et d'amour. À la Grande-Chartreuse, j'ai été personnellement impressionné par la demi-heure de prostration et d'adoration des moines devant le tabernacle, en préparation de la célébration de la messe. Plus un homme est spirituel et plus il a le sens de la révérence devant la majesté divine. Les gestes d'adoration ne sont pas réservés aux simples et aux débutants. Il est important de ne pas mépriser ce sens du sacré, cette crainte joyeuse et simple devant tout ce qui touche à Dieu. Oui, nous avons à nous tenir à genoux devant lui. Oui, on doit trembler de cette « chaste crainte, toute pétrie d'amour », pour reprendre les mots de saint Augustin, au moment d'entrer dans le sanctuaire d'une église ou de nous approcher de l'autel. Oui, réapprenons à nous agenouiller en silence et à adorer la majesté divine, réapprenons à redécouvrir la joie de notre petitesse devant Dieu.

Certains chrétiens affichent, non sans un certain snobisme, une forme de désinvolture devant le sacré, comme si cette catégorie était païenne ou caractéristique d'une mentalité primitive. « Le Christ n'a pas aboli le sacré mais il l'a porté à son accomplissement en inaugurant un culte nouveau, qui certes est pleinement spirituel, mais qui cependant, tant que nous sommes en chemin dans le temps, se sert encore de rites et de signes. [...] Grâce au Christ, le caractère sacré est plus vrai et plus exigeant aussi », déclarait Benoît XVI dans son homélie du *Corpus Christi,* en juin 2012. Il serait arrogant de prétendre aller à Dieu sans se défaire d'une attitude profane.

En privant les chrétiens de la belle vertu de religion qui nous donne ce sens de l'adoration et du culte, on les prive de la communion plénière avec Dieu. Un tel mépris pour le culte relève de l'orgueil. Toute notre attitude doit devenir religieuse, c'est-à-dire empreinte de vénération pour Dieu. Tous nos gestes, nos mouvements intérieurs, devraient pouvoir lui être offerts comme un culte. J'aime à voir les moines s'incliner profondément chaque fois que leurs lèvres prononcent la formule conclusive « *Gloria Patri et Filio et Spiritui Sancto* ». Pourtant, ils le font des dizaines de fois par jour. Quelle leçon d'humilité radicale ! Quelle expression d'amour humble et filial ! L'humilité des moines révèle la grandeur de Dieu. Je crois que nous gagnerions tous à retrouver ce sens de la religion. Elle est la signature d'une forme particulièrement délicate, raffinée et sensible de christianisme. J'ose dire qu'elle est l'une des marques propres à la civilisation chrétienne. Elle est la politesse, la distinction de la créature devant son Créateur. Si vous désirez retrouver la vertu de religion, vous avez une école : ce sont les monastères. N'hésitez pas à les fréquenter. Vous deviendrez vous aussi des Théodidactoi : des élèves de Dieu et des adorateurs en esprit et en vérité (Jn 4, 24-25).

Non seulement les moines, mais aussi tous les religieux et religieuses ont un rôle majeur à jouer dans l'Église. Par leur vie, ils doivent sans cesse rappeler ce que c'est que d'être offerts, consacrés à la gloire de Dieu. La vie des religieux est comme un grand offertoire. Elle enseigne aux chrétiens un aspect essentiel : tout baptisé doit vivre dans un état d'oblation et d'offrande. Notre vie doit devenir une grande liturgie, un sacrifice spirituel, selon le mot de saint Pierre (1Pi, 2, 5).

Quel dernier message aimeriez-vous nous livrer pour conclure ce livre ?

Je veux vous faire une confidence. Je crois que notre temps vit la tentation de l'athéisme. Non pas de l'athéisme dur et militant, qu'on a vu singer le christianisme à travers les pseudo-liturgies marxistes ou nazies. Cet athéisme-là, forme de religion à l'envers, est devenu discret. Je veux plutôt parler d'un état d'esprit subtil et dangereux : l'athéisme fluide. C'est là une maladie insidieuse et dangereuse, même si ses premiers symptômes semblent bénins.

Dans son livre *Notre cœur contre l'athéisme*, le père Jérôme, moine cistercien de l'abbaye de Sept-Fons, le décrit ainsi : « L'athéisme fluide, jamais professé comme tel, se mélange sans tapage à d'autres philosophies, à nos problèmes personnels, à notre religion. Il peut imprégner sans que nous en ayons conscience notre jugement de chrétien. Chez chacun de nous peuvent pénétrer des infiltrations de l'athéisme fluide dans tous les recoins qui ne sont pas occupés par la foi théologale et la grâce. [...] Nous nous croyons indemnes, et cependant nous applaudissons sottement à toutes sortes d'hypothèses, de postulats, de slogans, de prises de conscience qui sapent nos croyances. Nous colportons des idées sans distinguer les étiquettes d'origine. Le pire, c'est que des idées matérialistes peuvent demeurer dans notre esprit, sans qu'elles s'entrechoquent violemment avec des idées chrétiennes qui devraient aussi s'y trouver. Ce qui suggère que nos convictions chrétiennes n'ont pas de consistance bien ferme. Voilà le commencement de la défaite : le matérialisme fluide voisine en notre esprit avec notre christianisme probablement fluide lui aussi. »

Nous devons prendre conscience que cet athéisme fluide coule dans nos veines. Il ne dit jamais son nom mais il s'infiltre partout. Et pourtant, saint Paul recommande avec véhémence : « Ne formez pas d'attelage disparate avec des infidèles. Quel rapport en effet entre la justice et l'impiété ? Quelle union entre la lumière et les ténèbres ? Quelle entente entre le Christ et Béliar ? Quelle association entre le fidèle et l'infidèle ? Quel accord entre le temple de Dieu et les idoles ? » (2Co 6, 14-16). Malgré les avertissements de saint Paul, nous cohabitons fraternellement et pacifiquement, nous sympathisons dans la tolérance avec l'athéisme fluide. Son premier effet est une forme de léthargie de la foi. Il anesthésie notre capacité à réagir, à reconnaître l'erreur. Il s'est répandu dans l'Église. Le pape François, dans son homélie du 29 novembre 2018, a eu des paroles terribles. Il a commenté la destruction de Babylone, ville « du luxe, de l'autosuffisance, du pouvoir de ce monde, tanière de démons, repaire de tous les esprits impurs ». Cette destruction commence de l'intérieur, a expliqué le pape, et se termine quand le Seigneur dit : « Ça suffit. » Il y aura un jour où le Seigneur dira : « Assez des apparences de ce monde. » C'est la crise d'une civilisation qui se croit fière, suffisante, dictatoriale et qui finit ainsi. Et le pape de dénoncer « la paganisation de la vie chrétienne : Vivons-nous comme des chrétiens ? Il semble que oui. Mais en vérité, notre vie est païenne quand on entre dans cette séduction de Babylone. Jérusalem vit comme Babylone. On veut faire une synthèse qui ne peut pas se faire. Et toutes les deux seront condamnées. Tu es chrétien ? Tu es chrétienne ? Vis comme chrétien. On ne peut pas mélanger l'eau et l'huile. Elles sont toujours différentes. C'est la fin d'une civilisation contradictoire, qui dit qu'elle est chrétienne et qui vit comme païenne. Et cela nous enseigne à vivre les épreuves du monde non pas dans un pacte avec la mondanité ou avec le paganisme qui nous conduit à la destruction, mais dans l'espérance, en nous détachant de cette séduction mondaine et païenne et en regardant l'horizon, en espérant le Christ, le Seigneur. L'espérance est notre force : avançons ». En conclusion, il a invité à penser aux Babylone actuelles : « Ainsi finiront aussi les grandes cités d'aujourd'hui et ainsi finira notre vie, si nous continuons à la conduire sur ce chemin de paganisation… Ouvrons notre cœur avec espérance et éloignons-nous de la paganisation de la vie chrétienne. »

Que doit-on faire ? Vous me direz peut-être que telle est la marche du monde. Vous me direz peut-être que l'Église doit s'adapter ou mourir. Vous me direz peut-être que si l'essentiel est sauf, il faut être souple sur les détails. Vous me direz peut-être que la vérité est théorique mais que les cas particuliers lui échappent. Autant d'affirmations qui confirment gravement la maladie ! Je voudrais plutôt vous inviter à raisonner autrement. Dans le roman autobiographique de Soljenitsyne, *Le Premier Cercle*, le héros hésite à conserver les privilèges que lui octroie le système totalitaire pour acheter son silence. Une découverte le fait basculer. Il tombe sur le carnet de sa vieille mère défunte et y lit ces mots : « Qu'y a-t-il de plus précieux au monde ? Avoir conscience de ne pas participer aux injustices. Elles sont plus fortes que toi, elles existent et elles existeront, mais que ce ne soit pas par toi. »

Nous aussi, chrétiens, nous devons nous laisser bousculer par ces mots. On ne compose pas avec le mensonge ! Le propre de l'athéisme fluide est l'accommodement avec le mensonge. C'est la tentation majeure de notre temps.

Ne vous y trompez pas, on ne se bat pas avec cet ennemi-là. Il finit toujours par l'emporter. Il est possible de lutter frontalement contre l'athéisme dur, de lui porter des coups, de le dénoncer et de le réfuter. Mais l'athéisme fluide est insaisissable et gluant. Si vous l'attaquez, si vous engagez une lutte physique, un corps-à-corps avec l'athéisme fluide, il vous engluera dans ses compromissions subtiles. Il est comme une toile d'araignée, plus on se débat, et plus elle resserre son emprise sur vous. L'athéisme fluide est le piège ultime du Tentateur. Il vous attire sur son propre terrain. Si vous l'y suivez, vous serez amené à utiliser ses armes : le mensonge et le compromis. Il fomente autour de lui la division, le ressentiment, l'aigreur et l'esprit de parti. Regardez donc l'état de l'Église ! Partout il n'y a que dissension, hostilité et soupçon.

De tout mon cœur de pasteur, je veux inviter aujourd'hui les chrétiens à agir. Nous n'avons pas à créer des partis dans l'Église. Nous n'avons pas à nous proclamer les sauveurs de telle ou telle institution. Tout cela contribuerait au jeu de l'adversaire. En revanche, chacun de nous peut prendre cette résolution : le mensonge de l'athéisme ne passera plus par moi. Je ne veux plus renoncer à la lumière de la foi, je ne veux plus, par commodité, par paresse ou par conformisme, faire cohabiter en moi la lumière et les ténèbres. C'est une décision très simple, à la fois intérieure et concrète. Elle changera notre vie dans ses plus infimes détails. Il ne s'agit pas de partir en guerre. Il ne s'agit pas de dénoncer des ennemis. Il ne s'agit pas d'attaquer ou de critiquer. Il s'agit de rester fermement fidèle à Jésus-Christ. Si on ne peut changer le monde, on peut se changer soi-même. Si chacun le décidait humblement, alors le système du mensonge s'écroulerait de lui-même, car sa seule force est la place que nous lui faisons en nous : l'athéisme fluide ne se nourrit que de mes compromissions avec son mensonge.

Cela vous fait-il peur ? Peut-être votre assurance n'est-elle pas assez ferme ? Si tel est le cas, souvenez-vous avec le père Jérôme que « la certitude que le croyant possède ne lui vient pas de ce qu'il sait et de ce qu'il voit, mais de ce que sent et voit celui en qui il se confie. Je me fie à Dieu en raison des clartés qu'il possède, lui, non en raison des clartés que je possède, moi. Je puis être aveugle par rapport aux choses du salut, ma foi n'en a cure, elle s'appuie sur la science absolue de Dieu. [...] C'est pourquoi le croyant éprouve sécurité, repos du cœur, et courage intellectuel. Il est sûr de posséder le vrai parce qu'il sait qu'il donne la main à Quelqu'un qui est la vérité même ».

Chers chrétiens, en nous offrant la foi, Dieu ouvre sa main pour que nous y posions la nôtre et nous laissions conduire par lui. De quoi aurions-nous peur ? L'essentiel est de garder fermement notre main dans la sienne ! Notre foi est ce lien profond avec Dieu lui-même. « Je sais en qui j'ai cru », dit saint Paul (2Tm 1, 12). C'est en Lui que nous avons mis notre foi.

La conclusion du père Jérôme est lumineuse : « Dans le christianisme, il n'y a pas que la foi. Cependant, face à l'athéisme dur ou fluide, la foi acquiert une importance essentielle. Elle est en même temps le trésor que nous voulons défendre, et la force qui nous permet de nous défendre. »

Garder l'esprit de foi, c'est renoncer à toute compromission, c'est refuser de voir les choses autrement que par la foi. C'est garder notre main dans la main de Dieu. Je crois profondément que c'est la seule source possible de paix et de douceur. Garder notre main dans celle de Dieu est le gage d'une vraie bienveillance sans complicité, d'une vraie douceur sans lâcheté, d'une vraie force sans violence. La foi est plus que jamais une vertu d'actualité !

Je veux souligner aussi combien la foi est source de joie. Comment ne pas être en joie quand nous nous remettons à celui qui est la source de la joie ! Une attitude de foi est exigeante, mais elle n'est pas rigide ni tendue. Soyons heureux puisque nous lui donnons la main. La foi engendre ensemble la force et la joie : « Le Seigneur est mon rempart, qui craindrais-je ? » (Ps 27, 1). L'Église se meurt, infestée par l'aigreur et l'esprit de parti. Seul l'esprit de foi peut fonder une authentique bienveillance fraternelle. Le monde se meurt, rongé par le mensonge et la rivalité. Seul l'esprit de foi peut lui apporter la paix.

Chers amis, je voudrais vous redire les paroles fortes et prophétiques du père de Lubac, écrites en 1942, en pleine guerre, dans son ouvrage *Causes internes de l'atténuation et de la disparition du sens du sacré* : « Dans l'état actuel du monde, un christianisme viril et fort doit aller jusqu'à être un christianisme héroïque. [...] Il consistera d'abord à résister avec courage, en face du monde et peut-être contre soi-même, aux entraînements et aux séductions d'un faux idéal, pour maintenir fièrement, dans leur paradoxale intransigeance, les valeurs chrétiennes menacées et bafouées. Avec une humble fierté, le chrétien qui veut demeurer fidèle ne peut que repousser d'un non catégorique un néopaganisme qui s'est constitué contre le Christ. La douceur et la bonté, la délicatesse envers les petits, la pitié – oui, la pitié – envers ceux qui souffrent, le refus des moyens pervers, la défense des opprimés, le dévouement obscur, la résistance au mensonge, le courage d'appeler le mal par son nom, l'amour de la justice, l'esprit de paix et de concorde, l'ouverture du cœur, la pensée du ciel [...] voilà ce que l'héroïsme chrétien sauvera. Il n'a pas été promis aux chrétiens qu'ils seraient toujours le plus grand nombre. Il leur a plutôt été annoncé le contraire. Ni qu'ils paraîtraient toujours les plus forts et que les hommes ne seraient jamais conquis par un autre idéal que le leur. Mais, en tout cas, le christianisme n'aura jamais d'efficacité réelle, il n'aura jamais d'existence réelle et ne fera jamais lui-même de conquêtes réelles que par la force de son esprit à lui, par la force de la charité. »

Oui, nous sommes plus que jamais appelés à être forts, vigoureux et inébranlables dans la foi ! Nous sommes comme les disciples. Après la crucifixion, ils ne comprennent plus. Leur foi est érodée. La tristesse les envahit. Ils croient que tout est perdu. Nous aussi, nous voyons le monde livré à l'avidité des puissants. L'Église semble envahie par l'esprit d'athéisme. Voici même que certains pasteurs abandonnent leurs brebis. La bergerie est dévastée. Nous aussi, comme les disciples, nous fuyons la ville, déçus, désespérés, et faisons route vers Emmaüs, vers le néant. Devant nous s'ouvre un chemin qui semble ne mener nulle part. Nous marchons sans comprendre et sans savoir où aller. Seul le vent vient hanter notre amertume.

Pourtant, voici qu'un homme chemine avec nous. De quoi vous entretenez-vous en marchant ? nous demande-t-il. Et nous lui racontons notre tristesse, notre angoisse, notre déception. Alors il reprend la parole, nous reprochant notre manque de foi : « Ô hommes sans intelligence et lents à croire ! Ne fallait-il pas que le Christ souffre cela pour entrer dans sa gloire ? Ne fallait-il pas que l'Église souffre pour être fidèle à son maître ? » Il nous explique les Écritures. Ses paroles nous réconfortent. Il ranime notre foi. Notre solitude est soudain brisée pas la force de sa certitude et la douce bienveillance de son regard.

Et tandis que, au loin, le soleil semble s'effacer derrière les montagnes, tandis que les ombres s'allongent sur le chemin et que le froid se répand dans les corps, notre courage se ranime et nous le prions. Notre cœur est tout brûlant quand tu nous parles. Reste avec nous, Seigneur, car le soir approche et déjà le jour baisse.

QUE RIEN NE ME TROUBLE

« Il n'est pas toujours suffisant de poursuivre un rayon lumineux, il est parfois nécessaire de se reposer dans sa lumière ; d'éprouver quelque chose de sacré aussi bien dans la lumière et la chaleur du feu de camp que dans celle de l'étoile polaire. Et cette même et mystérieuse voix qui nous dit que nous n'avons pas ici-bas de demeure permanente est la seule qui à l'intérieur des limites de ce monde peut nous inciter à édifier des cités qui le soient. »

G.K. Chesterton,
Plaidoyer pour une propriété anticapitaliste

Le livre qui s'achève a des racines profondes et anciennes. Il est le dernier tome d'un triptyque dont l'aventure a commencé en décembre 2013.

Avec le cardinal Robert Sarah, nous débutions alors les conversations qui seraient le matériau de l'écriture de *Dieu ou rien*. Au printemps 2015, la publication de ces entretiens sur la foi fut un événement d'une ampleur inattendue. Pendant dix jours, le cardinal vint dans la capitale française pour parler de son ouvrage.

Le froid qui régnait sur Paris ne traduisait guère la chaleur, la ferveur et l'enthousiasme qui accompagnèrent la parution de *Dieu ou rien*. Je me souviens des soirées à l'église Saint-François-Xavier, à la Trinité, à Saint-Léon, aux Bernardins ou à la librairie La Procure. Chaque fois, la foule se pressait pour l'écouter.

Loin de Paris, à l'abbaye de Lagrasse, dans son lit de malade, atteint d'une sclérose en plaques fulgurante, le frère Vincent veillait et priait. Il était le protecteur mystérieux du cardinal. Car *Dieu ou rien* fut une forme de miracle. Comment comprendre la réussite formidable du livre si radical, et par là même incompréhensible, d'un homme qui avait toujours fui la lumière ? Depuis longtemps, le cardinal Robert Sarah, proche ami de Benoît XVI, collaborateur du pape François, préférait l'ombre éclatante de la prière. La véritable raison de ce succès réside dans la simplicité, l'humilité et la sainteté du cardinal.

Quelques mois plus tard, sur la route de Lagrasse, nous avons pensé écrire un livre sur l'importance du silence dans notre monde envahi par le bruit, les images, les passions. Ce fut *La Force du silence,* deuxième ouvrage de ce triptyque. La conversation avec Dom Dysmas de Lassus, prieur du monastère de la Grande-Chartreuse, sur laquelle se concluent ces pages mystiques et poétiques, demeure le cœur brûlant de notre aventure littéraire.

Je ne pourrai jamais oublier les trois jours que nous avons passés à la Chartreuse. En ce début du mois de février 2016, le temps s'était arrêté. Devant ces étendues de neige, aux côtés des moines solitaires, perdus et contemplatifs, nous étions au ciel.

Aujourd'hui, je peux confesser avoir craint que *La Force du silence* ne rencontre pas l'adhésion des lecteurs. Le sujet était difficile, aride, loin des polémiques faciles. Mais le livre ne tarda pas à remporter un grand succès.

En novembre 2016, à la cathédrale de Versailles, une foule immense écouta avec attention et respect le cardinal. Quelques mois plus tard, à la basilique de Fourvière, les Lyonnais peinaient à trouver une place dans les travées de l'immense édifice. À Cracovie, Avila, Washington et Bruxelles, l'expérience se répéta. Un homme de Dieu attirait le peuple de Dieu.

Quand je songe à ces quatre années, me reviennent en mémoire les devises abbatiales des derniers pères-abbés de Fontgombault. « *Unum necessarium* », « L'unique nécessaire » ; « *Donec dies elucescat* », « Jusqu'à ce que se lève le jour éternel » ; « *Ad superna semper intenti* », « Sans cesse tendus vers les réalités d'en haut » ; « *Modo geniti infantes* », « En enfants nouveau-nés » : elles disent l'idéal monastique d'un lieu où Dieu est le premier servi. Elles disent l'idéal du cardinal Sarah.

Le Soir approche et déjà le jour baisse est un cri prophétique. Ces phrases douloureuses auront-elles un écho ou s'évanouiront-elles dans la nuit obscure ? L'espérance est le ciment de la vie du cardinal Sarah. Malgré la pauvreté dans laquelle il est né, la violence de la dictature, les soubresauts des déracinements, la fatigue des charges harassantes, il n'a jamais douté. Il n'a jamais eu peur. Il n'a jamais reculé. Car Dieu est avec lui. Le cardinal sait qu'il peut sans cesse le retrouver derrière les portes de sa petite chapelle privée.

Il ne s'agit pas non plus de laisser croire que tout a été simple dans cette aventure. Combien de fois ai-je pensé à la sentence de Jules Barbey d'Aurevilly dans son recueil *Disjecta membra* : « Les grands hommes sont comme les plus belles fleurs. Ils croissent sous le fumier et à travers le fumier que jettent sur eux les envieux et les imbéciles. » Trop, certainement.

Georges Bernanos écrivait dans *Journal d'un curé de campagne* : « Quel homme de prières a-t-il pourtant jamais avoué que la prière l'ait déçu ? » Le cardinal a toujours pris son risque car la prière ne l'a jamais déçu. L'ascèse, le jeûne, la lecture quotidienne des textes sacrés l'y ont aidé.

Huit mois avant sa mort, frère Vincent a dû être hospitalisé pour subir une intervention chirurgicale difficile. Sa communauté, son entourage, ses amis étaient inquiets. L'opération pouvait être fatale. J'avais la lourde tâche d'informer le cardinal de l'évolution de la santé du jeune malade. Le matin de l'opération, alors que le pronostic était réservé, je lui faisais part des vives inquiétudes du père-abbé et des médecins. À ma grande surprise, le cardinal était serein. Pour lui, l'opération serait un succès ; il ne doutait pas que le frère parviendrait à se sortir de cette mauvaise passe. Quelques jours plus tard, j'apprenais que le cardinal avait prié dans sa chapelle privée toute la nuit précédant l'opération. Il n'avait pas pris de repos. Mais il savait. Il savait que l'heure de frère Vincent n'était pas venue. Il savait la volonté de Dieu.

Saint Jean Bosco aimait à répéter : « Que rien ne te trouble, sois toujours joyeux ! » En compagnie du cardinal Sarah, cette pauvre vie terrestre a souvent la couleur de l'au-delà. La raison en est simple : le cardinal Robert Sarah a beaucoup d'amis au ciel. « *Ut cooperatores simus veritatis* », « Nous devons servir de cette manière que nous soyons coopérateurs de la vérité. » Cette devise de Benoît XVI, le cardinal Sarah, son meilleur disciple, peut la faire sienne. Il est assurément un grand coopérateur de la vérité.

Nicolas Diat
Paris, le lundi 25 février 2019.

BIBLIOGRAPHIE

VON BALTHASAR Hans Urs, *Aux croyants incertains*, Perpignan, Lethielleux, 1980.

BEDNARSKI Piotr, *Les Neiges bleues*, Paris, Autrement, 2004.

BENOÎT XVI (pape ; Joseph A. Ratzinger), *Dieu nous est proche : l'Eucharistie au cœur de l'Église*, Les Plans-sur-Bex, Parole et silence, 2016.

– *Un tournant pour l'Europe*, Paris, Flammarion, 1996.
– *L'Esprit de la liturgie*, Paris, Ad Solem, 2001.
– *L'Europe, ses fondements, aujourd'hui et demain*, Saint-Maurice, Éditions Saint-Augustin, 2005.
– *Entretien sur la foi*, Paris, Fayard, 2005.
– *Introduction au christianisme : la foi chrétienne hier et aujourd'hui*, Paris, Cerf, 2005.
– *Les Principes de la théologie catholique : esquisse et matériaux*, Paris, Éditions Téqui, 2005.
– *Serviteurs de votre joie : méditations sur la spiritualité sacerdotale*, Paris, Fayard, 2005.
– *Valeurs pour un temps de crise*, Les Plans-sur-Bex, Parole et silence, 2005.
– *Jésus de Nazareth*, Paris, Flammarion, 2007.
– « Pourquoi est-ce que je continue à vivre malgré tout dans l'Église ? », discours du 4 juin 1970 à l'académie catholique de Bavière, in *Discours fondateurs*, Paris, Fayard, 2008.

– Préface à la version allemande des *Opera Omnia, Œuvres complètes vol. 11, Théologie de la Liturgie*, 2008.
– *Lumière du monde : le pape, l'Église et les signes des temps : un entretien avec Peter Seewald*, Paris, Le Livre de Poche, 2012.
– Préface à la version russe des *Opera Omnia, Œuvres complètes vol. 11, Théologie de la Liturgie*, 2015.

BERNANOS Georges, *Journal d'un curé de campagne*, Paris, Le Livre de Poche, 2015.
– *Frère Martin*, in *La Vocation spirituelle de la France, textes inédits rassemblés et présentés par Jean-Loup Bernanos*, Paris, Plon, 1975.
– *Jeanne relapse et sainte*, Paris, Desclée De Brouwer, 1994.
– *La France contre les robots*, Paris, Le Livre de Poche, 1999.

BOSSUET Jean-Baptiste, *Sermon sur l'honneur*, in *Œuvres complètes de Bossuet : les sermons*, Paris, Hachette BNF, 2013.

BOUYER Louis, *Le Métier de théologien, entretiens avec Georges Daix*, Paris, Ad Solem, 2005.

DELSOL Chantal, *La Haine du monde : totalitarisme et postmodernité*, Paris, Cerf, 2016.

DIAT Nicolas, *Un temps pour mourir. Derniers jours de la vie des moines*, Paris, Fayard, 2018.

FRANÇOIS (pape ; Jorge Mario Bergoglio), *Amour service et humilité : exercices spirituels donnés à ses frères évêques à la manière de saint Ignace de Loyola*, Paris, Magnificat, 2013.

GARRONE Gabriel-Marie, *L'Église : Lumen gentium : constitution dogmatique du 21 novembre 1964*, Paris, Téqui, 2011.

GHEORGHIU Virgil, *De la vingt-cinquième heure à l'heure éternelle*, Paris, Pocket, 1977.

GUARDINI Romano, *La Messe*, Paris, Cerf, 1957.

IONESCO Eugène, *Antidotes*, Paris, Gallimard, 1977.

JÉRÔME (père), *Œuvres spirituelles vol. 6 : Notre cœur contre l'athéisme*, Paris, Ad Solem, 2014.

KIERKEGAARD Søren, *Traité du désespoir*, Paris, Gallimard, 1990.

La Croix Jean de, *Œuvres complètes*, Paris, Cerf, 1990.

Lubac Henri de, *Paradoxes*, Paris, Seuil, 1983.

– « Causes internes de l'atténuation et de la disparition du sens du sacré », 1942, in *Paradoxes (Œuvres complètes, XXXI)*, Paris, Cerf, 1999.

– *Entretien autour de Vatican II : Souvenirs et réflexions*, Paris, Cerf, coll. « Théologies », 2007.

Saint Vincent de Lérins, *Commonitorium*, La liturgie des heures, tome IV.

Saint Ignace de Loyola, *Exercices spirituels*, Paris, Points, 1982.

Saint Irénée de Lyon, *Contre les hérésies*, Paris, Cerf, 1965.

Maritain Jacques, *Le Feu nouveau : le paysan de la Garonne*, Paris, Ad Solem, 2007.

Mounier Emmanuel, *L'Affrontement chrétien*, Les Plans-sur-Bex, Parole et Silence, 2017.

Nault Jean-Charles, *La Saveur de Dieu, l'acédie dans le dynamisme de l'agir*, Paris, Cerf, 2006.

– *Le Démon de midi : l'acédie, mal obscur de notre temps*, Dijon, l'Échelle de Jacob, 2013.

Nietzsche Friedrich, *Le Gai Savoir*, Paris, Gallimard, 1990.

Pascal Blaise, *Pour un traité du vide*, Paris, Nathan, 1999.

Paul VI, *Audience générale du 15 juin 1965*, in *Documents pontificaux de Paul VI*, Éditions Saint-Augustin, 1965.

Péguy Charles, *Œuvres en prose complètes, Vol. 1. Articles antérieurs à la période des* Cahiers, *articles contenus dans les* Cahiers de la quinzaine *jusqu'en 1905*, Paris, Gallimard, 1987.

– *Une éthique sans compromis*, Paris, Pocket, coll. « Agora », 2011.

– *Note conjointe*, Paris, Gallimard, 1935.

Puppinck Grégor, *Les Droits de l'homme dénaturé*, Paris, Cerf, 2018.

Renard Alexandre, *Où va l'Église ?* Paris, Desclée de Brouwer, 1976.

– *Riches et pauvres dans l'Église ancienne*, Paris, Grasset, coll. « Ictys », n. 6, 1962.

SALLES Catherine de, *Saint Augustin, un destin africain*, Paris, Desclée de Brouwer, 2009.

SOLJENITSYNE Alexandre, *L'Erreur de l'Occident*, Paris, Grasset, 1980.

– *Le Premier Cercle*, Paris, Fayard, 2007.

VARILLON François, *L'Humilité de Dieu*, Montrouge, Bayard, 2005.

YOURCENAR Marguerite, *Les Yeux ouverts. Entretiens avec Matthieu Galey*, Paris, Éditions du Centurion, 1980.

TABLE

Partie IV
Retrouver l'espoir : la pratique des vertus chrétiennes

Cet ouvrage a été imprimé en France par
CPI Brodard & Taupin
Avenue Rhin et Danube
72200 La Flèche (France)

pour le compte des Éditions Fayard
en mars 2019

Photocomposition Nord Compo à Villeneuve-d'Ascq

N° d'édition : 79-1902-9/01 - N° d'impression : 3032305